YEHKRI COM A.C.C. Publishing Service© 2023

SOCIOLOGIE
DES ARTS ET DE LA CULTURE CARIBÉENS

Catherine Blanchard

Publié par YEHKRI.COM A.C.C. © 2023
Dépôt légal 3emé trimestre 2023

ISBN-13 : 979 1093851204

Edition YEHKRI.COM©

Sociologie des arts et de la culture Caribéens

Catherine BLANCHARD

INTRODUCTION

Dans « le plastique l'accent est mis sur le signifiant, tandis que dans l'iconique, l'accent est mis sur le signifié. Cela ne signifie évidemment pas que le plastique se réduirait à un pur signifiant, mais que le signe plastique est un signe opaque dans lequel le signifié plastique surgit de la prise en compte des *qualités matérielles* du signifiant, tandis que le signe iconique est un signe transparent, dans lequel prime la fonction de renvoi vers le référent. »

Georges Roque[1]

« Un artiste qui posera le problème social dans son art sans ambiguïté d'une façon propre à secouer la conscience léthargique ; l'artiste qui se posera au cœur du réel, pour aider son peuple à découvrir celui-ci ; l'artiste qui saura exécuter des œuvres nobles dans le but d'inspirer un idéal de grandeur à son peuple, qu'il soit poète, musicien, sculpteur, peintre ou architecte, est l'homme qui répond, dans la mesure de ses dons, aux nécessités de son époque et aux problèmes qui se posent au sein de son peuple. »

Cheikh Anta Diop

Pour dépasser le statut de « science molle » et rendre compte du fonctionnement des organisations, des transformations des rapports sociaux, la sociologie a dû proposer des concepts et des méthodes. À d'autres occasions, elle a su montrer l'heuristique de la transgression disciplinaire dans l'analyse des œuvres et des pratiques humaines.

Prenant l'exemple de la sociologie des sciences, il est aisé de constater combien le croisement avec la sémiotique ou sémiologie a permis des avancées probantes dans la modélisation des actes d'énonciation qu'il s'agisse des discours visuels -articles, publicité, textes littéraires- ou de l'analyse des techniques de production de l'imagerie contemporaine. Pour autant, en sociologie des arts et de la culture, le recours à la sémiotique dans l'analyse du signe plastique et du signe iconique reste marginal. L'effectuation de ce croisement nous semble pourtant fécond. C'est pourquoi, dans cet ouvrage nous établissons le lien entre contemporanéité visuelle et sémiologie et nous convions le lecteu.r.trice. à penser le dépassement des frontières disciplinaires à la recherche de l'or caché qu'est le signifié contenu dans la création visuelle produite dans les Caraïbes-Amériques, en d'autres termes faisons parler le signe plastique.

---

[1] Georges Roque, « À propos du *Traité du signe visuel* », *Actes Sémiotiques* [En ligne], consulté le 24/01/2023, URL : https://www.unilim.fr/actes-semiotiques/3128

CHAPITRE I

ART ET SEMIOTIQUE

1-De l'intérêt de la sémiologie en sociologie des arts et de la culture

La sémiologie est une méthode scientifique inspirée de la linguistique. Elle consiste en l'analyse des signes : linguistiques (langage verbal), iconiques et kinésiques (langage non-verbal).

La sémiologie est donc l'étude du langage et concerne plusieurs disciplines, notamment : la linguistique, la musique, les sciences de la communication, les sciences humaines (sociologie, économie, psychologie).

Étant entendu que l'artiste n'est aucunement soumis à l'injonction de « faire parler » le signe plastique, cela reste probablement un horizon d'attente du critique ou de l'historien d'art, mais qu'en est-il du sociologue des arts et de la culture ?

Dans l'approche sémiologique de Stuart Hall, la représentation est appréhendée à partir de la manière dont les mots fonctionnent comme des signes dans le langage et donc d'un langage dans le signe. L'analyse du signe produit un sens « littéral » (dénotation) et un sens associatif qu'il est possible de créer à partir de ce signe (connotation)[2]. La représentation, c'est-à-dire le sens donné au mot, à l'expression ou à l'image n'est ni intrinsèquement contenue dans le signe, ni globalement partagée. Dans *Identité et culture*, le sociologue montre comment en revanche, les signes « déjà codés » se recoupent avec les codes sémantiques intégrés d'une culture pour produire de l'idéologie[3]. À partir du concept de codage, le sociologue jamaïcain entrevoit les mécanismes de la manipulation par l'image, notamment dans la publicité et plus globalement dans les médias et procède à leur décodage. D'analyse d'œuvres visuelles, il est aussi question chez Vera Zolberg. Pour la chercheuse étasunienne, la contextualisation de la production visuelle est nécessaire à l'analyse sociologique, mais n'oblitère en rien la matérialité de l'œuvre d'art.

---

[2] Stuart Hall, *Identités et cultures : politiques des cultural studies*, Codage/Décodage, éd., Amsterdam, 2017, p.260.
[3] Stuart Hall, Ibid., p.261.

Dans cet ouvrage, comme la sociologue, nous pensons le dépassement de la traditionnelle opposition entre l'approche externe et interne et nous engageons « sur le terrain du jugement esthétique » pour dire le réel. À cette fin, nous nous appuyons sur les entretiens d'artistes des Caraïbes-Amériques réalisés au cours de notre thèse, de nos enquêtes et sur l'analyse interne des œuvres. En somme l'approche quantitative est couplée à des éléments qualitatifs propices à aborder une manière d'être et de penser le monde et donc de créer, que nous qualifierons d'extra-européenne.

Aimé Césaire, Frantz Fanon, William Edward Burghardt Du Bois dit « W. E. B. Du Bois », la sociologue Juliette Sméralda, s'accordent à dire la pluralité des perceptions, des interprétations et des signifiés qu'ils soient plastiques ou non, mais nécessairement « pluriversels ». Comment pourrait-il en être autrement puisque les signifiés renvoient à des modes de penser délimitant d'une part et d'autre de la sphère politico-économique, sociale et artistique, une frontière exposant la dualité des expériences comme étant le poids et le résultat d'enjeux civilisationnels. C'est du moins l'hypothèse de travail qui nous mène à penser le concept européen de « l'art pour l'art » comme étant totalement exogène aux Caraïbes-Amériques. En effet, si l'Europe et plus largement l'Occident l'adoptent et prisent un art contemporain dénué de portée morale, spirituelle et d'utilité, le concept sied généralement très mal à l'analyse des créations visuelles contemporaines des populations du Sud Global. La pensée martiniquaise et guadeloupéenne est nécessairement une philosophie. Celle-ci transparaît dans des esthétiques plurielles et résolument « loquaces ». Nous verrons que la prise en compte des qualités matérielles du signifiant laisse place au surgissement du signifié plastique et que l'analyse iconographique des œuvres se révèle très fructueuse, voire convaincante lorsqu'elle colle à l'actualité.

Arts visuels et écologie

Affaire du chlordécone : un non-lieu attendu, indignation aux Antilles[4].

C'est ainsi que Nathalie Guibert et Jean-Michel Hauteville titrent leur article publié dans le journal *Le Monde*. Ils y relatent la chronique d'une déception annoncée. Le jeudi 24 novembre 2022, le parquet de Paris dans le dossier pénal du chlordécone conclut au non-lieu provocant stupeur, déception et le constat amer que la politique du pot de terre contre le pot de fer est toujours de mise dans nos « néo-colonies ».

Le scandale de la banane aux Antilles en est la preuve. La pollution écologique orchestrée par les puissants est venue contaminer nos terres de pesticides tels que le

---

[4] Nathalie Guibert et Jean-Michel Hauteville, « Affaire du chlordécone : un non-lieu attendu, indignation aux Antilles », *Le Monde,* 26/11/2022, Affaire du chlordécone : un non-lieu attendu, indignation aux Antilles (lemonde.fr)

paraquat et la molécule de chlordécone. Cette dernière, comme nous le savons tous aujourd'hui, est interdite en France hexagonale depuis 1990, mais a été utilisée par dérogation en Guadeloupe et en Martinique pour combattre le charançon de la banane jusqu'en 1993. À ce propos et selon l'étude *Karuprostate* menée depuis 2004 par l'unité 625 de l'Inserm, la molécule de chlordécone[5] est considérée comme étant responsable d'un accroissement significatif de l'endométriose et du risque de contracter un cancer de la prostate, lequel représente 50% de l'ensemble des cancers détectés en Guadeloupe et en Martinique[6].

En 2012, l'œuvre du Guadeloupéen Bruno Pédurand, intitulée In Vivo faisait déjà référence à cette catastrophe écologique. Le pesticide se répand toujours dans la nappe phréatique de l'île. De manière métaphorique, le carcan de métal qui jadis enserrait le cou de l'esclave encercle aujourd'hui les terres agricoles qui ne demandent pourtant qu'à verdir. La Guadeloupe polluée succombe sous un épandage illégal et git dans un sarcophage de verre au vu et au su de tous. Dans son œuvre In Vivo le plasticien dénonce les interventions chimiques pratiquées sur le vivant avec la complicité des puissants.

Pédurand Bruno, In Vivo Project 1

Bruno Pédurand, In Vivo project, installation, plan rapproché, mixed media, 165 x 56 x14 cm, 2012, photo ©Uprising Art

---

[5] Philippe Verdol, *Les Antilles Françaises enchaînées à l'esclavage, Chlordécone, un polluant néocolonial*, épisode 4, France culture, publié le 13/05/2021, Chlordécone, un polluant néocolonial - Ép. 4/4 - Les Antilles françaises enchaînées à l'esclavage (franceculture.fr), consulté le 26/07/2021
[6] Paul Benkimoum avec Eddy Nedelkovsi, *Aux Antilles, le scandale sanitaire du chlordécone.* Le Monde, publié le 22/06/2010.http://www.lemonde.fr/planete/article/2010/06/22/aux-antilles-le-scandale-sanitairehttp://www.lemonde.fr/planete/article/2010/06/22/aux-antilles-le-scandale-sanitaire-du-chlordecone_1376700_3244.html - A9f0gLkj56TsOpP1.99du-chlordecone_1376700_3244.html#A9f0gLkj56TsOpP1.99 consulté le 22/11/2017.

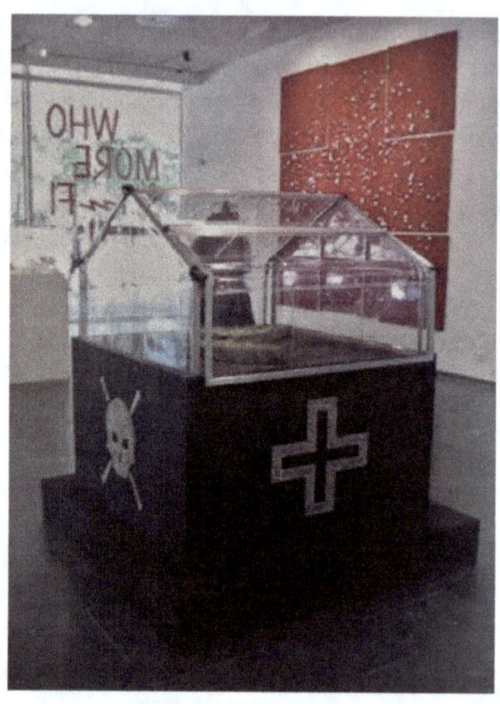

Pédurand Bruno, In Vivo Project 2

Bruno Pédurand, In Vivo project, installation, plan de coupe, mixed media,165 x 56 x14 cm, 2012, photo ©Uprising Art (plan de coupe)

La colonisation et à sa suite le système de plantation sont incontestablement à l'origine de perturbations de l'écosystème du bassin caribéen, en plus d'être, selon Gerry L'Étang, *À la genèse des sociétés créoles*[7]. Les artistes en butte à ces vicissitudes nous apportent des éléments de compréhension de nos sociétés et de leurs évolutions.

Des arts, des Hommes et des Bêtes

On observe que depuis le décret du 16 mars 2020 portant réglementation des déplacements dans le cadre de la lutte contre la propagation du virus Covid 19, nos vies et nos comportements ont été bouleversés. La « disparition » momentanée du virus semblerait presque faire oublier cet épisode surréaliste de notre histoire récente. Pourtant des transformations ont bien eu lieu. À titre d'exemple, la réglementation

---

[7] Gerry L'Étang, « À la genèse des sociétés créoles : la variation écologique », in. *Archipélies n°3-4, De la Créolisation culturelle*, éd. Publibook Université, 1970.

portant sur les autorisations de sortie en est une. Son impact passé inaperçu dans les médias, mais remarqué chez nous reste notable tant il a modifié et continue de transformer les relations entre les Hommes, les Femmes et les animaux. L'autorisation de sortie pour promener son chien a eu des conséquences inattendues pour ce qui a trait aux relations entre l'humain et l'animal. En 2023 et bien qu'aucune enquête n'ait été menée, nous observons un nombre croissant d'Antillais continuant à promener celui que l'on nomme « le meilleur ami de l'homme ». Auparavant le chien ne pouvait pas être considéré comme animal de compagnie, c'était un gardien, un chasseur de « Marrons ». Enchaîné, l'accès à l'intérieur de la maison lui était généralement interdit, son contact se limitait très souvent aux soins de maintien essentiels et nécessaires à la reproduction de « sa force de travail », à la garde. L'artiste guadeloupéen Philippe Thomarel a représenté le rapport passé au chien dans la société antillaise.

Thomarel Philippe, Territoires radio... 1

Philippe Thomarel, Territoires radiographiques, huile sur toile, 200 cm x 200 cm, 2003, photo @Fondation Clément

Par métonymie, ses chiens présentés à la Fondation Clément en 2014 dans son exposition *Les territoires radiographiques*[8], portent parfois un chapeau napoléonien en papier, et à d'autres occasions ce sont les enfants opprimés ou enfants esclaves que l'on appelle les «Rest'Avec»[9] que Philippe Thomarel représente de manière métaphorique avec une muselière.

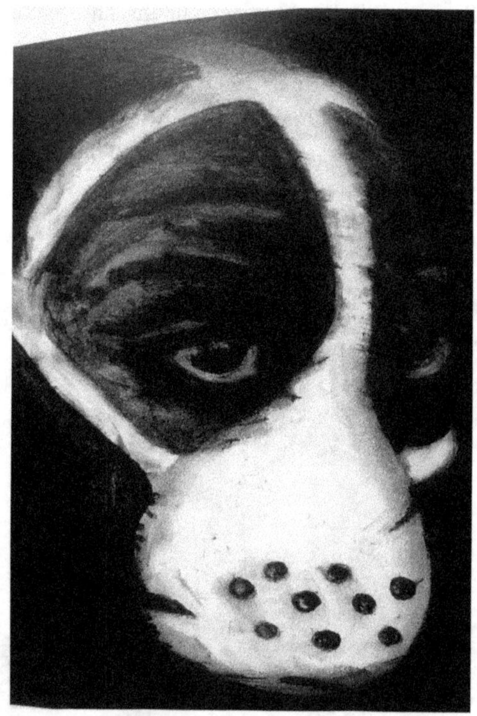

Thomarel Philippe, Fusain 1

Philippe Thomarel, Silence, fusain sur bois, 30 x 30 cm, 2014 photo @Fondation Clément

Déshumanisé au cours de l'histoire, aliéné au statut de bien meuble, de marchandise, relégué à une catégorie juridique impensable- dixit l'article 528 du Code civil-, le

---

8 Philippe Thomarel, exposition *Les territoires radiographiques*, Fondation Clément, 2014
https://youtu.be/5sKHjmMx8KM

9 Les « Rest'Avec » sont encore aujourd'hui en Haïti des enfants orphelins ou vendus. Leur traitement rappelle celui réservé aux esclaves. Ils sont déscolarisés et doivent rester avec ceux à qui ils ont été confiés. Ils travaillent comme porteurs d'eau et font l'objet de nombreuses maltraitances physiques et psychologiques.

subalterne n'a qu'une exigence légitime, recouvrer le respect et l'honneur bafoués par les turpitudes du dominant.

Pour une ré-humanisation

Pour Victor Anicet, il faudrait employer le verbe « restituer » plutôt que «reconstituer». À travers cette œuvre *Restitution*, il s'agit pour le plasticien de rendre hommage aux différentes catégories ethnoculturelles injustement ou illégalement privées de leurs héritages esthétiques et donc insister sur le fait que même excavées, ces pratiques et ces objets s'inscrivent dans une entité précolombienne.

Anicet Victor, Restitution 1

Victor Anicet, Restitution, technique mixte, date inconnue, photo @Catherine **Kirchner-Blanchard**

Cet hommage aux autochtones rappelle le lien qui les unit à la terre des ancêtres. *Restitution* est par ailleurs le titre qu'il donne à ses « trays ». Le substantif anglo-saxon désigne des plateaux de bois sur lesquels les marchandes transportent encore aujourd'hui des épices, des cornets de pistaches, comme on les appelle aux Antilles, qui sont des arachides grillées dans leurs coques et qu'elles vendent sur les marchés.

sur ses trays, Victor Anicet dresse des fabriques africaines sur lesquelles il assoit des Adornos façonnés dans l'argile, qui sont des représentations démiurgiques. Si le tout est recouvert d'un bleu profond et riche, symbole évident de l'océan et du périple transatlantique durant la « Traite » négrière, c'est que comme il raconte , le bleu est un élément culturel caribéen. Il est celui des détergents que les lavandières, dans leur labeur, utilisaient à la rivière pour blanchir le linge ; celui que l'on extrayait de l'Indigofera tinctoria d'Inde, pendant la seconde guerre mondiale, aux temps de pénurie sous l'Amiral Robert. Il était utilisé pour la teinture des textiles et faisait office d'encre pour l'écriture et de substitut pour le peintre. C'est donc un triple hommage que fait Victor Anicet, à l'Afrique, aux Amériques, aux Indes à travers ce tray sur lequel les Indiens déposaient aussi leurs offrandes sacrées.

Chez Bertin Nivor, la couleur bleue n'est pas synonyme de quiétude ou de communication. Sous la patte de l'artiste, elle prend une dimension symbolique plurielle qui s'oppose à une symbolique occidentale associant plus fréquemment la couleur bleue à des représentations moins dramatiques comme par exemple, le bleu du ciel lorsqu'il fait beau, la couleur idyllique de la mer ou des yeux. Pour Victor Anicet comme pour certain de ses pairs (Valérie John, René Louise, Raymond Médélice) la couleur bleue peut être dérangeante. Elle peut illustrer le déracinement et renvoyer au Passage du milieu, au mysticisme de la nuit souvent abordé dans la tradition du conte antillais.

À travers ces œuvres, nous voyons qu'au cours du processus d'acculturation, les croyances, les pratiques, les techniques vont dans certains cas être totalement dissimulées et dans d'autres conservées avec plus ou moins de réussite. En somme trois cas de figure se présentent à nous. Premièrement, les traits culturels d'anciennes civilisations sont conservés, dans un second, ils sont réinterprétés, dans le seul but d'éviter les représailles en situation coloniale/néo-coloniale et dans un dernier cas, les coutumes, croyances ou pratiques sont abandonnées.

Ceux qui ont fait le choix de l'émancipation ont réinvesti les croyances ancestrales.

Quelques figures se sont d'ailleurs particulièrement illustrées dans l'histoire à travers des pratiques magiques à des fins d'émancipation. C'est le cas d'un certain « Dom Pedre », dont on disait qu'il avait des dons de médium. En 1768, il enseignait à un nombre important d'adeptes des danses qui furent rapidement qualifiées de dangereuses et interdites. On raconte que le culte dit de « Petro »[10] dans le vaudou aujourd'hui porte précisément le nom de ce clairvoyant redouté. À la Martinique, le Bélé, le Damyé, le Ladja, sont les résurgences de ces expressions corporelles. Mi-danse, mi-art de combat,

---

[10] Culte adressé aux mauvais esprits et donc reconnu pour être de la magie noire.

ces pratiques reproduisent les mouvements d'attaque et ses parades qui figurent une historicité tumultueuse. Le renvoi au monde rural, celui du dur labeur, mais aussi de la force individuelle et collective, de la mise en relation avec les énergies telluriques et cosmiques transparait dans cette pratique liée aux sociétés d'Afrique implantées aux Antilles. Les coups lorsqu'ils sont réellement portés sont susceptibles de venir à bout d'un adversaire.

Laouchez Louis, fresque (serpent) 1

Louis Laouchez, fresque (serpent), 2016, photo @Montraykreyol

De manière dissimulée, l'esclave investissait la nuit et lorsque les maîtres dormaient, il se glissait hors des plantations afin d'organiser des assemblées nocturnes appelées « calendas », des danses, et probablement aussi des cérémonies vaudou. En 1797, Moreau de Saint-Méry présente une étude détaillée d'une réunion vaudou. Il en dit : « qu'elle était dirigée par un prêtre ou une prêtresse et qu'elle avait lieu autour d'un autel où les adeptes venaient déposer des offrandes au dieu symbolisé par un serpent.
On retrouve la toute-puissance de la figure du serpent dans la fresque murale de l'artiste martiniquais Louis Laouchez. Elle est nous dit Raphaël Confiant « une métaphore de l'Ancêtre du peuple caraïbe, le serpent tutélaire sorti du fond des eaux »[11].
Comme le pressent l'écrivain, le serpent de Louis Laouchez figure l'interpénétration des cultures. La mosaïque composée de pièces de céramiques noires, blanches, rouges, jaunes peuvent figurer le métissage ethnique, le soleil dardant dans le ciel faisant un

---

[11] Raphaël Confiant, *Inauguration de la fresque de Louis Laouchez : Le discours de Raphaël Confiant*, Montraykreyol, 28/11/2016. http://www.montraykreyol.org/article/inauguration-de-la-fresque-de-louis-laouchez-le-discours-de-raphaelconfiant , consulté le 08/07/2018.

pendant à cette mer Caraïbe, à l'effroyable Atlantique. La symbolique des couleurs constitue ici aussi un élément clef du travail du plasticien. Dans un processus de (dé)fragmentation ou si l'on préfère de reconstitution des éléments éparpillés, Louis Laouchez mène une recherche esthétique de l'ordonnancement après le chaos. D'une certaine manière sa fresque figure la quête de l'unité du « peuple » antillais symbolisée par les jonctions de ciment très apparentes. Le serpent renvoie aussi à l'iconographie égyptienne. Couplé à l'oiseau, le serpent représente la dualité ou la polarité de l'énergie évolutionnaire du monde. L'oiseau est la direction ascendante ou la conscience éveillée alors que le serpent personnifie nos passions, nos attachements, l'attrait des plaisirs sensoriels et de la cupidité.

Paradoxalement le serpent invite aussi au dépassement de la trivialité par l'évocation de la Kundalini ou « serpent de feu ». Dans l'hindouisme, la kundalini est une énergie primordiale ou, plus exactement, une concentration d'énergies primordiales et divines. Le serpent présent dans un bon nombre de mythes sacrés représente l'éveil des consciences. Il est Quetzalcóatl, le serpent ailé, l'une des principales divinités pan-mésoaméricaines. Il est celui évoqué dans la Bible que Moise éleva pour demander l'illumination du fils de Dieu. Ou bien il est le dragon à plumes des mythes historiques chinois, ou encore la spirale lovée tout au long de notre épine dorsale. Cette spirale originelle qui restaure l'équilibre entre l'extérieur et l'intérieur dans la pratique des yogis. Le serpent figure encore la spirale du Dieu grec Asclépios représentée comme un bâton le long duquel s'enroule une couleuvre. Une spirale qui est par ailleurs utilisée comme symbole médical dans de nombreux pays et par métonymie renvoie au processus cathartique évoqué par Frantz Fanon. C'est une invitation à la guérison et au développement personnel. Un développement qui, depuis la psychologie humaniste, est devenu récemment en Europe un phénomène de mode, et d'incitation au travail introspectif et à la maîtrise fréquentielle et vibratoire. Ce phénomène fait le pendant aux pratiques ancestrales mystico-religieuses amérindiennes, africaines et indiennes. En l'occurrence celles des Indiens « coulis » arrivés plus tardivement dans les îles et numériquement inférieurs. Ces derniers ont tout d'abord été des parias en raison de leurs pratiques religieuses jugées démoniaques. Ils furent déconsidérés par le Noirs qui reproduisait la hiérarchisation des groupes ethniques. L'Indien n'était « bon » qu'à balayer les rues et n'était assigné qu'aux tâches les plus dégradantes. Le « Nègre » [12] s'estimait supérieur à l'Indien, comme le Blanc au Noir. Dans l'imaginaire du Noir, l'Indien devait être discrédité, diabolisé[13]. Raphaël Confiant décrit très explicitement tous les préjugés qui entouraient et dans une certaine mesure continue d'entourer l'Indien dans la conscience collective du Noir. Il s'adonne à la magie noire, bien

---

[12] Le lexème Nègre n'est pas ici dépréciatif, avec une majuscule, il met au contraire en avant la fierté d'un peuple.
[13] Melville Jean Herskovits, *L'Héritage du Noir, Mythe et réalité*, Présence Africaine, Paris, 1962.

entendu, il est alcoolique, atteint de maladies vénériennes, il est insensé, pervers et ravisseur d'enfants.

Dans son ouvrage *L'Allée des soupirs* voilà ce qu'il en dit

> « Je buvais les paroles de Ziguinote, ma main serrée dans la sienne. On prétendait qu'il faisait du quimbois avec les os des morts, qu'il était tafiateur, qu'il était fou, que son sexe était ravagé par la vérette, qu'il enlevait des enfants pour les sacrifier dans les cérémonies de bondieu-couli et patati et patata. Tout ça n'était qu'un lot d'abominables calomnies. Il se comportait comme un vrai père, alors qu'il n'avait jamais eu ni femme ni progéniture »[14].

Aux Amériques, les ethnies, les pratiques, les croyances, les imaginaires s'entrechoquent pêle-mêle dans cet environnement complexe. Les individus partagent des éléments structurant une identité collective révélant un métissage dont les composantes ethnoculturelles bien que partagées collectivement ne s'amalgament pourtant pas nécessairement.

Identité collective entre réassemblage et recréation

Comme le souligne Nelly Quemener et Maxime Cervulle, les traductions des essais de Stuart Hall ont permis de redécouvrir les *cultural studies* et d'aborder les

> « Identités façonnées par des expériences contradictoires et des appartenances multiples au point d'articulation de la classe, de la race, du genre ou de la sexualité [...] de penser les formes prises par la politique identitaire, registre critique par lequel des groupes minorisés contestent les rapports de pouvoir et leurs manifestations (stéréotypes, catégorisations, exclusions et marginalisations) et œuvrant en faveur de la reconnaissance de leurs expériences et modes de vie »[15].

Les *cultural studies* permettent de questionner la représentation des Afro-descendants. Ainsi, Stuart Hall rappelle la tendance structuraliste de la sociologie depuis les années

---

[14] Raphaël Confiant, *L'allée des soupirs*, éd. Grasset, 1994
[15] Maxime Cervulle et Nelly Quemener, *Cultural Studies, Théories et méthodes*, (Dir.) François de Singly, éd. Armand Colin, 2015, p.9

1960 davantage polarisée sur des déterminants socio-économiques, que sur des problématiques de représentation.

Or, l'indifférence à la différence qui fait aussi l'objet du débat public en France continentale, contraint certainement les minorités à s'interroger sur la place qui leur est réservée dans la société comme celle attribuée à leurs productions culturelles en France. Cette réflexion nous invite à convoquer dans une anamnèse quelque peu anachronique la pensée du sociologue de l'école de Birmingham. Car, s'il est vrai que la situation de la France diffère de celle de la Grande Bretagne, l'apport des *Cultural studies* offre néanmoins un renouvellement dans la réflexion postcoloniale et néo-coloniale. En s'inspirant de Jacques Derrida, Stuart Hall nous rappelle que « […] la différence ne doit pas être posée comme absolue, elle n'a de sens que dans un système de relations, en rapport avec un « en dehors », elle est donc fondamentalement relationnelle et non essentielle ».

Cette approche conceptuelle permet d'aborder la « différance » [16] -avec un « a »- comme la proposition d'une lecture « déconstructrice » aussi bien des formes textuelles que sémantiques, qui se proposerait de s'ériger en rempart contre une homogénéisation arbitraire et euro centrée[17].

---

[16] Néologisme introduit par Jacques Derrida à propos duquel il s'explique dans une conférence introductive au recueil d'articles *Marges – de la philosophie* (1972). « La différance est le jeu qui produit les différences particulières ».

[17] Selon Raymond Lamboley, le terme fait référence à deux notions « d'une part, de *retardement* (« différer » au sens de renvoyer à plus tard, de temporiser, de laisser les problèmes ouverts) ; d'autre part, de *différenciation* (« différer » au sens de débusquer les écarts différentiels cachés dans les héritages culturels et de les sauver dans leur originalité) ». Raymond Lamboley, « Derrida et la « différance » aux sources de notre culture », in. *Revue d'éthique et de théologie morale*, 2005/2 (n°24), pp. 47 à 62. https://www.cairn.info/publications-de-Raymond-Lamboley--67788.htm consulté le 15/02/2020.

2-Les mécanismes psychosociologiques de production des représentations

L'histoire nous montre que la différence fournit le prétexte d'une hiérarchie idéologique à l'origine d'une représentation collective de la réalité sociale. Celle-ci articule nous dit Roger Chartier

> « trois modalités du rapport au monde social : d'abord le travail de classement et le découpage qui produit les configurations intellectuelles multiples par lesquelles la réalité est contradictoirement construite par différents groupes qui composent la société [...] ensuite les pratiques qui visent à faire reconnaître une identité sociale, à exhiber une manière propre d'être au monde, à signifier symboliquement un statut et un rang ; enfin, les formes institutionnalisées et objectivées grâce auxquelles des « représentants » (instances collectives ou individus singuliers) marquent de façon visible et perpétuée l'existence du groupe, de la communauté ou de la classe» [18].

Ce phénomène résulte, ajoute-t-il en un double mouvement opposant ceux qui par un pouvoir coercitif ont la capacité d'imposer une vision du monde à ceux qui s'y soumette ou y résiste.

Selon Roger Chartier la construction de la notion de représentation était pour l'historien des sociétés d'Ancien Régime avant tout didactique et constituait une grille de lecture offerte à l'entendement de ses contemporains. Cette notion de représentation n'est pas univoque, nous dit-il. D'un côté elle « donne à voir une absence [...] et de l'autre l'exhibition d'une présence ».

Les images qu'elle offre à la vue sont de deux natures. Elles peuvent être matérielles « substituant au corps absent un objet qui lui ressemble ou non » [19]. Dans le cas qui nous concerne : le corps du Noir est celui d'un « diable ou monstre, mais il est aussi, au Moyen Âge, populaire notamment avec les premières découvertes et voyages en Afrique, ou à travers le corps féminin (telle la reine de Saba) » [20]. D'autres images sont symboliques, ainsi la couleur noire et par extension l'homme noir entrent dans une

---

[18] Roger Chartier, « Le monde comme représentation », Annales. *Histoire, Sciences Sociales*, Volume 44, Numéro 6, 1989, pp. 1505 - 1520.

[19] Ibid., Roger Chartier

[20] Pascal Blanchard, « De l'esclavage au colonialisme : l'image du « Noir » réduite à son corps », in. *Africultures*, publié le 30 juin 2006, http://africultures.com/de-lesclavage-au-colonialisme-limage-du-noir-reduite-a-son-corps-4467/ consulté le 21/11/2019

analogie avec « la nuit, les ténèbres, l'enfer, l'hérétique, l'envahisseur […] (le Maure est très souvent "noir") »[21].

Le phénomène de représentation se différencie de la mentalité en ce sens qu'il s'inscrit dans

«un processus de mystification dont la visée est de masquer plutôt que de peindre son référent» nous dit encore Roger Chartier[22]. Si comme le rappelle l'historien, la sociologie de David Émile Durkheim et de Marcel Mauss s'est penchée sur la question de la représentation collective, la psychologie sociale a également analysé le processus de représentation qui selon Serge Moscovici s'effectue à travers les interactions, les perceptions et influences sociales. Il nous en donne les trois étapes. La première opération est «la dispersion de l'information : l'individu pour des raisons inhérentes au milieu social et culturel dans lequel il évolue n'a pas la connaissance nécessaire à la description de l'objet/sujet. Par conséquent il ne peut l'aborder que de manière approximative ou erronée».

Deuxièmement la « focalisation : le statut social individuel et collectif va déterminer le positionnement par rapport à l'objet/sujet, dont la valeur sera fluctuante en fonction de l'intérêt du moment ».

Enfin, la pression du groupe conduit l'individu à « adhérer à l'opinion dominante »[23].

Or en France, comme le souligne Myriam Cottias, des historiens tels que Charles Seignobos[24] ont posé les bases d'un imaginaire collectif français dont les relents continuent de charrier des fantasmes issus de la IIIe République. Pour les historiens de l'époque, l'identité française n'est certes pas figée. Point d'hermétiques frontières. Au contraire, l'identité française peut se penser à travers le métissage, mais à condition qu'il se limite aux pays européens, limitrophes et de blanche complexion.

Dans ce contexte, il semble aujourd'hui difficile d'évoquer la question de la représentation sans évoquer l'influence du processus historicisé de construction de la représentation sociale dans lequel les Antillais tentent de penser les modalités d'une subjectivation culturelle.

Comme le souligne Stuart Hall, l'unité d'un peuple se comprend à partir du partage d'une même culture entendue depuis le « tournant culturel »[25] comme étant le partage de savoirs, de valeurs bien entendu, mais surtout du sens qu'une population se réclamant d'une culture unifiée donne aux choses. Or puisque le langage, ajoute-il, est le médium

---

[21] Ibidem., Pascal Blanchard

[22] Roger Chartier, « Le monde comme représentation », Annales, in. *Économies, Sociétés, Civilisations,* 44e année, n. 6, 1989

[23] Ibid., Serge Moscovici, *Psychologie,* p. 362.

[24] Charles Seignobos, *Histoire sincère de la Nation Française,* Paris, Rieder, 1933.
http://www.dailymotion.com/video/x3gcj9c

[25] Stuart Hall, *Representation, cultural representations and signifying practices,* éd. Stuart Hall, 1997, p.2.

par excellence de la production et de l'échange du signifié, il importe de comprendre comment la production de sens s'inscrit dans un système qui, bien que flexible, conserve ce que Moscovici décrit comme étant le « noyau » de la représentation.

À la suite de la seconde guerre mondiale qui a vu la montée du fascisme et surtout du nazisme en Europe, des chercheurs tels que Theodor W. Adorno[26] et une équipe de psychologues américains se penchent sur le fondement des préjugés. Dans *The Authoritarian Personality*, ils concluent que le préjugé illustre « une tendance de l'individu à être « centré ethniquement », à accepter de façon rigide ceux qui sont « semblables » par la culture et à rejeter ceux qui sont dissemblables »[27]. Poussant plus avant la recherche, ils démontrent aussi que les personnes autoritaires sont marquées par l'emploi continuel de ce que Theodor Adorno nomme « le fait de penser par clichés » et à employer des stéréotypes qui fonctionnent comme un type particulièrement rigide de pré-jugement. La représentation de l'altérité racialisée en France s'inscrit aussi dans un continuum d'idées, d'images de croyances rigides sociologiquement construites au fil de l'histoire et véhiculées au travers de chroniques, de représentations iconographiques, de mythes, de traitements différenciés et maintenus aujourd'hui dans la presse ou les médias. Le schéma ci-dessous subsume le processus de construction de la représentation de l'altérité racialisée en France. Il met aussi en exergue la difficulté pour les Afro-Caribéens de se penser comme sujets, et celle des artistes d'élaborer une esthétique en dehors des canons de beauté occidentaux. Le graphique ci-dessous nous permet de comprendre comment la déshumanisation de la population racialisée a facilité le projet à visée hégémonique, et comment il participe aujourd'hui encore d'un mécanisme de hiérarchisation entre dominants et dominés qui non seulement complexifie les relations interculturelles, mais représente aussi un frein à l'émergence de l'art et de la culture des Afro-descendants.

[26] Theodor W Adorno, Else Frenkel-Brunswil, Daniel J Levinson et Nevitt Sanford, *The Authoritarian Personality*, éd. Harper & Row, NY, 1950, p. 102.
[27] Denys Cuche, *La notion de culture dans les sciences sociales*, éd La Découverte, Paris, (1996, 2001, 2004, 2010), p.103.

CONSTRUCTION DE L'ALTERITE RACIALISEE :

UNE REPRESENTATION STIGMATISANTE

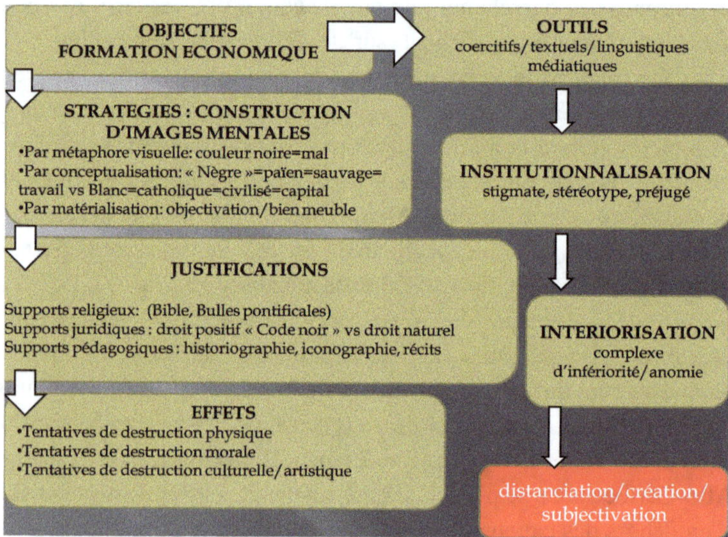

Tableau construction de l'altérité 1

Figure 1 : Construction de l'altérité

Qu'est-ce que l'identité ?

Selon Rogers Brubaker, le terme identité est un « couteau Suisse »[28].
Il pourrait, par souci de clarté, être remplacé par des termes comme « communalité» (commonality), « connexité » (connectedness) et « groupalité » (groupness). Pour Denys Cuche, il doit être envisagé dans sa dimension duelle. D'un côté, précise ce dernier, l'identité regroupe

> « […] un ensemble de traits relativement objectifs ou du moins objectivables, partagés par une pluralité d'individus et les constituant à leurs propres yeux et

---

[28] Rogers Brubaker, Frédéric Junqua, « Au-delà de L' identité̌ », in. *Actes de la recherche en sciences sociales*, Vol. 139, L'exception américaine(2), Seuil, 2001, pp. 66-85
 doi : https://doi.org/10.3406/arss.2001.3508 https://www.persee.fr/doc/arss_0335-5322_2001_num_139_1_3508 consulté le 16/09/2018.

aux yeux des autres en collectivité particulière et, en même temps, comme la conscience commune d'appartenir à cette collectivité [...] »[29].

Dans ce cas l'auto-identité devient l'affirmation de la différence et peut induire l'exclusion volontaire ou subie. Cette définition pose clairement deux aspects essentiels, le premier qui renvoie à la vision que l'on peut avoir de soi et du groupe auquel on pense appartenir, mais renvoie aussi au regard que porte l'autre sur l'altérité. L'autre « hors groupe » cherche à comparer, à assembler et parfois à séparer. Le processus mène ainsi à l'établissement d'une classification et de son corollaire la hiérarchisation mettant en concurrence appartenance et non- appartenance. Le sentiment d'appartenance devient alors le produit de la relation à l'autre qui n'est pas figée. L'intérêt du concept d'ethnicité donne accès à la conscience commune, au sentiment d'appartenance à une collectivité. L'approche interactionniste symbolique est pertinente dans ce cas précis, car elle met en lumière le discours de l'acteur et les modalités à travers lesquelles il se définit. Ainsi on peut avoir le sentiment d'être Caribéen tout en revendiquant son appartenance à la Nation française.

Et inversement, on peut être Afro-descendant tout en ignorant la culture, les pratiques et les mœurs ancestrales. Mais le sentiment d'appartenance pour subjectif qu'il est ne peut infléchir la classification normative instaurée/imposée depuis Emile Durkheim par une sociologie de la classification. Dans ce cas les éléments objectivables : la classe, le genre, le sexe, la race ou l'âge, nous définissent dans la société. Ces catégorisations qu'elles soient issues d'un processus endogène ou exogène se fondent sur des éléments divers tels que les origines socio-économiques, psychologiques ou ethniques. Ils produisent des effets que Denys Cuche décrit comme étant positifs, par exemple la fierté d'appartenance, ou négatifs comme la honte. Dans la partie qui va suivre, nous nous intéresserons aux éléments constitutifs du sentiment d'appartenance sociale ou de l'identification culturelle.

Les arts et la culture afro-caribéenne : une synthèse des antagonismes ?

Dans le cas des populations d'afro-descendance, on évoque souvent le phénomène de syncrétisme qui comme le souligne Denys Cuche a été rattaché à l'histoire des religions « jusqu'au premier tiers du XXe siècle et parfois au-delà »[30]. Le concept de syncrétisme a tout d'abord été défini comme étant « une contamination de la pureté originelle et un

---

[29] Ibid., Denys Cuche, *La notion de culture,* p.103.

[30] Ibid., Denys Cuche, p.72.

simple assemblage d'éléments hétérogènes »[31]. D'après l'*Encyclopédia Universalis* les phénomènes de syncrétisme exprimaient des « manifestations religieuses hybrides, impures [...] qui correspondaient à un stade de décadence c'est-à-dire à l'incapacité de subsister dans la rigueur de leurs formes constitutives". Le concept a fait l'objet de nombreuses controverses. Il a longtemps été perçu dans l'acception négative d'hybridité – qui serait à l'origine d'une composition mal définie et achevée-. Il aura fallu attendre que l'anthropologue Melville Herskovits combine différentes méthodes, pour que le disciple de Frantz Boas contribue à faire reconnaître les phénomènes de syncrétisme culturel comme n'étant pas nécessairement synonymes de décadence mais simplement comme un processus fonctionnaliste[32] de recréation ethnoculturelle. Depuis l'étude sur les Afro-américanismes de Roger Bastide, le terme a été largement réhabilité. L'hybridité n'est plus nécessairement et radicalement inféconde ou figée. Bien qu'identifiable à un instant donné, elle traduit surtout l'évolution et l'enrichissement de ce qu' Homi Bhabha nomme, dans *Les lieux de la culture* un « tiers espace »[33]. Pour Roger Bastide c'est un syncrétisme[34].

Ce dernier en distingue plusieurs formes que l'on retrouve dans les arts plastiques contemporains de la Caraïbe.

---

[31] Denys Cuche, *La notion de culture dans les sciences sociales*, pp.72-73. « Le concept de syncrétisme longtemps cantonné au domaine de l'histoire des religions avant d'être utilisé pour caractériser différents phénomènes culturels, il a conservé un sens négatif jusqu'au premier tiers du XXe siècle au moins. Les cultures dites « syncrétiques » désignaient alors des cultures suspectées d'impureté, contaminées par des éléments hétérogènes. Avec le courant de la postmodernité, le phénomène du syncrétisme est au contraire considéré de manière positive, célébrant le métissage et le mélange comme des buts à atteindre.

[32] Initié par Bronislaw Malinowski et Radcliffe-Brown, ce courant veut apposer à chaque fait social une ou des fonctions qui le déterminent. « Autrement dit, chaque élément de la culture possède une certaine tâche à accomplir — une fonction —, qui présente une part irremplaçable de la totalité organique ».

[33] Homi Bhabha, *Les lieux de la culture - Une théorie postcoloniale*, Payot, 2007.

[34] Ibid., Roger Bastide, *Les Amériques*

Louise René, La femme marronne 1

René Louise, La femme marronne, acrylique sur PVC, diamètre 0,90, 2008, photo @inconnu

En mosaïque : assemblage d'objets différents : comme c'est le cas dans l'œuvre *Restitution* du plasticien martiniquais Victor Anicet qui assemble des adornos[35] amérindiens, des textiles africains, des épices disposés sur un tray indien[36]

Par correspondance : reposant sur des équivalences fonctionnelles ou structurelles permettant de dissimuler (des croyances, un discours) comme c'est le cas dans l'œuvre *La femme marrone*[37] de l'artiste René Louise qui, au-delà d'une peinture de facture naïve, dissimule ce qu'il nomme une « géométrie secrète » et des croyances mystico-

---

[35] Les adornos sont des décors modelés et incisés.

[36] Tray est le mot anglais pour plateau. Fabriqué à partir de bois, il est utilisé dans les célébrations religieuses hindouistes.

[37] Terme qui désigne les esclaves en fuite.

religieuses (figurées par les pierres semi-précieuses placées sur le corps et plus précisément sur les chakras de cette résistante).

- **De fusion** : assemblage d'éléments disparates[38] : comme le souligne Allison Thompson[39], dans l'installation *Sinobol,* Christian Bertin juxtapose une bicyclette immobilisée par une bibliothèque (symbole de culture globale), des gobelets contenant de la glace pilée, un parasol, des sirops aux couleurs du panafricanisme (vert jaune rouge), le *Discours sur le colonialisme* d'Aimé Césaire (symbole de culture locale et de recyclage urbain)[40].
- **d'accumulation** : qui est propre à la magie, multipliant les expériences ou pour reprendre les termes employés par Joëlle Ferly s'apparente à « une forme de cannibalisme artistique qui ingurgite et se réapproprie les œuvres-totem des grands maîtres »[41].

---

[38]Pierre Restany, *60/90. Trente ans de Nouveau Réalisme,* éd. La Différence 1990, p. 76. L'auteur évoque une méthode de « recyclage poétique du réel urbain, industriel, publicitaire ».

[39] Allison Thompson, *In the event of landing on water: Travels with Christian Bertin,* Challenge critique 2017: Allison Thompson, https://aica-sc.net/2017/05/05/challenge-critique-2017-allison-thompson/ consulté le 19/10/2019.

[40]Pierre Restany, *60/90. Trente ans de Nouveau Réalisme,* éd., « La Différence » 1990, p. 76. L'auteur évoque une méthode de « recyclage poétique du réel urbain, industriel, publicitaire ».

[41] Joëlle Ferly, « Désir cannibale », exposition d'art contemporain de Guadeloupe, in. *Catalogue de la Fondation Clément,* 2018.

Figure 2 : Christian Bertin, Sinobol (Snow balls), installation, Biennale de Liverpool, 2010, photo @AICA Sud

C'est par l'entremise des intellectuels et des artistes que le processus de création d'un nouvel ensemble artistique et culturel va être réellement valorisé en Caraïbe. De manière esthétique, poétique, spirituelle ou symbolique, ceux-ci évoquent l'importance de renouer avec des composantes ancestrales et aussi d'innover. Ils s'inspirent de la pensée rhizomorphe de Gilles Deleuze et de Félix Guattari qui a été largement vulgarisée par Édouard Glissant. Ils envisagent les traits culturels hérités du passé comme les possibles outils d'un processus de réaffirmation identitaire et créatif, en adéquation avec un sentiment d'appartenance au « Tout-Monde »[42]. Ils ouvrent la réflexion sur les

---

[42] Édouard Glissant, *Traité du Tout Monde*, éd. Gallimard, 24 septembre 1997. « J'appelle Tout-monde notre univers tel qu'il change et perdure en échangeant et, en même temps, la "vision" que nous en avons. La totalité-monde dans sa diversité physique et dans les représentations qu'elle nous inspire : que nous

phénomènes de rencontre ou de confrontation des cultures. Au lieu de se voir comme un déraciné, le minorisé va entreprendre la valorisation de savoirs, de pratiques, de croyances ancestrales. Ces pratiques artistiques syncrétiques combinent les apports culturels de l'Occident, de l'Afrique, de l'Asie et des Amérindiens et offrent un regard croisé, un regard carrefour, fréquemment évoqué par Dominique Berthet[43].

Les études menées par Melville J. Herskovits[44] en anthropologie culturelle relative aux survivances africaines dans l'Amérique noire ont contribué à montrer la rémanence d'éléments du passé dans le processus de construction sociale et dans les arts contemporains aujourd'hui. Melville Herskovits a dressé une liste importante des survivances qu'il nomme « africanismes» que l'on retrouve aussi en Caraïbes. Il évoque par exemple « la manière qu'ont les Noirs de porter leurs enfants sur le dos, celle de se coiffer, les formes de travail coopératif en agriculture [Lasotè (une tradition agricole ancestrale martiniquaise effectuée au rythme des chants et des tambours)], les règles du mariage, le contrôle des naissances, les rites de politesse ». Une mémoire collective que Roger Bastide qualifie de « mémoire-motrice » parce qu'elle est davantage inscrite dans la gestuelle que dans une « mémoire-image » qui se retrouve partout dans le Nouveau Monde. Toujours à titre d'exemple, on sait qu'en Afrique, lorsqu'un enfant tarde à marcher, on l'enterre, nu jusqu'à la ceinture. Aux Antilles, on l'enterre dans le sable sur la plage, s'il a les jambes cambrées. Les évènements religieux ou festifs illustrent aussi ces « survivances »[45]. Ainsi et comme l'a montré Fernando Ortiz, « les « carnavaliers » portent le masque africain à l'occasion du Carnaval et de l'Épiphanie à la Havane »[46]. Alors on peut se demander comment ces traits africains ont pu résister à l'esclavage, à l'arbre de l'oubli, à la séparation des « ethnies », au temps qui passe, aux interdictions des pratiques rituéliques. Pour Roger Bastide l'explication du maintien des survivances proviendrait d'une institution orchestrée par les Blancs eux- mêmes. Les souvenirs, ou mémoire des pratiques ont pu être transmis par les femmes en charge d'élever les enfants du maître que l'on nomme des « Da ».

---

ne saurions plus chanter, dire ni travailler à souffrance à partir de notre seul lieu, sans plonger à l'imaginaire de cette totalité. Les poètes l'ont de tout temps pressenti. Mais ils furent maudits, ceux d'Occident, de n'avoir pas en leur temps consenti à l'exclusive du lieu, quand c'était la seule forme requise. Maudits aussi, parce qu'ils sentaient bien que leur rêve du monde en préfigurait ou accompagnait la Conquête. La conjonction des histoires des peuples propose aux poètes d'aujourd'hui une façon nouvelle ».

[43] Dominique Berthet, *Pratiques artistiques contemporaines en Martinique, Esthétique de la rencontre 1*, éd. L'Harmattan, 2012.

[44] Melville Jean Herskovits, *African Gods and Catholic Saints in the New World Negro Belief*, éd. AnthroSource, 1937. https://doi.org/10.1525/aa.1937.39.4.02a00080

[45] Fernando Ortiz, *Los Cabildos Afrocubanos*, éd., La Universal, 1921-1923 et *Los Bailes y el Teatro de los Negros en el Follklore de Cuba*, Havane, éd, de Cultura,1951.

[46] Ibid., Fernando Ortiz, *Los Cabildos Afrocubanos*

En dépit d'un système de production qui imposait de nouveaux comportements, le souvenir a pu demeurer caché, « niché » dans de nouveaux cadres institutionnels.

Alors ne trouvant plus les cadres ancestraux sur l' « habitation » ou sur la plantation, les exilés ont trouvé ou en ont inventé un nouveau. Ce que tendrait à confirmer le point de vue d'Herskovits selon lequel la conservation des pratiques et des croyances permettait une meilleure adaptation et une reconstruction.

Ainsi par exemple les habitudes alimentaires de facture africaine se retrouvent dans le Sud des États-Unis, au Brésil ainsi que dans la Caraïbe. Elles proviennent selon l'anthropologue, de l'habitude pour la maîtresse blanche d'utiliser des cuisinières africaines. Celles-ci ont introduit les épices, recettes, modes de cuisson dans le nouveau cadre familial. Autre exemple de survivance africaine à rapprocher de la pratique des libations, Melville Herskovits dit des habitudes des Haïtiens, Trinidadiens et Guyanais «Ce qui tombe par terre au cours d'un repas n'est pas balayé le jour même, car il faut permettre aux esprits (parfois ceux des ancêtres) de venir manger ce qu'ils ont ainsi manifesté qu'ils désiraient »[47].

Lors de nos entretiens avec les artistes de notre corpus, nous en avons vus quelques-uns verser un petit peu du contenu de leur verre sur le sol. Par ce geste, ils rendaient hommage aux ancêtres et s'accordaient en même temps leur bienveillance. On remarquera que les habitudes et pratiques passent à l'insu du maître de génération en génération. La gestuelle ainsi transmise est reproduite dans le quotidien des Antillais.

La culture et les arts figuratifs des Antillais bien qu'héritiers d'une tradition d'échanges entre diverses civilisations révèlent aussi des dissonances liées à cette longue histoire de contacts et d'emprunts successifs.

Les recherches en anthropologie afro-américaniste et particulièrement le concept d' «ambivalence socialisée» permettent de montrer à quel point «le syncrétisme n'implique pas dans tous les cas une synthèse harmonieuse et peut même inclure la contradiction»[48], et la complexité du lien entre culture, langue et langage (signe et symbole).

Ambivalence socialisée

En 1937, Melville Herskovits se penche sur les relations sociales au sein de la société haïtienne et développe le concept d' « ambivalence socialisée »[49]. Pour l'anthropologue ces relations sociales se manifestent « dans les changements rapides et radicaux que l'on

---

[47] Ibib., Melville Jean Herskovits, *African Gods*

[48] Ibid., Melville Jean Herskovits.

[49] Erika, Bourguignon, « Haïti et l'ambivalence socialisée: une reconsidération », in. *Journal de la Société des Américanistes*, Tome 58, 1969. pp. 173-205; doi : https://doi.org/10.3406/jsa.1969.2102
https://www.persee.fr/doc/jsa_0037-9174_1969_num_58_1_2102 consulté le 22/11/2019.

peut observer dans l'attitude et dans le comportement du Haïtien concernant le même objet. L'ambivalence est « socialisée », parce qu'il s'agit d'un élément de personnalité commun à tous, plutôt que d'un trait « idiosyncrasique »[50]. Il fait référence aux interactions entre les peuples issus des cultures ancestrales africaines et européennes et conclut à l'inachèvement du processus d'acculturation. Pour Melville Herskovits cette situation se solderait par des divergences voire par des incongruités[51]. Pourtant faute d'éclairer son hypothèse et de la contextualiser en milieu colonial, il privilégie la notion de syncrétisme qu'il décrit comme étant la synthèse des antagonismes.

Vingt ans plus tard l'anthropologue Roger Bastide prolonge la pensée de Melville Herskovits cette fois à propos des Noirs des Amériques et constate le caractère pluriel et hiérarchisé des échanges entre dominants et dominés. Mais au lieu de souligner le caractère partiel du processus d'acculturation, il relève surtout les capacités adaptatives que le processus requiert en situation de domination coloniale. Dès lors les caractéristiques culturelles propres aux dominés apparaissent moins comme étant le produit de la nature de « cultures » entrées en contact en période coloniale que celui de la hiérarchie sociale qui en a résulté. Pour s'y adapter le dominé va développer des stratégies adaptatives comme nous l'avons vu plus haut : sélection, distorsion, dissimulation. Ces aptitudes si elles ont conditionné la survie du dominé n'ont, selon Roger Bastide, aucunement été un frein à l'épanouissement de son être.

> « [...] l'Afro-Brésilien échappe par le principe de coupure à la disgrâce de la marginalité (psychologique). Ce que l'on dénonce parfois comme duplicité du Noir est le signe de sa plus grande sincérité ; s'il joue sur deux tableaux, c'est qu'il y a bien deux tableaux »[52].

En contribuant au retournement idéologique qui a conduit une anthropologie culturelle à voir dans le syncrétisme une construction culturelle positive et inédite plutôt qu'une hybridité impure, Roger Bastide n'abandonne pourtant pas l'idée d'un décalage entre les populations issues de milieux culturels divers. Mais contrairement à Melville Herskovits, il cherche à en expliciter les modalités. Il le fait à travers l'usage du « principe de coupure ». Outre le fait qu'il lui permet de réitérer la capacité d'adaptation du dominé, il confirme aussi l'intuition de l'anthropologue selon laquelle persisterait une dualité de systèmes dans le contexte des Amériques coloniales.

---

[50] Ibid., Erika Bourguignon, *Haïti et l'ambivalence socialisée*.
[51] Ibid., Melville Jean Herskovits.
[52] Roger Bastide, « Le principe de coupure et le comportement afro-brésilien », in. Revue *Anais do 31e Congresso International de Americanistas*, éd. Les Classiques des sciences sociales, vol.1, 1955, pp. 493-503.

À la suite des travaux de Roger Bastide, les chercheurs en sciences sociales reconnaissent le caractère universel du syncrétisme. Cependant ces recherches vont aussi inciter à la prudence de son emploi. Car, comme le souligne Denys Cuche, affirmer l'universalité du syncrétisme fait aussi courir le risque de lui ôter toute valeur explicative et d'en faire un concept « fourre-tout »[53]. Pour autant le sociologue ne disqualifie pas son utilité, mais à condition dit-il de « lui conserver son sens plein qui renvoie à la création d'un nouvel ensemble culturel cohérent et durable »[54]. Dans le cas des départements français des Outre-mer, la question de la durabilité de l'ensemble culturel a été tranchée en 2009 avec l'adoption de l'article 73[55] de la Constitution stipulant le maintien des départements-régions français des Outre-mer et le rejet de l'article 74 pour leur autonomie. Si le maintien de ces départements est cohérent, permet-il pour autant le dépassement des contradictions et de la dualité de l'expérience socio-culturelle ?

La question se fait plus prégnante encore dans les anciennes colonies françaises où la diversité ethnoculturelle à l'origine de la formation sociale nous donne à voir non pas deux, mais une multitude de tableaux.

Comme le souligne Stuart Hall, l'usage d'une même langue[56] participe de l'établissement d'un système représentationnel partagé ou si l'on veut d'une culture commune. Dans nos interactions, nous employons des symboles et des signes qui peuvent être visuels, scripturaux ou iconographiques. Or si le système communicationnel engendre du sens, qu'advient-il lorsque celui-ci se trouve entravé voire conditionné par des tensions, des contradictions dans les interactions, des dissonances héritées du passé ?

Cette question de la nature du lien social en Caraïbes peut être abordée à partir des éléments premiers que constituent la communication verbale et l'analyse sémantique du créole[57]. En effet cette langue bien que composite garde une syntaxe africaine tout en intégrant et transformant un vocabulaire notamment français, espagnol ou anglais. Aux

---

[53] Denys Cuche, (op. Cit.), p.72.

[54] Ibid., Denys Cuche p.72.

[55] Loi constitutionnelle n° 2008-724 du 23 juillet 2008 de modernisation des institutions de la Ve République (1) NOR: JUSX0807076L, version consolidée au 25 mai 2009.

[56] Les créoles ne constituent pas une « famille » de langues et ne correspond pas à un seul type précis. En revanche tous les créoles *classiques* sont nés dans le contact de langues diverses, pratiquées par des populations déportées, amenées à reconstituer des sociétés nouvelles aux règles complexes, et donc les communications étaient exclusivement orales. Marie –Christine Hazael-Massieux, *Les langues créoles Formation et évolution dans le contexte des contacts de langues dans la Caraïbe*, Université de Provence, 2005.

[57] Marie Christine Hazael-Massieux, *Les langues créoles Formation et évolution dans le contexte des contacts de langues dans la Caraïbe*, Université de Provence). Il est indispensable quand on envisage la question des Contacts de langues de poser ou reposer la question des langues créoles (sorbonne-universite.fr) consulté le 10/02/2023

Antilles, le créole[58] est l'idiome du conte, du chant, de la jovialité comme du trivial. Né dans le contexte de la colonisation et de l'esclavage durant le XVIIe et le XVIIIe siècle, cet idiome s'est longtemps imposé comme langue véhiculaire entre les différentes catégories sociales et juridiques d'individus habitant ces îles. Le créole – avec des variations locales – est présent en Martinique, en Guadeloupe, en Guyane, à la Réunion comme dans d'autres îles de la Caraïbe (Haïti, Sainte-Lucie).

On assiste à la création d'un dialecte qualifié de syncrétique et autrefois considéré comme n'étant qu'un babillage de bébé, mais qui est aujourd'hui revalorisé, comme en atteste le récent Capes de Créole ou l'article 1e de la délibération, adoptée à l'unanimité (moins une voix, ndlr) par l'Assemblée de Martinique le 25 mai 2023, qui a reconnu la langue créole comme langue officielle de la Martinique, au même titre que le français. Cette langue bien que constitutive de lien social, n'en demeure pas moins le résultat d'une imposition linguistique et somme toute, d'une hiérarchisation des valeurs et des modes de communication orchestrant la légitimité d'un superstrat dans un territoire donné. L'individu en situation de bilinguisme ou de trilinguisme -langues tamoule, chinoise- pour effectuer ce va- et- vient linguistique est contraint à la maitrise lexicale et normative, mais aussi à celle des imaginaires que l'usage langagier convoque.

Les exemples de ce processus sont multiples, et l'on sait pertinemment qu'il ne pose pas de réel problème. Pourtant à d'autres occasions, on constate que cette navigation donne lieu à d'étonnantes correspondances entre signifiants et signifiés à l'origine de contrepèteries, de contresens, de jeux de mots, de jeux de connivences ou à des rapprochements inattendus. Citons ces quelques exemples savoureux.

À la sortie de la chanson de l'artiste Harry Diboula *Tu me manques,* en 1993, la communauté antillaise s'insurge et se demande pourquoi le chanteur antillais ne parvient plus à maîtriser le créole qui est pourtant sa langue maternelle. Il se trompe dans la traduction du titre de sa propre chanson et le traduit en créole par « ou ka mantché mwen » à la place de « ou mantché mwen », ce qui signifie littéralement « tu m'as raté », une phrase que pourrait prononcer un locuteur pour signifier que le projectile qui lui était destiné n'aurait pas atteint sa cible ; la traduction est erronée et prête même à un contre-sens. Ce qui pourrait être considéré comme une anecdote anodine, nous interpelle. Dans ce contexte le principe de coupure évoqué par Bastide aurait dû opérer, mais à la place on assiste à une forme d'acculturation telle que le locuteur en oublie sa langue maternelle.

Toujours dans le domaine linguistique, mentionnons cet autre décalage. Le mot « serpent », référant à la physionomie d'un animal longitudinal très présent dans les mythologies comme nous l'avons évoqué plus haut, se traduit en créole par le lexème

---

[58] Cette expression est utilisée pour désigner toute langue servant de base de communication entre membres de communautés linguistiques différentes. Le français, l'anglais ou le pidgin-English ont ce statut au Cameroun.

substantivé « cravate ». L'utilisation de ce mot illustre encore l'ambivalence des relations sociales lorsque le principe de coupure endogène s'impose mais cette fois au détriment de l'individu exogène au groupe qui se trouve dans deux univers qui ne communiquent pas entre eux.

Notre dernier exemple s'inscrit dans le registre populaire et trivial. Le processus de la formation sociale a longtemps été le résultat d'interactions sexuelles violentes -viols, sévices- entre le maître et ses esclaves. De sorte que le langage véhiculaire affectif reste empreint des modes d'interaction du dominant. Ainsi l'acte d'amour s'exprime-t-il par les verbes « couper » ou « coquer » rappelant pour cette dernière forme verbale le gallinacé qui est aussi l'emblème national du dominant. Dans ce dernier exemple le registre du langage mais aussi l'usage des termes expriment l'étroit rapport entre langue, culture et mémoire collective (expérience sensible vécue par les ascendants).

Ces quelques exemples, s'ils ne remettent pas en cause l'équilibre des individus, illustrent que les mots pourtant partagés dans les deux cultures reçoivent des interprétations différentes qui conditionnent le lien social. Et dans ces conditions, comment conclure à un syncrétisme du langage -signes et symboles- ?

Ainsi nous voyons que la dimension communicationnelle nécessite la maîtrise des référents, des imaginaires socioculturels, et que la navigation d'une culture à une autre est une modalité qui nécessite une curiosité et une ouverture à la culture, à l'imaginaire d'autrui, et nécessite aussi une certaine bienveillance.

Il en va nécessairement de même pour ce qui a trait à la dimension affectuelle. Ce point est abordé par Denys Cuche lorsqu'il évoque le concept d'ambivalence socialisée à propos de la "deuxième génération" issue de l'immigration étrangère. Il relate les complications pouvant être d'ordre émotionnel. Les enfants d'exilés de « retour au pays natal » de leurs parents lorsqu'ils ne maîtrisent pas la langue, ne partagent pas les mêmes codes, les habitudes ni même les valeurs et peuvent ainsi faire l'expérience traumatisante du choc de deux cultures éloignées et en définitive du rejet.

De leur côté Claude Grignon et Jean-Claude Passeron[59] reprenant le mot de Roger Bastide résument le concept d'ambivalence socialisée à un « principe de coupure »[60] reposant sur l'oubli momentané des rapports de domination.

---

[59] Claude Grignon et Jean-Claude Passeron, *Le savant et le populaire,* Paris, éd., Du Seuil, 1989.
[60] Roger Bastide, *Les Amériques noires*, Payot, (1967-1996), p.31.

Ronald Cyrille, Œuvre sans titre, dimensions inconnues, techniques mixtes, exposition Traces et empreintes, Habitation La Ramée Guadeloupe, 2018, photo @Ronald Cyrille

Sur ce dernier point, précisons qu'il nous semble que « coupure momentanée » ne signifie pas nécessairement oubli des rapports de domination, même momentané, mais peut-être à l'inverse, la prise de conscience de la persistance de rapports de subordination. Et si le concept d'ambivalence socialisée est une caractéristique des cultures populaires ou dominées, c'est à ce titre qu'il présente un intérêt accru dans le domaine de recherche postcoloniale ou décoloniale, lorsqu'il permet justement d'éviter le regard surplombant et donne accès à celui de l'acteur social dominé et au sens que ce dernier donne à ses actes et à ses propos. Nous nous interrogeons sur l'intérêt du concept d'ambivalence qui pour refléter la situation réelle dans la Caraïbe francophone et eu égard au métissage pluriel dans les îles, devrait être requalifié de « polyvalence socialisée » dans l'étude des arts et de la culture des Afro-descendants. Il permettrait en effet de penser la spécificité d'une création jusque-là marginalisée parce que trop éloignée d'un art officiel et dans laquelle les apports culturels se conjuguent au pluriel. Chez le plasticien guadeloupéen Ronald Cyrille la juxtaposition d'éléments n'est pas syncrétique si on entend par syncrétique la fusion de complexes culturels différents et incompatibles. Le plasticien sélectionne les apports culturels compatibles à une aire géographique. Il n'établit pas le parallélisme ou la correspondance avec des croyances, des modes de la pensée exogène.

Les œuvres de Ronald Cyrille ravivent l'hypothèse que les cultures et les croyances ancestrales ne fusionnent pas totalement. L'artiste, « sans chercher à s'inscrire dans l'horizon d'attente occidental, emprunte aux traditions culturelles mystico-religieuses, au conte, au savoir collectif pour développer un art caribéen pertinent à l'intérieur du schème de classification des dominés et dans lequel sa pratique fait sens. Ses peintures constituent un élément majeur de l'art décolonial. Elles ancrent les esthétiques de l'altérité dans le champ des expressions plastiques émergentes dont l'originalité se lit au prisme de l'historicité du lieu et de la transmission mémorielle. La symbolique des personnages qu'il peint renvoie à un mélange de religion et de superstition. Tout comme le peintre cubain Wilfredo Lam qui connaissait les divinités de la santérías et nous conviait au *Réveil de la nature morte*, Ronald Cyrille nous introduit dans ce que Bastide nomme une « guerre *mystique* ». La peinture de Ronald Cyrille touche à l'inconscient collectif des Antillais, au monde des Soukougnans et du Dorlis. Ce dernier considéré comme l'avatar du maître, s'introduit la nuit venue dans la couche des femmes dont il dérobe les charmes. Par extension et par superstition, le Dorlis est devenu l'incube Caribéen que seul le port d'un vêtement retourné ou rouge peut repousser. Le peintre martiniquais Raymond Médélice réalise lui aussi *Le cycle du Dorlis* en 1996 et le *Dorlis frappé du syndrome de Saint-Sébastien* en 2009. Les tableaux de Ronald Cyrille font ainsi référence au savoir, à l'histoire de tout un peuple, à sa mémoire, en somme. L'œuvre de l'artiste est à la croisée du vécu et du surnaturel. Elle est d'une étrangeté immanquable. Mais elle figure aussi la métamorphose de toutes les catégories du réel»[61].

La recherche en esthétique de Ronald Cyrille nous permet d'analyser comme le souligne si justement Denys Cuche, que « le concept de principe de coupure présente l'avantage de permettre de penser la mutation culturelle »[62] et l'évolution d'un être qui s'épanouit dans un espace culturellement polyvalent.

Si l'anthropologie culturelle a souhaité faire œuvre utile en célébrant le concept de syncrétisme en lieu et place de celui d'ambivalence, elle se limite aussi dans l'analyse d'une société plurielle et peine à rendre compte des antagonismes d'intérêt. Ce rôle revient sans doute à la sociologie des arts et de la culture lorsque prenant pour objet l'émergence de l'art contemporain dans un contexte contrarié elle en révèle les freins. La question n'est plus tant de savoir comment concilier les traits du passé et ceux du présent, nous avons vu qu'ils peuvent cohabiter en toute « indifférence », mais bien de

---

[61]Frédéric Lefrançois et Catherine Kirchner-Blanchard, « Décoloniser l'imaginaire esthétique : vers une écriture de nouveaux paradigmes caribéens », *Revue d'études décoloniales*, DECOLONISER L'IMAGINAIRE ESTHETIQUE : VERS UNE ECRITURE DE NOUVEAUX PARADIGMES CARIBEENS – Revue d'Études Décoloniales (reseaudecolonial.org), consulté le 05/07/2021

[62] Ibid., Denys Cuche, pp. 68-69.

trouver les modalités du lien socio-économique, de l'égalité des chances et de la reconnaissance.

De l'ombre à la lumière

Le 5 octobre 1999 à la suite de l'audition du Collectif Égalité réclamant la représentation des « minorités visibles », le CSA commande une analyse quantitative de la programmation des chaînes de télévision à Marie-France Malonga. La remise du rapport en Juin 2000 confirme ce que tout le monde soupçonnait. Les minorités sont sous-représentées dans les médias français. Ces résultats vont entrainer une succession de mesures la « redéfinition du rôle des médias dans la lutte contre le racisme. Le 6 juillet 2000 Hervé Bourges intervient au Sénat. Le dirigeant de l'audiovisuel français pose la question de la représentation de la diversité dans les médias, s'en suivent la loi sur l'égalité des chances (9 mars 2006), la modification des cahiers des charges des chaînes publiques (1er juin 2006 : le décret 2006-645) ». En dépit de ces initiatives, le bilan reste « mitigé » au point qu'en janvier 2007 un groupe de travail sur la diversité est constitué au sein du CSA. Des auditions vont suivre en 2007 et le Fonds « Images de la diversité » est créé par le CNC (Centre National du Cinéma) et l'ACSé (l'Agence nationale pour la cohésion sociale et l'égalité des chances) [63]. En 2008 le CSA commande une nouvelle étude au sociologue Éric Macé[64]. Ce rapport établit que la sous-représentation des classes populaires, la sur-représentation des cadres, la sous-représentation des ouvriers, la sous-représentation des femmes sont avérés. Il conclut aussi que la discrimination genrée et ethnicisée (les femmes vues comme non blanches sont doublement sous-représentées) est pratiquée. Le rapport montre encore la discrimination au sein même des minorités ethnoculturelles (diversité plus favorable aux personnes vues comme noires, défavorables aux personnes vues comme arabes). Globalement, la discrimination à l'égard des minorités est perceptible dans les domaines de la publicité et de la fiction. Sur ce dernier point, elle affecte davantage les personnages vus comme asiatiques.
Pour Éric Macé, cette « exclusion télévisuelle révèle et renforce l'exclusion symbolique et sociale des minorisés et que donc, par renversement, une meilleure visibilité

---

[63] Magali Nayrac, « La question de la représentation des minorités dans les médias, ou le champ médiatique comme révélateur d'enjeux sociopolitiques contemporains », in. *Cahiers de l'Urmis* [En ligne], 13 | octobre 2011, mis en ligne le 14 octobre 2011. Consulté le 22/11/ 2020. URL : http://journals.openedition.org/urmis/1054 ; DOI : https://doi.org/10.4000/urmis.1054

[64] « Ce rapport est une étude de la perception de la diversité de la population représentée dans les programmes de télévision en France. Elle a été réalisée à la demande du Conseil Supérieur de l'Audiovisuel (CSA), sur l'initiative de son Observatoire de la diversité dans les médias audiovisuels, présidé par le conseiller Rachid Arhab. »

médiatique et la présence de professionnels 'issus de la diversité' engendreraient une reconnaissance politique et symbolique au sein de l'imaginaire collectif national »[65]. Comme il le précise aussi, la réaction effective a tardé à venir. En fait, elle ne surviendra qu'à la suite des « émeutes de novembre 2005 dans de nombreuses banlieues populaires (consécutives à la mort de deux adolescents non-blancs poursuivis abusivement par la police), qui vont conduire à légitimer le basculement vers une politique volontariste »[66]. Des résultats qui feront dire trois ans plus tard au président du CSA Monsieur Michel Boyon[67] « Je ne dirai pas que ces résultats ne sont pas satisfaisants, je dirai qu'ils sont inacceptables. Ils sont intolérables dans la France de 2008 ».

Et par voie de conséquence, en 2017, le législateur préconise une représentation de la diversité de la société française à la télévision et à la radio, qui soit désormais « […] *exempte de préjugés*»[68].

Si le décès de deux jeunes gens a conduit à la soudaine apparition de la diversité dans l'audiovisuel et dans la publicité, force est de constater que la représentation des minorités ethnoracialisées dans les instances muséales reste à faire. En effet, quels critères mettre en avant dans le processus de sélection des artistes ? Comment la recherche, les acteurs sociaux, les professionnels du monde des arts peuvent-ils prendre part au processus « d'envisibilisation » dans les arts visuels. Ce qui suivra sera donc une tentative de mise en lumière des initiatives dans ce domaine.

De la recherche et des arts

Le C.E.R.E.A.P. (Centre d'Etudes et de Recherches en Esthétique et Arts Plastiques) a été créé en juin 1993, à l'initiative de Dominique Berthet, au sein de l'IUFM des Antilles et de la Guyane. La structure s'intéresse aux créations plastiques afro-caribéennes. Le CER.E.A.P. a été reconnu par le « Conseil Scientifique et Pédagogique de l'IUFM en février 1994, puis par le Conseil d'Administration la même année. Après avoir été rattaché de 1999 à 2011 au Laboratoire d'Esthétique Théorique et Appliquée, équipe d'accueil (n° 2478) de l'Université Paris 1 Panthéon-Sorbonne, il est depuis 2011, équipe interne du C.R.I.L.L.A.S.H. (Centre de Recherches Interdisciplinaire en Lettres, Langues, Arts et Sciences Humaines) de l'Université des Antilles et de la Guyane, devenue Université des Antilles. ». Le C.E.R.E.A.P a pour mission la valorisation de

---

[65] Éric Macé, « Entre visibilité médiatique et reconnaissance politique », *Médiamorphoses,* 2006, n° 17, pp. 114-118.
[66] Éric Macé, « Des « minorités visibles » aux néostéréotypes, Les enjeux des régimes de monstration télévisuelle des différences », in. *Journal des anthropologues,* Association française des anthropologues, Hors-série, 2007 Identités nationales d'État ethnoraciales.
[67] Allocution de monsieur Boyon lors d'une conférence de presse CSA, le 12 novembre 2008.
[68] La loi n°2017-86 du 27 janvier 2017 relative à l'égalité et à la citoyenneté.

ses recherches au prisme de la revue : *Recherches en Esthétique*, qui n'est pas « qu'une revue d'universitaires. Elle est largement ouverte aux réflexions d'artistes, amenant ces derniers à expliquer, à conceptualiser leur création, à lui donner sens et à diffuser cette signification. Et puis, et nécessairement, elle donne à voir leur production »[69]. La structure fondée par le professeur Dominique Berthet organise de nombreux colloques et séminaires, ainsi que des conférences, des expositions et[70] la publication d'actes de colloque. Depuis 1994 le C.E.R.E.A.P. a organisé 23 colloques et publié 44 volumes (revue et actes de colloques).

Autour des circuits institutionnels et académiques gravitent des associations, des artistes indépendants qui poursuivent eux aussi la recherche dans le domaine de la promotion et de la valorisation des arts. On les retrouve en Caraïbes, comme nous le verrons plus loin, mais aussi à Paris. Pour ces acteurs, l'émergence de leurs créations est conditionnée par la diffusion d'écrits mais aussi de manière plus pragmatique par la visibilité matérielle de leurs créations dans les foires, les musées et maintenant dans les stations de métro. Sans attendre l'identification du problème social que constitue l'invisibilité des plasticiens ethno-racialisés dans les espaces de monstration, ni même que le sociologue se penche sur un dysfonctionnement qui n'a pas encore été identifié comme tel, les artistes, la société civile, les associations s'emparent de la question. On peut citer à titre d'exemple la prise de conscience collective au sein des structures « Décoloniser les arts » en France et de Minorit' Art[71], au Canada. Cette prise de conscience très prégnante dans la recherche Outre-Manche et Outre-Atlantique s'illustre dans de nombreux travaux et notamment dans ceux de la chercheuse américaine Channing Mathews. Ancrés dans les sciences de l'éducation et la psychologie, ils mettent en avant le concept de « conscience critique » usité dans l'espace public américain depuis les années 1960. Channing Mathews en démontre l'acuité aujourd'hui aux USA, mais nous pourrions tout à fait en concevoir l'usage en France. Selon la chercheuse, la

---

[69] Gerry L'Étang, *Une revue de Martinique : Recherches en esthétique*. Recherches en esthétiques n°20, Créations insulaires, (Dir.) Dominique Berthet, Janv. 2015, p.274.
https://potomitan.info/bibliographie/esthetique20.phphttps://potomitan.info/bibliographie/esthetique20.php consulté le 16/10/2020.

[70] « Le C.E.R.E.A.P. comprend aujourd'hui une trentaine de membres, chercheurs associés, doctorants de Martinique, de Guadeloupe et de la Réunion, auxquels s'ajoutent des personnalités, artistes, intellectuels, auteurs qui, ponctuellement, apportent leur concours et leur contribution en fonction du thème de réflexion proposé. Le C.E.R.E.A.P. travaille en collaboration avec d'autres centres de recherches et laboratoires couvrant les mêmes domaines ou des domaines proches en métropole et à l'étranger ». http://berthetdominique.wixsite.com/site-du-cereap/page2 consulté le 26/01/2019.

[71] Minorit'Art s'inscrit dans le Réseau d'Études Décoloniales. La communication, les pôles de rédaction sont dirigés par l'artiste Géraldine Entiope et la bachelor en Politiques et Arts Sarah Tchou. Le pôle lecture, correction, traduction est assuré par l'artiste commissaire Cécilia Bracmort, la traductrice diplômée de l'UQAC Karla Cynthia Garcia Martínez, la diplômée en études inter-disciplinaires de l'université de la Havane, Mildred Cabrejas Quintana et le diplômé en histoire contemporaine de l'université de Reims-Champagne- Ardenne, Jérôme Louis.

« conscience critique » est la clef de voûte de la reconnaissance et de la remise en cause des inégalités sociales constatées. Pour elle, le processus de conscientisation fonctionne à partir de la mise en relation de trois éléments définis comme étant l'efficacité politique, la réflexion critique et l'action critique. Sa théorie proche de celle du développement sociopolitique permettrait de rendre compte et d'agir sur la question de la discrimination qui, pour être appréhendée dans toute sa dimension, pourrait aussi être couplée au paradigme néopositiviste de l'individualisme méthodologique. Car, seule l'analyse de l'expérience des discriminations vécues par les minorisés permettrait d'identifier en quoi les figures du « Black face », « Y'a bon banania » ou « Oncle Ben's » sont des modèles exogènes, ouvertement discriminants et offensants pour les individus moqués. On en veut comme preuve l'intervention physique de militants antiracistes le 25 mars 2019, à la Sorbonne pour empêcher l'usage des « Black faces » lors de la représentation du spectacle des *Suppliantes* mis en scène par Philippe Brunet[72], Cette prise de conscience critique permettrait aussi de comprendre comment la réouverture du « Bal Nègre » et surtout le maintien de son nom, que son propriétaire Guillaume Cornut considère comme étant « au premier degré, un nom magnifique, dansant, chantant et coloré […] laisse sans voix... [73]» et illustre que les phénomènes de discrimination ont deux natures l'une explicite et l'autre plus subtile. Cette dernière est aussi plus insidieuse, parfois non intentionnelle, ambivalente, intériorisée, voire acceptée justement parce qu'elle est tout cela à la fois.

Pour éviter l'intériorisation et la normalisation de la discrimination, l'association « Décoloniser les arts » publie à la suite des propos de Guillaume Cornut, une tribune cinglante dans son blog Médiapart, titrant *2017 devra être décoloniale*[74]! Pour le Collectif « l'ignorance crasse et les discours erronés » sont le cœur du problème et incitent la population française à re-penser les fondements de la représentation et ses mécanismes. L'annonce faite, le collectif « Décoloniser les arts » publie un ouvrage invitant à l'action. *Décolonisons les arts* devient l'incitation à la prise de conscience. À partir de l'ouvrage *Décolonisons les arts*[75]*,* un livre qui a été rédigé sous la direction de Françoise Vergès, quinze artistes dont Hassane Kassi Kouyaté prennent la parole. Ce

---

[72] Médiapart, *Racisme dans les arts: Lipanda Manifesto, tribune des 343 racisé·e·s*, le 28 avril 2019.
https://blogs.mediapart.fr/les-invites-de-mediapart/blog/270419/racisme-dans-les-arts-lipanda-manifesto-tribune-des-343-racise-e-s?fbclid=IwAR0zC9oS87TJX1HxCLMiBESk5LZK8zNseHrM-7hCLzL6aiTbl9m7rdxy3gQ consulté le 01/05/2019
[73] Décoloniser les arts, *2017 devra être décoloniale!* https://blogs.mediapart.fr/decoloniser-les-arts/blog/200217/2017-devra-etre-decoloniale consulté le 05/02/2019.
[74] Ibid., Décoloniser
[75] Le collectif Décoloniser les arts, (Dir). Françoise. Vergès Gerty Dambury et Leïla Cukierman, *Décolonisons les arts,* éd., Arche, 19/09/2018.

dernier est un homme de théâtre africain[76] et ancien directeur de Tropiques Atrium, scène nationale en Martinique qui fut nommé en 2014. Il faut aussi compter avec la réalisatrice décoloniale franco-marocaine, Amandine Gay[77]. Cette dernière avait eu la courtoisie de nous permettre la diffusion en avant-première de son documentaire *Ouvrir la voix* sur le ressenti de femmes artistes, noires et marginalisées dans leur profession d'artiste et plus globalement dans la société française. Le documentaire fut diffusé lors de l'Université d'été organisée par le professeur Laurent Martin *Le modèle français de politique culturelle en question : quelle place faire à la diversité ethno-culturelle et au multiculturalisme dans les arts et les médias[78] ?*

Bien qu'on ne puisse nier le poids de la notoriété de la politologue Françoise Vergès dans l'accueil favorable que reçoit l'ouvrage, ce sont bien les acteurs de terrain qui ont contribué à relayer cette prise de conscience critique. Collectivement ils donnent le « la » de leurs actions qui débouchent sur les séminaires de l'Université *Décolonisons les arts*. Ces rencontres étaient organisées mensuellement dans un quartier populaire du 10e arrondissement de Paris, à la Colonie barrée, aussi annoncé sur internet comme « Un lieu de "Savoir-vivre" et de "Faire-savoir"[79].Les séminaires pensés autour du lien social et de la transmission questionnaient « la colonialité à l'œuvre dans le monde des arts et de la culture en France et propos[aient] des pistes pour une décolonisation des formations, des institutions et des contenus »[80] .

 Les organisateurs proposaient d'interroger la trop faible présence racisée dans les milieux culturels. Lors de la première Université qui avait pour sujet « Pourquoi une université : notions, concepts, histoire, mémoire » nous entrons de plein fouet dans le débat toujours actuel qui rappelle l'échec du postcolonialisme à réformer les imaginaires et les structures socio-économiques du dominant. La première Université réunissait des artistes, des universitaires ainsi qu'un large public très diversifié. Ce rassemblement a illustré l'émergence d'une prise de conscience collective et l'existence

---

[76] Hassane Kassi Kouyaté est nommé directeur de l'établissement public de coopération culturelle (EPCC) réunissant le centre martiniquais d'action culturelle et le centre culturel départemental "Atrium", en novembre 2014. Cette structure, renommée "Tropiques Atrium", reçoit en 2015 le label Scène nationale.

[77] La couleur de l'adoption, *Rencontre avec Amandine Gay, pionnière de la France,* site en ligne posté le 13/09/2019 consulté le 06/02/2019.
 http://www.lacouleurdeladoption.com/rencontre-avec-amandine-gay/

[78] Université d'été soutenue par le pôle des sciences sociales USPC, 18-22 septembre 2017.
https://laurentmartinblog.wordpress.com/2017/09/17/luniversite-dete-des-sciences-sociales-sur-la-diversite-ethno-culturelle-commence-demain/ consulté le 01/05/2019.

[79] La Colonie a été fondée par Kader Attia, Zico Selloum.

[80] Leïla Cukierman, Gerty. Dambury, Françoise Vergès, Décolonisons les arts !, «Aux côtés des directrices d'ouvrage ont contribué à ce volume les artistes : Kader Attia, Marine Bechelot Nguyen, Rébecca Chaillon, Myriam Dao, Eva Doumbia, Daïa Durimel, Karima El Kharraze, Amandine Gay, Mohamed Guellati, D' de Kabal, Hassane Kassi Kouyaté, Jalil Leclaire, Olivier Marboeuf, Pascale Obolo et Sandra Sainte Rose Fanchine».
 http://www.arche-editeur.com/publications-catalogue.php?livre=744 consulté le 06/02/2019.

d'un problème social qui auparavant était ignoré des institutions. Pourtant sous la pression du collectif qui se manifeste par la diffusion de l'information sur les réseaux sociaux, l'apparition dans les médias, les institutions opèrent ce qu'Herbert Blumer[81] nomme un « plan d'action officiel ». Jusque-là, il n'y a jamais eu d'exposition questionnant la visibilité des minorités ethnoculturelles et racialisées dans les instances muséales légitimes à l'exception de celle organisée par Lilian Thuram et Françoise Vergès au Musée Delacroix en 2018[82]. Rapidement, les « arrangements négociés entre des intérêts et des points de vues divers », le hasard ou l'urgence du calendrier, conduisent le Musée d'Orsay, un an plus tard, à organiser l'exposition *Le modèle noir De Géricault à Matisse*[83]. Le 26 mars 2019, on assiste à l'entrée massive de la « figure du Noir » dans la première exposition du genre présentant 100 œuvres de grands maîtres. En réaction, l'Université organiait un nouveau séminaire le 12 mai 2019 consacré aux questions de représentation des noir.es et des racisé.es dans les œuvres picturales d'Eugène Delacroix[84]. Bien entendu la question du sens et des modalités de la « décolonisation » se pose. S'agit-il d'arriver à une autonomie financière ou simplement idéologique ? Accepter des financements, être accueilli dans une institution dite légitime n'est-ce pas justement le signe de l'assimilation ? Sans réponse à ces questions qui méritent d'être posées et faisant immédiatement suite à cette « apparition » inédite dans les institutions muséales de l'Hexagone, les acteurs de la sphère artistique vont plus loin et s'emparent cette fois de la question de la visibilité du plasticien ethnoracialisé.

---

[81] Herbert Blumer (trad. Riot Laurent), *Les problèmes sociaux comme comportements collectifs,* In : Politix, vol. 17, n°67, troisième trimestre 2004. Trajectoires de la notabilité. II. Production et reproduction pp. 185-199.

[82] Exposition Imaginaires et représentations de l'Orient Question(s) de regard(s) du 11/01/2018 au 02/04/2018.

[83] Exposition Le modèle noir De Géricault à Matisse, Musée d'Orsay du 26 mars - 21 juillet 2019

[84] Louise Wessbecher, Exposition à Orsay: "Le modèle noir" contre l'invisibilisation des personnages noirs Exposition à Orsay: "Le modèle noir" contre l'invisibilisation des personnages noirs (huffingtonpost.fr) publié le 27/03/2019, consulté le 12/02/2023.

Décolonisons les arts, Université 1

Sans titre, Université Décolonisons les arts, 2019, photo @Gerty Dambury

La question de la visibilité des plasticiens insulaires ou s'inscrivant dans une recherche plastique afro-caribéenne finit par interpeller aux niveaux européen, national et local.

Au point que pour la première fois dans l'histoire de la très renommée *Biennale de Venise* (3400 visiteurs par jour, 615 000 visiteurs pour la 57e édition en 2017), des artistes des Outre-mer[85] sont invités à exposer. Cet évènement organisé par le Centre culturel européen est soutenu par le Ministère de la Culture, la Région Guadeloupe, la Direction du département des affaires culturelles de la Guadeloupe, le Conseil de la Guadeloupe, Guadeloupe Kouleurs et par deux collectionneurs guadeloupéens - Olivier Tharsis, un gérant de lieu de restauration et Chrystelle Mérabli, une experte en investissements fonciers internationaux - qui a mis à profit ses talents dans la direction de l'agence Krystel Ann Art PropertieS[86].

L'agence avait déjà été sélectionnée par la Région Guadeloupe pour gérer le projet « Éclats d'Îles » qui a eu lieu en 2018 à Paris. Mais au sein du Palazzo et bien qu'en marge de la Biennale « officielle », le projet prend une forte dimension symbolique. Le

---

[85] On notera que l'artiste Joël Andrianomearisoa est aussi le premier artiste Malgache à la Biennale de Venise.

[86] FXG, *Pavillon des îles de la Guadeloupe à la Biennale de Venise,* « C'est la première fois que la Guadeloupe s'investit à la biennale de Venise. L'agence Christel'Ann Art va exposer trois de ses artistes émergents. "Notre série d'expositions, Eclats d'île, raconte Olivier Tharsis, le commissaire du pavillon de la Guadeloupe, a servi de vitrine." C'est en voyant les trois expositions organisées à Paris depuis un an par la Région Guadeloupe et Krystel'Ann Art que l'European cultural center est venu les trouver pour leur demander d'organiser "un des événements collatéraux "à la biennale. http://www.fxgpariscaraibe.com/2019/05/pavillon-des-iles-de-la-guadeloupe-a-la-biennale-de-venise.html publié le 11/05/2019 consulté le 12/05/2019.

« Pavillon des îles de Guadeloupe» [87] n'a qu'une superficie de 44 m2, mais il accueille un précurseur de la création plastique locale en la personne de Joël Nanquin. Le Pavillon est ouvert aux plasticiens travaillant sur les esthétiques caribéennes, le Métropolitain François Piquet, résidant en Guadeloupe est également invité, ainsi que l'Afropéen Jean-Marc Hunt. Tout ceci se produit sous le parrainage de la journaliste antillaise Kareen Guiock. Cet évènement unique est orchestré par la commissaire d'exposition Marci Gaymu, une experte en art latino-américain et contemporain. Si le choix du commissariat élargit la vision d'une esthétique aux Amériques, il semble dérouter certain.e.s. Il fera dire à Joëlle Ferly[88] dans un message Facebook adressé aux artistes exposant que

> « L'Art a un sexe : mâle heureusement pas le mien ! Un peu étonnée du choix des commissaires (et des politiques qui ne connaissent visiblement pas le mot parité !), mais bon… de tout cœur avec vous les amis ! Un beso cubano- l'autre biennale, la révolutionnaire !) » [89]

Ce constat le journaliste FXG le fait également. Pour le spécialiste des Outre-mer et correspondant à Paris pour France-Antilles, l'enjeu de la Biennale de Venise n'est pas emprunt de féminisme, il est économique. Voici ce qu'il rédige sur son blog à la suite de l'évènement

> « Si l'on comprend difficilement qu'aucune plasticienne n'ait été retenue, on imagine aisément en revanche que les 80 000 euros investis dans l'opération par Krystel Ann'Art ont pesé dans la balance et qu'ils ont convaincu la Région, le département et la DAC d'investir à leur tour. « En tout, 129 000 euros ! » [90]

---

[87] Exposition organisée dans le cadre de la 5ème édition de « Personal structures »- Identities » du 11 mai au 24 novembre 2019, au 2ème étage du Palazzo Mora, ainsi que dans 2 espaces en plein air situés dans les jardins publics Giardini Marinaressa.
https://www.krystelannart.com/en/project/personal-structures-identities/ www.labiennale.org, consulté le 10/05/2019.

[88] L'association L'Artocarpe qui est dirigée par Joëlle Ferly a été sollicitée par les organisateurs de la Biennale de Cuba pour être présents lors du 13ème évènement. Dans ce cadre la fondatrice de L'Artocarpe a organisé un voyage à Cuba destiné à mettre les artistes en relation avec des professionnels et afin de « tenter d'exposer sur les lieux OFF ». Mise à jour par L'Artocarpe TEAM le Samedi 2 Février 2019 https://www.artocarpe.net/Next-Step-Havana-Biennale-biennale-de-la-Havane_a337.html consulté le 24/11/2019.

[89] Joëlle Ferly, L'Art a un sexe…, message posté sur FB.
https://www.facebook.com/catherine.kirchnerblanchard/posts/10205738570459379?comment_id=10205743184094717¬if_id=1557548522047526¬if_t=feed_comment consulté le 11/05/2019.

[90] Ibid., FXG

Piquet François, Hunt Jean-Marc 1

De gauche à droite, projet Equation décoloniale ; You&Me sculpture de François Piquet, Jean-Marc Hunt, projet L'étranger Récits cosmogoniques, acrylique sur toile et poska 2019, 58e édition de la Biennale de Venise, 2019@inconnu

Nankin Joël 1

Joël Nankin, projet Existence, ensemble de huit œuvres. Acrylique sur toile, 2019@inconnues

Sans attendre la reconnaissance des instances légitimes de l'Hexagone, mais en acceptant tout de même les financements leur permettant d'être présents, ces trois artistes de la Caraïbe « côtoient » la cour des Grands et réitèrent leur désir inassouvi d'intégration à cet évènement international de l'art contemporain. En dépit d'une reconnaissance qui n'est toujours pas effective, pour Jean-Marc Hunt, "C'est un pied de nez à l'histoire coloniale qui ne nous considérait pas comme un peuple, des hommes »[91]. Les conditions d'émergence des arts minorisés préoccupent les plasticiens du bassin caribéen comme ceux d'Afrique. Avec le plasticien camerounais, Barthélémy Togo[92] la sphère artistique contemporaine tente d'aller plus loin. Pour la première fois, la considération du créateur entre dans la logique de la monstration et on assiste au

---

[91] Ibid., FXG

[92] Initiatives de Joachim Pflieger, directeur général de la Fondation Fiminco, Barthélémy Toguo, artiste, fondateur de Bandjoun Station, Cameroun. La discussion a été modérée par Philippe Régnier.https://www.facebook.com/photo.php?fbid=2306410622926845&set=a.13899106079101 89&type=3&theater consulté le 09/05/2019.

lancement de *Paris Gallery Weekend*,[93] une conférence organisée en partenariat avec l'Académie des Beaux-Arts à l'Institut de France. Elle aborde la problématique de la résidence d'artistes pour ceux éloignés des lieux des arts et de la culture, enclavés géographiquement. D'autres, las de lutter pour une référentialité dans l'espace légitime font preuve d'initiatives personnelles.

---

[93] Ont participé à cette conférence : Muriel Mayette-Holtz, de l'Académie des beaux-arts, ancienne directrice de l'Académie de France à Rome - Villa Médicis, Fabrice Hyber, de l'Académie des beaux-arts, dans une discussion modérée par Stéphane Renault. Elle s'est tenue le 17 mai au Palais de l'Institut de France 23 quai de Conti, à Paris.

3-Des prescripteurs privés

En Martinique

Jean Crépin Alerte plus connu sous le pseudonyme d'Habdaphaï est né à Fort de France (Martinique) en 1960. Il a grandi dans le quartier populaire de Trenelle construit dans les années 1940 à 1950 lors de la « politique de la feuille tôle »[94] voulue par le maire de Fort de France de l'époque Aimé Césaire. Habdaphaï[95] est une figure marquante de l'histoire de la création contemporaine dans les Caraïbes. En 1974, il entreprend une carrière de danseur, puis se consacre à la peinture à partir des années 80 et réside à Paris de 1987 à 1990. Il est diplômé en « Art Performances » de l'Université de Besançon en 2013 et titulaire d'un DNSEP-Art par l'Institut Supérieur des Beaux-arts de la même ville en 2015. Le plasticien expose régulièrement en Caraïbes, en Europe et à l'international (Afrique, Amérique, Océanie). Il y présente son travail de sculpture, performance, vidéo-photographie. Sa peinture s'articule autour de son concept de « syncrétisme pictural »[96]. Dynamique, il est aussi une référence dans le milieu de l'art afro-caribéen pour ses compétences de fédérateur. Alors que les plasticiens déplorent toujours l'échec de la création d'un Musée qu'Édouard Glissant appelait pourtant de ses vœux, Habdaphaï crée le premier marché de l'art contemporain de l'île auquel nous avions contribué. Concepteur, organisateur et animateur, il mise sur le collectif pour faire bouger les lignes de l'art conceptuel. L'artiste crée et dirige trois galeries (Art Neuf à Fort de France, le Cho'rum et Odis7 au Marin où il vit et travaille). Il est aussi à l'origine de trois manifestations artistiques internationales en Martinique (le Festival des Sens éditions 2003 à 2008 au Marin, le Marché de l'Art Contemporain du Marin éditions 2000 à 2009 et la Pool Art Fair Martinique éditions 2011 et 2012 à Fort de France avec les « Frère Independent de la Guadeloupe »). Depuis Habdaphaï se consacre davantage à sa carrière. Il expose beaucoup comme en atteste sa dernière exposition à l'Atrium Scène Nationale le 24 avril 2023 *Confiné, déconfiné, reconfiné,* dont j'ai été la commissaire pour la partie dessins. Les nombreuses initiatives individuelles de valorisation des arts plastiques_sont l'objet de publications dans les journaux locaux. L'artiste a fait des émules comme ces collectifs d'artistes amateurs (PABE), l'Association Convergences Caraïbes pour la représentation, la défense et la

---

[94] Aimé Césaire octroyait des feuilles de tôle aux habitants les plus démunis afin qu'ils puissent couvrir leur maison.

[95] Marie-Christine Toussaint « il a adopté son pseudonyme en 1982 à Haïti (habda=celui qui attrait les autres, Faye=un nom africain).

https://galerie-odis7.odexpo.com/pro_page.asp?page=1893&lg= consulté le 04/02/2019.

[96] Artmajeur site en ligne, liste expositions Habdaphaï.

https://www.artmajeur.com/fr/plasticien/news consulté le 04/02/2019.

promotion des artistes des arts visuels contemporains de la Martinique[97]. En novembre 2018, Mathieu Guérard et Elena Lou Arnoux prennent leur part à l'aventure artistique en Caraïbes. Le plasticien décide de s'installer en Martinique et d'y ouvrir des ateliers d'artistes et un lieu d'exposition. Contrairement à ce qui se fait dans le milieu, il va jusqu'à rémunérer les exposants. Le propriétaire des lieux et Elena Lou Arnoux[98], la présidente de l'association « La Station Culturelle »[99], font de « La Coursive », un nouveau lieu pour l'art contemporain martiniquais.

En Guadeloupe

Comme le souligne José Lewest dans sa thèse de doctorat, à la Guadeloupe, l'émergence artistique survient « près de cinquante ans après les émergences artistiques dans la Grande Caraïbe. » Elle est aussi plus tardive qu'à la Martinique qui a connu ses prémices avec « L'Atelier 45 »[100]. Les artistes guadeloupéens « Michel Rovélas, Rico Roberto, Michel Littée, Michel Chomereau Lamothe et, plus tard, Christian Bracy, Klodi Cancelier entre autres » sont les précurseurs qui ont inspiré et conduit à la formation du mouvement « Koukarra Koulè Karayib» (association de plasticiens pour la promotion d'une esthétique caribéenne contemporaine) fondée par Klodi Cancelier et Lucien Léogane. Par la suite, la création du Festival Indigo (1991) initié par un regroupement d'artistes Caribéens « dont Rico Roberto, Klodi Cancelier, sa sœur Simone Cancelier […] Denise Lopez […] Helena Lopez […] Rolf Sambale, Maurice Vital »[101]marque « une rupture en officialisant, par l'art, la reconnaissance de la référence amérindienne dans la création plastique guadeloupéenne et ses convergences africaines »[102].
Aujourd'hui les préoccupations des artistes guadeloupéens contemporains demeurent celles des fondateurs. C'est à travers un recentrement sur les Amériques et leur diaspora et au prisme d'évènements internationaux qu'ils entendent concilier art contemporain

---

[97] Association Convergences Caraïbes, déclaration et parution au Journal Officiel du 6 janvier 2018, Présidente : Mme Marie GAUTHIER, Secrétaire : Mr Olivier MOREAU, Trésorière : Mme Lyliane RAZIN http://convergences-caraibes.com/?page_id=519 consulté le 04/02/2019.

[98] Mathieu Guerard et Elena Lou Arnoux ont fait connaissance par l'intermédiaire d'Anthoni Dominguez, Conseiller pour les Arts plastiques et les Musées à la DAC.

[99] Aica, *Le nouveau rendez – vous foyalais des amateurs d'art* 28 /03/ 2019. https://aica-sc.net/2019/03/28/le-nouveau-rendez-vous-foyalais-des-amateurs-dart/ consulté le 09/06/2019.

[100] Catherine Kirchner-Blanchard, *L'Atelier 45, genèse d'une écriture picturale en Martinique*, Collectivité Territoriale de la Martinique.
 http://www.collectivitedemartinique.mq/doctorants-latelier-45-genese-dune-ecriture-picturale-en-martinique-par-catherine-kirchner-blanchard/ consulté le 03/06/2019.

[101] Christian Bracy, « Convergences et divergences : la peinture en Guadeloupe à partir de 1970 », in. *L'Anthologie de la peinture en Guadeloupe*, éd., HC, 2015, p.73.

[102] José Lewest, *Les processus de reconfigurations dans l'art caribéen Guadeloupe, Haïti, Jamaïque*, L'Harmattan, 2017.

officiel et spécificités ethnoculturelles. Si l'émergence de l'art guadeloupéen a été tardive, on constate depuis 2009 la nécessité de poursuivre les efforts.

C'est ce que nous notons à travers l'évocation des actions de trois acteurs de la scène des arts plastiques. De cette manière, nous mettons à jour le processus par lequel la mutualisation et le passage du singulier au collectif permettent la constitution d'un réseau tentant de rayonner à partir des Amériques. Nous nous intéresserons plus spécifiquement à l'Atelier Cilaos (Art Bémao), l'Artocarpe (Caribbean-Art- Incubator), et à Frère Independent (Pool artFair). Il y a trois raisons à cette sélection. La première tient au fait que leur réseau s'étend au-delà des limites insulaires. La deuxième est liée au fait que ces projets concentrent un vivier important d'artistes émergeant de la scène guadeloupéenne. Enfin ces projets ont tous été réalisés par des Afropéen.ne.s qui sont selon l'universitaire franco-ivoirienne Maboula Soumahoro[103] des Noirs nés ou élevés en Europe[104]. Les trois fondateurs sont animés par une conscience diasporique les reliant aux Amériques. De *Retour au pays natal* de leurs parents, ils envisagent la re-création du lien social, la solidarité et la valorisation de l'art contemporain.

Originaire de la Réunion et de la Guadeloupe par ses parents, Jean-Marc Hunt est né en 1975 à Strasbourg (France) où il découvre sa « différence ». C'est à travers le graffiti, longtemps taxé d'acte de vandalisme qu'il exprimera son expérience de l'altérité. À Paris, il s'associe aisément aux rappeurs qui comme lui éprouvent le besoin d'exprimer l'ambivalence de la diaspora. De retour en Guadeloupe où il vit et travaille, le plasticien connaît à nouveau les affres de l'intégration. Pourtant, il monte Art Bemao, un projet fédérateur en arts visuels. Le pari n'était pas gagné. Dans un article de 2014, on peut lire le climat de suspicion qui a entouré les premières interactions sociales entre l'artiste afropéen expatrié en Caraïbe et la scène artistique locale. On y apprend que Jean-Marc Hunt fut d'abord « hué par une critique » qui ne voyait « dans son discours créatif qu'une colonisation »[105]. Il aura fallu attendre 2009 pour que celui que l'on soupçonnait de n'être qu'un « cheval de Troie » à la solde de l'art officiel, soit mieux perçu et que son travail d'artiste engagé soit soutenu. Décrit comme un « OVNI de la planète locale », Jean-Marc Hunt expose régulièrement localement et à l'international.

---

[103] Maboula Soumahoro est maîtresse de conférences, à l'université de Tours.

[104] En réalité, le néologisme qui remonte à 1993 est attribué aux musiciens du groupe zaïro- belge Zap Mama avec l'album *Adventure in Afropea*. Depuis le substantif a éclipsé cet autre mot valise, le très controversé lexème « Négropolitain ».

[105] Site de référencement QuandLM lm https://quandlm.wordpress.com/2014/08/14/jean-marc-hunt/ consulté le 01/02/2019.

2009 est une année de prise de conscience collective. À l'heure où les mouvements sociaux agitent la Martinique et la Guadeloupe, le rapport entre art et société est aussi au cœur des préoccupations des artistes. C'est dans ce contexte de crise qu'ArtBemao voit le jour. Le projet d'exposition apparaît comme l'opportunité pour les plasticiens contemporains de la région de prendre part artistiquement au mouvement de contestation générale. Dans leur travail, ils rendent compte de leurs réflexions sur de grands enjeux esthétiques, sociaux ou politiques. Vanessa Gaulain de l'Atelier Cilaos et le plasticien Jean-Marc Hunt entreprennent de fédérer les artistes afro-caribéens autour de ces questions.

La première édition de l'exposition ArtBemao[106] rassemble initialement des artistes régionaux et ouvre le débat des Arts Visuels aux Amériques avec : *Ici, en ce lieu, les temps changent*, animés par le critique d'art Christian Bracy et l'artiste Michel Rovélas. ArtBémao s'est poursuivi avec des évènements artistiques « décentralisés en OFF » dans d'autres villes du territoire guadeloupéen (Le Moule, Pointe-à-Pitre, Sainte-Rose, Basse-Terre...) pour ne citer que ces villes.

L'édition 2010 « entreprend ses premiers échanges avec la Caraïbe et l'Afrique et invite des artistes de Martinique, de Trinidad, d'Haïti, de Côte d'Ivoire et de Guadeloupe ». Aux côtés de précurseurs de l'art contemporain guadeloupéen (Joël Nankin, Nicolas Nabajoth), l'Ivoirien Ernest Dükü se joue des frontières disciplinaires et Hervé Télémaque présente son « dispositif théorique de la Figuration Narrative »[107].

Cette exposition a été conçue autour de plusieurs pôles : expositions d'arts visuels, conférences, tables rondes, projections de documentaires, happening, performance, inauguration d'un studio d'enregistrement, présentation d'ouvrages, ateliers de création, scènes musicales ou concours de graffitis. 18 artistes, pour la plupart actifs sur la scène internationale, ont été sélectionnés pour exposer sous le chapiteau du Parc de la Centrale de Baie-Mahault (Guadeloupe) d'une superficie de 600m².

La troisième manifestation ArtBemao *Intramuros* s'est tenue à la bibliothèque Paul Mado, Baie-Mahault du 5 juillet au 14 décembre 2013. Elle a proposé une programmation renouvelée chaque mois avec des expositions collectives dédiées à la jeune création. En janvier 2015, Jean-Marc Hunt est reconnu pour son travail de scénographe, de commissaire d'expositions et est promu au grade de Chevalier de l'Ordre des Arts et des Lettres par le ministère de la culture et de la communication de la République Française. Il est aujourd'hui impliqué dans tous les projets d'envergure

---

[106] ArtBemao, du 13 au 21 juin 2009.

[107] Anne Tronche, *Hervé Télémaque*, éd. Flammarion, Paris, 2003.

liés à la valorisation de la création plastique contemporaine – « ArtBemao », « Éclat d'îles » (2018), « Private Open Space #Martinique » (2019), « Échos nature », « Désir Cannibale » Miami (2019), participation « Off », commen déjà mentionné, du premier pavillon des Outre-Mer en marge de la « Biennale de Venise » en 2019[108].

Comme Jean-Marc Hunt, Joëlle Ferly fait le choix du retour aux Amériques. En Guadeloupe, la plasticienne s'attache comme Hunt à démêler les écheveaux de l'art en Caraïbes et à rendre compte de la place, du sens de l'art afro-caribéen au sein d'une structure créée de toute pièce grâce à une détermination qui s'exprime aussi dans ses propres créations.

---

[108] Exposition *Personal structures-identités Venise,-* Palazzo Mora & Giardino Della Marinaressa, 11 mai - 24 novembre 2019, Krystel Ann Art et la Région Guadeloupe coordonneront et soutiendront la participation de trois artistes guadeloupéens. L'évènement organisé par l'European Cultural Centre aura lieu dans le cadre de la Biennale de Venise du 11 mai au 24 novembre 2019. PAVILLON DES ÎLES DE GUADELOUPE : artistes guadeloupéens: Jean-Marc Hunt, Joël Nankin, François Piquet, Sous le parrainage de Kareen Guiock, Commissaire d'exposition: Marci Gaymu.

Hunt Jean-Marc, Cannibal Desire 1

Jean-Marc Hunt, Echo-Natures: Cannibal Desire An exhibition curated by Jean-Marc Hunt (Guadeloupe), and Marie Vickles (U.S.) March 16- April 17, 2019, Miami (USA)@ inconnu

L'Artocarpe

Ainsi nommée en référence au nom botanique de l'arbre à pain, l'Artocarpe a fêté ses 10 ans en 2019. L'association loi 1901 est fondée par la plasticienne afropéenne Joëlle Ferly. Elle est née en 1970 à Paris. Diplômée de L'Université de Paris 8 et de l'École d'art Central Saint Martins de Londres où elle a vécu plus de 15 ans, elle s'installe en Guadeloupe, en septembre 2008. Depuis, l'artiste présente des œuvres vidéo, photographiques, de la performance et des installations engagées qui revisitent la valeur des œuvres symboliques et des œuvres de mémoire. Inspirée par une vision glissantienne de la créolisation, les travaux de Ferly se fondent sur l'observation et sur ses expériences personnelles. Elle trouve les fondements de sa créativité dans la vie politique et sociale des Caraïbes françaises. Avec sa vidéo *Please Pass The Dark Chocolate Over Before I Commit Suicide…*, l'artiste soulève la question de l'intégration des minorités ethnoculturelles dites visibles. S'appuyant sur son expérience londonienne, Joëlle Ferly repense le système des quotas utilisés en Grande Bretagne et plus globalement la politique de catégorisation des populations. La vidéo invite à interroger les effets d'une politique d'égalité des chances et ses limites en termes d'acquisition et de gestion de données sensibles (âge, appartenance ethnique, sexualité, handicap, informations judiciaires ou religion).

Aujourd'hui l'artiste continue de mener des projets personnels *Les Récits de L'Artocarpe, (2014-2017), Japon-Guadeloupe* » qui sont des histoires à écouter sur des bornes numériques interactives réparties en Guadeloupe.

Mais la présence de Joëlle Ferly dans les Amériques se mesure aussi sur le plan collectif. Depuis la création de l'Artocarpe, une soixantaine d'artistes ont été soutenus. Ils viennent des Antilles ou d'ailleurs et se voient proposer différents services par la structure.

Des résidences

L'Artocarpe hébergait des artistes locaux et internationaux en résidences : Henri Tauliaut (Guadeloupe/Martinique) en octobre 2014. Florence Poirier Nkpa (Saint-Martin) de septembre à octobre 2014, Linda Lenssen (Pays-Bas) en 2014, Andeaha San (Brésil) en 2010 parmi d'autres[109]. L'association organisait aussi des rencontres diasporiques donnant lieu à la mise en place d'incubateurs à l'international « Caribbean-Art-Incubator » (Miami)[110], des visites d'évènements (Biennales de Venise, de Cuba) afin d'être en « phase avec le monde de l'art contemporain »[111]. La promotion des artistes se faisait dans le cadre de conférences « Art mémoriel sans pathos » [112] et

---

[109] L'Artocarpe, *Retour d'artistes et spécialistes venus en résidence à L'Artocarpe* https://www.artocarpe.net/Retour-d-artistes-et-specialistes-venus-en-residence-a-L-Artocarpe-Feedback-from-previous-Artists-Art-professionals_a196.html
[110] Artocarpe, *Meeting with the Diaspora*, https://www.artocarpe.net/Meeting-with-the-Diaspora-Vibe-Caribbean-Art-Incubator-a-Miami-based-platform_a220.html , 7 Avril 2015, consulté le 31/01/2019.
[111] Ibid., Artocarpe
[112] Artocarpe, Conférences, http://www.artocarpe.net/Arto-TALKS-Conferences_r6.html consulté le 29 décembre 2015.

d'expositions médiatisées : au Mémorial ACTe « Une nuit, Une œuvre… Avec l'Artocarpe, une présentation d'artistes et analyses d'œuvres »[113]. Depuis la crise du Covid 19 et la fermeture de la structure physique, l'Artocarpe se fait nomade et accueillait les artistes en 2023 à bord du LABORA, un vieux gréement de 75 pieds. Aujourd'hui pour l'Artocarpe, la valorisation est davantage affaire de réseaux sociaux et se fait grâce au site internet de l'association, et de manière plus traditionnelle par le biais du journal guadeloupéen « Le Courrier de Guadeloupe ».

L'association affirme son engagement politique à travers l'invitation lancée au leader du LKP Elie Domota. Un évènement conférence pour le 10e anniversaire de « L'Artocarpe » se tenait autour de la thématique *Art & Société*. Cette date anniversaire rappelait que 10 ans plus tôt les deux Régions françaises des Amériques étaient en colère et que naissait leur porte-parole à travers le mouvement syndicaliste « LKP»[114].

Thierry Alet est le troisième protagoniste. Il est né à Toulon en 1969 d'un père Guadeloupéen et d'une mère Réunionnaise. Afropéen et résolument nomade, le plasticien vit et travaille entre New York et la Guadeloupe. Thierry Alet est diplômé de l'IRAVM (Institut Régional d'Art Visuel) de Fort-de-France, Martinique (1992), de Pratt Institute New York en 1994 et des Beaux-arts (MFA) au Pratt Institute, New York, USA (1996)[115]. En 2004, il fonde « Frère independent », une association basée à New-York et en 2011 « Frère independent » crée la « Galerie T&T Jarry » dans la zone industrielle de Baie Mahault en Guadeloupe. Installée dans un hangar de 400m^2, la galerie est selon son fondateur « stratégiquement situé à l'entrée de la plus grande zone industrielle de France. Avec 3 murs de plus de 10m et un mur de plus de 17m, « T&T » place la Guadeloupe en tête des espaces d'expositions d'Art Contemporain de la petite Caraïbe »[116] . L'ouverture du lieu de monstration a été inaugurée par une collaboration entre Thierry Alet, Maryse Condé et Jean-Marc Hunt. Thierry Alet crée également la foire internationale « PooL Art-Fair ».

---

[113] « Une nuit, Une œuvre… Avec l'Artocarpe » a été organisé dans la salle des congrès et des arts vivants du Mémorial ACTe05 Nov – 2016.

[114] « L'Artocarpe remercie tous les intervenants dont la contribution s'est tenue à titre gracieux: L'artiste José Lewest, docteur en art caribéen. L'artiste Joëlle Ferly, fondatrice de L'Artocarpe Mr Julien Mérion, Universitaire, membre du CAGI Mr Fred Réno, Universitaire, membre du CAGI Mr Elie Domota, porte-parole du LKP Le musicien Krédito et toute son équipe Un grand merci aux bénévoles, George-Line et Patrick pour leur implication dans la mise en place de l'événement. » https://www.artocarpe.net/We-ARE-10-Total-success-of-our-B-day-Anniversaire-reussi-pour-nos-10-ans_a336.html , mars 2014, consulté le 01/02/2019.

[115] Thierry Alet est récipiendaire de bourses de la Andy Warhol Foundation (2012), de la DRAC de Martinique (Direction Régionale des Affaires Culturelles), de la Pollock Krasner Foundation et du Conseil Général de Guadeloupe. Sa récente série *Periodic Table* a été produite grâce à une bourse d'Andy Warhol Foundation dirigé par Small Axe.

[116] Frère Independent, *T&T Jarry*, publication en ligne 2012 https://frereindependent.wordpress.com/2012/04/12/tt-jarry/ consulté le 03/02/2019.

Dans cette section nous nous intéressons à la « PooL Art-Fair » un rendez-vous artistique et contemporain. L'évènement est tous publics et contrairement à la politique adoptée pas ses collègues, Thierry Alet opte pour une approche commerciale avec des billets d'entrée à 10€.

PooL Art-Fair

En 2011 et 2012, les plasticiens Thierry Alet et Habdaphaï conceptualisent la *PooL Art-Fair* qui verra officiellement le jour à New-York en 2014. Cette foire sans précédent devient dès lors un évènement incontournable pour tous les artistes exerçant dans les Antilles. Surtout elle renforce le dispositif de la monstration en Caraïbes et apporte une première réponse à l'insuffisance structurelle.

Les expositions *PooL Art-Fair* sont organisées alternativement en Martinique et en Guadeloupe. Contrairement aux deux évènements artistiques évoqués ci-dessus, des frais de participation sont réclamés aux artistes, mais ceux-ci ont la possibilité de solliciter des bourses. Ces droits d'entrée « permettent aux entreprises et mécènes individuels de promouvoir un artiste en prenant en charge les frais d'expositions »[117]. Les candidatures sont ouvertes à tous, avec toutefois « une priorité donnée aux marchands d'arts et artistes ayant une pratique régulière ». Un autre atout du projet réside dans l'utilisation des réseaux sociaux pour la mise en relation et l'accès direct à une page d'inscription en ligne. Un simple message permet l'obtention d'un mot de passe donnant accès à la page « Formulaire » d'inscription. Un autre mot de passe permet l'accès à la page « VIP ». Le moteur de recherche renvoie à une page de référencement d'artistes. Avec des entrées ambitieuses en termes de catégorisation de la sphère artistique, la rubrique ' recherche d'artistes ' est en anglais, et bien qu'inachevée, propose un modèle de référencement du réseau de l'art afro-contemporain. On y trouve la rubrique :-What do you need, en français (objet de recherche)[118] et un volet déroulant couvrant toutes les professions des arts visuels : Art&Co, Art criticism (Critique d'art), Art fair (Foire artistique), Artists, Galeries, institutions, Museum & Art Centers (Musées et Centres d'art), Not for profit (Non commercial).

La politique de la structure est ouvertement libérale et assumée. Des modalités acceptées par les artistes et les amateurs, chaque année de plus en plus nombreux à prendre part à l'évènement. Néanmoins certains remettent en question le mode de

---

[117] La 10e édition de PooL Art-Fair a pour invité le Canada.
http://poolartfair.squarespace.com/#eat-together consulté le 31/01/2019.
[118] http://www.artruche.org/search_results?q=David+Gumbs

sélection des artistes plus axé sur le quantitatif que le qualitatif. Dans une lettre ouverte, la plasticienne martiniquaise Patricia Donatien Yssa (qui a participé à l'édition 2013) interpelle l'organisateur de l'évènement et interroge son confrère guadeloupéen Thierry Alet, sur les modalités de sélection des exposants[119]. Parmi les artistes, certains remettent entièrement en question le concept de l'exposition. Le projet initial consiste à inviter des artistes à exposer collectivement dans un lieu convivial. Il est pensé dans l'esprit d'un vernissage : les artistes, les collectionneurs et les publics se rencontrent autour de la piscine, du salon, du bar d'un hôtel. Les artistes font visiter « leur chambre-galerie » d'une nuit. Pour certains le concept permet de résoudre la problématique de l'insuffisance structurelle, pour d'autres au contraire le choix d'un accrochage cherchant à optimiser l'espace, une fois passé les quatre murs de la chambre, devient malaisé lorsqu'il est étendu aux lieux d'aisance. Il reste que « PooL Art-Fair » croît depuis ses débuts en réputation et en assises : institutionnelle (DAC Guadeloupe), publicitaire (les champagnes Heidsieck, Volvo) logistique (Air France), audiovisuel (RTL, UKA, ETV) et de publication (Ti Journal).

L'édition 2018 a rassemblé plus de 100 artistes de tous les horizons au terminal de croisières Quai Lesseps à Pointe-à-Pitre (Guadeloupe) et selon le site Art absolument[120], une cinquantaine dans son second volet martiniquais à l'Hôtel l'Impératrice de Fort de France.

La classification des artistes référencés sur le site internet de la « PooL Art-Fair » peut surprendre. Si les Afropéen.ne.s sont logiquement indexés dans la catégorie « diaspora », les Martiniquais, les artistes vivant et exerçant dans les dépendances guadeloupéennes ainsi que les non-nationaux, sont en revanche tous rassemblés dans la section internationale. Il demeure que la « PooL Art Fair » comme « ArtBemao » et les évènements de « l'Artocarpe » dynamisent la scène artistique régionale et invitent à penser les moyens de valorisation d'un segment de l'art contemporain dont le succès réside dans la volonté initiale individuelle, la capacité de monter des évènements, mais aussi de fédérer un plus grand nombre.

La sélection de ces trois structures nous permet de rendre compte des effets et du sens d'un mouvement diasporique inversé ramenant des artistes afropéens dans les Amériques. Ces trois acteurs de la sphère artistique émergente partagent une forte

---

[119] Patricia Donatien-Yssa, *Lette ouverte à Thierry Alet,* organisateur de la PoolArt Fair, mercredi, 26 Juin, 2013. http://www.montraykreyol.org/article/lettre-ouverte-a-thierry-alet-organisateur-de-la-pool-art-fair consulté le 01/02/2019.

[120] Art Absolument, nov 2012 « dont les lauréats de la Bourse SIMA, Tony Boyer, Ronal Cyril, Jean-Luc Toussain et Caecilia Guinot, exposant dans une trentaine de chambres de l'Hôtel Impératrice.http://www.artabsolument.com/fr/default/news/detail/129//Pool-Art-Fair-Martinique.html, consulté le 12/02/2023.

conscience politique, un intérêt personnel et collectif qui les poussent à agir dans le sens d'une mission qui dépasserait leurs intérêts propres.

Les trois entreprises que nous venons d'évoquer permettent d'illustrer le volontarisme, mais aussi les compétences tant conceptuelles qu'organisationnelles d'artistes qui sont nés en France continentale et qui ont tous fait le choix de revenir dans la Caraïbe. Lors du séminaire international « Consciences diasporiques » qui s'est tenu le vendredi 1e mars 2019 à l'Université des Antilles, nous avons eu l'occasion d'évoquer l'implication dans la promotion des arts contemporains et le dynamisme[121] de ceux que désormais on nomme des Afropéen.ne.s.   parce que leur mode de fonctionnement exprime nécessairement l'ouverture à l'altérité. Ils sont organisateurs d'évènements, gestionnaires, ils lèvent des fonds, ils sont aussi commissaires d'expositions. Pourtant cette dernière fonction, bien qu'essentielle dans la réalisation d'expositions doit-elle réellement incomber à l'artiste ? C'est la question que pose Dominique Brebion, dans son article *Être curator en Europe et en Amériques*[122] où elle retrace l'historique de cette profession en Caraïbe.

La construction d'un segment de l'art contemporain

La fonction de conception, organisation, supervision de chaque étape de l'exposition (transport, montage, mise en scène) définition du thème, choix des œuvres, négociation des droits avec leurs propriétaires ou de leur utilisation échoit au commissaire d'exposition ou curateur d'art. Dans un article Dominique Brebion reprend une typologie du métier dans laquelle, l'ancienne conseillère de la DAC Martinique, différencie le commissaire :

- salarié
- l'indépendant
- l'artiste-commissaire (souvent bénévole)
- le critique d'art-commissaire
- l'intellectuel-commissaire

Une typologie qui, comme le montre le sociologue Eliot Freidson, se décline entre profession libérale, profession libérale exercée par vocation et bénévolat exercé par simple vocation. Cette classification illustre la précarité d'une profession en même

---

[121] Frédérique Lefrançois, *Séminaire Consciences diasporiques*, 01/03/2019
https://diasporasdesameriques.wordpress.com/ consulté le 24/03/2019.
[122] Dominique Brebion, *Être curator en Europe et en Amériques*
https://aicasc.files.wordpress.com/2014/12/uep1-commissaire-expo-in-progress-1.pdf consulté le 10/02/2019.

temps que l'ambivalence des rationalités du commissaire et des institutions qui le contractualisent.

Dans la Caraïbe, nous dit encore Dominique Brebion, « ce sont des personnalités culturelles régionales, critiques d'art, professeurs d'art, conseillers culturels qui sont quelquefois amenés à jouer ce rôle de curator ». La critique non voilée met l'accent sur la porosité des compétences au sein de la profession ainsi que la nécessité de qualification ou tout au moins de validation des acquis et des compétences. Amenée au cumul des mandats, elle-même a pris part à la sélection de « plasticiens de Martinique pour la Biennale de São Paulo en 1994, sur la thématique de l'éclatement du cadre et en 1996, sur celle de la dématérialisation de l'art. Plus récemment, en 2010, elle participe pour la Martinique au programme *City State de la Biennale internationale* de Liverpool ». Dominique Brebion signale aussi avoir été en charge de la « sélection des artistes de la Caraïbe francophone autour de l'Art en l'environnement » pour la Triennale internationale de la Caraïbe en République dominicaine la même année.

En tant que commissaire, elle a aussi œuvré à la valorisation des œuvres de créateurs martiniquais lors d'évènements caribéens ou internationaux comme : « Carib Art (Iles néerlandaises 1992) », « le National Black Art Festival d'Atlanta (USA 1996) », « la Carivista (Barbade 1998), Migration in the Caribbean Diaspora (University of Central Florida 2001) ». Elle est également impliquée dans la conception pour le CMAC scène nationale des cycles « Femmes, formes, foules (2006) », « Métaphores du corps (2007) », « Ecritures photographiques et territoires (2008) » ainsi que des expositions « Atlantide Caraïbe (2008) » et « Vous êtes ici (2010) » présentées à la Fondation Clément[123].

Pour de nombreux artistes si la proposition d'une exposition est toujours accueillie avec enthousiasme, a contrario, ils récusent fréquemment les propositions des curateurs qu'il s'agisse de la sélection des artistes, des choix thématiques ou celui des œuvres. À certaines occasions, ils contestent les choix scénographiques ou les accrochages. Mais la critique la plus importante est certainement celle qu'ils adressent aux institutions qu'ils accusent de maintenir une vision unique de l'art.

Dans un contexte où la gestion de la question artistique est aussi centralisée, on peut se demander quelle est la marge de manœuvre de la critique et quelle est son degré d'objectivité ? Comment influence-t-elle la formation du goût ?

---

[123] Ibid., Dominique Brebion, *Être curator*

Le critique d'art

Sur ce point, nous retrouvons Dominique Brebion qui, aux côtés de Carlos Garrido, tous deux membres de l'Aica Caraïbe du Sud[124] se penchent sur la réflexion autour d'une *Théorie et critique d'art en Caraïbe.* Dans un appel à communication publié sur le site de la Fondation Clément en 2014, l'ancienne conseillère de la DAC rappelle le rôle fondateur dans les années 1980 de Gerardo Mosquera, Sara Hermann, Annie Paul, Kobena Mercer, de Christopher Cozier et de Yolanda Wood en insistant sur leur volonté de penser les « concepts de la critique d'art dans la Caraïbe ». Faisant converger leurs points de vue, ces acteurs concluent à la nécessité de « transcender les frontières de l'archipel Caribéen »[125]. Le désir d'ouverture au monde est légitime, mais ne devrait pas, selon le critique d'art indépendant Jocelyn Valton, faire perdre de vue l'objectif premier qui est de rendre compte « de l'émergence de l'art contemporain comme geste questionnant la région des Caraïbes ». En somme, si le contenu de la critique renvoie à la question de la liberté d'expression et à l'autonomisation de la profession vis à vis des institutions nationales ou locales, elle conduit aussi à penser les modalités de la multiplication des propositions et des publications.

Les publications

Revues et magasines

Dès les années 1940, Suzanne Roussi l'épouse d'Aimé Césaire et René Ménil posaient déjà les jalons d'une réflexion autour de la question de l'émancipation et du rejet des pratiques assimilationnistes. À travers la revue *Tropiques,* ils envisageaient les modalités de la valorisation de la culture et des arts antillais. Quelques années plus tard le projet assimilationniste de la France était toujours contesté, mais pour le philosophe Édouard Glissant il s'agissait d'élargir le contact « interculturel entre les Antilles francophones et les îles voisines ». Afin d'y parvenir, il fondait l'Institut Martiniquais d'Études (IME) en 1967, un établissement à visées pédagogiques et culturelles destiné à la fois à ouvrir « les esprits aux problèmes du monde contemporain», mais aussi à susciter « l'audace créatrice » et l'élargissement de « la conscience sur l'environnement caraïbe »[126]. Dans ce but paraissait le premier numéro de la revue *Acoma* en 1971 dans une optique d'activisme culturel en Martinique. Elle se proposait dans un contexte

---

[124] L'Aica Caraïbe du Sud qui été admise en 1951 au statut d'ONG auprès de l'UNESCO.
[125] Aica Caraïbe du Sud et Fondation Clément.
[126] Édouard Glissant, *Acoma* 1-5: 1971-1973, éd. PU de Perpignan, 2005.

postcolonial de relayer des témoignages sur l'actualité antillaise et noire-américaine du début des années 1970 et aussi de contribuer à la promotion des arts et notamment du travail plastique d'artistes issus des Amériques (Cardenas, Segui, Matta[127], Corbin, Jouanakarea). Pensées pour conduire à la démocratisation des savoirs, ces publications s'adressaient aux Antillais et à l'ensemble des populations du bassin caribéen. Rédigées dans leur version originale, elles étaient accompagnées de leur traduction en anglais ou en créole. Mais François Maspero, fondateur de la maison d'édition française éponyme qui diffusait la revue, fut accusé de publier des ouvrages qualifiés de « subversifs ». Cette situation entraîna la suspension de la publication *Acoma* après seulement 5 numéros[128]. Par la suite selon Gerry L'Étang, plus d'une quinzaine de revues virent le jour à la Martinique depuis les années 1970. L'anthropologue fait aussi le constat de leur « caractère éphémère ». Contredisant cet état de fait, la revue « *Recherches en esthétique* fait figure d'exception ». Elle existe depuis 1994, alors que des revues telles qu'*Arthème* fondée par Dominique Brébion en 1999 n'est plus. Exit aussi Océana *Magazine*, qui pourtant proposait une version bilingue français-anglais. Une faible longévité que Gerry L'Étang attribue *à deux facteurs la* « difficulté de financement [et] l'inconstance dans la production intellectuelle »[129].

Pourtant alors que le coût de publication papier est dissuasif, certains se lancent dans l'aventure avec l'édition d' « A à Z de l'art des Caraïbes ».

L'anthologie publiée en novembre 2019 rassemble un grand nombre de textes d'écrivains issus de tous les horizons dont Dominique Brebion ou Yolanda Wood pour ne citer qu'elles. Il offre un aperçu des arts visuels des Caraïbes, du début du XXe siècle à nos jours. L'ouvrage propose un répertoire alphabétisé et présente le travail de 40 artistes issus de toute la Caraïbe, avec à titre d'exemple celui des Antillais, Ano, Ernest Breleur, Philippe Thomarel, Christian Bertin, Elie-dit-Cosaque, Shuck One, Alex Burke, Jean-Marc Hunt, Jean- Ulrick Désert, Jean- Claude Tiga Garoute, David Gumbs, Bruno Iwa Pédurand et Kelly Sinnapha Mary. L'éventail disciplinaire présenté est large puisqu'il va du dessin à la peinture, la sculpture, la photographie, l'installation ou la performance. La parution de l'ouvrage a été difficile à en croire Melanie Archer et Mariel Brown, les co-éditeurs de Robert et Christopher qui se disent reconnaissantes « du soutien de Kaera[130] parce que Robert & Christopher Publishers a essayé, sans

---

[127] Les œuvres de Cardenas, Segui, Matta furent à nouveau exposées en mai 2016 lors de l'exposition *Musée du Tout-Monde et Agora Mundo*, Cité Internationale des arts, Paris, 2013.

[128] Acoma a été *réédité en mars 2005 par les Presses universitaires.*

[129] *Gerry L'Etang, Recherches en esthétique n°20, Créations insulaires,* (Dir.) Dominique Berthet, 2015, p. 274.

[130] People-bokay, Kaera est une entreprise basée en Guadeloupe. Elle fait la promotion des artistes.

succès, d'obtenir le soutien de notre propre gouvernement local »[131]. C'est évidemment pour contourner toutes ces difficultés que la majorité des publications sur l'art sont aujourd'hui dématérialisées.

Les formats en ligne

Avec l'avènement d'internet, les publications en ligne se sont aussi multipliées dans le domaine des arts contemporains afro-caribéens. Nous n'avons pas la prétention de vouloir les citer toutes, mais nous pouvons mentionner à titre d'exemple « Kariculture.net ». Le magazine qui ne voit le jour qu'en 2016, se dit pourtant être le premier magazine culturel trilingue de la région. Il se donne pour ambition de devenir « le portail de référence dans l'information culturelle de la Caraïbe »[132] . Les articles publiés en français, anglais et espagnol permettent de toucher un large public et présentent l'actualité culturelle des principales îles de l'archipel. « Africanah.org » [133] est une autre plate-forme pour l'art contemporain africain, afro-américain et caribéen. La structure fondée en décembre 2013 est participative et le site en anglais peut être enrichi par des contributions ouvrant le droit à une modeste rémunération. La plateforme se donne pour mission la diffusion d'informations, la promotion des artistes. Elle a pour objet la stimulation du discours en publiant des essais, des interviews et des informations actuelles concernant des plasticiens contemporains ainsi que des écrivains internationaux.

Le magazine ARC lancé en 2011 met l'accent sur les jeunes artistes à la pointe de la technologie. ARC Magazine est une plate-forme sociale de publication en anglais à but non lucratif. Le magazine qui vise à combler le manque de visibilité des artistes contemporains, propose un espace de critique et d'échanges. Il a pour objet la sensibilisation des publics et le développement de la culture créative au sein du secteur des arts visuels dans l'ensemble des Caraïbes et de ses diasporas. Selon l'Association Internationale des Critiques d'Art Sud (AICA), le magazine compte « environ 20 000 visiteurs » chaque mois[134]. La Newsletter est expédiée quotidiennement à « environ 15 000 personnes par le biais des réseaux sociaux. En février 2012, Holly

---

[131] Dorothée Audibert-Champenois, Dorothy, *La Guadeloupe et Trinidad publient ensemble « L'Art de la Caraïbe de A à Z »*, *rédigé le 12/11/2017*.
https://www.people-bokay.com/la-guadeloupe-et-trinidad-publient-ensemble-lart-de-la-caraibe-de-a-a-z/ consulté le 06/04/2020

[132] Kariculture, magazine en ligne, publié 14/09/2016 http://www.kariculture.net/iles-de-caraibe-leurs-cultures-leurs-patrimoines-realite-merite-detre-connue/ consulté le 12/02/2023.

[133] Depuis mars 2014, Africanah est une Fondation (Stichting Africanah.org). Norbert Roovers, président du conseil d'administration Erna Donkers, membre du conseil d'administration https://africanah.org/submissions/

[134] ARC Magazine www.arcthemagazine.com

Bynoe et Nadia Huggins les fondatrices ont été invitées par la DAC Martinique en partenariat avec l'Alliance française de Sainte- Lucie pour effectuer des visites d'ateliers, puis la même année en octobre pour le symposium *Revues en vue*. Cet évènement a réuni des éditeurs de revues traditionnelles et aussi électroniques de la Caraïbe : Annie Paul pour *Smallaxe*, David Mateo pour *Artcronica*, Isabel Perez pour *Arte Sur*, Dave Williams pour *Draconian Switch*. À cette occasion, Holly Bynoe et Nadia Huggins ont renforcé « les connaissances du milieu artistique de Martinique ». Holly Bynoe est aussi artiste, curatrice et conservateur en chef à la Galerie d'art nationale des Bahamas. Nous évoquions plus haut le cumul des mandats et la question de l'autonomie vis-à-vis des institutions étatiques. Sans doute est-ce en raison des multiples compétences d'Holly Bynoe, des possibilités d'ouverture sur la Caraïbe anglophone, de la proximité avec les instances officielles de promotion des arts et de la culture, que cette dernière a été désignée comme commissaire de la Biennale internationale des arts de la Caraïbe (BIAC) pour le Pavillon de la Martinique. La fabrique d'un segment de l'art n'est pas une mince affaire et elle passionne un nombre grandissant d'acteurs comme en témoigne la récente joute de « posts » publiés sur le site en ligne Face Book. L'annonce de l'ouverture du magazine en ligne Caribeart[135] en est un exemple. Il dit être lui aussi le premier « web magazine » sur l'Art Caribéen. Il s'intéresse aux artistes de Guadeloupe, Martinique, Trinidad and Tobago, Barbade entre autres lieux. Nous avons choisi d'évoquer ce magazine parce que l'annonce de sa diffusion en ligne a attiré l'attention des professionnels de l'AICA. En partageant l'annonce de lancement du site sur notre page Facebook, nous ne soupçonnions pas à quel point la question de la primauté de la diffusion dans le domaine des arts contemporains du bassin était sensible. Le partage a suscité une réaction immédiate de l'AICA[136].

AICA SC : « Non, Carribean art n'est pas le premier web magazine sur l'art de la Caraïbe… Il ne faudrait pas oublier ARTCRONICA, ARTE AMERICA, MOKO MAGAZINE, DRAONIAN, SWITCH, KWK MEDIA, REPEATING ISLAND, ANTHURIUM, ARCMAGAZINE… Comme le dit justement José Ortega y Gasset, on n'est jamais le premier homme… » [137].

[135] www.caribeart.net
[136] Caribeart, 4 commentaires, face Book 28/09/2018.
[137] Dominique Brebion, *La vitalité éditoriale dans la Caraïbe*, AICA-SC 15/11/2013.
https://aica-sc.net/2013/11/15/la-vitalite-editoriale-dans-la-caraibe/ consulté le 03/10/2018.

Pris dans un débat que nous n'avions vraiment pas anticipé, nous nous empressâmes de répondre en précisant que notre partage n'avait rien de polémique et s'attachait uniquement à la diffusion d'informations.

Réponse d'AICA SC : « Ce n'est qu'un complément d'information… l'Aica n'est pas le Zorro des arts de la Caraïbe… Mais sa mission, c'est d'informer ».

L'échange aurait pu s'arrêter là, pourtant Caribeart se devait aussi de faire le point sur la question de la primauté :

Caribeart : « Bonjour Aica, merci pour votre partage. Je me permets de remettre le message que j'ai mis sur votre page : nous affirmons être le 1er webmag dédié à l'art caribéen, traduit en français, anglais et bientôt en espagnol. Nous ne sommes pas le premier magazine, blog, ou site internet, mais bien un nouveau type de média : le webmag. Notre but est de promouvoir les artistes, en cassant la barrière de la langue, mais également prochainement les musées, galeries et évènements dans la Caraïbe. Le webmag est un nouveau type de support digital, ce n'est pas un blog, site internet, ou simple magazine. Nous connaissons les autres acteurs, et nous les adorons, (nous avons prévu d'en faire la promotion sur notre webmag). Il n'y a pas de compétition, nous sommes tous là pour promouvoir l'art caribéen. Nous nous excusons si le terme « 1er webmag » vous dérange, nous comprenons votre point de vue ».

Ces échanges montrent à quel point les acteurs découvrent les potentialités de ce segment de l'art. C'est également le cas du site marchand Uprising-art qui, dans son communiqué de presse du 12 octobre 2012, se déclarait déjà être « le 1er portail de l'art contemporain de la Caraïbe ». À l'occasion de la FIAC, Paris 2012[138], ses fondateurs organisaient au Grand Palais, une table ronde pour le lancement du site Uprinsing-art.com. À la tête de la structure, on trouve Claire Richer. Elle est diplômée de Sciences Po Paris et titulaire d'un MBA HEC. Elle est aussi directrice de la communication du Groupe Bernard Hayot[139]et actionnaire d'Outre-mer Telecom. Claire Richer a su s'entourer du soutien du mécène de l'art caribéen[140] et de professionnels du management (Charles Apanon), de l'art (Sara Alonzon Gomez) et de la communication (Géraldine Genin).

---

[138] Agence GHM, *L'art contemporain de la Caraïbe à la FIAC* France Antilles.
https://www.guadeloupe.franceantilles.fr/hexagone/l-art-contemporain-de-la-caraibe-a-la-fiac-191570.php consulté le 04/06/2019.
[139] Claire Richer, page LinkedIn.
https://www.linkedin.com/in/clairericher/?originalSubdomain=fr
[140] Ibid., Agence GHM

Conçu pour être un outil de commercialisation, le site offre un espace de recensement et de présentation des acteurs de l'art des Caraïbes, une e-revue ainsi qu'une galerie en ligne. Comme nous venons de le voir, pour ce qui a trait à la communication, internet est efficace. Des artistes déjà connus trouvent de nouveaux acheteurs, certains construisent des sites qui ne sont jamais visités, mais ce médium laisse penser à des perspectives d'ouverture sur un monde plus vaste que le seul cadre insulaire. Par ce biais ils sont soudain « instagrammables » et visibles sur les réseaux sociaux. C'est ce que souligne la médiatrice du Centre d'art contemporain d'Ivry (Crédac), Julia Leclerc, Instagram est un incontournable « pour qui veut vendre sa création »[141]. Les artistes interviewés dans le cadre de notre étude affirment être en mesure d'effectuer leur promotion de manière autonome, de connaître une inflation de visibilité et de ventes. Certains confirment l'ouverture à un marché international par ce médium. Les outils de l'information et de la communication dont internet ont une efficacité incontestable, mais ils ne parviennent cependant pas à effacer l'importance du lien physique et affectif que représente la fréquentation de ses pairs. C'est pour permettre le rapprochement des professionnels que, ces dernières années, s'organisent des conférences et colloques dans les Amériques.

La visibilité au prisme des conférences

Depuis 2012, Holly Bynoe, Annalee Davis et Katerine Kennedy se penchent sur la problématique du développement de mesures durables en faveur du financement de structures et de projets liés à la création dans le bassin caribéen. Elles rappellent les difficultés d'obtention de subventions, l'absence ou les faiblesses des politiques régionales, les lacunes qui existent dans les infrastructures nationales et régionales. Selon Holly Bynoe ces manques sont dus « [...] aux doctrines et aux politiques de soutien mises en place à l'époque postcoloniale, chaque État ayant tenté de comprendre son indépendance et le développement d'un discours national singulier et parfois unique. Quarante à soixante ans plus tard, nous constatons que les ressources et les habitudes créées sont devenues les barrières et les blocages que nous devons éradiquer »[142].

---

[141] Aurore Desperier et Benoit Signarbieux, entretiens menés dans le cadre de l'enquête de terrain *Public et art contemporain*, cours CKB, « Introduction à la sociologie », Paris 3 Sorbonne Nouvelle, Février *2019*.

[142] Tilting Axis: Within and Beyond the Caribbean -Shifting Models of Sustainability and Connectivity February 27 th - 28 th2015 The Fresh Milk Art Platform Inc., St. George, Barbados Directing Organization sous le partage: ARC Inc., and Fresh Milk Art Platform Inc., Associate Partners: Res Artis and Pérez Art Museum Miami Supporting Partners: Davidoff Art Initiative, Prince Claus Fund, the Arts and Sport Promotion Fund Committee and the British Council.

La même année Mario Caro, le président de « Res Artis », tente de trouver des solutions à la question de la résidence d'artiste. Sous les auspices de la Fondation Rockefeller et en collaboration avec l'« Alliance of the Artists Communities », la structure qu'il préside tente de contribuer à réunir une trentaine de leaders du monde de la résidence d'artiste ainsi que des représentants de divers organismes de financement et d'autres secteurs culturels autour d'une stratégie globale d'évaluation du domaine de la résidence dont les résultats sont consignés dans IFACCA[143]. Ces réflexions vont conduire à l'organisation de la conférence *Tilting Axis: Within and Beyond the Caribbean–Shifting* en 2015. Étaient présents des galeristes, des artistes, des responsables de programmation et d'exposition, des organisations d'art indépendantes, la DAC de la Martinique, Annalee Davis (Fresh Milk), Tobias Ostrander (Pérez Art Museum Miami) et Holly Bynoe (ARC Magazine), N'Goné Fall[144] qui, à l'initiative du Président français Emmanuel Macron, a été nommée le 3 juillet 2018 commissaire générale d'« Afrique 2020 »[145]. Tous ces acteurs se sont mobilisés pour négocier des alliances stratégiques, régionales et internationales. En 2016, s'appuyant sur la conférence de 2015, ces acteurs s'intéressent cette fois au renforcement de la mobilité des artistes, des réseaux, à l'augmentation des capacités administratives et de programmation ainsi qu'aux possibilités de transfert de connaissances et de financements pour les artistes du bassin. La volonté de désenclaver la Caraïbe au-delà de ses frontières géographiques fut aussi exprimée avec l'espoir de trouver des Models of Sustainability and Connectivity »[146] ou en français des modèles de durabilité et connectivité[147]. La même année en Guadeloupe, l'association « l'Artocarpe » organisait une conférence intitulée *Art mémoriel sans pathos*. Au cours de celle-ci, la plasticienne Joëlle Ferly insistait sur la nécessité de penser de nouvelles esthétiques « sans nécessairement rechercher la légitimation de la nation française »[148]. La naissance d'un discours critique autour du

---

https://static1.squarespace.com/static/55c52842e4b0ccebcdd59d06/t/55c6d870e4b03257969f01c6/1439094896565/Tilting_Axis_2015_Report.pdf consulté le 08/05/2019.

[143] IFACCA *Art Report N° 45* International Perspectives on Artist Residencies MAY 2013 Report edited by Sarah Gardner, Executive Director, IFACCA www.ifacca.org.

[144] La Sénégalaise N'Goné Fall, 51 ans est architecte, commissaire d'expositions, intellectuelle et cofondatrice d'une plateforme dans les nouveaux médias et les arts visuels, devient ainsi une figure incontournable de la scène culturelle internationale.

[145] Siegfried Forster, *Qui est N'Goné Fall, commissaire générale de la Saison Afrique 2020?* Publié le 04/07/2018 http://www.rfi.fr/culture/20180704-ngone-fall-saison-afrique-2020-cultures-africaines-commissaire-generale consulté le 07/05/2019.

[146] La conférence a eu lieu le 27 et 28 Février 2015, elle réunissait divers leaders des organisations de développement des arts visuels pour négocier des alliances stratégiques, régionales et internationales afin de formaliser le développement des infrastructures, la production et les marchés de l'art caribéen.

[147] Tilting Axis, *Changer la donne pour l'art contemporain de la Caraïbe*, http://aica-sc.net/2015/03/18/titling-axis-changer-la-donne-pour-lart-contemporain-de-la-caraibe/ consulté le 29 décembre 2015.

[148] L'Artocarpe, *Mémorial Art without Pathos*, mai 2015, https://www.artocarpe.net/Memorial-Art-Without-Pathos-our-Slave-Descents-have-too-invented-Modern-and-Contemporary-Art-A-new-reading-of-artwork_a230.html consulté le 29 décembre 2015.

sens et des modalités d'existence de cette création anime un fois encore le débat public en mai 2019. Alors qu'ont lieu les commémorations de l'abolition de l'esclavage dans les Antilles, la 5ᵉ conférence Tilting Axis est organisée au MémorialACTe en Guadeloupe. Après le développement structurel et les financements, la conférence de Tilting Axis porte sur la circulation d'un discours critique[149]. Les acteurs participants ont insisté sur l'importance du choix des mots dans les interactions entre l'Hexagone et les Départements français des Amériques. Le critique Jocelyn Valton a pointé du doigt l'usage infantilisant d'un lexique qui selon lui traduit une volonté de l'État français de maintenir un lien de hiérarchie et de domination. Il s'en est expliqué dans une communication au cours de laquelle il a proposé ce qu'il nomme son « lexique décolonial » dont voici un extrait

> « - Je ne dis jamais ''métropole'' qui suppose un rapport subalterne avec un centre éloigné servant de référence. J'utilise les mots de la géographie. Je dis la France ou j'évoque ''l'Hexagone'' comme on parle du Pentagone.
>
> - Je ne dis jamais ''îles sœurs'' pour évoquer la Guadeloupe et la Martinique, ce qui serait admettre qu'elles sont deux enfants ayant la France comme ''maman''. Un truc infantilisant ! Le 1er février 2019, le Président français E. Macron, lors du ''Grand débat'' dans le cadre de la crise des ''Gilets Jaunes'', s'adressait à une soixantaine d'élus des ''Outre-mer'' réunis à l'Élysée : « Non ! Les enfants ! C'est moi qui donne le micro. Ce n'est pas une communauté autogérée. Je vous demande... de vous asseoir».
>
> - Je limite l'emploi du mot ''Antilles'' un terme prisé des Français qui évoque pour moi le jardin privé, domestiqué de la France, réduit à ses deux colonies-départementalisées de Guadeloupe et Martinique. Je lui préfère l'expression ''Caraïbes-Amériques'' qui intègre une résonnance et une spatialité plus ouvertes, qui insiste sur la diversité qui les caractérise (non seulement francophones, mais anglophones, « hispanophones, petites et grandes, insulaires et continentales...) »[150].

L'émergence d'un marché de l'art martiniquais et guadeloupéen s'inscrit ainsi dans un climat délétère hérité du passé colonial qui, en plus de raviver la question de l'appartenance et des liens stratégiques, pose celle de sa viabilité économique.

---

[149] La 5ᵉ édition de "Au-delà des tendances : décolonisation et critique d'art" du 29 au 31 mai 2019 explore le thème de la : *décolonisation du discours critique au-delà de son usage fonctionnel actuel de simple critique culturelle et institutionnelle.* https://tiltingaxis.org/news/2019/2/9/tilting-axis-5-beyond-trends-decolonisation-and-art-criticism consulté le 29 mai 2019.

[150] Jocelyn Valton, extrait de la communication *Les mots comme armes*, 5e conférence *Tilting* Axis au MémorialActe. https://www.facebook.com/groups/minoritart/ consulté le 03/06/2019.

Les marchés

L'art afro-caribéen en quête de statut et de promoteurs

Quels sont les fondements de la création afro-caribéenne, sur quels héritages est-elle souchée : l'Afrique, l'Europe, l'Asie ? Créolisée, hybride, dite ni légitime, ni Art premier, elle n'est pas identifiée par des instances officielles. D'aucuns questionnent sa spécificité, l'apport de son métissage et pour adapter la remarque d'André Whittaker à notre objet, demandent « Quelle est la nature de ce mélange ? Quelle en est la signification, la portée historique [artistique] ? Comment la nommer, la définir pour mieux l'appréhender »[151]. D'autres, des collectionneurs, des intellectuels, des plasticiens, des chercheurs, à l'instar d'André Whittaker invitent à penser cette création comme « l'émergence de nouvelles identités collectives et pratiques sociales »[152].   À partir de de sa pensée de l'endogènisme, il semble possible de dépasser la vision d'un monde fragmentée et antagoniste. La transformation du modèle classique de légitimité évoqué par Hervé Glevarec[153], comme la « philosophie de la complétude » d'André Whittaker supposent le dépassement de l'opposition dominant-dominé et la construction de l'universel incluant les « substrats de pensées, de pratiques et de savoirs locaux ». La lumière naturelle ne nous apparaît-elle pas blanche justement parce qu'elle est composée de multiples radiations colorées ? Pourrait-elle exister sans cet agrégat ? La spectroscopie n'illustre-t-elle pas la présence de toutes les couleurs dans l'arc en ciel ? La cataracte congénitale dont souffrent les leaders de certaines instances de légitimation n'est-elle pas une forme de négation de la diversité ? Et surtout ces instances sont-elles toujours les seules détentrices d'un pouvoir légitimant ? Cette perspective d'une identité locale détachée du regard exogène et du désir de légitimation du dominant soulève cependant la question des modalités de l'émancipation de la pensée et de son action. Comme nous le montrons dans cette étude, les plasticiens de la Caraïbe sont pour la plus grande part, pleinement conscients du sens et des enjeux d'une création spécifique au lieu et de la nécessité de la voir évoluer en harmonie aux côtés de toutes les autres. À cela l'UNESCO répond par un vote en 2005 en faveur de la promotion de la diversité

---

[151] André Whittaker, *L'endogène: pour le dépassement des limites du métissage et de la créolité,* Researchgate [En ligne], 11 | 2002, mis en ligne le 15 novembre 2003, http://socio-anthropologie.revues.org/143, https://www.researchgate.net/publication/317364103_L'endogene_Pour_le_depassement_des_limites_du_metissage _et_de_la_creolite consulté le 24/11/2019.

[152] Ibid., André Whittaker

[153] Hervé Glevarec, « La fin du modèle classique de la légitimité culturelle. Hétérogénéisation des ordres de légitimité et régime contemporain de justice culturelle. L'exemple du champ musical », in. Maigret, E. et E. Macé (Eds.), *Penser les médiacultures. Nouvelles pratiques et nouvelles approches de la représentation du monde,* Paris, Colin/INA, p.96.

des expressions culturelles[154]. À la faveur de la paix et reconnaissant le trouble lié à la faible représentation de la diversité dans les instances de monstration nationales, l'État français envisage la monstration de l'altérité… mais par alternance.

L'Institut français lance *Visas pour la Création* et prône le rapprochement de l'Afrique et de la Caraïbe. Dans ce contexte il soutient l'exposition de l'artiste afropéen d'origine guadeloupéenne Jean-Marc Hunt. En 2018, le plasticien présente *État de couleur/ State of color* à l'Alliance française de San Francisco. Cette exposition est montée dans le cadre du dispositif *Afrique et Caraïbes en créations*. Des résidences d'artistes sont financées en France, sur le continent africain ou dans les Caraïbes (à l'exception du pays d'origine de l'artiste). Les seules conditions à la participation de ces artistes : faire valoir une expérience professionnelle dans le domaine artistique concerné et résider 3 mois à l'étranger. Les artistes des Départements Français d'Amérique (DFA) et du Surinam sont éligibles.

Si les actions en direction des DFA méritent d'être soulignées, elles restent insuffisantes comparativement à celles menées pour la promotion des arts contemporains africains. Du fait de l'existence d'une tradition de la monstration des arts premiers, du développement économique du continent et de la forte implication des institutions privées et de riches mécènes, l'art afro-caribéen reste peu visible. En effet, l'art traditionnel africain est quantitativement bien représenté dans les musées nationaux depuis la fin du XIXe siècle en dépit de scénographies souvent critiquées, de cartels incomplets et d'une désacralisation des œuvres.

L'art contemporain africain fait une entrée remarquable ces dernières années dans les lieux de monstration nationaux. À l'inverse, la création contemporaine de la diaspora caribéenne peine à obtenir ses lettres de noblesse. Cet état de fait tient sans doute à son statut abscons. Soumise à l'injonction d'une officialité nationale et à une typologie poreuse, elle ne bénéficie ni d'une reconnaissance, ni de lieux spécifiques dans les espaces légitimes de l'Hexagone. Afin d'accroître sa visibilité, les professionnels de l'art et de la culture cherchent une autre voie et se tournent vers l'Afrique. Dans la partie qui suivra, il s'agira de montrer comment l'investissement venu d'Asie en contribuant à l'essor économique du continent africain participe aussi à la valorisation de la création contemporaine du continent, mais aussi de celle de sa diaspora.

L'acteur essentiel du développement socio-culturel sur le continent africain, c'est l'investissement structurel. Comme le rappelle l'économiste Françoise Lemoine, au début du XXIe siècle, la Chine a entamé et réussi son entrée sur le marché capitaliste. Quatrième économie du monde en 2006 par son produit intérieur brut et troisième puissance commerciale, elle s'est engagée dans la voie de la modernisation de son

---

[154] Le 8 novembre 2006, seize États ont ratifié la Convention sur la protection et la promotion de la diversité des expressions culturelles, adoptée par la Conférence générale de l'UNESCO en octobre 2005.

économie[155]. Mais comme le signale aussi Laetitia Guilhot, depuis la fin des années 70, la Chine qui a misé pour son essor sur une forte « compétitivité-coût » [156] prend conscience des limites de cette ascension fulgurante qui s'accompagne de préoccupations économiques, écologiques et sociétales.

Au moment où la population chinoise subit les contre-coûts de la politique de l'enfant unique se soldant par une population vieillissante, la Chine se voit contrainte, pour poursuivre son développement et rester compétitive, d'une part de trouver des matières premières et d'autre part une main d'œuvre à meilleur coût[157].

C'est dans ce contexte que la Chine pour des raisons éminemment économiques et sans doute idéologiques à en croire la professeure d'économie politique Deborah Brautigam, se tourne vers le continent africain. Dans son aspiration de réussite économique, la Chine fait son entrée dans le monde des affaires et ses investissements étrangers directs passent à 249 milliards de dollars si l'on inclut ceux de Hongkong en 2015[158]. Mais pour Deborah Brautigam, la Chine n'est pas un prédateur en Afrique, elle tend la main ou mieux encore, elle « fait des cadeaux » aux pays du continent africain.

Dans ses nombreuses conférences, articles et plus particulièrement dans un ouvrage intitulé *The dragon 's gift, The Real Story of China in Africa*[159], Deborah Brautigam jette un éclairage sur les relations économiques qui désormais lient la Chine au continent africain. Des relations qui selon Harry G. Broadman, se caractérisent par un développement économique disparate depuis une dizaine d'années. Ce dernier note que depuis le milieu des années 90, 19 pays d'Afrique subsaharienne ont enregistré une croissance moyenne de leur PIB de 4,5%, sans doute liée à la hausse du prix mondial du pétrole. Parmi ces pays, 13 ont connu une plus faible croissance -inférieure à 3 % en moyenne-, pour certains proche de zéro ou négative. Des résultats causés par l'engagement dans des conflits. À l'exception de l'Afrique du Sud et du Nigeria - les deux économies dominantes en Afrique - le marché national et international reste faible. En somme, dit-il, l'hétérogénéité démographique, aggravée par le sous-développement des institutions, les contraintes à la concurrence commerciale et la faible gouvernance

---

[155] Françoise Lemoine, *L'économie de la Chine*, éd. La Découverte, 2009, pp.3-4.

[156] Laetitia Guilhot. *Le nouveau modèle de croissance de l'économie chinoise, un moyen pour relever le défi de la trappe à revenu intermédiaire ? ATM Le bilan des Objectifs du Millénaire pour le développement 15 ans après : réduction de la pauvreté et/ou montée des inégalités ?* Rouen, France, 2015, 16 p. <halshs-01165405>

[157] Selon Jean-François Di Meglio, président d'Asia Centre « *la coopération sino-africaine répond à un triple objectif de la Chine : assurer un accès aux matières premières pour son industrie lourde, offrir des perspectives de développement aux entreprises chinoises, asseoir son influence et gagner de nouveaux alliés.* », in. Claire Guélaud, *Chine-Afrique, le désenchantement*, Le Monde Economie.
04.12.2015http://www.lemonde.fr/economie/article/2015/12/04/chine-afrique-le-desenchantement_4823908_3234.html#Z08wRG5UsAbkTZWV.99 consulté le 12/10/2017.

[158] Conférence des Nations unies sur le commerce et le développement (Cnuced), «Rapport sur l'investissement dans le monde 2015» (PDF), Genève, 2016 consulté le 18/10/2017.

[159] Deborah Brautigam, *The Dragon's Gift, The Real Story of China in Africa*, éd. Oxford University Press, 2009.

rendent coûteux le commerce et l'investissement international en Afrique. Il constate qu'en dépit de l'augmentation du commerce mondial et des flux des investissements en forte croissance ces 15 dernières années, la performance commerciale globale du continent africain sur le marché mondial reste décevante. Cependant, les pays d'Afrique qui connaissent une forte croissance en dehors de l'industrie pétrolière ont bénéficié en partie de la hausse des prix mondiaux des métaux et des minéraux non pétroliers[160]. Cette situation est à l'origine de l'augmentation des ressources des Africains et de l'apparition d'une classe moyenne et surtout d'une classe très fortunée qui se tourne vers l'investissement dans le luxe et dans l'art.

Pour les investisseurs financiers, mécènes et collectionneurs, l'intérêt réside avant tout dans le développement d'une activité lucrative qui nécessite l'approvisionnement diversifié et abondant d'un marché avide de renouvellement, qu'ils orientent et façonnent.

Afin de répondre aux besoins d'une frange de la population socio-économiquement ascendante, les grosses enseignes du luxe cherchent à capter une nouvelle clientèle en proposant des produits destinés à satisfaire les exigences consuméristes de ces nouveaux « potentiellement » riches[161].

Les Henry's, des clients providentiels

Suite à l'essoufflement des marchés européens, les enseignes de produits de luxe partent à la conquête de nouveaux marchés africains : Louis Vuitton, Zegna, Gucci, Ralph Lauren, Burberry, Carter Fendi ou encore Salvatore Ferragamo[162] sont d'ores et déjà présentes sur le continent africain. D'après le cabinet de conseil en stratégie Coface for trade « en 2018, le marché du luxe a progressé de 5 % (à 1 200 milliards d'euros), poussé par la hausse de la consommation en Chine avec une classe moyenne en pleine croissance »[163]. Dans un contexte pourtant contrasté, les enseignes du luxe capitalisent

---

[160] Harry G. Broadman, *Africa's silk road : China and India's new economic frontier*, éd.The World Bank, 2007, p. 6. « Cette croissance s'explique aussi par l'exportation récente de produits manufacturés légers, d'aliments transformés, d'horticulture, et le développement de services tels que le tourisme. Des pays, comme le Nigeria et l'Afrique du Sud - ont également augmenté leur part des exportations de produits à faible ou moyenne technologie, un secteur de plus en plus délaissé par la Chine et par l'Inde ».

[161] Roger Maveau, *L'Afrique partie pour être une nouvelle contrée d'hommes riches, très riches,* [article en ligne] Le Point Économie. L'Afrique partie pour être une nouvelle contrée d'hommes riches, très riches (lepoint.fr) publié le 23/07/2014. Consulté le 11/02/2023.

[162] Ibid., Ariane Agbo, *L'industrie du luxe en Afrique*

[163] Coface for trade, *Dans une économie mondiale en ralentissement, le luxe continue à surperformer mais fait face à de nouveaux défis*, publié le 09/05/2019. https://www.coface.fr/Actualites-Publications/Actualites/Dans-une-economie-mondiale-en- ralentissement-le-luxe-continue-a-surperformer-mais-fait-face-a-de-nouveaux-defis . Consulté le 26/11/2019.

aussi sur le potentiel d'une clientèle africaine ciblée, d'entrepreneurs, d'hommes et de femmes d'affaires, de décideurs africains émergents. La stratégie commerciale s'appuie globalement sur l'estimation d'un développement local assuré par l'augmentation du niveau de vie et de son corrélat une augmentation de la consommation de produits de luxe. Ceux que l'on nomme déjà les futurs riches, les Henry's (high earnings not rich yet), ou en français-les bientôt riches- ainsi que les classes moyennes et supérieures constituent un vivier de clients « bankable » ou en français-solvables-. Pour Christel de Lassus, maîtresse de conférences et chercheuse à l'Institut de recherche en gestion de l'Université Paris-Est Marne-la-Vallée, le terme Henry's

> « a été utilisé pour la première fois par le magazine américain *Fortune*, en référence à des managers dont les revenus annuels se situaient entre 100 000 et 250 000 dollars. On assiste en Europe comme aux Etats-Unis, et même en Chine et dans les pays d'Asie [et aujourd'hui en Afrique et dans les Caraïbes] à l'émergence de cette nouvelle classe d'acheteurs[164]qui devient un client roi, particulièrement pour le secteur du luxe »[165].

Le marché du luxe en Afrique bien que potentiellement lucratif n'est qu'à un stade embryonnaire comme le signale James Lawson, directeur du Ledbury Research, mais représente tout de même près de 2 milliards d'euros et connaît une croissance à deux chiffres depuis 2010[166]. D'après l'institut, en 2014, la plus forte croissance en matière de consommation de produits de luxe passera par cinq pays : le Ghana, le Kenya, le Nigeria, l'Afrique du Sud et le Zimbabwe et pour la journaliste Ariane Agbo « dans 30 ans l'Afrique subsaharienne sera la région au monde la plus prolifique et la plus dynamique dans le cadre de la vente de biens de luxe » [167].
L'engouement pour les produits de luxe s'étend aussi au marché de l'art afro-contemporain
qui s'avère lui aussi très lucratif. C'est ce dont témoigne l'augmentation du nombre d'échanges commerciaux, mais aussi d'expositions, de foire, de galeries et surtout du prix de vente de ces œuvres extra-européennes. Sur le plan culturel, la relation sino-africaine se traduit aussi par le financement de lieux patrimoniaux et de valorisation de

---

[164] Dans cette optique, la banque française Société Générale a par exemple annoncé dans son communiqué de presse du 19 septembre 2017, qu'elle ouvrait un bureau de représentation à Nairobi au Kenya.

[165] Christel de Lassus, *Les « henrys », nouveaux clients des « marques dans le secteur du luxe »*, Le Monde économie, 22/06/2016. Consulté le 07/10/2017.
http://www.lemonde.fr/idees/article/2016/06/22/les-henrys-nouveaux-clients-des-marques-de-luxe_4955727_3232.html#G3O68gPbYECVqIUV.99. Consulté le 2 août 2017.

[166]Roger Maveau, *L'Afrique partie pour être le nouvel eldorado du luxe*, Le Point 22/07/14.
http://fr.africatime.com/articles/lafrique-partie-pour-etre-le-nouvel-eldorado-du-luxe consulté le 07/10/2017.

[167] Ibid., Ariane Agbo, *L'industrie du luxe en Afrique*

l'art. L'ancien président sénégalais Abdoulaye Wade sollicite des financements chinois pour relancer le projet muséal du Président Senghor qui, bien qu'entamé dès 1966, à la suite du premier Festival mondial des arts nègres, avait été abandonné faute de financements. Selon Roxana Azimi, une correspondante du journal en ligne le Monde Afrique, la Chine a accordé environ 20 millions de dollars au Sénégal pour la construction du Musée des civilisations noires[168], dont le chantier a été mis en œuvre en 2009. Le bâtiment conçu par l'Institut d'architecture de Pékin est un édifice d'une superficie de 14 500 m^2 et dispose de 3 500 m^2 de surface d'exposition ainsi que d'un amphithéâtre. De la même manière, et à titre d'exemple, la Chine a également financé le Grand théâtre national. Mais parallèlement les riches Africains font de la valorisation de l'art africain un acte économique, philanthropique et politique. C'est le cas de Sindika Dokolo[169].Il est propriétaire de la deuxième plus grande collection d'objets d'art africain au monde après celle d'André Magnin. Sa collection se compose de 45 000 pièces et pèse 50 millions d'euros selon sa propre estimation. Les motivations de Sindika Dokolo sont triples : devenir le premier collectionneur d'art africain, détrôner l'Européen André Magnin, rapatrier sur le sol africain les trésors de la création de son continent et de la diaspora. Pour le collectionneur les enjeux sont les suivants : intégrer l'Afrique et sa diaspora dans les circuits internationaux du monde de l'art et leur permettre de prendre conscience de la richesse de leur art. Mais contre toute attente le projet du collectionneur tourne court, puisque l'on apprend le décès de Sindika Dokolo le 29 octobre 2020, à la suite d'un malencontreux accident de plongée à Dubaï.

Il reste que plusieurs facteurs concourent à l'intérêt naissant pour la création contemporaine africaine et caribéenne comme en atteste le projet de création du musée d'art d'Afrique de l'Ouest d'Edo au Bénin prévue en 2021 et où sont exposés, depuis le 18 février 2022 les 26 objets des royaumes d'Abomey restitués au Bénin par la France. Selon l'étude menée par le marchand Jean-Philippe Aka, le chercheur Sénégalais Malick Ndiaye et plusieurs critiques d'art (Osei G. Kofi, Lionel Manga et Nii B. Andrews à partir du rapport *Africa Art Market Report* (2014)[170], le marché de la création moderne et contemporaine africaine se porte bien. À partir d'une liste de 100 artistes, ils analysent

---

[168] Le Monde, *Le Sénégal inaugure un musée consacré aux civilisations noires* https://www.lemonde.fr/afrique/article/2018/12/05/le-senegal-inaugure-un-musee-des-civilisations-noires-a-dakar_5392879_3212.html .Consulté le 07/12/2018.

[169] Sindika Dokolo est né le 16 mars 1972 à Kinshasa au Zaïre. Il est un collectionneur d'art et homme d'affaires congolais. Il est le gendre de l'ancien président de la République d'Angola, José Eduardo Dos Santos. Il tire sa fortune de son père, Augustin Dokolo Sanu, qui a créé dans les années 1970 la première banque privée de la République Démocratique du Congo (à l'époque le Zaire) https://fr.wikipedia.org/wiki/Sindika_Dokolo . Consulté le 10/06/2017.

[170] Nicolas Michel, Le rapport *Africa Art Market Report* a été mené par le marchand d'art Jean-Philippe Aka (Handpick). Il a travaillé pour l'occasion avec la société avec Tutela Capital, mais aussi avec le chercheur Sénégalais Malick Ndiaye et plusieurs critiques d'art (Osei G. Kofi, Lionel Manga et NII B. Andrews), le rapport *Africa Art Market Report* (2014) apporte un point de vue rare sur l'état du marché de la création moderne et contemporaine africaine. 13/01/2016, http://www.jeuneafrique.com/292751/culture/dix-artistes-africains-mieux-cotes/ . Consulté le 29/05/ 2017.

les échanges commerciaux entre les fondations, les musées, les galeries et les collectionneurs[171].

Toujours d'après ce rapport 10 artistes se distinguent tout particulièrement avec des chiffres d'affaires atteignant jusqu'à 4,3 millions de dollars en 2014 pour l'artiste ghanéen El Anatsui ou estimé la même année à 5,9 millions de dollars pour l'Éthiopienne Julie Mehretu. Le très célèbre artiste congolais Cheri Samba exposé par le marchand d'art français André Magnin à la Fondation Cartier (Paris), pour « Beauté Congo » arrive à la dixième place de ce classement avec un chiffre d'affaires tiré de la vente de son œuvre estimé à 97 000 euros en 2014. Ces résultats impressionnants contribuent à la promotion de l'art contemporain dans les régions d'Afrique subsahariennes, mais selon l'écrivaine indépendante Jonelle Twum[172] soulèvent aussi la question de savoir à qui profite vraiment l'émergence des arts africains. Un questionnement qui intéresse tout autant le contexte caribéen vers lequel les regards commencent à s'orienter.

Un décentrement du regard

Pour comprendre les nouvelles opportunités qui s'offrent aux artistes contemporains issus des minorités ethnoculturelles ou exerçant loin du centre de légitimation, nous pouvons signaler le propos développé par le sociologue Hervé Glevarec. Celui-ci évoque le phénomène d'hétérogénéisation socio-culturelle[173]des classes supérieures de la population et « l'importation de goûts exogènes à la classe dominante ». Bien que le processus s'attache chez le sociologue à décrire la légitimation des arts populaires, nous verrons comment il semble aussi adapté pour décrire le processus de légitimation des arts plastiques minorisés comme l'illustre l'implication de nouveaux acteurs férus de créations visuelles extra-européennes.

De la promotion d'État à celle du privé

Si comme le souligne Raymonde Moulin, les Ministres de la culture André Malraux et Jack Lang ont « eu un effet incitateur puissant sur la politique des régions et des

---

[171] Selon une méthodologie équilibrée qui prend en compte les ventes sur les marchés primaires (à hauteur de 25%) et secondaire (25%), mais aussi le nombre d'expositions en musées (20%) comme en galeries (20%) et la reconnaissance par la critique (10%).

[172] Jonelle Twum, *Who is African Art 'Rising' for?* Radington Report, 28/09/2017, https://raddingtonreport.com/who-is-african-art-rising-for/

[173] Ibid., Hervé Glevarec, « La fin du modèle classique de la légitimité culturelle », p. 90.

municipalités à l'égard de l'art contemporain »[174] entre 1990 et 2000, le financement de la culture a connu un recul.

> « Les parts relatives des dépenses pour le spectacle vivant et pour le patrimoine se sont régulièrement accrues alors que, sur la même période, les parts des crédits consacrés aux musées et aux arts plastiques et surtout au développement culturel (dernier secteur en termes de crédits) ont au contraire régressé. Ces tendances se poursuivent puisque, entre 2005 et 2009, les programmes en tête sont toujours le « Patrimoine » (39% en 2009) et la « Création » (spectacle vivant, arts plastiques, livre et cinéma) [en dépit de la baisse des financements alloués aux arts plastiques et aux musées ce programme] a continué de progresser, passant de 27% à 33,5% des crédits totaux, alors que le programme « Transmission » a régressé de 29% à 23% »[175].

S'engouffrant dans la brèche laissée ouverte par le désengagement de l'État en faveur des arts plastiques, les Fondations privées opposent à l'exception culturelle française, la mondialisation culturelle. Cet autre modèle que Guillaume Piens[176], commissaire général d'Art Paris Art Fair 2017[177] met en avant, favorise la diversité ethno-culturelle. L'étude du marché artistique est euristique et permet de mettre à jour à la fois les rouages de la fabrique d'un segment de l'art contemporain tout autant que les motivations qui animent les institutions privées.

---

[174] Raymonde Moulin, *L'artiste, l'institution et le marché*, éd. Flammarion, 1997, p.155.

[175] Culture et médias 2030, *Financement et régulation, Budget de l'Etat*, «Le ministère de la Culture a ainsi bâti un projet de nomenclature regroupant les crédits en une mission unique, ventilée en trois programmes (auxquels il faut ajouter un programme annexe pour le développement de la recherche culturelle et de la culture scientifique) : préservation, conservation et promotion des patrimoines ; développement et diffusion de la création ; transmission des savoirs et démocratisation de la culture. La répartition des crédits du ministère se fait donc désormais entre ces programmes et non plus par secteurs, ce qui rend difficile (voir impossible) l'analyse comparative sur le long terme. » Fi*che 29.*
http://www.culturemedias2030.culture.gouv.fr/annexe/29-fiches-culture2030-29-.pdf

[176] Du 30 mars au 2 avril 2017, la 19ᵉ édition d'Art Paris Art Fair fait honneur à l'Afrique. Cette année, elle accueillera 139 galeries d'art moderne et contemporain représentées par 29 pays dont 20 réservées aux pays africains. La foire est ouverte à toutes les formes d'expression et à toutes découvertes surtout la création artistique africaine. Pourquoi le continent africain? - Les détails avec: Guillaume Piens, commissaire général d'Art Paris Art Fair. Et André Magnin, spécialiste de l'art contemporain africain. - 12h l'heure H, du mardi 28 mars 2017, présenté par Hedwige Chevrillon, sur BFM Business http://video-streaming.orange.fr/autres/art-paris-art-fair-2017-l-afrique-a-l-honneur-28-03-CNT000000FvJC6.html consulté le 29 mai 2017.

[177] Art Price, https://fr.artprice.com/events/74760/Art+Paris+Art+Fair consulté le 5 juin 2017.

DYNAMIQUE COMMERCIALE ET FILIATION ARTISTIQUE

Les Fondations

Prenant le relais de l'État, les entreprises privées financent les arts plastiques contemporains et favorisent la diversité par l'entremise de leurs fondations.

À la suite de l'État, les grandes enseignes se targuent à leur tour de vouloir mettre en avant l'intérêt général et de contribuer ainsi à la démocratisation des arts et de la culture en montrant des œuvres plastiques au plus grand nombre. L'ouverture de la Galerie d'art Lafayette illustre cette initiative privée et commerciale. Situé à proximité de la gare Saint-Lazare, le groupe entend exploiter une localisation géographique favorable et ainsi bénéficier de son volume de visiteurs et de clients potentiels. Dans cette lutte commerciale et philanthropique, Guillaume Houzé le responsable de l'image et de la communication des Galeries Lafayette[178], et petit-fils de Théophile Bader fondateur de la célèbre enseigne parisienne, insiste sur la primauté du projet. Il fait remonter les intentions familiales[179] de concilier intérêts commerciaux et promotion de l'art aux pères fondateurs du Grand magasin parisien soit à « près de cinq générations »[180].

De la même manière Bernard Arnault, première fortune de France avec 73 200 M€[181] exprime sa volonté d'apporter un plus au niveau environnemental et de « partager un peu avec le public ce que le groupe a réussi au niveau économique »[182]. Dans cet élan, et pour accueillir un public diversifié, le PDG de LVMH propose de transformer l'ancien Musée des arts et traditions populaires (ATP) situé en lisière du bois de Boulogne à Paris fermé au public depuis douze ans. Bernard Arnault espère en faire un centre culturel autour des métiers d'artisanat d'art. Baptisé Maison LVMH - Arts - Talents Patrimoine-[183] a été ouvert au public en 2020. De son côté, le Président Directeur

---

[178]Vicky Chahine, Guillaume Houzé, *Les Galeries Lafayette, c'est une entreprise familiale"*http://www.lemonde.fr/m-styles/article/2015/10/14/guillaume-houze-les-galeries-lafayette-c-est-une-entreprise-familiale_4785101_4497319.html#1L5ggSPLdTH6WQs6.99 , publié le 14/10/2015 consulté le 04/09/2017.

[179] Patricia Barbizet souligne que la « Pinault collection » n'est pas une fondation d'entreprise mais une filiale d'Artemis, structure 100% familiale. Les Echos https://www.lesechos.fr/04/12/2014/LesEchos/21828-090-ECH_art-patricia-barbizet-prend-en-main-le-destin-de-christie-s.htm consulté le 29 mai 2017.

[180] Guillaume Houzé ; François Quintin, propos recueillis par Emmanuel Rubin et Yamina Benaï, L'Officiel Art, 01.01.2017, https://www.lofficiel.com/art/la-fondation-galeries-lafayette consulté le 02/09/2017.

[181] Challenges, *Les 500 plus grosses fortunes de Frances*, 2018. https://www.challenges.fr/classements/fortune/bernard-arnault-et-sa-famille_13

[182] JC, vidéo-Fondation Vuitton : le vaisseau de verre inauguré à Paris, BFM, 21/10/2014 http://www.bfmtv.com/culture/la-fondation-louis-vuitton-ouvre-ses-portes-a-paris-841304.html consulté le 03/09/2017.

[183] Jean-Jacques Larrochelle et Nicole Vulser, *Bernard Arnault va faire rénover le Musée des arts et traditions populaires par Frank Gehry. Le Monde,*

Général du groupe Fimalac[184], Marc Ladreit de Lacharrière[185], 23e fortune[186] de France, crée la Fondation Culture & Diversité en 2006. Pour ces riches entrepreneurs, la diversité est une aubaine pour l'art comme pour le négoce. Pour cela, ils mettent en place des Fondations d'entreprises. Leur financement provient uniquement de l'entreprise fondatrice et éventuellement de leurs salariés. En effet, une Fondation d'entreprise ne peut être bénéficiaire de dons ou legs. Ces établissements ont aussi le souhait de s'imposer comme acteurs clé de l'environnement en participant au développement local. La création d'une fondation permet de réaliser trois opérations : la valorisation de l'image de la marque par le mécénat d'un artiste vivant, la modernisation et la valorisation de locaux professionnels avec des œuvres originales, le bénéfice d'avantages fiscaux.

Sur ce dernier point, rappelons que les œuvres d'art sont exonérées d'IDF (impôt de solidarité sur la fortune dû par les personnes possédant au 1er janvier de l'année d'imposition un patrimoine d'une valeur supérieure à 790 000€)[187]. Si la défiscalisation des œuvres d'art est un dispositif ouvert en théorie à tous les contribuables, l'article 238 bis du code général des impôts en vigueur au premier décembre 2005 accorde une déduction spéciale aux entreprises[188]. Les sociétés peuvent déduire de leur résultat imposable le coût d'acquisition d'œuvres originales d'artistes vivants inscrites à l'actif immobilisé à condition qu'elles restent exposées au public, d'où l'intérêt qu'ont les Fondations à développer des lieux de monstration. Cette déduction s'effectue par fractions égales sur les résultats de l'exercice d'acquisition et des quatre années suivantes pour les œuvres achetées à compter du premier janvier 2002 (ou des neuf ou dix-neuf années suivantes pour les autres œuvres acquises à compter du premier janvier 1994 ou avant cette date).

La déduction effectuée au titre de chaque exercice, inscrite à un compte de réserve spéciale, ne peut excéder la limite de 5/1000 du chiffre d'affaires, minorée du total des

---

http://www.lemonde.fr/architecture/article/2017/03/08/lvmh-va-transformer-le-musee-des-arts-et-traditions-populaires_5091031_1809550.html#0EHa9rwGMEam4csV.99 publié le 08/03/2017 consulté le 02/09/2017.

[184] Marc Ladreit de Lacharrière détient 100% des parts de FIMALAC.

[185] En 2006, Marc Ladreit de Lacharrière crée la Fondation Culture et diversité, qui s'inscrit dans la continuité du double engagement de Fimalac en faveur de la culture et de la solidarité. La Fondation Culture et diversité a pour mission de favoriser l'accès des jeunes issus de l'éducation prioritaire aux pratiques artistiques ainsi qu'aux grandes écoles culturelles et artistiques. En cinq ans, la Fondation a touché près de 11 600 élèves dans 150 établissements scolaires

[186] Christophe Alix, *Affaire Fillon : Marc Ladreit de Lacharrière mis en examen,* Libération (en ligne) 14 mai 2017, AFP, chiffre fournis par l'hebdomadaire *Challenges* qui estime la fortune de Marc Ladreit de Lacharrière à 2,25 milliards d'euros, en hausse de 12,5% l'an dernier. http://www.liberation.fr/politiques/2017/05/14/affaire-fillon-marc-ladreit-de-lacharriere-mis-en-examen_1569478 consulté le 02/10/2017.

[187] Avocats-picovschi.com, *Droit et fiscalité du marché de l'art,* http://www.avocats-picovschi.com/droit-et-fiscalite-du-marche-de-l-art_menu2_60_1.html consulté le 06/10/2017.

[188] Les Echos, *Loi de finances 2018, une fiscalité des œuvres toujours attractive,* https://www.lesechos.fr/02/05/2018/lesechos.fr/0301541334411_loi-de-finances-2018---une-fiscalite-des-oeuvres-d-art-toujours-attractive.htm consulté le 12/01/2019.

autres déductions opérées au titre de mécénat. Sont concernées les entreprises relevant de l'impôt sur les sociétés, de l'impôt sur le revenu dans la catégorie des bénéfices industriels et commerciaux (BIC), des bénéfices non commerciaux (BNC) ou des bénéfices agricoles (BA). Les stratégies des fondations profitent aussi aux artistes en contribuant à l'émergence et la reconnaissance des arts visuels dits « illégitimes », à la création d'un vivier de collectionneurs, à la diffusion des œuvres et à la promotion de la diversité ethnoculturelle.

Parce qu'elles ont besoin de nouveaux publics/clients, les Fondations privées investissent et développent d'autres modèles axés sur l'implantation de nouvelles structures muséales originales dédiées à l'art contemporain. Elles contribuent aussi au financement de lieux de formation artistique, à la promotion d'artistes émergents, au montage d'expositions, à la constitution de collections, à l'édition de catalogues, à l'organisation de conférences, au financement et au contrôle du réseau.

En définitive, leurs actions vont de la production au consommateur et du financement de la création de l'œuvre à sa vente.

Pour Guillaume Piens, les institutions privées sont soucieuses de renouveler l'offre artistique, de prendre part au dynamisme d'une création pourtant jusque-là autonome et de valoriser la diversité dans l'art. Il souligne l'appétence des Fondations privées, ces dix dernières années pour l'art africain. Comme nous le mentionnions plus haut, c'est ce que semble suggérer l'importante exposition financée par la Fondation Cartier « Beauté Congo » en septembre 2015 ou cette autre exposition organisée par la Fondation Louis Vuitton[189] intitulée « Art Afrique, le nouvel atelier[190] ». Cet engouement pour la création contemporaine extra-européenne a été initié par Jean Pigozzi l'héritier de la firme automobile Simca et le collectionneur d'art africain André Magnin. Lorsque Jean Pigozzi associé à Magnin présente la première exposition d'envergure *Les magiciens de la terre* au Centre Pompidou à Paris en 1989, il en confie le commissariat au Camerounais Simon Njami[191], un spécialiste de l'Afrique et des

---

[189] L'Espace Louis Vuitton Paris anciennement situé au dernier étage de la Maison Louis Vuitton des Champs Elysées depuis son ouverture en 2006. Aujourd'hui fondation d'entreprise, la Fondation Louis Vuitton a été transférée dans le bois de Boulogne à Paris et inaugurée le 20 octobre 2014 en présence du Président de la République de l'époque François Hollande et de nombreux invités venus du monde entier, artistes et personnalités du monde des affaires.

[190] La Fondation Louis Vuitton à Paris célèbre l'Afrique. Rassemblées sous le titre « *Art Afrique, le nouvel atelier* », ces deux expositions – nommées « *Les Initiés* » et « *Etre là* » – sont présentées à la Fondation Louis Vuitton à Paris jusqu'au 28 août. Elles reflètent l'effervescence et le dynamisme de la scène artistique du continent africain. La première réunit une sélection d'œuvres de quinze artistes emblématiques de la collection d'art contemporain de Jean Pigozzi, présentée pour la première fois à Paris. La seconde témoigne du foisonnement culturel que connaît actuellement l'Afrique du sud. Angéline Scherf, co-commissaire des expositions. http://www.lemonde.fr/arts/portfolio/2017/04/28/la-fondation-louis-vuitton-a-paris-celebre-l-afrique_5119126_1655012.html consulté le 29 mai 2017.

[191] Simon Njami est écrivain, commissaire d'exposition indépendant, critique d'art, essayiste et maitre de conférences, Co-fondateur de la mythique Revue Noire, magazine consacré à l'art contemporain africain et extra-occidental, il fut

Caraïbes. Et ce faisant, les associés ouvrent la voie de la reconnaissance, de la diversité et de la spécificité culturelle.

Membre du comité de sélection d'AKAA (Also Known As Africa Art), Simon Njami œuvre encore dans ce cadre au rapprochement des arts visuels contemporains de la Caraïbe et du continent africain. Cette stratégie, AKAA[192] la déploie en 2017 ou encore en 2022 en mettant la Caraïbe à l'honneur. Un rapprochement que Serge Bilé, un journaliste ivoirien à « Martinique La Première », appelait déjà de ses vœux en créant en 1994 l'association interculturelle ivoirienne et martiniquaise Akwaba et qu'il continue d'animer.[193]Une unité dans l'art souhaitée également par l'organisation Africanah, une arène pour l'art contemporain africain, africain-américain et caribéen[194]et par des artistes telles que la plasticienne martiniquaise Valérie John qui rappelle combien l'Afrique a influencé son travail.

---

l'un des premiers à présenter les œuvres d'artistes africains contemporains sur des scènes internationales et à réfléchir sur leur travail. Simon Njami fut le Directeur Artistique des Rencontres de Bamako, la Biennale Africaine de la Photographie, de 2001 à 2007. Sa célèbre exposition *Africa Remix*, fut présentée à Düsseldorf, Londres, Paris, Tokyo, Stockholm et Johannesburg de 2004 à 2007. Il fut le Co-commissaire du premier pavillon africain à la 52ème Biennale de Venise. Il a participé à l'élaboration de la première foire africaine d'art contemporain à Johannesburg en 2008.Il fut également Directeur des Triennales de Luanda et de Douala, et Directeur Artistique de Picha, la Biennale de Lumumbashi en 2010. Son exposition « La Divine Comédie » a été présentée aux MMK- Museum für Modern Kunst de Franckfort, au SCAD Museum de Savanah et au Smithsonian – National Museum of African Art de Washington, DC. Njami est Conseiller et Directeur Artistique des fondations Sindika Dokolo (Luanda) et Donwahi (Abidjan).Il est actuellement Directeur Artistique de la Biennale Dak'Art, Dakar, Sénégal. Il a été également désigné pour réunir les œuvres constitutives de la collection permanente du MémorialActe en Guadeloupe.

[192] AKAA (Also known as Africa) ou en français-Bien connue sous le nom d'Afrique. Pour cette première édition d'AKAA UNDERGROUND une carte blanche a été donnée à l'artiste Sud-Africaine, Lady Skollie. Une édition qui insiste sur le lien entre art africain et diasporique.

[193] Makandal speaks, *Serge Billé veut rapprocher l'Afrique et les Antilles*, Nofi, 30/04/ 2019. https://www.nofi.media/2019/04/serge-bile/65092?fbclid=IwAR1U9mfyTL2rawPXI7ApFuRORgqqQeYPPGSuaB4863-W8hcFu56GTg_SZck consulté le 02/05/2019.

[194] Africanah. Org, Arena for contemporary African, African-American and Caribbean Art, AFRICANAH.ORG - Arena for Contemporary African, African-American and Caribbean Art

La voie du rapprochement est aussi empruntée par le groupe martiniquais de Bernard Hayot (GBH) dont le parcours est un cas emblématique du développement commercial et artistique tant dans le bassin caribéen que sur le continent africain. Avec la Fondation Clément, le Groupe GBH jette un pont entre les Caraïbes, l'Hexagone et l'Afrique. En 2010, il est le commanditaire de l'exposition "*3X3*", Paris pour laquelle il confie lui aussi le commissariat à Simon Njami[195]. Le prestige de la Fondation Clément et la visibilité qu'elle apporte aux artistes de la Caraïbe n'est plus à démontrer, au point que la Fondation n'a plus à démarcher les institutions nationales qui à l'inverse la sollicite pour développer des projets d'exposition d'envergure. Après l'accord passé avec le Centre

---

[195] Simon Njami est camerounais, il fut notamment un des commissaires de *Africa Remix*.

Pompidou lors de l'exposition Télémaque[196], elle s'accorde avec la Fondation Dapper. Cette dernière est spécialisée dans la monstration des Arts premiers et de la diaspora. Mais après plus de 30 ans, subissant une baisse de fréquentation, la Fondation Dapper ferme ses portes parisiennes en mai 2017 et s'offre une nouvelle vie d'itinérance avec une escale à la Fondation Clément du 21 janvier au 6 mai 2018 pour l'exposition « Afriques, artistes d'hier et d'aujourd'hui ».

En juillet 2017, nous interrogions déjà le chargé du patrimoine du groupe Hayot, Florent Plasse, au sujet de cet engouement des Fondations pour l'art africain. À notre grande surprise, nous découvrions que l'Afrique venait en Caraïbe à travers le Fonds Dapper. À ce qui nous semblait être plus qu'une coïncidence, Florent Plasse nous informait qu'il ne s'agissait que d'une « sorte de curiosité du calendrier cette année en France ». Il est vrai comme, il le précisait par la suite, que la présidente de la Fondation Dapper, Christiane Falgayrettes-Leveau connaissait bien la Martinique et

> « […] qu'elle était bloquée par l'absence de lieu de monstration correspondant aux standards qu'elle voulait en Martinique. Il se trouve [ajouta-t-il] qu'elle a décidé de chercher des lieux hors les murs. Le lieu a fermé en juin et nous avons commencé à discuter avec elle il y a plus d'un an et demi. Nous avons chaque année une grande exposition sur trois mois avec un partenariat extérieur de niveau international avec des œuvres patrimoniales, nous avons fait deux projets indépendants avec le Centre Pompidou. Il se trouve que nous avons travaillé deux années de suite, mais il n'y a pas d'autres projets en tous cas pas pour l'instant ».[197]

À l'instar de Christiane Falgayrettes-Leveau, nous constatons que les regards semblent effectivement converger vers ce nouveau marché africain et caribéen. Selon la directrice de la Fondation Dapper

> « […] à Paris, la fréquentation du musée ne s'est pas suffisamment diversifiée et stagne malgré quelques remontées liées aux sujets abordés. Après plus de trente ans, l'environnement et l'offre culturelle se sont transformés et nous devons nous adapter. […] Notre but étant atteint en France, nous allons œuvrer là où notre engagement trouvera désormais un véritable écho. Ainsi, conformément au souhait de Michel Leveau, nous allons amplifier nos activités au Sénégal et en initier d'autres, ailleurs en Afrique et dans la Caraïbe. Nous avons commencé à

---

[196] L'exposition *Hervé Télémaque* fut montée au Centre Pompidou, Paris, (25 février au 18 mai 2015) puis à la Fondation Clément (24 janvier au 17 avril 2016).
[197] Florent Plasse, entretien réalisé par Catherine Kirchner-Blanchard le 18/07/2017

mettre en place des partenariats qui nous permettront de poursuivre notre chemin et de sensibiliser un nouveau public »[198].

Christiane Falgayrettes-Leveau, Bernard Hayot, Jean Pigozzi et André Magnin, Alain-Dominique Perrin, Marc Ladreit de Lacharrière, Bernard Arnault, comme les autres dirigeants d'entreprises intéressés par l'investissement dans l'art contemporain ont bien compris que les Henry's, les collectionneurs internationaux allaient venir à l'art africain et diasporique.

Tous ont conscience que « l'art ne connaît pas la crise »[199]. Et qu'en dépit d'un contexte économique particulièrement négatif, le volume de transactions sur le marché de l'art occidental se porte remarquablement bien. En effet en 2015, l'Occident connaissait une croissance de 11 %[200]. Pour Thierry Ehrmann, président-fondateur d'Artprice.com, les consommateurs d'art sont même de plus en plus nombreux et de préciser « Nous sommes passés de 500.000 collectionneurs dans l'après-guerre à près de 70 millions de « consommateurs d'art », d'amateurs et de collectionneurs dans le monde entier [...] C'est un marché de plus en plus mature et liquide, offrant des rendements de 10% à 15% par an pour les œuvres supérieures à 100.000 euros[201].

Selon Artprice.com, l'art demeure un placement lucratif « pour les investisseurs institutionnels, les gérants de fonds et les particuliers »[202]. À titre d'exemple, lors d'enchères organisées par Sotheby's à New York le 18 mai 2017[203], la vente exceptionnelle d'un tableau sans titre du peintre d'origine haïtienne Jean-Michel Basquiat a été adjugé à 110,5 millions de dollars soit 99,5 millions d'euros. Cela confirme l'envolée de ce type de placement. Les 2,7Mrd$ d'œuvres vendues dans le monde (dont 38% pour New York), révèlent un marché plus fort, plus diversifié et plus dense que jamais. Un marché qui selon le rapport sur le marché de l'Art « Ultra-contemporain » connaît des résultats exceptionnels en 2022[204].

---

[198] Christiane Falgayrettes-Leveau, *Une nouvelle vie pour la Fondation Dapper*, 16 mai 2017, http://www.madinin-art.net/une-nouvelle-vie-pour-la-fondation-dapper/ consulté le 05/008/2017.

[199] Jean-Louis Dell'oro, *Fiac : l'art ne connaît pas la crise*, Europe 1, 20/10/2011, http://www.europe1.fr/economie/fiac-l-art-ne-connaît-pas-la-crise-777777

[200] Thierry Ehrmann, *Le marché de l'art 2016*, Artprice, https://fr.artprice.com/artprice-reports/le-marche-de-lart-en-2016/edito-de-thierry-ehrmann-fondateur-et-president-dartprice Consulté le 10/06/2017.

[201] Thierry Ehrmann, in. *Auteur Rédaction Monfinancier*, 2015, *Le marché de l'art ne connaît pas la crise*, « Le marché de l'art a faim » https://www.monfinancier.com/le-marche-de-lart-ne-connaît-pas-la-crise-18466.html consulté le 5 juin 2017

[202] Ibid., Monfinancier, 2015, *Le marché de l'art ne connaît pas la crise...*

[203] Le Monde, *Un Basquiat atteint un record de 110,5 millions de dollars aux enchères* http://www.lemonde.fr/arts/article/2017/05/19/record-pour-un-tableau-de-basquiat-vendu-110-5-millions-de-dollars_5130140_1655012.html#AAl0z4qq3f8RWHl1.99 consulté le 2 juin 2012.

[204] Artprice.com, Les chiffres clés du Marché de l'Art Contemporain, Le marché de l'art contemporain 2022 (artprice.com) consulté le 01/03/2023.

Le placement dans l'art contemporain d'artistes émergents d'Afrique et de la Caraïbe rentre dans cette logique spéculative qui, comme le précise le journaliste économique Jérôme Stern, est confortée par la création de 9.000 musées, centres d'art et autres institutions attendue dans les cinq années à venir[205].

Ces expositions renouvellent le regard sur le monde dans lequel le Centre et la Périphérie fêtent la rencontre.

La fête une stratégie de diffusion de l'art

La stratégie de la démocratisation de l'art emprunte la voie festive. Les vernissages sont des évènements attractifs dans l'esprit d'un art jeune. Ils s'effectuent dans la convivialité : musique, alcool et s'accompagnent parfois d'actions spectaculaires. Pour exemple, la Fondation Vuitton s'adresse à un public noctambule et festif. Exit les musées poussiéreux et silencieux. L'heure est à « la couleur, à la danse, à la fête et à la dégustation ». Les expositions peuvent se dérouler la nuit plus propice à la fête. Le programme de la nocturne annonce : un salon de coiffure pour ressembler aux modèles exposés, des concerts, un « danse floor » en présence de disc-jockey -DJ- africains de renom et la participation de radios spécialisées dans l'évènementiel, de restaurants pour une invitation au voyage culinaire. Les tarifs des nocturnes restent très attractifs : 10 euros et seulement 5 euros pour le tarif réduits s'adressant aux mineurs, aux personnes sans emploi et fort judicieusement aux artistes. Afin de faciliter les visites la Fondation propose un service de navette de la place Charles de Gaulle Étoile jusqu'à la Fondation au tarif de deux euros aller et retour. Comme les autres Fondations, le Groupe de Bernard Hayot (G B H) applique une formule analogue. À l'occasion du 125ᵉ anniversaire de la marque de rhum agricole martiniquais Clément, le G.B.H se délocalise partout dans le monde et organise des soirées « Street art », mais en intérieur. Lors de ces fêtes, le public trié sur le volet (VIP) peut assister à la peinture in situ et en direct d'œuvres de graffiti réalisées sur des bouteilles de rhum Clément. Les œuvres d'art originales sont en éditions limitées. Le Groupe fait exclusivement intervenir le graffeur d'origine dominicaine John Andrew Perello, dit JonOne, Jonone ou Jon156, né à Harlem, New York en 1963. L'artiste se déplace systématiquement et Bernard Hayot est aussi présent. À l'occasion de la grande vente annuelle « Urban Art » de la prestigieuse maison de vente aux enchères Artcurial du 5 février 2014, les Rhums Clément mettent en vente 5 exemplaires de leur bouteille de rhum vieux VSOP

---

[205] Selon Jérôme Stern « Ce boom artistique, essentiellement en Chine, en Russie, Australie, Etats Unis et dans les pays du Golfe, mais aussi en Allemagne, Suisse et Grande Bretagne influe fortement sur le marché. » In., *L'art contemporain ne connaît pas la crise*, http://www.huffingtonpost.fr/jerome-stern/art-contemporain-crise_b_1934879.html consulté le 5 juin 2017.

« Clément by Jonone » au profit de la Fondation Abbé Pierre. Lors de cette fête, de « nombreux acheteurs du monde entier se sont arrachés 5 exemplaires uniques dédicacés par l'artiste lors d'une soirée qui a « réuni 500 privilégiés, amateurs d'art contemporain et de spiritueux d'exception »[206].

En juillet 2014[207] Jonone et Bernard Hayot sont en République dominicaine. On les retrouve le 5 décembre 2014 à la Gallery Wynwood Space Gallery (Miami - USA)[208]. Cette fois la fête est organisée en collaboration avec la Fabien Castanier Gallery, Objekt International, Balthaz'Art. Le 10 septembre 2014, ils sont à New-York puis vont à Londres, Milan[209], Bruxelles pour ne citer que ces villes. Chaque évènement est organisé en collaboration avec une galerie en vue. La stratégie de diffusion de l'art est toujours thématique, rétrospective ou commémorative et s'adresse à des publics ciblés : tout public comme pour l'exposition Vuitton « Art Afrique, le nouvel atelier » ou VIP comme pour le G.B.H, qui cherche à s'établir dans le milieu de l'art tout en vendant ses spiritueux en dehors du cadre insulaire. Pour G.B.H, la fête donne lieu à la constitution d'un carnet d'adresses d'amateurs et de collectionneurs d'art ainsi qu'à la vente de produits dérivés et d'œuvres. La fête contribue surtout à ce que Richard Peterson et Albert Simkus nomment « l'importation de goûts exogènes à la classe dominante »[210].

In fine si la valorisation de l'art afro-caribéen est conditionnée par la volonté du politique comme du privé, la fabrique de ce segment relève d'initiatives de vulgarisation des pratiques au prisme d'une diffusion accrue, démocratisation, valorisation auprès des publics et sur le marché de l'art.

Cependant la soudaine apparition de la diversité dans l'évènementiel n'oblitère pas son absence dans les instances muséales. Alors qu'en 2019 le Musée d'Orsay inaugure pour la première fois une exposition dédiée à la figure Noire dans les Beaux-Arts[211], que les plus grands artistes africains exposent en France, qu'ils sont souvent représentés par les galeristes en Europe, aux États-Unis mais aussi en Afrique, ce n'est pas le cas des artistes martiniquais, guadeloupéens ou issus des Outre-mer. Le nombre d'acquisitions nationales d'œuvres des artistes des Outre-mer ces 3 dernières décennies est marginal comparé à celles de leurs compatriotes africains. Parce qu'ils sont Français, le milieu des arts ne reconnaît pas ce que René Hibran appelait une « esthétique ethnique »[212]. Cette absence de reconnaissance traduit la volonté de fusionner les spécificités

---

[206] Clément & Art Curial, P *Street Art, Contemporary Rhum*; Paris le 04/02/2014 https://youtu.be/2yK-mNPKmCE?t=1

[207] Clément, *Clément à la Don Gallery*, 03/07/2014, https://youtu.be/CHWOt1kKRXI?t=65

[208] Clément, *Clément & la Gallerie Wynwood*, Miami, 25/09/2014 https://youtu.be/fB1OAy8JZfU?t=50

[209] Clément, *Rhum Clément by Jonone - New York City Launch Party*, 25 sept. 2014. https://youtu.be/bytkyh7FxSs?t=34

[210] Richard Peterson, Albert Simkus, « How Musical Tastes Mark Occupational Status Groups", in. Lamont, Michèle & Fournier, Marcel (dir.), *Cultivating Differences: Symbolic Boundaries and the Making of Inequality*, University of Chicago Press, 1992, pp.152-186.

[211] Musée d'Orsay, *Le modèle noir de Géricault à Matisse*, exposition temporaire du 26 mars - 21 juillet 2019.

[212] René Hibran, « Le problème de l'art à la Martinique. Une opinion », *Tropiques*, n°6-7, février 1943, pp. 39-41.

esthétiques locales dans un art officiel national qui n'est, en définitive, qu'un ethnocentrisme, une norme élitaire, un dysfonctionnement qui n'apparait cependant pas comme tel dans l'Hexagone.

Faisant face à un manque de visibilité, les plasticiens réclament le droit de participer à la création d'un patrimoine artistique pluriversel.

C'est pourquoi nous avons décidé de consacrer la troisième partie de notre étude à l'identification de l'artiste travaillant sur une esthétique caribéenne, à son recensement et à la compréhension des postures qui expriment aussi une diversité de propositions.

CHAPITRE II

ANALYSE EXTERNE DE L'ART

> « Un artiste qui posera le problème social dans son art sans ambiguïté d'une façon propre à secouer la conscience léthargique ; l'artiste qui se posera au cœur du réel, pour aider son peuple à découvrir celui-ci ; l'artiste qui saura exécuter des œuvres nobles dans le but d'inspirer un idéal de grandeur à son peuple, qu'il soit poète, musicien, sculpteur, peintre ou architecte, est l'homme qui répond, dans la mesure de ses dons, aux nécessités de son époque et aux problèmes qui se posent au sein de son peuple. »
>
> Cheikh Anta Diop[213]

1. L'étude sociologique

Si comme le souligne la sociologue Raymonde Moulin[214], les « enquêtes sociologiques de caractère national portant, en tout ou partie, sur les artistes plasticiens [...] ont fait florès au cours des années soixante-dix »[215] et qu'elles ont montré une corrélation entre les méthodes et les résultats, elles n'ont, ajoute -t- elle, cependant pas conduit au recensement exhaustif de la profession d'artiste, ni même permis de conclure à l'univocité de cette CSP. Alors que la recherche convient du caractère indéterminé de la catégorie socioprofessionnelle de l'artiste, nous notons la plus grande difficulté à évoquer la sous-représentation de la diversité régionale et des jeunes dans les enquêtes nationales. Tout en reconnaissant la centralisation de la vie artistique, il nous semble qu'une enquête étendue aux régions ultramarines permettrait d'emprunter la voie élargie du savoir de ce que la sociologue Raymonde Moulin nomme les segments[216]de l'art qui se partagent entre un marché de l'art figuratif traditionnel et un marché contemporain qui lui-même se subdivise en sous-segments. Elle permettrait la mise en évidence de ce que nous présentons comme un « nouveau » segment, puisque non représenté dans les

---

[213] Cheikh Anta Diop, *Nations nègres et culture*, Présence Africaine, 4ᵉ édition, 1979, pp. 525-526

[214] Ibid., Raymonde Moulin, *L'artiste, l'institution et le marché*, p. 249.

[215] Ibid., Raymonde Moulin, p.264.

[216] Raymonde Moulin, « Le marché de l'art », in. *Raison présente*, n°107, 3ᵉ trimestre 1993. Y-a-t-il un art contemporain ? pp. 147- 156. Doi : https://doi.org/10.3406/raipr.1993.3147 https://www.persee.fr/doc/raipr_0033-9075_1993_num_107_1_3147

enquêtes nationales. L'art contemporain des Caraïbes-Amériques est lui aussi très diversifié : fondé sur une esthétique du renouvellement et bien qu'invisibilisé, il est « un manifeste ». Il détient le pouvoir de rendre visible l'art caché. Il est performatif lorsqu'il rassemble les héritages ethnoculturels. Il s'érige lui-même en action lorsqu'il permet l'identification des plasticiens minorisés et leur capacité d'énoncer un discours collectif qui le démarque. L'art des Caraïbes s'inscrit dans un espace, un temps, une écriture de l'histoire des arts contemporains.

Le statut social

Lors de son enquête, Raymonde Moulin rappelle qu'en Occident « les artistes se recrutent surtout dans les catégories sociales élevées (leur recrutement est comparable à celui des professions libérales). » Elle ajoute que « [...] 49% des artistes sont bien des " héritiers "»[217].Cependant cette enquête centralisée par l'Institut National de la Statistique et des Études Économiques (INSEE) reste partielle parce qu'elle n'inclue pas le recensement des artistes régionaux[218]. L'étude nationale que nous appelons de nos vœux, en incluant les départements des Outre-mer, permettrait d'aboutir à une cartographie plus étendue[219] et plus représentative de la profession d'artiste en France. La prise en compte de l'histoire est déterminante pour comprendre le parcours et le profil de ces plasticiens. Au fil de la traite, les populations des Caraïbes ont perdu leur patrimoine matériel, la liberté de mouvement et de transmission du geste. Partant du principe que sous l'Ancien Régime le statut social était lié à la naissance et se transmettait de père en fils, il est aisé de conclure -à l'exception des Mulâtres- à un immobilisme social pour ce qui concerne les populations serviles de l'époque. Dans les anciennes colonies françaises, les esclaves et leurs descendants n'ont pas été concernés par le processus continu de transmission et de succession de capitaux[220]. Même si les

---

[217] Raymonde Moulin souligne que « La catégorie modale du père est celle de cadre supérieur ou profession libérale (37%), mais en ajoutant à ce pourcentage celui des pères possédant une profession intellectuelle élevée et celui de ceux qui ont été eux-mêmes des artistes, on constate que 49%des artistes sont bien des « héritiers ». Il faut en effet rappeler que ces mêmes catégories sociales ne représentent que 9.5% de la population active en France (cf. Enquête pour l'emploi, INSEE, 1981) », in. Raymonde Moulin, *L'artiste, l'institution et le marché,* p.297

[218] Raymonde Moulin souligne elle-même ce point, mais en disqualifie le biais.

[219] L'élargissement de la définition permet d'inclure les professions artisanales, activités artistiques ou para artistiques (professeurs de musique, de dessin ou de peinture) des parents.

[220] Le capital économique est le capital premier. Il se compose de l'ensemble des richesses d'un individu (revenus, patrimoine). Pour le sociologue français Pierre Bourdieu, le capital culturel est le plus important. Il s'agit de l'ensemble des savoirs, des savoir-être (habitus : capacité d'un individu à se positionner), des diplômes et des biens culturels possédés par un individu. Le capital social est le réseau de relations et connaissances dont dispose un individu et sa famille et qu'il peut activer pour obtenir des informations déterminantes pour avoir un stage, un emploi, etc.

conséquences de la démocratie sur la mobilité sociale en France ont permis l'élévation sociale et économique, il faut rappeler qu'en Caraïbes, les descendants d'esclaves se sont massivement orientés vers des professions du secteur tertiaire. En Martinique en 2015, le secteur tertiaire concentre une part très importante des emplois (81 %). Neuf actifs occupés sur dix sont salariés, mais seuls 9,2% de l'ensemble de la population active est cadre[221]. En Guadeloupe pour la même année, seuls 7,1% de la population active est cadre[222]. Dans ces deux départements les classes sociales sont majoritairement des classes moyennes -détenant de la richesse mais n'exerçant pas le pouvoir- ou des classes populaires -classes ouvrières, petits salariés, faibles revenus-.

La ventilation des CSP dans ces régions nous conduit à penser que si la sociologie permet de rendre compte « des traits les plus marquants de la population des artistes plasticiens en France »[223], elle ne cerne pas les traits saillants des artistes plasticiens des Caraïbes-Amériques. Et ceci d'autant plus que les artistes de ces régions n'ont pour la plus grande part jamais « [...] vécu dans une famille d'artistes »[224]. S'il n'est point besoin de revenir sur la privation citoyenne, il n'est cependant pas superflu de rappeler les effets de l'interdit de représentation figurative à cette époque. Dans le domaine plastique, ils sont triples :

- destruction des œuvres lorsqu'elles ont existé→ absence ou rareté de patrimoine financier et plastique dès le XVIe et jusqu'au XIXe siècle
- frein au transfert de créativité → élaboration d'un patrimoine immatériel
- limitation des transmissions des techniques picturales et sculpturales→mimétisme européen vs créations originales tardives

Ces créations sont en effet tardives puisqu'en Martinique ce n'est qu'à la fin de la Seconde Guerre mondiale que l'Atelier 45, le premier mouvement pictural endogène voit le jour. En Guadeloupe il faudra attendre vingt ans de plus. Comme le signale le plasticien guadeloupéen Christian Bracy, les premiers « [...] changements apparurent en 1965, lors du premier Salon d'art moderne qui eut lieu au hall du bicentenaire de Bergevin, sous l'égide de la municipalité de Pointe-à-Pitre »[225].

Le capital symbolique qui valide un certain prestige social correspondant au rayonnement des individus dans la société. Il légitime la possession des autres capitaux. Il diffère en fonction de l'importance de chacun dans la prise de décision notamment.

[221] Lise Demougeot, *Enquête emploi en continu en Martinique : Stabilité du chômage en 2015,* INSEE.

[222] IEDOM (Institut d'émission des départements d'Outre-mer, *Rapport 2015, Martinique*
http://www.iedom.fr/IMG/pdf/ra_2015_iedom_mar_.pdf consulté le 14/09/2017

[223] Ibid., Raymonde Moulin, *L'artiste, l'institution*, p.276

[224] Ibid., p.276

[225] Ibid., Christian Bracy, *Convergences et divergences : la peinture en Guadeloupe à partir de 1970*, p. 68.

Alors dans ces conditions, comment expliquer l'engouement récent pour la carrière artistique ? La question se pose d'autant plus qu'au moment de la départementalisation de 1946 dans ces « tout nouveaux » départements français des Outre-mer le choix de la profession d'artiste ne présente pas le gage de la sécurité de l'emploi. Dans ces récents départements français comme dans les autres, le métier d'artiste avait mauvaise presse. Michel Rovélas, l'un des prescripteurs de l'art en Guadeloupe dans les années 1960 dresse un constat identique. Lors d'un entretien avec Gérard Xuriguera[226], en 1996, le plasticien Michel Rovélas confie la crainte de ses parents de le voir embrasser la carrière d'artiste. Ses parents dit-il « étaient totalement hostiles à un métier qu'ils ne connaissaient qu'à travers la vie de ceux qui en avaient le plus souffert (la médiatisation de la vie des peintres tels Van Gogh ou Gauguin… était à la mode) et qui, de ce fait, ne pouvait garantir l'avenir de leur enfant » [227].

Alors que le mythe de « l'artiste maudit » est largement partagé par la population française ou tout au moins dans ses classes ouvrières et populaires, la plasticienne martiniquaise Patricia Donatien Yssa souligne l'impérieux besoin de créer des anciens colonisés.

Elle donne à considérer les causes des transmissions psychologiques, émotionnelles et gestuelles. L'artiste et professeur des Universités à l'université des Antilles en Martinique explique que s'il n'y a pas eu de transmission d'un atelier ou de capital financier, le frein au transfert de créativité ne signifie pas son absence. Par ailleurs, elle souligne que rien ne permet d'affirmer qu'il n'y a pas eu de transmission d'une sensibilité artistique. L'artiste fait évidemment allusion au capital culturel et se réfère particulièrement à la transmission orale dans les milieux populaires, celle de la musique ou du conte, mais elle évoque également la danse et l'intéressante manière de percevoir les dimensions, la matière, les couleurs dans le domaine plastique. Elle évoque une transversalité. Pour Patricia Donatien Yssa « Aucun être humain n'arrive sans rien, démuni de toute sortes de choses. Même s'il a été maltraité, il a reçu une éducation, il a été formé, il a une certaine sensibilité, il a une culture. Même en arrivant les mains nues, il va chercher à recréer dans son environnement et à se réapproprier avec les matériaux qu'il trouve sa culture»[228]. Ce propos fait échos à celui du plasticien Christian Bertin qui considère à son tour que tout individu « arrive chargé, intérieurement, il a quelque chose »[229].

[226] Gérard Xuriguera, *Michel Rovélas,* Paris, éd. Garnier Nocera, 1996, p. 134.
[227] Ibid., Gérard Xuriguera, *Michel Rovélas*
[228] Patricia Donatien, entretien avec Catherine Kirchner-Blanchard réalisé le 26/06/2017.
[229] Christian Bertin, entretien téléphonique avec Catherine Kirchner-Blanchard, du 21/01/2018-non transcrit dans les annexes-

En somme si le profil des plasticiens de notre corpus résulte d'une histoire spécifique qui n'est en rien comparable à celle des plasticiens européens, il illustre le pouvoir d'agir des acteurs sociaux ou bien invite à penser comme nous le propose le sociologue Raymond Boudon, l'inflexion de la théorie de la répétition mécanique des inégalités sociales[230]et des déterminismes.

L'identification et le recensement des artistes

Dans la mesure où des enquêtes sociologiques à caractère national portant sur des artistes exerçant dans l'Ile de France existent déjà, nous avons fait le choix d'orienter notre recherche sur les régions françaises des Outre-mer.

Pour l'identification des artistes, comme d'autres chercheurs en sociologie des arts et de la culture, nous nous référons à la définition de l'UNESCO, qui reconnaît comme artiste « toute personne qui […] considère sa création artistique comme élément essentiel de sa vie, qui ainsi contribue au développement de l'art et de la culture, et qui est reconnue ou cherche à être reconnue en tant qu'artiste, qu'elle soit liée ou non[231]par une relation de travail ou d'association quelconque ».

La méthode retenue pour la construction de la population de base de l'enquête a consisté en un croisement de sources quantitatives et qualitatives. Nous avons collecté les statistiques produites par la Maison des artistes (MdA)[232]. Nous avons sélectionné le maximum d'articles dans lesquels les plasticiens exerçant en Caraïbes francophones ou en étant issus et ceux de la diaspora étaient énumérés nominalement (AICA sud[233], annuaires culturels[234], revues spécialisées, ressources de la bibliothèque de l'Université des Antilles, publications et les actes de colloques du CEREAP (Centre d'Étude et de Recherches en Esthétique et Arts Plastiques)[235], catalogues d'expositions, reportages télévisés, réseaux sociaux).

---

[230] Raymond Boudon, *L'inégalité des chances, La mobilité sociale dans les sociétés industrielles*, éd., A. Colin, 1973.

[231] UNESCO, *Recommandations Concerning the Status of the Artist*, Paris, 1980, p. 5; (Trad.) Raymonde Moulin, in. *L'artiste*, p.265 (« que cette personne soit liée ou non » c'est Raymonde Moulin qui souligne note 25, p. 272)

[232] La Maison des artistes (La MdA) est l'organisme français, agréé par l'État pour la gestion administrative de la branche des arts graphiques et plastiques du régime obligatoire de sécurité sociale des artistes auteurs. L'enregistrement à la MdA permet de jouir de prestations diverses : la gestion des courriers électroniques, accueil téléphonique, un portail commun, l'obtention d'attestations. *Rapport d'activité 2016*, Agessa, https://fr.wikipedia.org/wiki/La_Maison_des_artistes consulté le 26/01/2018.

[233] Association Internationale des Critiques d'Art.

[234] Christian Bidonot, *Top Outre-Mer*, éd complète Promodom, 2017.

[235] Parmi les sources retenues, signalons également, mais de manière non exhaustive celles mentionnées sur le site du Ministère des Outre-mer et de l'agence de promotion et de diffusion de la culture des Outre-mer. Cette dernière fournit une liste d'artistes caribéens, leurs disciplines ainsi qu'une brève présentation de leur travail, leur actualité, leurs coordonnées. Le site officiel du tourisme en France consacre quant à lui une page internet à *Terre d'artistes en Outre-mer* qui fait la part belle à quelques artistes plasticiens régionaux emblématiques. De son côté Christian Bidonot

Nous avons également retenu le principe de l'inclusion des amateurs dès lors que des sources, des spécialistes ou des pairs leur reconnaissaient le statut d'artiste. Notre sélection de 279 artistes est importante comparée à celle faite dans *l'Anthologie de la peinture en Guadeloupe*[236] (41 monographies), mais elle n'est cependant pas exhaustive. Elle traduit la nécessité de faire des choix afin de pouvoir saisir les cas les plus pertinents à la démonstration. Ils sont nécessairement arbitraires, mais servent l'étude de la profession d'artiste en région Caraïbe.

La réalisation d'une prosopographie exhaustive des plasticiens fait sens et s'inscrit dans cette dynamique de la transmission. C'est ce que laisse penser l'avancée majeure que représente l'ouverture du réseau d'édition de ressources pédagogiques transmédias CANOPÉ à l'enseignement des « Arts des Caraïbes-Amériques »[237]. Dans ce contexte où l'intérêt de la transmission semble prévaloir pour les institutions nationales et guadeloupéennes, nous nous sentons confortés dans notre projet de réalisation d'une prosopographie exhaustive des artistes impliqués dans les Arts visuels des Caraïbes francophones. Cependant, à mesure que la recherche avançait, nous avons réalisé à quel point la collecte de données sensibles était conséquente et chronophage. Comme nous confiait l'artiste guadeloupéen Philippe Thomarel « On connaît les statistiques pour l'Île de France, mais on ne les connaît pas pour les Antilles »[238]. Face à ces obstacles, nous avons bâti nos premiers résultats sur les données recueillies et les proposons pour un complément d'enquête quantitative et qualitative. Elle répondrait à la question des déterminismes socio-économiques dans la profession d'artiste. À partir des premières données recueillies nous ne dressons donc pas la CSP du père ni la mobilité sociale de la mère. En revanche nous posons quelques jalons qui pourraient avoir une valeur d'indicateurs pour qui s'intéresse à l'évolution de cette profession. À cet effet, nous avons pensé la typologie d'une fiche signalétique de la profession d'artiste permettant d'illustrer les spécificités des pratiques et des artistes issus des régions françaises des Outre-mer ou s'en réclamant. L'étude ne permettant pas une présentation exhaustive de tous les artistes, nous avons sélectionné ceux qui nous semblaient être les plus emblématiques de la création plastique contemporaine concernée.

---

répertorie dans son ouvrage *Top Outre-mer une édition complète* les personnalités locales emblématiques du monde artistique et culturel. *Le Guide de la Caraïbe culturelle* permet d'accéder aux contacts des créateurs, à l'analyse d'entretiens par pays et par domaine artistique. Le site Fabcap signale le travail d'artistes de rue et l'identité d'artistes graffeurs.

[236] Ibid., Coll, *l'Anthologie de la peinture en Guadeloupe*.

[237] Réseau Canopé, « Placé sous tutelle du ministère de l'Éducation nationale, [...] Acteur majeur de la refondation de l'école, il conjugue innovation et pédagogie pour faire entrer l'École dans l'ère du numérique. » https://www.reseau-canope.fr/qui-sommes-nous.html consulté le 02/12/2019.

[238] Philippe Thomarel, entretien avec Catherine Kirchner-Blanchard, 14/06/2015.

Historiquement les artistes de la Caraïbe francophone ne sont pas, dans le sens bourdieusien du terme, des « héritiers »[239]. Si l'on s'en tient aux propos relatés par Christian Bracy dans l'ouvrage officiel publié par le Conseil Régional de Guadeloupe en 2009, ils ont une « modeste origine pour la plupart »[240] .

Mais ils sont parvenus à la reconnaissance dans leur profession. Dans la partie suivante, nous proposons une classification possible de ces artistes.

Nous avons fait le choix de mettre en regard différentes variables regroupant tout aussi bien le recensement des arts du volume (sculpture et architecture), des arts de la surface (peinture, dessin, gravure) que les nouvelles tendances artistiques que sont la performance, le bio-art et le Street art, le numérique, la vidéo et toutes les formes de l'expression plastique contemporaine.

Les premiers résultats de la prosopographie

« […] la peinture martiniquaise réunit des artistes qui questionnent l'acte de peindre et privilégie les plasticiens qui tentent la conquête de nouveaux territoires de la peinture, ceux qui l'explorent et l'expérimentent : nouveaux outils, nouveaux pigments, nouveaux gestes, nouvelle insertion dans l'espace, mixité des techniques »[241].

Dans le cadre de cette étude l'objectivaïon de la profession des artistes de notre corpus a souvent été rendue difficile par une réticence à communiquer des données autres que celles strictement professionnelles. Ainsi les liens de filiations, la catégorie socio-professionnelle (CSP) des ascendants ou du conjoint -en particulier lorsque celui-ci est soutien familial- n'ont pas toujours été informés. Nous prenons à titre d'exemple la réponse d'une plasticienne guadeloupéenne présidente d'association qui à notre question « quelle était la profession de vos parents ? » a insisté, « Je ne réponds pas à ce genre de questionnaire […] comme déjà dit, je ne réponds pas aux questions personnelles, mais uniquement artistiques ; merci d'en prendre bonne note ».

De la même manière il est arrivé que la gêne occasionnée par l'absence de formation dans le domaine artistique ait conduit à l'inhibition de la parole lors de quelques entretiens. À titre d'exemple nous reproduisons un extrait tiré d'un entretien

[239] Pierre Bourdieu, « L'école conservatrice. Les inégalités devant l'école et devant la culture », in. *Revue française de sociologie*, 7-3, 1966, pp.325-347.
[240] Christian Bracy, (op. Cit.), p.70.
[241] Dominique Brebion, *Pictural*, Fondation Clément, 26 avril 2019 - 19 juin 2019.

volontairement anonymisé réalisé par courriel avec une plasticienne guadeloupéenne reconnue par ses pairs.

> « Je n'ai fait aucune étude en art plastique, car dans les années 80 il n'existait aucune école de ce genre en Guadeloupe. Étant professeure, mariée et mère de famille, il m'était impossible de partir étudier en France. J'ai donc accompli un travail solitaire, bien qu'entretenant des liens d'amitié avec les autres plasticiens guadeloupéens et martiniquais que je fréquentais. Mon travail s'apparente davantage à celui d'un moine copiste qu'à celui des Performances ou Installations des plasticiens qu'il m'a été donné de fréquenter [...] Je souhaiterais répondre, mais je ne me sens pas légitime »[242].

Bien qu'incomplet et ne permettant pas de répondre à toutes les interrogations que se pose le chercheur, l'entretien reste instructif. Il permet de mettre au jour le paradoxe de la condition féminine oscillant entre accomplissement socio-professionnel et équilibre de la vie familiale. D'un côté le statut de professeur et la maternité sont des éléments de satisfaction pour cette femme, mais de l'autre les devoirs professionnels et les responsabilités liées à la gestion d'un foyer restent des freins au choix individuel et à la formation artistique qui devient alors accessoire.

Le propos confirme l'inégalité d'accès à la formation artistique en Guadeloupe par rapport aux possibilités offertes en Martinique à la même période. Cette situation contraignait à la relocalisation géographique et c'est encore le cas aujourd'hui.

Enfin, le témoignage de cette artiste laisse penser qu'il existerait une hiérarchie de valeurs entre une création plastique traditionnelle qui serait légitime et une autre contemporaine qui serait réservée aux jeunes plasticiens et qui de son point de vue le serait moins.

Cette enquête a montré l'importance de la proximité entre l'enquêteur et son terrain. Elle est indispensable lorsqu'il s'agit de lever les premiers freins que sont l'appréhension ou la défiance. Elle a toutefois été facilitée par notre statut de commissaire d'expositions, la rencontre lors d'évènements mondains et par l'introduction effectuée par des pairs. Cependant il nous paraît évident de signaler que la conduite d'une enquête à l'échelon régional nécessiterait la constitution d'une équipe d'enquêteurs habilités par une instance officielle, formée aux techniques de l'enquête sociologique. La réunion de tous ces éléments nous semble être un préalable à une cartographie exhaustive de la profession des artistes français. Elle serait également utile

---

[242] Entretien anonyme avec Catherine Kirchner-Blanchard, réalisé par courriel le 11/01/2017.

à la mise en place d'une politique culturelle adaptée aux régions. Nous amorçons cette étude à partir des quelques éléments quantitatifs à notre disposition.

2-Enregistrement des artistes par région

Des disparités régionales

La Maison des artistes a pour mission le recensement de la profession d'artiste en France. Dans son rapport, elle mentionne qu'entre 2015 et 2016 le nombre d'auteurs cotisants à la Maison des Artistes (MdA) a augmenté de +2,7 % pour s'établir à un total de 262 617[243].

Sur le total des cotisants les artistes-auteurs ultramarins ne représentent que 0,4% contre 44,4% pour ceux de l'Île de France. Ces données nationales établissent deux catégories d'artistes : les assujettis et les affiliés[244]. Le recensement de 2016 dénombre 16 598 assujettis MdA de plus que d'affiliés et 1859 assujettis AGESS[245] de plus que d'affiliés[246].

L'augmentation du nombre de cotisants assujettis peut être considérée comme un marqueur de précarité. Car, si l'inscription et le paiement d'une cotisation confirment le statut juridique de l'artiste, elle ne confère pas les mêmes avantages. Seule la déclaration d'un revenu supérieur au seuil retenu en 2009 de 6 864€ permet le statut d'affilié. Il ouvre le droit à une couverture sociale complète. Lorsque les revenus sont insuffisants, l'artiste-auteur a trois recours : exercer une autre activité professionnelle, être affilié par le biais d'un.e. conjoint.e, effectuer une demande d'obtention de la couverture maladie universelle (CMU).

À l'exception de la région Île de France où l'écart entre les auteurs cotisants assujettis et les affiliés est le plus faible, dans toutes les autres régions de France, les assujettis sont significativement plus nombreux.

---

[243] Ibid., Agessa, *Rapport d'activité 2016*, « 262 617 auteurs cotisants Affiliés MDA : 21 797 Assujettis MDA : 38 395 en 2016 ». http://www.secu-artistes-auteurs.fr/sites/default/files/pdf/Rapport%20d%27activit%C3%A9%20MDA%202016.pdf et 270 489 auteurs cotisants Affiliés MDA : 23 162 Assujettis MDA : 38 061 TOTAL MDA : 61 223 en 2017. http://www.secu-artistes-auteurs.fr/sites/default/files/pdf/Rapport%20d%27activit%C3%A9%20MDA%202017.pdf

[244] Assujetti : qui cotise à La Maison des Artistes du fait de la perception de revenus artistiques mais sans permettre le bénéfice d'une couverture sociale. Les artistes dans ce cas peuvent dépendre du régime de sécurité sociale d'une autre activité ou de la sécurité sociale d'un parent. S'ils répondent à certains minima sociaux, ils peuvent demander à bénéficier de la Couverture Maladie Universelle (CMU). *Affilié* : qui cotise à La Maison des Artistes et bénéficie de la couverture sociale du régime. L'affiliation est automatique pour les artistes déclarant un bénéfice artistique au-dessus du seuil d'affiliation (*6 864€ en 2009*)
(*6 864€ en 2009*).

[245] Association pour la gestion de la sécurité sociale des auteurs.

[246] Ibid., *Rapport MdA 2016, sécurité sociale des artistes.*

En 2016 la MdA ne recense que 252 artistes-auteurs ultramarins contre 26 718 en Île de France.

Sur les 252 artistes-auteurs ultramarins, 73,4% sont assujettis contre seulement 5,9% en Île de France. En proportion du nombre d'artistes-auteurs inscrits à la MdA, le pourcentage d'assujettis ultra-marins est le plus fort de la France continentale.

Région	Affiliés	Assujettis	Total	Pourcentage d'assujettis dans total des cotisants
Île-de-France	11 090	15 628	26718	5,90 %
Auvergne-Rhône-Alpes	1 776	3 398	5174	65,70 %
Occitanie	1 440	3 394	4834	70,20 %
Provence-Alpes-Côte d'Azur	1 537	2 870	4407	65,10 %
Nouvelle-Aquitaine	1 378	2 969	4347	68,30 %
Bretagne	772	1 845	2617	70,50 %
Pays de la Loire	872	1 682	2554	65,80 %
Grand Est	770	1 755	2525	69,50 %
Hauts-de-France	613	1 376	1989	69,20 %
Centre-Val de Loire	518	1 104	1622	68,00 %
Normandie	504	1 094	1598	68,50 %
Bourgogne-Franche-Comté	419	1 002	1421	70,50 %
Outre-mer	67	185	252	73,40 %
Corse	41	93	134	69,40 %
Total	**21 797**	**38 395**	**60 192**	

Recencement Mda, 2016

Les artistes cotisants de l'Île de France ont des revenus plus importants que ceux issus des autres régions de France. Cette situation se comprend par des écarts de revenus importants d'une région à une autre et d'une discipline à une autre. D'après ce même rapport, en 2015, 46,5 % artistes-auteurs déclarent des revenus inférieurs à la moitié du seuil d'affiliation

(4 289 €), 5,0% des revenus déclarés sont situés entre 4 289 € et le seuil (8 577 €), 41,0 % des revenus sont compris entre le seuil (8 577 €) et (37 548 €) et seulement 8,0 % des revenus sont supérieurs à 37 548 €.

En Caraïbe francophone, il n'existe pas de marché constitué, ni de cote officielle pour ces artistes. Les revenus tirés de l'activité artistique sont peu déclarés, mais ils ne sont pas pour autant inexistants. Ainsi d'après la publication du prix de vente des œuvres de l'artiste urbain JonOne[247] sur le site en ligne Artsper, le prix de vente d'une œuvre s'établit entre 540 € et

---

[247] Artsper, œuvres de JonOne.
https://www.artsper.com/fr/rechercher?q=JonOne&hPP=60&idx=artworks&p=0&selection=youngtalents&sort=5&is_v=2 consulté le 08/07/2019.

42000 €. De même à l'occasion d'expositions organisées par l'association Yehkri.com pour la promotion des arts de 2013 à 2016, nous avons constitué une liste de prix de vente d'œuvres qui s'échelonnait de 1500 €[248] à 7000 €[249].

Ainsi, les revenus tirés de l'activité artistique révèlent de fortes disparités régionales. Il en va de même pour l'implantation géographique.

Sur les 48 536 artistes recensés à la MdA, près de 25 000 sont inscrits en Ile de France. Cette donnée quantitative confirme l'attrait pour la Capitale qui offre des possibilités professionnelles plus importantes à certains artistes.

Répartition des activités à l'échelon national

Sur l'ensemble du territoire national quelques disciplines sont plus pratiquées que d'autres. En 2016 l'activité du graphisme, sans doute portée par les innovations technologiques et la simplification des usages est la plus pratiquée. Elle représente 36,0 % du total des activités pratiquées à l'échelon national. La peinture vient en deuxième position avec 31,4 % des activités. Les progressions les plus fortes sont enregistrées chez les plasticiens et les graphistes -respectivement (+ 4,8 % et + 4,0 %).

La catégorie des verriers peine à trouver une clientèle. On explique cette défection par les économies réalisées lors d'achats de cadeaux de mariage ou encore celles réalisées sur la commande d'objets de luxe et d'objets de table[250].

Cette pratique connaît un recul de 5%. En 2016, le nombre de peintres décorateurs connaît lui aussi un recul et ne représente que 0.5 % des activités comme l'illustre le tableau ci-dessous[251].

---

[248] Prix de vente de l'œuvre de la plasticienne Cat Mira pour son œuvre *Case Océan*, - technique mixte photographie - de format 120x80cm, 2012.

[249] Prix de vente de l'œuvre du plasticien Louis Laouchez pour son œuvre *Vous et nous,* - peinture technique mixte avec écorce marouflée- de format 106x82cm, 2012.

[250] Véronique Brumm, *Le secteur verre et cristal, crises récurrentes et nécessaires adaptations*, Idverre.net *http://www.idverre.net/veille/dostec/crise-adaptation/valeurs.php* consulté le 27/01/2018

[251] Ibid., L'agessa, *Rapport d'activité 2016*, http://www.secu-artistes-auteurs.fr/sites/default/files/pdf/Rapport%20d%27activit%C3%A9%20MDA%202016.pdf

[251] Tableau A.

Activités des auteurs	2015	2016	ÉVOLUTION
Graphistes	20 853	21690	+ 4,0 %
Peintres	18 703	18922	+ 1,2 %
Plasticiens	5 929	6216	+ 4,8 %
Sculpteurs	5 039	5093	+ 1,1 %
Illustrateurs	4 285	4417	+ 3,1 %
Dessinateurs	1 994	2039	+ 2,3 %
Dessinateurs textile	852	845	- 0,8 %
Graveurs	469	479	+ 2,1 %
Céramistes	223	224	+ 0,4 %
Peintres verriers	221	210	- 5,0 %
Peintres décorateurs	32	31	- 3,1 %
Liciers	25	26	+ 4,0 %
Total	**58 625**	**60 192**	**+ 2,7 %**

Figure 3 : Répartition des activités artistiques nationales -Tableau A-

Tandis que seuls 252 artistes issus des départements français des Outre-mer (Guadeloupe, Martinique, Guyane, Réunion) se sont enregistrés à la MdA en 2016, nous en recensons 279 en 2020 pour les seuls départements de Martinique et de Guadeloupe. Les artistes de notre corpus ont été retenus dès lors qu'ils étaient invités à exposer par des institutions publiques ou privées. Nous avons également fait le choix d'élargir la définition traditionnelle de l'œuvre (peinture, dessin, gravure, sculpture) à d'autres catégories fortement représentées dans l'art contemporain que sont la performance, les happenings, l'art numérique ou l'installation.

Comme nous le précisions plus haut, nous avons fait le choix de ne pas distinguer l'amateur du professionnel pour la simple raison que, comme dans le reste du monde, rares sont les artistes à ne vivre que de la vente de leurs œuvres. En effet, les entretiens avec les artistes ont montré que la majorité des plasticiens exerçaient une autre activité professionnelle souvent principale et que l'activité artistique était secondaire. Ils sont 90% à enseigner de manière régulière ou ponctuelle.

Tout d'abord, nous constatons que la répartition des activités dans les régions ultramarines diffère de celle que l'on retrouve à l'échelon national. Ensuite, nous notons que la catégorisation par genre diffère également. Sur l'ensemble du territoire national, la parité homme/femme est globalement respectée respectivement 50,1 % et 49,9 % [252] à l'exception des métiers du dessin textile 91,1 %, de la tapisserie 88,5 % et de la céramique 72,8 % qui sont très féminisés, ce n'est pas le cas dans les départements des Outre-mer.

Répartition des activités artistiques locales

Analyse du corpus

En 2020, les artistes de notre corpus sont majoritairement des peintres. Ils représentent 36% des 279 artistes recensés. Il n'y a aucun : licier, peintre décorateur, graveur, dessinateur textile. Les artistes de notre corpus ont souvent plus d'une pratique artistique à titre d'exemple : lorsqu'un artiste exerce l'illustration ou le graphisme, cette pratique n'est jamais exclusive : le plasticien guadeloupéen Joël Nankin est aussi musicien, le Martiniquais Victor Anicet est céramiste et verrier, le Guadeloupéen Luc Marlin est reconnu en sa qualité de plasticien, il est aussi céramiste.

Activité des auteurs	Martinique		Hexagone		Guadeloupe		Autres régions		TOTAL Par discipline
	Femmes	Hommes	Femmes	Hommes	Femmes	Hommes	Femmes	Hommes	
Peintres	18	32	9	5	6	27	1	3	101
Peintres musiciens	0	0	0	0	0	1	0	0	1
Plasticiens	13	16	9	10	13	19	1	1	82
Artistes de rue	0	7	1	3	0	15	0	0	26
Plasticiens sculpteurs	0	10	0	2	0	6	0	0	18
Photographes	4	7	1	2	1	5	0	0	20
Photographes musiciens	0	0	0	0	0	1	0	0	1
Stylistes	4	1	1	0	3	5	0	0	14
Designers	3	3	3	2	0	1	0	0	12
Plasticiens céramistes	0	2	0	0	0	0	0	0	2
Dessinateurs	0	1	0	0	0	1	0	0	2
TOTAL	42	79	23	24	24	81	2	4	279

3-Catégorisation

Dans notre corpus, les femmes sont globalement moins nombreuses à peindre que les hommes. Elles représentent 35% du total des peintres. Toutefois, les possibilités plus importantes de formation artistique en Martinique ont eu des effets positifs pour les peintres martiniquaises qui sont aujourd'hui plus nombreuses que leurs collègues guadeloupéennes. Les peintres originaires de l'Hexagone et exerçant en Caraïbes francophones sont aussi plus nombreuses que les guadeloupéennes respectivement 8,9% et 5,9%.

Les peintres

 En Guadeloupe, la quasi- inexistence de structures d'enseignement artistique et d'exposition a considérablement retardé l'essor de la peinture. Et bien qu'à partir des années 1960 on assiste à l'émergence de cette pratique en Guadeloupe avec des peintres tels que Michel Littée, Michel Rovélas ou Ricardo Roberto, les peintres martiniquais restent plus nombreux que leurs collègues guadeloupéens ; soit respectivement 31,7% [253]contre 26,7% du total des peintres de notre corpus. Ceux originaires du Continent et exerçant dans l'un de ces deux départements représentent 4,9% et la catégorie « Autres » seulement 2,9%.

Les plasticiens

Les plasticiens représentent 29,3% du total des artistes de notre corpus.
Si la peinture est plus prisée en Martinique qu'en Guadeloupe, les plasticiens guadeloupéens sont légèrement plus représentés en Guadeloupe qu'en Martinique soit respectivement 23,1% contre 19,5%. Ceux du Continent représentent 12,2%, ceux venant d'une autre région représentent 1,2 %.
Les femmes sont bien représentées. Sur les 82 plasticiens nous dénombrons 36 femmes (43,9% du total de plasticiens de notre corpus). Les Guadeloupéennes faiblement représentées parmi les peintres prennent leur place dans la sphère de l'art contemporain, qui offre une grande diversité de pratiques. Elles sont aussi nombreuses en Martinique qu'en Guadeloupe soit 36%. Les femmes plasticiennes originaires d'une région de la France hexagonale représentent 25% du total des plasticiens. L'unique plasticienne non nationale de notre corpus est originaire de la République dominicaine -Luz Séverino-.

---

[253] Les pourcentages sont arrondis à la décimale supérieure.

Les artistes de rue

Nous avons recensé 26 artistes de rue. Ils représentent 25,7% de l'ensemble des artistes présents dans notre corpus. Toutefois depuis quelques années les collectivités guadeloupéennes soutiennent cette pratique qui connaît un bel essor.

Contrairement aux peintres, les artistes de rue guadeloupéens sont plus nombreux que les artistes martiniquais et représentent 57,7% du total des « Street artistes » de notre corpus. Initialement considéré comme un art marginal, l'art urbain, nous dit Anne-Catherine Berry, est pourtant présent « en Martinique depuis la fin des années 80. Il a été lancé par le groupe des graffeurs JAMES, R-MAN… qui avait déjà formé le collectif MADA PAINT »[254] , mais n'a jamais réellement connu l'essor escompté. Toujours selon la professeure en Arts plastiques, seuls « deux groupes de graffeurs se partagent véritablement les murs du pays ; le collectif NPL MADA PAINT et le KPC CREW »[255].Moins enclins à l'exposition dans l'illégalité ou la clandestinité, les artistes martiniquais investissent davantage les lieux de monstration dits légitimes, et de ce fait les artistes de rue ne représentent que 26,9%. 11,5% sont originaires de l'Hexagone. Notre corpus d'artistes de rue ne comprend aucun graffeur ni taggeur issu d'une autre région du globe.

Aux Antilles très peu de femmes pratiquent les arts urbains. Jessy Monlouis Doudoustyle, née en 1984, fait figure d'exception. Elle est afropéenne, c'est-à-dire que sa famille est originaire des Antilles -Martinique- mais qu'elle a vu le jour sur le Continent. L'artiste a fait une année préparatoire aux Arts appliqués à Montreuil et pratique depuis 2006. Alors que nous notions la faible représentation féminine, Jessy Doudoustyle évoquait un changement de la tendance. Elle relatait[256] qu'en dépit d'un manque de formation et de visibilité, la féminisation de la scène nationale est une réalité. Mais en ce qui concerne notre enquête, notons que Jessy Monlouis Doudoustyle est l'unique artiste urbaine afropéenne de notre corpus. Elle a entamé son travail dans la rue entourée de garçons avec lesquels elle dit avoir plus d'affinités. De jour comme de nuit, elle réalise des œuvres murales, au commencement sans autorisation. Mais au fur et à mesure que son travail est reconnu des municipalités, des agences de publicité ou d'évènementiel, des sociétés privées lui passent commandes. Pour ne pas être enfermée dans une catégorie et toucher un plus large public, elle cherche à mettre en avant des valeurs fédératrices et pluriverselles qu'elle dit retrouver dans la figure animale du panda. Le mammifère est devenu son animal fétiche parce qu'il rassemble, dit-t- elle,

---

[254] Anne-Catherine Berry, « Le Street Art aux Petites Antilles Françaises », *Cahiers de Narratologie* [En ligne], 29, 2015, mis en ligne le 20 janvier 2016, consulté le 08 août 2019. URL: http://journals.openedition.org/narratologie/7413
[255] Ibid. Anne-Catherine Berry.
[256] Jessy Monlouis Doudoustyle, entretien téléphonique avec CKB, le 03/07/2019.

« tous les contraires »[257]. Il lui permet de mettre en avant les valeurs que sont l'écologie, la diversité ethnoculturelle, la mort, la transcendance. En réalité la figure de l'animal lui est plus personnelle voire cathartique. Le panda qu'elle célèbre dans sa création est un hommage rendu à son père décédé en 2000. Elle nous raconte comment selon la légende chinoise les pandas qui étaient complètement blancs, en signe de deuil, trempèrent leurs mains dans la cendre. Tout en pleurant, ils se frottèrent les yeux pour essuyer leurs larmes et se consolèrent en entourant leurs bras autour de leurs corps et se bouchèrent les oreilles pour me pas entendre pleurer les autres. À travers cette légende, l'artiste entend signifier les valeurs symboliques incarnées par la figure de l'animal : sensibilité, solidarité et leurs effets sur la matière physique : transcendance, métamorphose[258].

Doudoustyle Jessy, Le labyrinthe 1

Jessy Doudoustyle, Le labyrinthe, le Lab 14 avec le collectif Photograffée, 2017 photo@Vincent Bruno

---

[257] Ibid., Jessy Doudoustyle.

[258] Otaku mon site.com, *Légende du panda*, pour en savoir plus http://ile-otaku.e-monsite.com/pages/legendes-urabaines/la-legende-du-panda-1.html#phdab0idU4Qh51Yz.99 consulté le 03/07/2019.

Il faut noter qu'en dépit du soutien des institutions locales guadeloupéennes qui ont contribué à atténuer la mauvaise presse qui caractérisait les arts urbains jusqu'à Banksy, les collectivités territoriales parviennent difficilement à convaincre les femmes de créer dans l'espace public. Une tendance qui pourrait changer en Martinique, notamment avec l'implication récente d'institutions privées et aussi de la DAC, de la municipalité de Fort de France dans le 8ᵉ *Festival art mural*[259]. L'évènement international itinérant organisé pour la première fois à Fort de France présentait le double intérêt de sensibiliser les publics à l'écosystème et d'offrir un espace de visibilité dans l'espace public aux femmes et notamment aux plasticiennes : Gwladys Gambie (Guadeloupe), Hélène Raffestin (Martinique), Emylee (Martinique).

Les sculpteurs

Ils ne sont que 18 soit 6,4% de notre corpus à exercer cette pratique. Plus de la moitié 55,5% sont martiniquais, 33,3% sont guadeloupéens, et 11,1% viennent du Continent. Il n'y a aucun sculpteur originaire d'une autre région du monde. S'il existe de nombreuses techniques pour travailler et déplacer les matières pesantes comme le fer ou le bois, on constate néanmoins que les sculpteurs de notre corpus se recrutent exclusivement dans la gente masculine. Cette dominante masculine ne surprend pas le sculpteur martiniquais

Radigois Jérôme, Yole urbaine 1

Jérôme Radigois, Yole urbaine 10 m de longueur, Année inconnue, photo @service communication Ville du François

Joël Gordon, qui évoque la force physique nécessaire à ce type de création. Débarqué en 1983 et découvert par Jean Paul Césaire, le fils de l'ancien maire de Fort de France Aimé Césaire. Joël Gordon met en place un atelier de formation à la sculpture sur bois

[259] IPAF, « Festival art mural", 8ᵉ édition, Fort de France, Martinique 2030. 21 juin 2019. https://www.martinique2030.com/actualites/ifap-un-festival-de-muralisme-ecoresponsable-dans-les-rues-de-fort-de-france

et déploie une grande énergie à la réalisation de pièces colossales[260]. Il en va de même pour le métropolitain Jérôme Radigois. Architecte de formation, J.Radigois vit aujourd'hui à Barcelone en Espagne. Il est le frère de la plasticienne Emmanuelle Podgaietsky, qui de son côté a posé ses pinceaux en Guadeloupe. Jérôme Radigois a réalisé de nombreuses sculptures monumentales en Caraïbes qui combinent différentes techniques et matériaux, (métal, fer à béton, le plâtre, le sable volcanique, la résine, le vitrail et l'argile). Elles ornent l'espace public comme ce portrait en trompe l'œil de 5m de hauteur intitulé Césaire étudiant.

Il fut réalisé en 2015 et posé sur un giratoire de la ville de Fort de France, Martinique. L'artiste a également réalisé une sculpture qu'il a nommée *Yole urbaine*[261]. Elle est située sur un rond-point de la ville du François, Martinique.

Tout comme J.Gordon, Jérôme Radigois veut transmettre ses techniques et son savoir. Il propose des cours de sculpture en argile pour l'étude du portrait ou encore des stages

Granville Régis, Yole 1

Régis Granville, Yole, Œuvre monumentale, 203 cm x 51 cm x 3 cm, 75 kg, verre fusionné en multicouches par inclusion de pigments, 2012, photo @Régis Granville

---

[260] Conseil Général de la Martinique, *Portrait de Joël Gordon*, You Tube, 03/06/2015 https://youtu.be/4cMEG_zA2Gc consulté le 08/07/2019.
[261] La yole est une embarcation rapide traditionnellement utilisée dans la Caraïbe pour la pêche, le transport humain et de matériaux et aujourd'hui pour les sports de plaisance.

en formation en moulage plâtre et élastomère. À titre d'exemple signalons aussi le travail du sculpteur martiniquais Robert Manscour et celui de Régis Granville qui réalise lui aussi des yoles en verre ou celui du guadeloupéen Jacky Poulier qui travaille la terre, la corde, le plâtre, l'époxy ou le fer.

D'autres artistes de notre corpus pratiquent la sculpture de manière annexe ou occasionnelle. C'est le cas du Martiniquais René Louise, qui est avant tout connu pour ses peintures sur cadres circulaires et qui, précédemment a sculpté des décors de pièces de théâtre et les masques utilisés lors de la représentation de la pièce de théâtre d'Aimé Césaire, *Une saison au Congo*[262]en 1989[263].

Louise René, Une saison au Congo 1

René Louise, Une saison au Congo, sculpture, 1989, photo @ Laurencine Lot

---

[262] Aimé Césaire, *Une saison au Congo*, éd., du Seuil, 1973. L'ouvrage retrace la lutte anti-colonialiste du leader congolais Patrice Lumumba.
[263] Spectacle *Une saison au Congo*, Paris (France), Théâtre de la Colline – 19/09/1989. https://data.bnf.fr/fr/42340888/une_saison_au_congo_spectacle_1989/ consulté le 04/07/2019.

Louis Laouchez, Message, Bois de mahogany, 282 x 32 cm, 2002, photo @Robert Charlotte

Citons aussi Louis Laouchez, qui bien que très connu pour sa peinture, a également sculpté d'impressionnants totems en mahogany de près de 3 mètres de haut qui nécessitaient eux aussi force et vigueur autant que d'espace pour le traitement et le stockage.

Les photographes

Ils ne représentent que 7,2% de notre corpus 35% sont des Martiniquais, 25% des Guadeloupéens. Dans notre corpus, seul le photographe Jean-Louis Saiz vient du Continent. À la manière de Robert Doisneau, Jean-Louis Saiz capture des sujets divers avec spontanéité. Ses photographies ne sont jamais retouchées et sont tantôt cocasses comme dans son œuvre *Profonde Martinique*

Saiz Jean-Louis, profonde Martinique 1

Jean-Louis Saiz, Profonde Martinique, photographie couleur, 2019 photo@ Saiz

et tantôt acerbes avec par exemple cette photographie de la *Tour Lumina*, une construction démesurée au coût pharaonique, qui a défrayé la chronique dans un département où la pauvreté est notoire et dont le nom renvoie aussi à l'esclave Lumina Sophie morte en martyre.

Saiz Jean-Louis, Tour Lumina 1

Jean-Louis Saiz, Tour Lumina, photographie couleur, 2019 photo@ Saiz

Les Martiniquaises représentent 20% du nombre total de photographes. Citons la photographe martiniquaise. Shirley Ruffin qui fait du traitement filmique une expérience déroutante tant les images de couleur sont pixélisées jusqu'à devenir « évanescentes ». Son travail est centré sur la monstration du corps nu de la femme en milieu postcolonial et renvoie dos à dos la pudeur et l'indécence. Son œuvre interroge les phénomènes de transgressions sexuelles acceptés, voire encouragés durant la période carnavalesque aux Antilles, ou encore le traitement du corps de la femme noire. Elle s'intéresse également au principe de l'exposition forcée dans le contexte des « zoos humains » des années 1870 à 1940. Cette dernière thématique a déjà été abordée par Lyle Ashton Harrisen lors de l'exposition « Kréyol Factory » en 2009 à La Villette. Le sujet photographié mettait en scène une femme callipyge en référence à Saartjie Baartman que l'on nommait aussi la « Vénus Hottentot ». Aussi appelée la Vénus noire, elle fut exhibée dans les zoos européens ; après sa mort elle fut naturalisée puis exhibée à nouveau au Musée de l'homme jusqu'en 1974.

Abordant aussi la représentation de la femme, la photographe guadeloupéenne Cynthia Phibel traite une grande variété de sujets qui mettent tout autant la femme en lien avec la mythologie que le décryptage de l'espace urbain. Cynthia Phibel est la seule photographe guadeloupéenne et Marielle Plaisir vient de l'Hexagone.

Pascal Vicart est à la fois photographe et musicien. Né d'une mère guadeloupéenne et d'un père picard, il a suivi des cours de violon au conservatoire pendant 8 ans et pratique la photographie depuis l'âge de 14 ans. Son portfolio est impressionnant dans les domaines de l'audiovisuel, de l'évènementiel, du portrait, notamment de musiciens comme Keziah Jones, Kassav, Zouk Machine, Man Féfé- pour ne citer que quelques noms[264].

Les stylistes, les designers et les dessinateurs

Nous dénombrons 14 stylistes soit 5% de notre corpus d'artistes. Contrairement au schéma global de la répartition des activités, les femmes toutes régions confondues sont plus nombreuses que les hommes à exercer cette discipline artistique 57%.

Au niveau national, les designers sont à parité avec leurs collègues de sexe féminin. En revanche en Caraïbes francophones les designers et les stylistes de sexe féminin issues de l'Hexagone sont plus nombreuses que les hommes.

Notre corpus d'artistes ne comprend que 2 dessinateurs, l'un est guadeloupéen -Roland Monpierre- l'autre est martiniquais -François Gabourg-.

Profil des artistes, des éléments caractéristiques

Le profil des artistes a été conçu à partir de l'exploitation de données numérisées sur l'ensemble de notre corpus. La première variable fournit des éléments biographiques, la seconde informe la formation de l'artiste et la troisième précise les thèmes de recherche et les techniques.

L'enregistrement des données des 279 plasticiens n'a pas pu être finalisé, cependant les premières données pour la classe d'âge permettent d'estimer la fiabilité du résultat établi sur un échantillon de 130 artistes soit 47% de notre corpus. Ces premières données montrent l'importance des plus de 50 ans qui représentent 70,7 % du corpus enregistré. Ils sont 29,2% à avoir entre 25 et 49 ans et les moins de 40 ans ne représentent que 7,7%. Notre prosopographie débute par l'enregistrement d'artistes nés entre 1920 et 1987, une date correspondant à la naissance du plus jeune artiste de notre corpus. Cette

---

[264] Pascal Vicart, site de l'artiste http://www.pascalvicart.com/informations/references/ consulté le 04/07/2019.

première photographie de la profession en incluant des plasticiens emblématiques, aujourd'hui disparus pour certains, pose la question de la reconnaissance de l'artiste mais surtout celle de la transmission des savoirs. Avec le départ des précurseurs, la problématique de la transmission existe pour les plus jeunes plasticiens.

Au MémorialActe de Guadeloupe en 2019, elle a par ailleurs fait l'objet d'une conférence-débat intitulée « Comment enseigner l'art en explorant les œuvres d'artistes contemporains des Caraïbes-Amériques avec la ressource *Art des Caraïbes-Amériques* ? »[265]. Depuis peu les professionnels de l'art s'interrogent sur les modalités de légitimation et de pédagogie dans le processus de transmission des savoirs et des techniques artistiques issus du bassin caribéen. C'est dans ce sens que la plateforme CANOPÉ entame la construction d'une base de données. Fort utile, elle devra sans doute enrichir ses contenus par des données quantitatives et qualitatives actualisables. Or de tels éléments, s'ils existent dans la presse spécialisée, restent épars et non exhaustifs pour les artistes de la zone Caraïbes-Amériques. Une enquête régionale sur la profession d'artiste pourrait faire œuvre utile et s'agréger à celle menée sur la consommation des biens culturels en 2019 à la Martinique, la Guadeloupe, la Réunion et prochainement la Guyane. En effet près d'un demi-siècle plus tard, cette sixième édition d'une série d'enquêtes qui a commencé en 1973 se penche sur les pratiques de loisir dans les Outre-mer. Très attendue, cette enquête illustre l'intérêt naissant des pouvoirs publics pour la consommation de biens culturels en Caraïbes, que l'on explique par le fait que d'une manière générale, nous nous intéressons davantage à son accroissement. Contrairement à cette enquête sur les pratiques de loisirs, notre ébauche d'étude vise à l'objectivation de la profession d'artiste mais à des fins de subjectivation. Et s'il est vrai que de telles enquêtes existent déjà pour l'Île de France, (citons à titre d'exemple les travaux des sociologues Raymonde Moulin et Nathalie Heinich), elles n'ont pas encore été étendues aux régions françaises. Cette absence de prise en compte des régions des Outre-mer est symptomatique des relations Centre-Périphérie, mais elle est aussi à l'origine du maintien de dysfonctionnements -violence symbolique, hiérarchie des biens de légitimité, faible représentation ethnoculturelle-. Ce manque de recensement jette un voile sur la création visuelle de la zone et représente un frein à sa visibilité et à son émergence. Partant de ce constat, nous nous sommes appuyés sur nos questionnaires, sur l'étude de documents spécialisés et aussi sur nos entretiens avec les artistes.

Nos entretiens font ressurgir que rares sont les artistes à évoquer la position sociale privilégiée de leurs parents dans le choix de leur métier. Le capital financier des familles

---

[265] L'évènement pédagogique a été organisé le 11/12/2019 avec la participation de Sylvie Lay (IA-IPR d'arts plastiques), Adiva Lawrence (chercheuse/doctorante de l'Université de Hull en Angleterre) et la présence de Michel Rovelas et autres artistes.

n'est pas non plus un élément déterminant dans le choix de carrière. En revanche, les artistes de notre corpus évoquent volontiers l'inspiration puisée dans la « débrouillardise » pour l'enjolivement de l'habitat. Lors de nos entretiens, le plasticien Christian Bertin nous racontait comment sa mère découpait les images des journaux pour en tapisser les murs intérieurs de leur domicile. Il nous disait combien cette manière de décorer et d'isoler leur habitat était à l'origine de son désir de créer à partir du recyclage. Mais pour la majorité des artistes de notre corpus, l'inspiration sans la technique ne vaut pas la formation. Conscients de cette réalité, ils décident de se former.

La formation des artistes

Les premières données recueillies pour la variable « formation » permettent d'estimer la fiabilité du résultat établi sur un échantillon de 66 artistes soit 24% de notre corpus. Ces informations permettent de dire que les artistes de notre corpus issus ou exerçant dans la Zone Caraïbes-Amériques font des études supérieures dans le domaine des arts puisqu'ils ne sont que 6 à ne pas avoir poursuivi des études supérieures en art soit 9,09%. C'est notamment le cas de la plasticienne guadeloupéenne Marie-José Limouza qui nous confiait dans un entretien par courriel de 2016, être néanmoins parvenue à suivre ultérieurement les formations dispensées dans l'atelier de son mentor -Michel Rovélas- . De même la plasticienne Nicole Réache dévoile dans *l'Anthologie de la peinture en Guadeloupe* que, pour une femme, il n'était pas facile de s'adonner à l'art. Elle était enseignante comme la majorité des artistes de notre corpus et avoue avoir été contrainte de s'occuper, dit-elle, de « l'avenir des enfants qui m'étaient confiés, de ma carrière et aussi de ma propre famille »[266]. Quant au plasticien Lionel Anicet, le fait d'être autodidacte ne l'a pas empêché de produire des œuvres classiques de grande facture. La plus grande part de ces artistes reconnaît pratiquer l'art dès leur plus jeune âge. À titre d'exemple, le plasticien martiniquais Raymond Médélice nous disait lors de notre entretien du 13 avril 2015 « j'ai toujours pratiqué, depuis que je suis gamin, quand j'étais gosse, je faisais déjà les petits concours d'expo au collège. J'avais des craies, je faisais déjà des grands trucs sur le sol ». Nous avons cherché à rendre compte du parcours de l'artiste et lui avons demandé pourquoi il n'avait pas suivi une formation en art. Il nous a répondu

> « : [...] mes parents ont refusé, je me souviens qu'il y avait une école d'art à Joinville le Pont, et quand j'allais à l'école, je passais tous les jours devant et je voyais les élèves qui avaient leurs grands cartons à dessins, ça me faisait rêver. Je

---

[266] Michelle Gargar, « Paysage de splendeur », entretien avec Nicole Réache in. *Anthologie de la Peinture en Guadeloupe*, p.330.

me disais aller à l'école et dessiner !!... Mon père m'a dit : « C'est quoi ce truc, ce n'est pas un métier ! »[267].

La profession d'artiste effraie. La plasticienne guadeloupéenne Nicole Réache qui tient son goût de la matière de sa grand-mère couturière et l'amour du dessin de sa mère, reconnaît que cette dernière « aurait bondi si elle avait su [qu'elle souhaitait] embrasser cet avenir de saltimbanque ! ». [268]

Aux Antilles comme ailleurs, la profession d'artiste a souvent été associée à l'idée de précarité, à une vie de bohème. En revanche certains ont suivi une formation en Martinique à l'École Régionale des Beaux-arts, anciennement Institut Régional des arts visuels (IRAV) et depuis, Campus Caribéen des Arts (CCA). Mais quelques artistes ont eu une pratique antérieure à leur formation. C'est le cas de la plasticienne Julie Bessard qui nous disait en 2015 « quand j'étais plus jeune, je faisais des compositions, je n'avais pas de pratique particulière [...] c'était l'idée d'être artiste »[269]. De la même manière l'artiste Valérie John, nous confiait avoir

> « toujours pratiqué, mais pratiquer et se considérer artiste c'est autre chose, donc effectivement, j'ai fait des études d'art plastique au départ, donc quand j'ai quitté la Martinique, je suis partie là-bas à Paris 1 à la Sorbonne, euh... ça s'est passé très favorablement, mais en même temps effectivement je n'avais pas une pratique édifiante qui me permettait de me reconnaître par rapport à un territoire »[270].

Pour un grand nombre de plasticiens qui ont dessiné depuis l'enfance, le choix de la profession d'artiste est un moyen d'exprimer une identité, un sentiment d'appartenance ethnoculturelle. Certains font référence à ce qu'ils considèrent comme étant une vocation et d'autres aspirent à embrasser une vie professionnelle qu'ils idéalisent. La maîtrise technique est une seconde étape qui les pousse à poursuivre des études dans l'Hexagone - Beaux-arts, écoles d'arts visuels, de design industriel, d'arts appliqués, de communication visuelle, d'arts décoratifs ou d'histoire de l'art-. Après leur formation, ces artistes sont généralement retournés directement exercer en Caraïbes francophone. Il y a toutefois quelques exceptions. À titre d'exemple Valérie John est partie compléter sa formation en Afrique de l'Ouest. Lors d'un entretien, elle nous confie « [...] j'appelle la période parisienne de l'ordre de l'exercice d'un étudiant, parce que je pense que tant

---

[267]Raymond Médélice entretien avec Catherine Kirchner-Blanchard le 13/10/2018
[268] Ibid., Michelle Gargar, p.329.
[269] Julie Bessard, entretien avec Catherine Kirchner-Blanchard, le 16/04/2015.
[270] Valérie John, entretien avec Catherine Kirchner-Blanchard, le 16/04/2015.

qu'on est dans une école on n'est pas encore vraiment un artiste, c'est vraiment au sortir de cela qu'on essaie de recracher ». De la même façon l'artiste martiniquais Louis Laouchez qui a intégré les Arts appliqués en Martinique, puis les Arts décoratifs à Nice et qui fut diplômé de l'école des Beaux-arts à Marseille est parti chercher ses racines en Afrique et s'est intéressé à l'artisanat d'art. Son travail de coopérant, la proximité avec la population ivoirienne ont inspiré ses créations plastiques par la suite[271].

Pour les artistes de notre corpus la profession d'artiste nécessite la maîtrise des techniques qui s'acquiert dans les lieux de formation reconnus, mais aussi en allant au contact d'un terrain dont les esthétiques peuvent être éloignées d'un académisme européen.

Les possibilités de formation et la liberté d'expression créative n'ont pas toujours existé. Mais aujourd'hui elles permettent la circulation de formes culturelles spécifiques au bassin caribéen. Des créations originales donnent à leurs auteurs une élévation statutaire. Elles nous offre aussi une analyse pertinente de la société antillaise.

---

[271] Dans l'ancienne capitale Grand Bassam, Louis Laouchez a créé pour le ministère du tourisme un atelier polyvalent d'artisanat d'art. De retour en Martinique et alors qu'il est employé par le Conseil Régional, il aura à cœur d'œuvrer à la valorisation du bambou présent en Caraïbe et pourtant peu utilisé.

CHAPITRE III

ANALYSE INTERNE DES OEUVRES D'ART

> « Celui qui a le contrôle du passé a le contrôle du futur. »
> George Orwell[272]

Les influences dans l'art afro-caribéen

Notre classement de la profession d'artistes par catégories prend en compte la variable géographique. Celle-ci nous permet de répertorier les artistes en fonction de l'influence de la zone d'ancrage dans la recherche en esthétiques. Notre prosopographie régionale reste incomplète et pour être exhaustive, nécessiterait un surplus de moyens logistiques. Nous faisons toutefois la proposition d'une typologie. Cette fiche signalétique est conçue en trois parties et reprend les grands traits de l'analyse de l'œuvre plastique développée par Erwin Panofsky.

La première partie s'inspire de l'analyse iconologique développée par l'historien de l'art. Elle a pour objectif d'établir une « science des images » produites en zone Caraïbes-Amériques. Elle nous permet de mettre en lumière les conditions de production des images ainsi que le message qu'elles véhiculent aujourd'hui. C'est dans ce sens que nous avons inclus un filtre intitulé « influences esthétiques ». Celui-ci permet de rattacher l'artiste à une zone géographique, ses esthétiques, son contexte historique, le courant artistique auquel l'œuvre

se lie mais aussi aux messages contenus dans l'œuvre (motivations / aspirations / inspirations de l'artiste, les valeurs, les croyances, l'intérêt historique, artistique et l'innovation). L'analyse pré-iconographique permet de renseigner les titres des œuvres, auteurs, dates d'exécution, types, support, dimensions et devrait pouvoir préciser les lieux de conservation et le genre. L'analyse iconographique nous permet d'étudier le côté technique des œuvres -présentation, description, personnages, objets, décors -, les techniques employées - palette, lumière, dimensions, matière, interprétation, l'identification des composantes, l'agencement.

---

[272] George Orwell, *1984*, éd. Secker & Warburg, 1949.

Ces fiches permettent l'identification des traits saillants, des polarités et contribuent à l'objectivation de la profession d'artiste et des pratiques en vue, in fine, de la compréhension des moyens de subjectivation des plasticiens. La gestion de la base de données permet l'ajustement et le cumul des variables entre-elles. Bien entendu, ces variables sont des constructions schématiques. Elles découlent de choix nécessairement arbitraires que nous avons faits afin de constituer une grille de lecture.

Pour cela, nous nous sommes notamment appuyés sur les résultats issus des enquêtes préliminaires réalisées sur ce même terrain au cours de nos mémoires de master 1 et 2. À partir de celles-ci, nous avons tenté de repérer les données et les régularités qui nous semblaient les plus probantes. Le croisement dynamique des données nous a notamment permis de mettre en évidence l'importation de modèles stylistiques et formels en provenance des zones – Europe, Afro-Caraïbes et Caraïbes-Amériques -.

Notre enquête fait ressortir l'hétérogénéité de ces modèles que nous avons répertoriés en trois sous-catégories : européanité, africanité, américanité. Elles permettent de montrer l'influence culturelle sur la représentation figurative.

1-Origines esthétiques

L'européanité

Nous prenons le cas de Lionel Anicet parce qu'il est un artiste atypique. Autodidacte et ne revendiquant pas le titre de peintre d'histoire, il développe une œuvre qui relève cependant de ce genre majeur de la peinture classique. Comme le souligne l'écrivain Ernest Pépin dans l'*Anthologie de la peinture en Guadeloupe*, la filiation avec les grands peintres de l'Europe transparaît dans le travail du plasticien guadeloupéen. C'est ce qu'illustre l'intitulé de son tableau *L'hommage des grands Maîtres*. L'œuvre quadrillée en six parties est aussi une invitation au voyage dans le temps, dans l'espace, à revisiter l'histoire de l'art et les courants artistiques de la Renaissance, de l'époque baroque, du romantisme, du réalisme, de l'impressionnisme ou du cubisme. Dans un processus de mise en abyme, Lionel Anicet met en relation des figures historiques, spirituelles ou du monde des arts. La toile devient le support de la rencontre figurée par cette surimpression de personnages qui apparaissent en filigrane. La représentation du peintre impressionniste Van Gogh, celle effectuée par Léonard de Vinci de la Mona Lisa et la marque de Picasso apparaissent en diachronie. La représentation figurative devient le lieu où le fictif et le réel permettent l'objectivation des savoirs techniques et esthétiques

Anicet Lionel, L'hommage des grand... 1

Figure 4: Lionel Anicet, L'hommage des grands Maîtres, acrylique sur toile, 157x200 cm, 2002, @Yves Véron

qui alimentent un acte de réappropriation créatif et la subjectivation du peintre à travers cette œuvre qui se veut cependant contemporaine puisqu'elle a été réalisée en 2002.

L'influence très diverse des courants artistiques européens se retrouve dans le travail d'un grand nombre d'artistes afro-caribéens ou se réclamant de ces esthétiques : l'abstraction de Piet Mondrian chez la Dominicaine Luz Severino ou chez le Guadeloupéen Goodÿ, la figure abstraction chez le Martiniquais Hector Charpentier ou chez le Guadeloupéen Thierry Lima, l'arte povera chez le Martiniquais Christian Bertin, l'expressionnisme abstrait chez Philippe Thomarel, l'influence du support surface chez le Guadeloupéen Jean-Claude Lespingal ou les influences s'étendant « du pop art à Valério Adami »[273] dans l'œuvre de Roscetti Antonio.

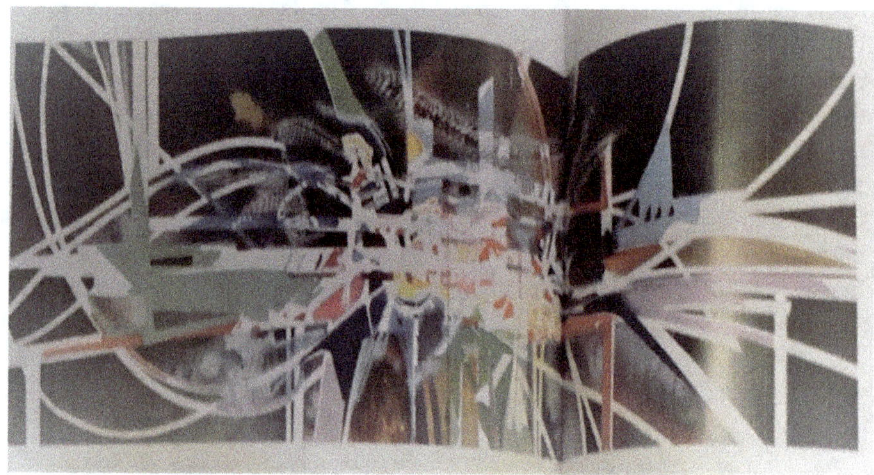

Roscetti Antonio, Hommage aux trav... 1

Roscetti Antonio, Hommage aux travailleurs du sucre, acrylique sur toile, 456 x 157 cm, 1992, photo © Service régional de l'Archéologie et du Patrimoine

L'art européen inspire aussi la Guadeloupéenne Michèle Chomerau-Lamotte. Dans son travail l'influence surréaliste est très prégnante. Les œuvres présentées dans cette étude rappellent inévitablement l'onirisme contenu dans la peinture du peintre espagnol Salvador Dali. Mais pour la plasticienne guadeloupéenne, le rêve est oppressant, effrayant et traduit l'angoisse, le malaise, les méandres de l'existence d'une population locale que l'artiste a toujours eu à cœur d'exprimer dans son art.

---

[273] Ibid., Christian Bracy, *Convergences et divergences.*

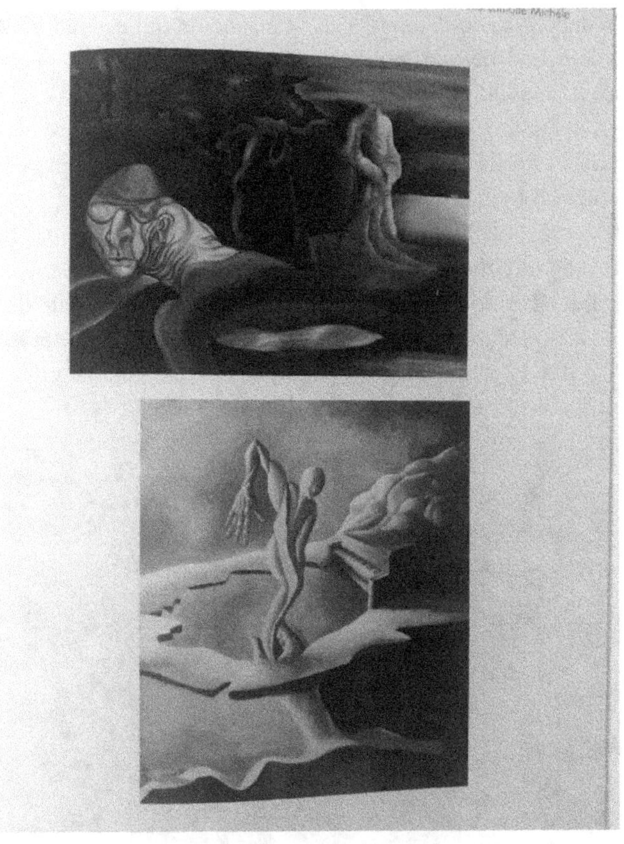

Chomereau Michèle, Cauchemar-octobre... 1

Michèle Chomereau-Lamotte, Cauchemar-octobre, huile sur toile, 46 x 55 cm, 1977,photo@Yves Véron

Michèle Chomereau-Lamotte, sans titre, huile sur toile, 52 x 44 cm, 1977, photo@Yves Véron

Parmi tous les artistes de notre corpus nous avons fait le choix de nous attarder plus particulièrement sur le travail du plasticien Rodrigue Glombard. Polymorphe, son œuvre s'inscrit dans l'art conceptuel. Cependant dans le cas du plasticien martiniquais, il serait réducteur de dire comme le soutiennent les artistes Sol LeWitt et Dan Graham que seule « l'affirmation de la primauté de l'idée prévaut sur la réalisation[274] ». Très inspiré par l'œuvre du peintre franco-polonais Roman Opałka, Rodrigue Glombard matérialise le temps qui passe et ses traces. Il démontre que si l'idée est liminaire, l'œuvre finalisée conserve un attrait parce que, in fine, si seule demeure l'idée, alors on n'arrive pas à

---

[274] Centre Pompidou, *La Collection*, Musée national d'art moderne, éd. Centre Pompidou, Paris, 1987, et *La Collection, Acquisitions, 1986-1996*, éd. Centre Pompidou, Paris, 1996, -extraits des ouvrages-.

grand-chose. Installé à Lyon depuis 1991, le plasticien qui est aussi scénographe trace inlassablement le sillon de son passage sur terre. À l'instar du peintre, sculpteur et plasticien français Jean Dubuffet, le simple stylo « Bic » suffit à laisser une marque qui chez Rodrigue est quantifiable. Comment mesurer la valeur du travail de l'artiste ? La profession d'artiste est-elle un vrai travail ? Le temps de la création permet-il d'évaluer la valeur de l'œuvre ?

Et alors que le temps s'échappe inexorablement, l'artiste l'immortalise, en prend la mesure qu'il inscrit minutieusement depuis vingt ans. C'est le labeur effectué heure après heure qui fait advenir l'œuvre. Il est aisé d'en identifier la date de création qui est affichée puisque dit-il « dans les temporels figurent toujours la date et les heures passées à les réaliser[275] ». Le 11 août 2015, à 11h00 l'œuvre est entamée. Une heure et seize minutes plus tard, c'est l'heure de la pause.

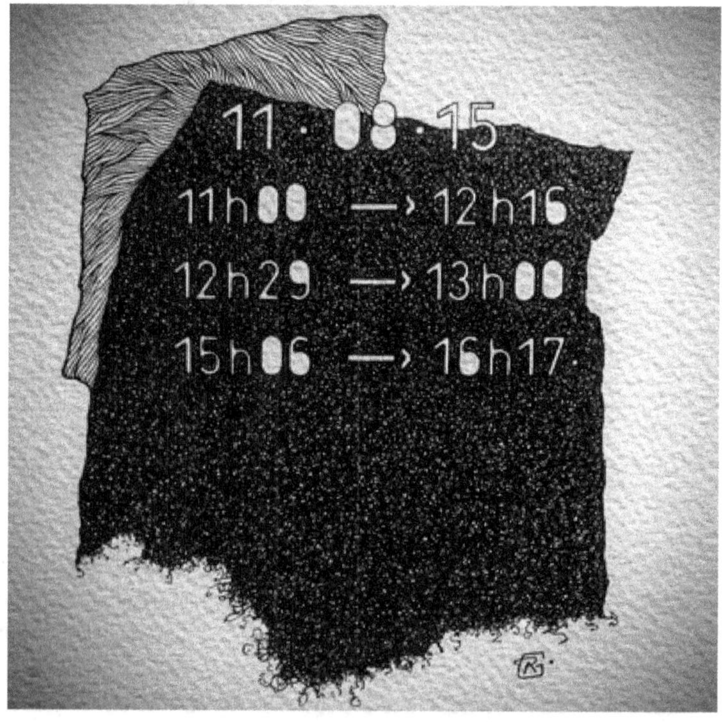

Glombard Rodrigue, Mardi Temporel XII 1

Rodrigue Glombard, Mardi Temporel XII, 02h48mn. Série 2, pointe fine sur papier, format 15 x 15 cm photo ©Rodrigue Glombard

---

[275] Rodrigue Glombard, entretien avec Catherine Kirchner-Blanchard sur FB/Messenger du 10/03/2020.

L'artiste s'arrête d'apposer ces minuscules points et les traces du temps écoulé signent l'achèvement de la pièce. On peut difficilement évaluer les 2h58 de travail de l'artiste, mais la trace, elle, demeure.

Les minutes s'égrènent inlassablement pour nous tous. Notre passage sur terre, notre fin, l'artiste l'annonce encore à travers l'installation *S'oublier de temps en temps*[276]. L'œuvre réalisée en 2011 dans le cadre d'*Outre-Mer Art Contemporain* à l'Orangerie du Sénat, témoigne de l'universalité des préoccupations humaines comme de celles des artistes d'ici et d'ailleurs.

Glombard Rodrigue, S'oublier de temps... 1

Rodrigue Glombard, S'oublier de temps en temps, Sable, verre, bois, Orangerie du Sénat, Paris 2011 photo ©Rodrigue Glombard

Notre passage sur terre est fugitif, doit-il nécessairement être inscrit dans le marbre ? Et dans ce cas, les peintures, les installations auraient-elles comme les statues une fonction mémorielle ? Les installations éphémères de Rodrigue Glombard posent la problématique de la pérennité de l'œuvre dans l'espace muséal. Avec son installation *Constellation*, le plasticien se libère des contraintes de sa conservation dans le temps. Et contrairement aux traces laissées dans ses « temporels », l'œuvre n'a plus un rôle

---

[276] L'installation *S'oublier de temps en temps* a été réalisée dans le cadre d'OMA : Outre-Mer Art Contemporain à l'Orangerie du Sénat, à Paris. Exposition programmée par la Fondation CLEMENT.

patrimonial, mais peut susciter l'émotion fugace qui ne s'inscrit que dans la mémoire du regardeur. L'œuvre est aussi un appel à la prise de conscience, au ressenti dans l'immédiateté. Avec cette œuvre, la notion de l'éphémère ne concerne pas uniquement l'art mais semble s'étendre à l'écologie. En créant sa *Constellation*[277] Rodrigue Glombard paraît aussi questionner la fragilité d'un écosystème. Il conçoit de frêles aiguilles de céramique qu'il plante dans un manteau terrestre de silice. L'installation met en scène l'opposition de forces contraires. Alors que tels des plans de culture, les tiges s'érigent frénétiquement vers le ciel, des blocs de granite suspendus par des cordes de chanvre les menacent d'écrasement. Un pareil système pourrait-il résister ad vitam æternam ?

Glombard Rodrigue, Constellation 1

Rodrigue Glombard, Constellation, ficelles en chanvre, granite gris, silice noir, aiguilles de céramique, diamètre 2,50 m x 2,50 m, 2014, photo@Voiron

« [... le chanvre avec lequel on fait la pâte de haschich était cette même herbe qui, au dire d'Hippocrate, communiquait aux animaux une sorte de rage et les portait à se précipiter dans la mer »[278].

---

[277] L'Installation *éphémère Constellation* a été réalisée dans le cadre d'une exposition personnelle à LA TEC de Voiron en 2013.
[278] Gérard de Nerval, *Voyage en Orient*, t. 2, éd. Charpentier, Paris, 1851, p. 186.

La modernité, le progrès nous préviendront-ils de la folie humaine ? La nature reprendra-t-elle ses droits ? L'artiste nous présente une vision tragique du monde qui, en s'inscrivant au cœur de l'actualité mondiale, nous invite au respect de notre fragile environnement.

Ces questionnements qui forcent à se rapprocher de l'essentiel, conduisent inévitablement ces artistes à se pencher sur une partie de leurs origines et à regarder leur africanité en face.

L'africanité

Pour un grand nombre d'artistes antillais, l'Afrique « est perçue comme la terre-mère, le lieu de l'origine. La connaître par l'étude, le voyage ou la pratique artistique apparaît comme une façon de renouer les fils d'une histoire sectionnée »[279]. Alain Dumbardon se demande ce que cela signifie que d'être Martiniquais. Il repart ainsi d'une culture africaine dans laquelle il voit des ramifications étendues dans la société martiniquaise. Le point de convergence, il le conçoit dans la réappropriation d'une palette de couleurs -jaune, rouge, orange, noir, ocre-. Ces couleurs peuvent renvoyer au soleil, la complexion humaine africaine et la teinte du sol. En peignant des objets et des signes, l'artiste reconstitue l'écheveau d'une mémoire collective. Le peigne ashanti réapparait fréquemment dans ses œuvres. Les croix rappellent l'histoire de la rencontre à la croisée des chemins et l'influence souvent délétère de la religion catholique. Le cœur qui bat en tout homme est une référence à l'amour qui doit unir l'humanité. Les deux tableaux *Djok homme* et *Djok femme* de Patricia Donatien Yssa-Yssa sont un hommage aux civilisations africaines ejagham, mandé ou kongo. À travers ce couple réalisé en 2011, l'artiste fait référence aux orishas, ou orixás, qui sont des divinités yorouba. Sa recherche en esthétique tout comme celle d'Alain Dumbardon la conduit à penser le signe. Dans une démarche similaire, elle introduit des croix qui, tout en évoquant le lieu de la rencontre ou du carrefour, évoquent explicitement une approche mystico-religieuse. Dans le travail d'Alain Dumbardon, le signe et les couleurs permettent le lien avec une ancestralité. Ils se retrouvent dans les œuvres picturales d'un grand nombre de plasticiens et notamment dans les suspensions de la guadeloupéenne Karine Gabon.

---

[279] Sylvie Clidière, *Etude sur l'expression culturelle des communautés originaires des Antilles et de la Guyane*, Rapport présenté au ministre de la culture et au secrétaire d'Etat chargé des départements et territoires d'Outre-mer, juin 1983.

Dumbardon Alain, Porteur n°1 1

Alain Dmbardon, Porteur n°1 1998, acrylique 38 x 46 cm @Anne Chopin

Pour le plasticien François Cauvin, l'art prend racine dans l'héritage africain de la culture haïtienne.

Cauvin François, The Prayer 1

François Cauvin, The Prayer, 50.8 x 60.96 cm, 1995, photo @François

« Les deux thèmes principaux que j'ai peints durant toute ma carrière sont la représentation de la femme noire et de la nature, développée selon le symbolisme religieux haïtien, liant ces deux sujets interdépendants. Ces thèmes sont abordés de deux manières : dans l'interpénétration de l'archétype ou par la matérialisation de dieux et de déesses incarnés dans un mortel commun »[280].

---

[280] François Cauvin, https https://cheurtelou.wixsite.com/fcauvin/about consulté le 29/12/2019.

Pour ces artistes, la référence à l'Afrique est un moyen de réaffirmer le partage de valeurs culturelles et esthétiques. C'est aussi le besoin de penser le caractère souvent religieux de l'art de l'Afrique noire, mais aussi de renouer avec la création comme acte du quotidien et comme un témoignage de leur passage sur la terre. D'autres artistes, parce qu'ils vivent ou travaillent dans la zone Caraïbes-Amériques s'en inspirent pour produire un art signifiant et souvent très éloigné de l'art européen dit légitime.

L'américanité

Comme le souligne la plasticienne Simone Cancelier « L'art européen n'est plus "le modèle" unique et imposé. Et même si Michelangelo di Lodovico Buonarroti Simoni dit Michel-Ange, Ingres, Delacroix, Picasso, Kandinsky, Andy Warhol, Veličković demeurent des maîtres reconnus et admirés, les plasticiens guadeloupéens contemporains ont plutôt le regard tourné vers les plasticiens du bassin Caribéen tels Wifredo Lam, Matta, Orozco, Rufino Tamayo, Diégo Rivera, Mundaray, plus proches de leur sensibilité artistique »[281].

Comme pour les africanités, les américanités se perçoivent dans le choix de thèmes liant les Caraïbes à des modes culturels, des goûts, des pratiques ancestrales locales. On retrouve fréquemment cette tendance dans la création martiniquaise comme dans celle des Guadeloupéens.

Le travail plastique du Guadeloupéen Samuel Gelas nous donne un exemple tangible de l'effet d'entrainement vers une Amérique toujours idéalisée. Dans ses fresques sociales, l'artiste développe une capacité d'observation de la société guadeloupéenne, de sa cellule familiale et des tensions urbaines qui la parcourt. Samuel Gelas ouvre un pan de sa recherche esthétique et sociologique en abordant la question de la fascination des populations noires des Caraïbes pour la culture noire américaine. Dans son œuvre *Poésie urbaine,* en 2014 l'artiste représente l'influence du superstrat culturel noir américain et ses effets sur les comportements et les modes de la pensée. Il passe en revue les traits prototypiques d'une américanité à partir d'éléments sociologiquement objectivables -embonpoint, sexualisation du corps, valorisation ou dévalorisation de la diversité ethnoraciale, fascination pour les marques. Il souligne les effets d'une économie libérale symbolisée par l'ostentation avec laquelle, le personnage situé en bas à droite de la toile, expose un éventail de billets verts -dollars-. L'abondance de personnages, leur hétérogénéité renvoie symboliquement à l'anarchie, à la

---

[281] Simone Cancelier, (Cit.In.) José Lewest, *Les processus de reconfigurations dans l'art caribéen : Guadeloupe, Haïti, Jamaïque,* thèse sous la Dir. Dominique Berthet, Antilles, Arts plastiques, soutenue le 18/12/2015. [L'Haramattan, 2017].

désorganisation ou à l'invasion de la violence dans la société antillaise : une *Jungle* sociale ainsi décrite par le plasticien cubain Wilfredo Lam, qui est aussi une invitation au changement. C'est ce que laisse penser la représentation de l'archétype du super-héros du cinéma américain en lutte contre l'oppresseur et faisant appel à ses forces et ses pouvoirs retrouvés grâce au maître Yoda de la saga Star Wars. Ces personnages illustrent le désir de justice sociale et ses limites à travers la représentation des personnages de Superman le justicier, mais aussi de Batman qui, au regard des crimes des super-vilains, baissent les bras, se voile la face pour le premier ou envisage le suicide pour le second.

Gelas Samuel, Poésie urbaine 1

Samuel Gelas, Poésie urbaine, Pierre noire et acrylique sur toile, 160 x 500 cm, 2014, @CKB

Pour le plasticien Mickaël Caruge, le travail de Samuel Gelas est fascinant tant il va à l'encontre des enseignements dispensés aux Beaux-arts. Alors que selon Mickaël Caruge, les écoles d'arts françaises encouragent l'abstraction et le conceptuel dans l'art contemporain, il s'étonne que Samuel Gelas privilégie le portrait. Dans cette fresque sociale qui rappelle la bande dessinée humoristique et satirique « Fouyaya » créée à la fin des années 1970 par le Martiniquais Alexandre Cadet-Petit, le réalisme côtoie le surréalisme. Le plasticien nous donne à voir une société caribéenne diversifiée et contrastée. Dans son tableau, les personnages zoomorphiques flirtent avec la fiction cinématographique et le Centre avec sa périphérie. Seuls deux personnages placés au centre de la toile se distinguent des autres. D'un côté la masculinité blanche se joue de la périphérie et profère un jovial « nou ka ri sa » ou en français « nous nous en amusons ou nous nous en moquons ». De l'autre Samuel Gelas représente des minorisés désabusés qui renonçant aux valeurs sociales profèrent un cinglant « Fuck the system »[282]. Diverses interprétations peuvent être données à la présence du loup représenté au premier plan en bas et à gauche de la toile. Il peut symboliquement figurer l'opposition des imaginaires. Craint et admiré, il est le loup Fenrir germanique, la Bête du Gévaudan, la Loupa, la louve romaine ou encore le loup des contes pour enfants. Il témoigne de la permanence de mythes et de croyances qui entourent le Lupus à travers le temps et l'espace. Diverses interprétations peuvent aussi être données à ses hurlements allant de l'appel au rassemblement, de la capture d'une proie à l'extériorisation des sentiments ou au désespoir d'une société antillaise face au chômage, car là-bas « Pani travay » ou en français « il n'y a pas de travail ». Désœuvrés et moqués par leur Métropole, excentrés géographiquement, les minorisés cherchent une alternative et se tournent vers une Amérique idéalisée. Celle-ci s'avère pourtant néfaste à en juger par les stigmates laissés sur le ventre de la femme racialisée marquée du logo de la célèbre chaîne de restauration rapide. D'autres au contraire disqualifient l'influence américaine et s'inscrivent dans les esthétiques caribéennes.

Pour ces artistes antillais, l'américanité dans l'art se décline sous des formes plurielles. Dans une notice, l'écrivaine Maryse Condé rappelle à propos du travail plastique de Thierry Alet, à « Chacun son antillanité à sa manière ». À l'instar de l'indigène incompris de la pièce de théâtre d'Aimé Césaire *La Tempête*, Thierry Alet est *Un Caliban de la peinture*[283]. Pour l'Afropéen né dans le Var, les racines réunionnaises de sa mère, l'origine guadeloupéenne de son père sont certes sources d'inspiration, mais au-delà de ces ancrages ancestraux, l'artiste qui a aussi longtemps résidé aux États-Unis, assemble ses expériences multiples dans une création éclectique.

---

[282] Librement traduit par « j'emmerde le système ».

[283] Maryse Condé « Un Caliban de la peinture », in. *Anthologie de la Peinture en Guadeloupe*, éd. HC, 2009, pp.129-130.

Alet Thierry, *Blood 1*

Thierry Alet, Blood, Panneau de bois contreplaqué en bouleau, armatures métalliques, mousse polystyrène haute densité, toile de fibre de verre, résine époxy, apprêt polyester et peinture polyuréthane, 250 x 700 x 60 cm, 2011, photo @Henri Salomon

Selon la galeriste Michèle Cazanove « *Blood* fait référence au poème *Rappel*[284] dans lequel Léon Gontran Damas semble indiquer que la mémoire est dans le sang et non pas seulement dans le cerveau »[285]. Dans son poème Léon Gontran Damas affirmait

> « Il est des choses dont j'ai pu n'avoir perdu tout souvenir. Et brimades en bambou pour toute mangue tombée durant l'indigestion de tout morceau d'histoire de France […] pendant qu'autour des zombies rôdent pendant qu'ils éjaculent les patrons d'Usine pendant que le bon nègre allonge sur son grabat dix à quinze heures d'Usine».

Campée dans les jardins de la Fondation Clément, une ancienne plantation coloniale, la sculpture *Blood* de Thierry Alet prend une dimension théâtrale dans laquelle le comique de situation ou l'incongru prévaut. L'artiste s'applique à créer la controverse en sous-titrant sa sculpture en volume « On a Caribbean Rum Trail »[286]. Tout en prônant les réminiscences d'un passé troublé dans les Amériques, Thierry Alet s'inscrit cependant

---

[284] Léon-Gontran Damas, *Pigments, Névralgies*, éd. Présence africaine, 2003.
[285] Michèle Cazanove, "BLOOD" de Thierry Alet, https://www.thierryalet.com/blood-drawing consulté le 16/03/2020.
[286] Le sous-titre « On a Caribbean Rum Trail » peut être traduit en français par « Sur un sentier du rhum des Caraïbes »

dans un pan important de l'art contemporain. Le plasticien tire son inspiration de la typologie du signe iconique développé notamment chez le plasticien américain Robert Indiana. Tout en s'inscrivant dans le pop art américain, Thierry Alet contribue à la fabrique des esthétiques afro-caribéennes.

2-Postures dans l'art

Nous avons vu comment l'ancrage géographique influençait la création plastique des artistes de notre corpus. À travers leurs œuvres, ils se démarquent aussi en adoptant une posture ou si l'on veut une attitude de l'esprit exprimant l'évolution d'un état moral et d'une sensibilité. Leurs objectifs sont divers et se déclinent en trois catégories. Certains tentent de parvenir à la synthèse d'esthétiques hétérogènes, les seconds d'intégrer voire d'ingérer des valeurs exogènes et les autres d'imaginer des esthétiques générées à l'intérieur d'un modèle de pratiques et de croyances endogènes. Afin d'illustrer ces trois postures, nous avons pensé trois sous-catégories que sont premièrement le syncrétisme lorsqu'il permet de rassembler des cultures plurielles. En second lieu l'anthropophagisme culturel qui se nourrit des esthétiques ataviques et enfin l'endogénisme[287] ou l'avènement d'une création authentique du lieu.

Le syncrétisme

Le 15 avril 2015 nous avions interrogé Julie Bessard. Nous souhaitions connaître son état d'esprit et rendre compte d'un possible lien entre sentiment d'appartenance et réalisations plastiques. La plasticienne martiniquaise a obtenu son diplôme national supérieur d'expression plastique en 1995. Celle qui est aussi inspectrice d'académie et agrégée d'arts plastiques depuis 2008 a accepté de répondre à nos questions. En ce qui concerne une assignation d'appartenance aux mouvements de Négritude, de Créolisation, d'Américanité ou d'Afro-caribéanité, elle répondait :

« Rien de tout cela et en même temps tout cela à la fois, mais pas de manière déclarée, flagrante, revendicative, c'est-à-dire tout cela mais pas au même niveau, et pas de la même manière et pas avec la même intensité. Il peut y avoir les intentions, mais … les déclarations ! Mais la réalité du travail… parce que souvent les artistes mettent en avant une appartenance et valorisent entre guillemets ou rassurent leur travail par cette appartenance, donc ça pourrait-être plus un syncrétisme »[288].

---

[287] Ibid., André Whittaker, *L'endogène, Socio-anthropologie,*
[288] Julie Bessard, entretien avec Catherine Kirchner-Blanchard, le 15/04/2015.

La volonté d'éviter tout enfermement est très prégnante chez cette artiste. L'évocation d'un syncrétisme fait sens pour cette plasticienne métissée. Lors de notre entretien elle continuait et précisait sa pensée.

> « Quel travail artistique n'est pas un syncrétisme de toute façon. La créolisation est sûrement dans le processus de rencontres de mélanges auquel de toute façon on ne peut échapper. Bon ! je me sens assez proche de Glissant bien sûr, après Négritude il y a le côté de revendication d'une identité qui pour moi est tellement là, qu'il n'y a pas besoin de la revendiquer ; on ne peut pas m'enlever mon sang, donc c'est comme mon identité, on ne peut pas me l'enlever, et elle est ce qu'elle est, même si j'ai des intentions ; c'est une réalité ce n'est pas de l'ordre du discours ou de la déclaration d'intentions »[289].

Le métissage est une réalité pour tous ces artistes au sang mêlé comme on l'entendait dire parfois. Et cependant pour d'autres le métissage ne provient pas nécessairement du brassage entre individus appartenant à des « races » différentes ; il est culturel, idéologique, politique, poétique ou technique. La notion de syncrétisme se retrouve ainsi dans l'œuvre de Florence Poirier Nkpa. Née le 07 décembre 1972 à Bordeaux, elle fut enseignante d'Arts appliqués de 1998 à 2004. La plasticienne fonde en 2010 le Collectif HeadMade Factory à Saint Martin, une dépendance française de la Guadeloupe. Depuis 2014 l'artiste a entamé une recherche sur le thème de l'introspection, un travail qui dit-elle « est un ensemble de recherches individuelles ; il met en œuvre mon regard sur la réalité, le présent[290] ».

---

[289] Ibid., Julie Bessard

[290] Florence Poirier Nkpa, *Processus de création*, https://www.florencepoiriernkpa.com/ecrits-art-contemporain/demarche.html consulté le 17/03/2020.

Nka Poirier Florence, NoName#6 1

Florence Poirier Nkpa, NoName#6, toile 101, 6 x76, 2 cm, acrylique, photomontage numérique collage et cire, 2017, @ Florence Poirier Nkpa

Florence Poirier Nkpa est une adepte du montage infographique. Les photographies qu'elle manipule mettent en scène ce qu'elle nomme « ses propres avatars[291] ». Dans ses autoportraits, elle mêle peinture, photomontage numérique et « mélange, mixte... déstructure et recompose une individualité marquée par la diversité de personnes réellement rencontrées »[292]. Ne se sentant « [...] de nulle part, de partout, d'ici et d'ailleurs... »[293], son œil d'artiste, tel un objectif, photographie le monde. Les images capturées se superposent pour donner une épaisseur à sa vie comme à ses œuvres. Dans un syncrétisme pictural, l'artiste embrasse ses identités plurielles, adopte celles des autres et s'invente une existence au contact de l'altérité. Les recherches de Florence Poirier Nkpa ne cessent d'évoluer. Dépassant l'introspection, l'auto-analyse et la réflexion des appartenances ethnoculturelles, elle pousse ses interrogations aux questions de genre et entame une nouvelle série photographique. Dans son travail

---

[291] Florence Poirier Nkpa https://www.florencepoiriernkpa.com/ consulté le 17/03/2020.
[292] Florence Poirier Nkpa, entretien par courriel avec Catherine Kirchner-Blanchard, le 17/03/2020.
[293] Ibid.,

« d'Intro-Fiction et d'extra-vestie », l'artiste « combine l'image de femmes, d'hommes, d'androgynes, de transgenres et de cisgenres » pour penser les assignations sexuelles.

Nka poirier Florence, Femme/Homme/Autres 1

Florence Poirier Nkpa, Femme / Homme / Autre(s), acrylique, collage et encaustique sur toile, 122 x 122 cm, 2020, photo@Florence Poirier Nkpa

Pour ces quelques artistes, le syncrétique est une forme particulière à travers laquelle ils tentent de dépasser la complexité de l'opposition hétérogénéité/ homogénéité.

Pour d'autres la question n'est plus de combiner, mais de dissoudre et de parvenir au dépassement des emprunts culturels, identitaires, des techniques pour délivrer une vision décentrée du monde.

Anthropophagisme

Alors que le concept de syncrétisme développé par Roger Bastide nous a permis d'évoquer les problématiques liées au phénomène d'acculturation en milieu postcolonial, nous nous intéressons en second lieu à l'anthropophagisme qui est un mouvement artistique brésilien fondé dès 1922 autour du modernisme. Partant de la notion du « bon Sauvage », l'écrivain brésilien Oswald de Andrade rédigeait son *Manifeste Anthropophage* en 1928 et proposait une révision critique du regard « exotisant » sur les minorités racialisées. Le projet de l'essayiste visait à l'établissement d'un nouveau rapport de force entre le colonisé amérindien et le colonisateur européen. Pour lui, il s'agissait de penser les modalités du renversement de l'emprise culturelle du dominant au prisme de la déconstruction de la hiérarchie de légitimité des biens symboliques. En affirmant dans son manifeste « seul m´intéresse ce qui n´est pas à moi. Loi de l´homme. Loi de l´anthropophage », C'est-à-dire l'exacte définition de l'attitude prédatrice du colonisateur, Oswald de Andrade dénonçait le sens de circulation des emprunts culturels, plus propices au dominant qu'au dominé, il proposait le renversement du phénomène d'appropriation culturelle. Une centaine d'années plus tard, ces questions demeurent d'actualité et sont l'objet d'une recherche en sociologie des arts et de la culture des Caraïbes-Amériques qui se pense sur trois plans. Le premier est spirituel, le second symbolique et le troisième esthétique.

Pour l'anthropophage, « la modernité n'est pas parvenue à totalement évacuer la question de l'hétéronomie »[294]. Elle n'est pas parvenue à imposer l'idée selon laquelle une société moderne devrait se fonder sans report à une transcendance. La modernité qui « n'a pu se dégager des fondements théologiques de l'hétéronomie chrétienne qu'au prix de nouvelles sacralisations : l'Individu, la Nation, le Progrès, la Raison, la Croissance économique, l'Humanité, c'est-à-dire autant de nouvelles formes d'hétéronomie » [295] n'est pas non plus parvenue à imposer une vision universaliste et ethnocentrée uniquement fondée sur l'empirisme, la rationalité et la scientificité.

Sur le plan spirituel, l'anthropophagie réactualise métaphoriquement le théologique et les rites du sacrement de l'Eucharistie, de la Sainte-Cène ou du Séder. Dans l'imaginaire anthropophage le corps du dominant est dévoré. En ingérant le corps du puissant, en buvant son sang et par les mystères de la transsubstantiation ou de la consubstantiation, le minorisé opère simultanément le transfert de l'âme du dominant au dominé et la digestion du dogme de foi du puissant. Au prisme du sacrifice rédempteur, l'opprimé accède soudainement à la liberté de dépasser le cadre d'un universalisme chrétien imposé. Pouvant ainsi communier dans une union sacramentelle, il se rapproche du corps historique des déités plurielles et mythologiques considérées comme païennes par l'Européen. Le dominé ressuscité recouvre ainsi le pouvoir de mise en relation avec les êtres supérieurs, ses dieux et ses démons - manman Dlo, le zombie, le zoukounian, le dorlis, le volan, le ti-sapoti. Sortant de l'univers européen l'artiste anthropophage envisage les mythes comme un espace de résistance aux croyances uniques. Pour le plasticien guadeloupéen Michel Rovélas

---

[294] Vincent Peillon, Philosophie. Les promesses sont-elles faites pour être tenues ?, Arte TV, 2019 https://www.arte.tv/fr/videos/092170-002-A/philosophie-les-promesses-sont-elles-faites-pour-etre-tenues/ consulté le 17/03/2020.

[295] François Gauthier, « Du mythe moderne de l'autonomie à l'hétéronomie de la nature, fondements pour une écologie politique », Revue de Mauss, n° 38/2, éd. La Découverte, 2011, pp. 385 à 393.

« Toutes les formes d'art, qui sont données à voir en tant que telles, sont des représentations codifiées du monde que l'on perçoit avec les cinq sens et la conscience de soi. Elles engendrent également ce qu'il est convenu de désigner par les mots invention, nouveauté, imagination, et ce mot-clé, interprétation, lequel fonde tous les imaginaires donc les mythologies »[296].

L'anthropophagie culturelle dissout l'injonction de se départir des tutelles théologico-religieuses imposées par la modernité. Contrairement à l'artiste européen, il n'éprouve pas la nécessité de s'émanciper des croyances métaphysiques et morales qui lui viennent du passé, l'ont porté et aidé à survivre à un oppresseur plus grand encore, l'Europe.
L'anthropophagie est aussi symbolique et s'adresse au ressenti de l'individu, aux sensations immédiates ou instinctives de chacun. Pour Oswald de Andrade « seule l'anthropophagie nous unit ».
Dépassant les contingences dogmatiques ou matérielles, l'anthropophagie, comme système symbolique, peut ainsi conduire à la fusion des oppositions au sein de l'unité. Mais elle peut aussi emprunter la voie étiopathogénique[297] et chercher ainsi à rendre compte de l'origine du mal-être du dominé. Dans ce dernier cas, l'usage du symbole dans la création plastique est cathartique. Il se fait le trope au prisme duquel l'artiste caribéen pense « les structures de l'imaginaire et la fonction symbolisante de l'imagination »[298]. À travers les associations qu'il suscite, le symbole transforme la façon de voir collective des cultures qu'il met en œuvre. Pour le plasticien anthropophage, le symbole est aussi source de dévoilement. Il permet de renouer avec l'inconscient collectif (histoire, civilisation, religions, sociologie du dominé) et conduit au renversement idéologique d'une culture hégémonique dite universelle.
Chez le plasticien des Caraïbes-Amériques, la symbolique de la couleur est fréquemment utilisée en tant qu'instrument réflexif et critique. Dans l'œuvre du plasticien martiniquais Victor Anicet le *Soleil noir* qui maudit la peau, est une critique du système plantationnaire. Exposé des heures durant aux morsures de l'astre du jour, l'esclave n'est plus ; l'oxymore fait référence à la réappropriation d'une fierté restituée.

---

[296] Michel Rovelas, *Mémoires de sang Mémoires de vie, Mythologies créoles*, éd. Les Editions de Paris, 2019, p.255.
[297] Autrement dit l'étude des causes d'une maladie et des processus par lesquels ces causes agissent.
[298] Jean Chevalier et Alain Gheerbrant, *Dictionnaire des symboles*, éd. Robert Laffont, 1982.

Victor Anicet, Soleil noir, techniques mixtes sur bois, 1.22 x 1.22m, 1970, photo@ Jean Popincourt

Symboliquement la couleur noire -l'absence de couleur ou de lumière- est le plus souvent connotée négativement, mais dans l'œuvre du plasticien Victor Anicet, c'est l'inverse. L'étoile centrale de notre système planétaire est noire et domine sur un fond blanc. Rappelant que la vision du monde n'est pas monolithique, l'artiste anthropophage déconstruit l'idée d'une coupure entre l'être et le cosmos. À l'inverse il affirme sa puissance créatrice qui lui a davantage été refusée par l'homme que par la nature.

En réinvestissant la symbolique des couleurs, il renoue avec des valeurs extra-européennes, celles que l'on trouve en Egypte qui, à titre d'exemple, voit dans cette couleur sombre un symbole de fécondité, de fertilité du limon qui est aussi le réceptacle du grain, le tombeau qui prépare la renaissance.

Les artistes du bassin caribéen se réapproprient la symbolique de l'objet, mais pour la transcender. Christian Bertin réécrit l'histoire du coutelas et transmute sa fonction usuelle et guerrière. L'objet dans ses mains se fait œuvre d'art et pinceau servant à étendre en couches épaisses le magma volcanique sur la toile. S'emparant du symbole,

141

l'anthropophage propose une nouvelle lecture du réel départi du regard surplombant d'un Centre désormais compris, intégré et digéré. L'anthropophage inscrit la pensée de la différence qui n'est pas mauvaise, mais tout simplement autre.
L'anthropophagie culturelle emploie également les voies de la symbolique à des fins esthétiques.

> « Une histoire de l'esthétique est concevable à la condition de donner à ce terme un sens élargi : elle serait dès lors, non une histoire des théories et des doctrines sur l'art, sur le beau ou sur les œuvres, mais l'histoire de la sensibilité, de l'imaginaire, et des discours qui ont tenté de faire valoir la connaissance sensible, dite inférieure, comme contrepoint au privilège accordé, dans la civilisation occidentale, à la connaissance rationnelle. [...] l'histoire de l'esthétique se révèle au travers des ruptures successives que la sensibilité ne cesse d'opposer à l'ordre dominant de la raison »[299].

Particulièrement allégoriques les photographies du Martiniquais Philippe Bourgade puisent dans l'imaginaire caribéen et dans une sensibilité qu'il exprime en capturant les éléments de la nature. Le photographe isole le sommet d'un rocher qui par métonymie pourrait figurer l'ancêtre bossale ou sa descendance. L'artiste anthropophage a digéré le tragique « Passage du milieu » et fait un arrêt sur une image des Caraïbes. Transcendant la violence du voyage transatlantique, dissolvant la crainte viscérale du peuple noir pour la mer, il leur substitue son impavidité. Une mer d'huile vient langoureusement lécher l'insubmersible rocher noir. À l'image de l'homme qui a survécu, le roc impassible à la confluence des flots s'élève au-dessus de la mer. Revigoré par la puissance ignée du soleil qui transmute la surface de l'eau en une multitude de paillettes d'or, « l'homme-brisant » résiste.

---

[299] Marc Jimenez, *Qu'est-ce que l'esthétique ?*, éd. Gallimard, 1997, pp.26-27.

Bourgade Philippe, Autel 1

Philippe Bourgade, Autel, photographie, 77,6 cm X 120 cm, 2019, photo @ Philippe Bourgade

De nature il en est encore question avec l'installation/performance de cannibalisation *The Tears of Bananaman* du plasticien Jean-François Boclé.

Jean-François Boclé, The Tears of Bananaman, installation bananes, 2017, photo @RFI

Le mangeur de chair humaine, l'anthropophage n'est autre que l'industrie bananière. Partout où s'effectue l'exploitation du fruit, des hommes sont maltraités, contrôlés, déshumanisés ou tués. En exposant l'effigie de son Homme-banane, Jean-François Boclé commet un acte politique.

> « Ce ne sont pas des bananes jaunes et joies des rayons dans le Nord, des starlettes warholiennes, des bananes sourire, elles le sont aussi, elles sont bonnes, mais derrière, on sait et je veux le rappeler : il y a ce *Bananaman* qui dit sa colère, sa souffrance »[300].

L'artiste dénonce les États, les entreprises, leur corruption, l'appât du gain au détriment de l'écologie et des individus. Et pour montrer l'infortune du sacrifié, l'inconscience citoyenne, le plasticien fait l'offrande de l'Homme-banane soumis à la « dévoration ». Le public se délecte de cette chair souple et symboliquement inverse le concept

---

[300] Jean François Boclé, *La banane, objet artistique et esclavagiste,* entretien avec Siegfried Forster, RFI publié le 13/11/2017. http://www.rfi.fr/fr/culture/20171113-banane-objet-artistique-colonial-esclavagiste-jean-francois-bocle-akaa consulté le 25/04/2020.

d'anthropophagie jadis attribué au peuple que le colon nommait cannibale. Au plaisir de la dégustation s'oppose un acte d'une violence inouïe qui force la réflexion du convive et le place face à la réalité du dominé.

> « Mais il surgit parfois de l'impératif spirituel, comme peuvent l'être les masques et les totems africains qui, par ailleurs restent souvent cachés au regard profane, ou du besoin de transcender l'emprisonnement figuré par le « bracelet forçat en or » à la Caraïbe. Le Caribéen porte certes en lui les stigmates de son histoire mais il les exorcise avec les moyens à sa portée. Hier là voix, le corps et l'or, aujourd'hui le canevas, l'huile, l'acrylique, le pastel ou la gouache permettent de transcender le réalisme »[301].

La photographie transcende le monde extérieur tel qu'il apparaît. *Le Déjeuner sur l'herbe*, d'Édouard Manet fournit à la photographe martiniquaise Shirley Rufin l'occasion de repenser le réel en milieu postcolonial. En se réappropriant l'œuvre du peintre français, l'artiste opère le décloisonnement entre le grand maître précurseur de la peinture moderne et les aspirants à la légitimité. Partageant les problématiques du peintre que sont l'acceptation et la nudité, Shirley Rufin s'en s'éloigne pourtant par un traitement surréaliste de la représentation du corps. Dans ses clichés, le corps de la femme est travaillé, déstructuré et décomposé jusqu'à s'évanouir. Si de manière métaphorique les images de la photographe martiniquaise renvoient nécessairement au corps de la femme noire bafouée tout au long de la période coloniale, son *Archéologie I* de la nudité questionne plus directement les possibilités d'épanouissement individuel et la liberté de la femme au vingt et unième siècle (XXI). En phagocytant l'histoire de l'art européen, en effectuant une *incursion dans le Salon des Refusés* de l'art contemporain, Shirley Rufin, loin de s'inscrire dans un mimétisme venu d'ailleurs, aborde au contraire la problématique de la femme noire dans la photographie, une thématique de la recherche plastique encore peu abordée.

---

[301] Ibid., Daniel Maximin, entretien avec Catherine Kirchner-Blanchard le 27/01/ 2014.

Rufin Shirley, Archéologie I 1

Shirley Rufin, Archéologie I, techniques mixtes : photographie argentique, numérique, traitement à l'acide, tirage sur plexiglas, année inconnue, photo @ Shirley Rufin

Des remarques similaires s'appliquent au travail du Guadeloupéen Bruno Pédurand[302]. Le plasticien emprunte à Dürer ou au Caravage une iconographie et des techniques qu'il met en scène dans des installations évoquant l'histoire de l'altérité. L'interprétation du

[302] Bruno Pédurand, entretien avec Catherine Kirchner-Blanchard le 10/10/2016.

travail du plasticien, autrement dit, l'épistémologie de ses œuvres, dissout le mythe, les violences physiques et symboliques imposées aux dominés. Le lent passage des humiliations, des injustices, de la colère sous l'effet du chyme de la création, conduit à l'extraction d'une esthétique nourricière et locale, un endogénisme.

Endogénisme

Selon André Whittaker l'inflation d'usage des termes créolité et métissage dans les sciences sociales a non seulement galvaudé ces concepts, mais elle a surtout créé « une confusion épistémologique inopératoire »[303]. Le métissage taxé de n'être qu'une « banale idéologie de la mondialisation » pour certains et la créolité qu'une « ruse du langage »[304] sombrant « dans un univers abstrait »[305] pour les autres peinent, dit-il à rendre compte des identités collectives et des pratiques sociales. C'est pourquoi s'intéressant à la société antillaise-guyanaise, le sociologue a développé une théorie du mode de production endogène. Cette dernière est fondée sur une nouvelle pensée socio-économique s'appuyant sur une méthode « empiric-projective[306] » menant à une « pensée autonome en soi et pour soi qui ne se détermine ni avec ni contre qui que ce soit, mais dont le but ultime est la recherche de la complétude humaine»[307].
À l'instar d'André Whittaker, nous postulons que le concept d'endogénisme est opératoire dans l'étude des pratiques sociales en Martinique et en Guadeloupe. Nous lui empruntons ce lexème afin de montrer qu'il permet de rendre compte de la tendance émancipatrice et cathartique de l'acte de création. Une philosophie de l'espace est elle-même solidaire d'une philosophie de la représentation de soi et de la relation au monde. Pour éprouver la validité de cette hypothèse, nous observons le processus par lequel les plasticiens comme, Ronald Cyrille, transforment leur environnement. Par le biais de la représentation figurative, ils pensent l'identité sociale individuelle et collective. Autrement dit à travers ce premier exemple, nous détectons dans le travail de l'artiste de rue les marques d'une anthropisation du paysage local. Le mur sur lequel il peint est caractéristique de l'environnement urbain guadeloupéen. Les systèmes de climatisation ont entièrement modifié le champ visuel des villes guadeloupéennes. Ils sont sur tous

---

[303] André Whittaker, *L'endogène Pour le dépassement des limites du métissage et de la créolité*, éd. La Sorbonne, 2002.
[304] Ibid., André Whittaker, *L'endogène*
[305] Ibid., André Whittaker
[306] André Whittaker, *L'analyse transformationnelle en sciences sociales de la société antillaise-guyanaise et le mode de production créole : éléments pour une nouvelle théorie de l'entreprise et du développement ou efficience sociale de la production*, Thèse de doctorat en Sociologie, (sous la dir. de) Pierre Fougeyrollas, soutenue en 1996 à Paris 7.
[307] André Whittaker, *L'analyse transformationnelle*

les murs des HLM. Si leur rôle est évident en milieu tropical où la température moyenne annuelle est de 27°C, les climatiseurs sont aussi un produit de nuisance écologique, visuelle, voire sonore en même temps qu'un luxe. Pourtant l'œuvre du graffeur n'attire pas tant notre attention sur ces aspects, mais au contraire s'attache à montrer comment il est possible d'embellir l'espace public tout en évoquant le quotidien des autochtones. La représentation figurative se met au service de la question sociale. L'embellissement de l'espace urbain est une préoccupation de l'artiste qui agit sur la laideur des murs de la ville pour en faire des œuvres d'art. Au-delà de l'aspect esthétique, le plasticien adresse un message à ses concitoyens qui reconnaissent dans son travail le récit de leurs luttes quotidiennes pour la survie. Contournant les obstacles disséminés sur leur parcours, les personnages qu'il peint utilisent les climatiseurs -symbole de l'industrialisation- pour avancer vers des horizons plus cléments. Défiant le sens du vent indiqué par cette girouette rouge et blanche, la barque guidée par un pélican glisse à force de volonté et d'une branche, vers les étendues d'eau libre.

Cyrille Ronald, sans titre 2

Ronald Cyrille, fresque acrylique, sans titre, année et photo @inconnu

L'endogénisme opère le recentrement du regard sur un microcosme local. C'est ce qu'effectue le photographe Jean Marie-Louise lorsqu'il questionne l'identité insulaire. L'artiste plonge au plus profond de la dramaturgie du monde caribéen. Sur le plan formel, la *Photograture 8* parce qu'elle ne renvoie à aucun référent extrinsèque, révèle l'existence de réalités jusqu'alors invisibles.

Marie-Louise Jean, Photograture 8 1

Jean Marie-Louise, Photograture 8, ektachrome numérisé – tirage sur vinyle contrecollé sur alucobond, 45 x 70 cm, année inconnue, photo@Jean Marie-Louise

L'abstraction photographique comme image autonome rompt avec le monde des apparences et offre un excellent terrain d'investigation à l'expérience sensible.

La photograture est l'aboutissement d'un processus créatif par lequel l'artiste met en évidence un détail qu'il magnifie. Elle n'a besoin de rien d'autre que de son esthétique pure pour être appréciée. Et cependant, le très gros plan fait la focale sur le point de suture ou sur les stigmates visibles qui se lisent à la surface de la coque d'un canot. Des images mentales se forment et peuvent renvoyer par métaphore à une histoire troublée, celle du Passage du Milieu, symbolisée par le monochrome bleu, celle du « bois d'ébène » –nom donné à l'esclave – rapiécé, mais dont la fracture profonde se lit toujours en creux. Le procédé met en avant les émotions de même qu'il crée un rapport de proximité entre le spectateur et l'image.

La mise en abîme visuelle nous replonge dans la réalité historique sociale et géographique du lieu. L'abstraction met en branle

> « […] l'âme de nos représentations, la violence de nos sentiments, l'âpreté de nos conflits intérieurs, la puissance des sens et des significations, les rêves avortés et les fantasmes, les fragilités de l'être, les difficultés à être, les éclats de l'identité. Toutes choses qui sont en permanence au bord de la transformation et luttent frénétiquement pour atteindre la lumière »[308].

Le photographe rafistole l'antre profond, le gouffre inconnu qui ravage le dominé, le déporté, l'exilé.

Pour certains artistes le symbole, la posture, le regard sont les outils de l'endogénisme ; pour d'autres ce sont les matériaux lorsqu'ils permettent d'évoquer l'ancrage géographique et les réalités locales. La volonté d' « endogénéisation » de l'art, ou pour reprendre l'expression de Gerry L'Étang de « nativisation » passe aussi par l'innovation de constituants physiques.

---

[308] Jean Marie-Louise, *D'un regard critique sur la photographie en Martinique à une autocritique de la photograture*, Texte à paraître.

3-Innovations et traditions dans l'art

Les matériaux

Lorsqu'ils envisagent de réaliser une œuvre, les artistes endogènes privilégient les ressources locales. La plasticienne Chantal Charron s'inscrit dans cette approche. Dans un entretien réalisé par l'United Karibean Artists (UKA), elle précise « J'invente ma propre peinture avec de la terre, des pigments et de l'acrylique. Ça me permet d'obtenir et de travailler la matière, d'avoir quelque chose d'ancré dans cette écriture »[309]. L'artiste introduit de nouveaux pigments à base de matières organiques spécifiques au lieu – indigo, lave, terre, ricin-. Les plasticiens caribéens sont nombreux à vouloir transcrire l'essence du lieu à partir des matériaux. Beaucoup d'encre a déjà coulé sur le travail de Christian Bertin et notamment à propos de l'introduction de la feuille de ricin dans sa création plastique. Rappelons que la plante a été utilisée en médecine pour soigner la mélancolie, plus communément appelée la « Blesse » qui est la blessure originelle liée à l'exil. Une maladie que seules « nos guérisseuses locales savent déceler, en identifier les symptômes et la traiter. Elles appliquent en cataplasme, une bouillie médicinale de feuilles, de sève et de pulpe, dont l'aspect après un certain temps, renseigne sur l'étendue et la profondeur du mal et détermine la suite du traitement : tisanes, frictions, prières, implorations… »[310]. Ce rapport à la matière n'est pas anecdotique et se retrouve dans la création d'artistes les plus divers. Le Martiniquais Marc Latamie utilise dans ses installations la canne à sucre, le coton, la noix de coco pour évoquer les effets délétères du commerce mondial. On retrouve ce même attrait pour les matériaux locaux chez Serge Goudin-Thébia. L'artiste est né à Agen, Lot et Garonne (France), mère catalane et père originaire de Guyane. Tout en honorant ses racines plurielles et affirmant un ancrage dans l'univers plutôt que dans l'insularité, l'artiste aujourd'hui décédé avait élu domicile en Martinique sur la presqu'île de la Caravelle.

C'est là que pour les besoins de sa création, il ramassait « bambous, feuilles, os, morceaux de bois, racines, fibres, plumes, écorce, termitières, roches, pierres, coraux, coquillages, oursins, carapaces, d'animaux, etc. »[311].

---

[309] Chantal Charron, *Je me sens très bien dans la Caraïbe car il y a une diversité, une permission d'être ce que l'on est*, UKA, France Antilles, 02/05/2017 https://www.guadeloupe.franceantilles.fr/actualite/culture/portrait-d-artistes-avec-uka/chantal-charron-je-me-sens-tres-bien-dans-la-caraibe-car-il-y-a-une-diversite-une-permission-d-etre-ce-que-l-on-est-427558.php consulté le 07/12/2019.

[310] Jean Marie-Louise, « Christian Bertin : l'appropriation entre rébellion et rassemblement », *Art et appropriation*, Dominique Berthet (dir.), Cayenne, Ibis rouge, 1998, p.133.

[311] Dominique Berthet, *Pratiques artistiques contemporaines en Martinique. Esthétique de la rencontre 1*, éd. L'Harmattan, 2012, pp.111-112.

Goudin-Thébia Serge, Le guerrier bleu 1

Serge Goudin-Thébia, Le guerrier bleu Technique mixte, 140x107 cm, 1998, photo @Jean Popincourt

En 1998, Serge Goudin-Thébia réalise la sculpture *Le guerrier bleu* qui par métaphore renvoie à l'esprit de résistance et de survie de l'humain.

> « Il m'est impossible de parler de mon travail sans parler du lieu où je vis : un lieu où j'habite mais aussi un lieu qui m'habite […] Le lieu où je vis, ça veut dire le lieu où j'ai un corps, là où je vois, entends, sens, respire, marche : c'est d'abord dans le corps que les questions se posent à moi »[312].

À travers ce corps, l'artiste exprimait une présence physique ancrée dans un lieu, lui-même inscrit dans un écosystème et dans le monde. À l'image du raisinier du bord de mer, le guerrier lutte contre les éléments contraires comme l'arbuste tropical qui résiste au sel et aux embruns. En assemblant les feuilles du coccoloba uvifera[313] en les peignant d'un bleu qu'il qualifie « d'amniotique »[314], le sculpteur rejouait le miracle de la vie et donnait le jour à un soldat vaillant. Le geste créateur performait le cycle de la reproduction qui n'étant pas biologique prennait une dimension magique ou chamanique en adéquation avec les croyances amérindiennes. *Le guerrier bleu* fait le lien entre des mondes traditionnel et moderne. Il est le gardien de la mémoire ancestrale et l'expression d'un art contemporain endogène. Guidé par la lumière de sa bougie et protégé par sa lance *Le guerrier bleu* veille sur son monde. Les objets et les matériaux utilisés par les artistes endogènes sont chargés de sens et font le lien entre l'histoire et le vécu des insulaires. Cette approche se retrouve chez quantité d'artistes antillais. Le Guadeloupéen Samuel Gelas choisit la pierre noire pour réaliser les portraits de la population locale plutôt que la pierre calcaire blanche d'Istrie des Latins. Les Guadeloupéens Rico Roberto introduit du sable, des fibres, Joël Nankin peint sur des peaux de cabri.

D'autres artistes utilisent des matériaux de l'industrie et les détournent. C'est le cas du plasticien Jean-Marc Hunt. En 2017, il nous conviait à la visite de son atelier de Baie Mahaut en Guadeloupe. Parmi les œuvres qu'il nous présenta, l'une d'elles attira particulièrement notre attention parce qu'elle pendait au plafond. Une demi-douzaine de crânes de métal suspendus à des fils de nylon tournoyait au-dessus de nous. L'œuvre qu'il avait appelée *Le Carrousel : Vanités off-set* renvoyait immanquablement aux calaveras mexicains exhibés le jour de la fête des morts et à l'éphémère de la condition humaine. Cependant la particularité des crânes utilisés dans cette œuvre tenait surtout au choix du matériau. L'artiste avait agrafé entre elles des plaques offset provenant de l'imprimerie du journal *France-Antilles*. Inhabituel dans la création plastique, ce matériau lui permettait de questionner la distance et les relations entre le Centre et la

---

[312] Serge Goudin-Thébia in. *La Peinture en Martinique*, éd. HC, 2007, p.274.
[313] L'arbuste coccoloba uvifera est plus connu sous le nom de raisinier de bord de mer.
[314] Ibid., Serge Goudin-Thébia, *La Peinture*

Périphérie. La notion de complexité des rapports peut se lire dans le choix du matériau offset qui dans le cas du procédé par voie humide, illustre l'antagonisme des matériaux non miscibles.

Une partie de l'œuvre figurant ci-dessous, alors intitulée *Vanités off-set* avait déjà été présentée à la Fondation Clément en 2014 dans le cadre de l'exposition *Négropolis*.

Hunt Jean-Marc, Série Vanités 1

Jean-Marc Hunt, Série Vanités, sculpture composée de plaques alu off set peintes, découpées et assemblées avec des agrafes inox, 25 x 25 x 25 cm, 2011, photo @Fondation Clément

Mais le carrousel de l'atelier prenait une autre connotation. S'il ne renvoyait pas à l'esprit de la fête foraine, le manège de crânes humains semblait au contraire suggérer l'itération des relations toxiques entre le Continent et les Antilles.

Le choix du matériau chez l'artiste endogéniste n'est jamais anodin et contient une portée intrinsèque qui évoque l'espace où il est prélevé. Il pose ainsi les fondements d'une histoire de l'art spécifique au lieu qui pourrait être intégrée à une histoire plus globale.

Nous verrons qu'il en va de même pour le choix des techniques et des outils qui est quelquefois audacieux.

Les techniques et les outils

Certaines techniques endogènes sont déroutantes et celle développée par le plasticien martiniquais Joseph René Corail l'est particulièrement. L'artiste martiniquais que la population locale avait coutume d'appeler affectueusement Coco ou quelques fois Khokho surprend à tous points de vue. Homme engagé, il a indéniablement marqué l'histoire politique et artistique antillaise. À la fin des années 1950, il adhère à la fédération communiste de la Martinique (PCF) qui deviendra par la suite le parti pour l'indépendance de la Martinique. Impliqué dans la lutte anticolonialiste, il est emprisonné pour ses actions au sein de l'Organisation de la Jeunesse Anticolonialiste de la Martiniquaise (OJAM) en 1963. Insoumis, Coco l'est aussi dans l'art. Celui qui maîtrisait toutes les techniques : céramique, sculpture, mosaïque, dessin, gravure et peinture fut un artiste maudit et souvent mal compris de son vivant, qui mourut en indigent. Coco n'obtint la reconnaissance qu'à titre posthume. Cependant après sa disparition, les institutions comme les artistes lui rendent hommage à diverses occasions en lui décernant « deux médailles d'or pour une tapisserie en patchwork et une sculpture en métal dans des expositions organisées par le Ministère de la Culture à Paris (1962) »[315], ou encore aux Trois Ilets, où deux artistes de rue Ochea et Xun ont réalisé un portrait de Khokho René-Corail intitulé *Lespri Khokho*

---

[315] Réseau Canopé, Art des Caraïbes-Amériques, *Joseph René-Corail [khokho]* https://www.reseau-canope.fr/art-des-caraibes-ameriques/artistes/joseph-rene-corail-khokho.html consulté le 29/04/2020.

Ochea et Xun, Lespri Khokho 1

Ochea et Xun, Lespri Khokho, bombe acrylique, année inconnue, photo @ pigmentropie

Lespri Khokho s'exprime aussi à travers son ingéniosité et l'usage strictement personnel qu'il fait de la technique d'inflammation de ses œuvres. L'homme saupoudre quelques-uns de ses tableaux en bois de sucre -symbole de l'exploitation en milieu colonial- avec lequel il trace les détails picturaux. Il asperge ensuite ses œuvres de white spirit -l'esprit blanc ou du Blanc, d'acrylique et passe le tout au feu de son chalumeau. La technique plastique employée par l'indépendantiste communiste pourrait s'apparenter à un acte de guerre. Pratiquant la politique de la terre brûlée, il détruit, il endommage ce qui ne doit pas rester, pour ne laisser que l'essentiel qu'il nous donne à voir. Le résultat est édifiant comme en témoigne l'œuvre représentée ci-dessous. Le tableau qu'il a intitulé *Rue cases nègres* lui a sans doute été inspiré par le film du même nom de la réalisatrice Euzhan

Palcy[316] parce que lors du tournage, il « travaillait sur les décors et à la construction des cases »[317].

Khokho René-Corail, Rue cases Nègres 1

Khokho René-Corail, Rue cases Nègres, techniques mixtes sur bois, 1993, photo @Robert Charlotte

Comme le film, le tableau de Khokho René-Corail exhibe la rudesse de l'existence et la survie conditionnée par le travail dans l'exploitation des champs de canne à sucre qui appartiennent aux Blancs. L'œuvre est aussi le constat de la misère, symbolisée par le contraste entre les cases rudimentaires en bois de la population locale en arrière-plan et en premier plan la maison cossue en pierre du patron. Tel le volcan de la Montagne Pelée qui après ses ravages enrichit le sol, Coco après le brûlis, laisse une œuvre fertilisée qui laisse surgir le sujet.

L'artiste endogéniste fait fréquemment le rapprochement entre les matériaux, les techniques, les outils de travail et le lieu. Comme évoqué précédemment Coco utilise le brûlis de sucre sur bois local, Christian Bertin quant à lui substitue au pinceau traditionnel la lame d'un coutelas. David Gumbs numérise la conque de lambis et en fait un stylo de lumière et Louis Laouchez réinvestit le tapa traditionnel de ses ancêtres.

En 1967, le conseiller culturel de l'Ambassade de France en Haute Volta (aujourd'hui Burkina Faso) confie au plasticien Louis Laouchez la charge de fonder une école des

---

[316] Le film la *Rue Case-Nègres* d'Euzhan Palcy, sorti en 1983, est une adaptation du roman de Joseph Zobel *La Rue Cases-Nègres* publié en 1950.

[317] Dominique Berthet, « Une esthétique du lieu », in. *Khoko, Joseph René-Corail*, éd. HC, 2008, p.89.

Beaux-Arts à Ouagadougou. Mais son analyse de terrain l'amène rapidement à revoir le projet et à l'orienter vers l'artisanat d'art, très florissant en Afrique. Il y découvre la vannerie, le cannage, la technique de la fonte à la cire perdue, le ' tapa ' : un tissu d'écorce végétale tombé en désuétude depuis l'introduction de tissus modernes sur le continent africain. Nommé « conseiller chargé des questions d'artisanat et de la mise en place d'un Office national de l'artisanat d'art »[318], Louis Laouchez introduit une stratégie de développement économique et culturel. À Ouagadougou, il utilise les peaux en cuir d'une tannerie en faillite et fait naître des vocations chez pléthore de Burkinabés qu'il met au travail autour de techniques ancestrales qu'ils vont moderniser. Définitivement de retour en Martinique en 1984, Louis Laouchez se consacre à sa création dans laquelle l'affleurement de l'Afrique est perceptible. Il se lit dans le choix des pigments le blanc kaolin, la latérite rouge et brune, l'ocre ; mais aussi des matières, le bambou ou le tapa qu'il maroufle dans ses peintures. Le tapa africain était traditionnellement utilisé pour la confection de couches pour bébé et de nattes pour le sol. Il est détourné dans l'œuvre du Martiniquais qui transmute l'objet usuel et lui redonne ses lettres de noblesse. Nous verrons qu'au-delà des matériaux, des outils et des techniques évocateurs d'un ancrage géographique ou d'un sentiment d'appartenance, les artistes endogénistes travaillent aussi sur des thématiques spécifiques au contexte local.

Les thématiques

Pour la plasticienne guadeloupéenne Simone Cancelier, depuis les années 1960, les plasticiens caribéens expriment une volonté « basée sur une recherche plastique moderne et sur une idéologie nationaliste prônant la rupture avec la France et le retour aux racines du monde noir »[319]. Ces recherches les amènent à développer des thèmes variés, mais toujours en lien avec les préoccupations des dominés.
Nous revenons sur le travail de Louis Laouchez qui aborde le thème de la rencontre des contraires à l'origine d'une entité tierce. À la confluence du Centre -symbolisé par la couleur blanche- et de la périphérie-symbolisée par la couleur noire- apparait la figure métisse.

[318] Jean Marie-Louise, « Une vie nomade », in. *Louis Laouchez,* éd. HC, 2009, p. 26.
[319] Simone Cancelier, in. « La Guadeloupe dans l'espace plastique caribéen », éd. Bocquet Pierre, *1492/1992, un nouveau regard sur les caraïbes*, Paris, Créolarts, 1992, pp. 81-82.

Laouchez Louis, Vous et nous 1

Louis Laouchez, Vous et nous, écorce marouflée, peinture à l'huile, 106 x 89 cm, 2012 photo @Benoît Laouchez

Dans son œuvre *Vous et nous,* l'artiste dessine avec un pyrographe sur l'étoffe d'arbre d'énigmatiques silhouettes. Tout comme Joseph René Corail, il « trace donc en brûlant »[320]. Le tableau est compartimenté en petites scènes qui sont autant de récits de la complexité du lien interpersonnel. Au centre de l'œuvre l'aplat de peinture rouge évoque l'issue quelquefois fatale de la rencontre à travers la forme d'un cœur humain qui continue de battre pour les personnages en station debout et a cessé de le faire chez les gisants mis en bière ou en terre. Le regard vide des personnages intrigue et nous renvoie à la profondeur de l'âme, aux masques africains qui n'ont pas de pupille, mais qui invitent au rapprochement des cœurs et des âmes, seuls outils à la rencontre des altérités et l'unique rempart à la haine. Dans cette œuvre, l'artiste pense le concept du

---

[320]Ibid., Dominique Berthet, *Pratiques artistiques contemporaines en Martinique*, p.65.

« vivre ensemble » et en ce sens questionne les modalités du rapprochement au prisme d'une réflexion sur la pluralité des identités.

La question de l'identité

Pour certains le concept d'identité rend obsolète toute notion d'ancrage et doit être appréhendé à travers des invariants caractéristiques du genre humain. C'est le cas du plasticien Ernest Breleur qui considère la nécessité d'aller " vers le dépassement de la notion de racines »[321]. En somme l'identité serait davantage un concept, une catégorie descriptive des traits physiologiques et des qualités morales -vices et vertus- communs à l'Homme, une sorte d' « interrogation de la genèse de la matière ».

Si les invariants sont incontestables, il reste que pour les artistes endogénistes la question de l'identité culturelle est incontournable. Sans pour autant être fondamentale, « elle reste centrale »[322] et se caractérise par la pluralité des postures. L'identité culturelle renvoie, comme le souligne Denys Cuche « dans un premier temps, à la question plus large de l'identité sociale, dont elle est une des composantes »[323].

S'inscrivant dans cette pensée, les plasticiens issus ou exerçant dans les Antilles pensent l'identité à l'aulne d'une construction sociale historicisée.

Rejetant toutes assignations identitaires, culturelles exogènes, l'artiste endogéniste cherche à exprimer son sentiment d'appartenance, à penser le poids de son contexte socio-économique, géographique et politique.

François Piquet, qui est un Métropolitain, nous fournit un exemple de la pensée plastique afro-caribéenne. L'artiste né en région parisienne s'installe en Guadeloupe en 2000 où il développe une production plastique variée. À l'occasion du programme de l'Année des Outre-mer 2011, il présente sa sculpture *Timalle* réalisée en lames de fer tressées et en papier, une œuvre récemment acquise par l'International Museum de Liverpool. Lors d'un entretien mené avec Sarah Webster, l'artiste révèle le sens de son œuvre.

« *Timalle* est une sculpture faite avec des formulaires de demande de réparation froissés, évoquant un corps humain écorché, à laquelle j'ai posé des fers avec des cerclages de tonneaux de rhum. Timalle est aussi le processus filmé d'un homme blanc transformant Timalle - qui signifie petit mâle, en créole - en Timalle - petite

---

[321] Philippe Triay, la 1ère, France Info, *Ernest Breleur, plasticien : "Il faut aller vers le dépassement de la notion de racines*, 1 le portail des Outre-mer, Publié le 12 mai 2017 Ernest Breleur, plasticien : "Il faut aller vers le dépassement de la notio (francetvinfo.fr)
[322] Michel Rovélas, (op. cit.), p. 138.
[323] Ibid, Deny Cuche, *La notion de culture*, p. 98.

malle. C'est une reconstitution, à travers la sculpture et la performance, du processus esclavagiste. Timalle relie le passé et le présent avec l'histoire traumatique des Caraïbes avec notre histoire »[324].

Piquet François, Timalle 1

François Piquet, Timalle Série des Mounpapyé, papier, résine, lames de fer, miroir, 2011@ Fonds d'Art Contemporain de la Guadeloupe

Sur le formulaire le plaignant est invité à décrire la nature des préjudices subis par la victime et que l'artiste ventile en trois catégories : morale, matérielle ou corporelle. La sculpture *Timalle* illustre le processus de la représentation du Noir de même qu'elle en

---

[324] Sarah Webster, *Francois Piquet parle de Timalle,* Timalle (reparations-art.org) consulté le 24/08/2021.

souligne le caractère humiliant. L'artiste s'empare ainsi de l'histoire locale du dominé pour lui donner une dimension pluriverselle et contemporaine.

L'endogénisme caribéen se comprend à partir d'une identité culturelle qui renvoie également à l'identité sociale, au statut d'un individu et aussi à son corps physique. Pour cette catégorie d'artistes, le thème du corps est le lieu d'une expression plastique qui prend l'individu comme objet de connaissance.

Depuis peu le discours artistique endogéniste emploie la voie de la performance. La première édition du Festival International d'Art Performance FIAP[325] Martinique a réuni en 2017 des artistes performeurs venus du bassin Caribéen, des États-Unis, d'Amérique Centrale et du Sud et d'Europe. L'évènement fut l'occasion de rendre compte du monde tel qu'il est et de produire un effet sur celui-ci.

Dans un énoncé performatif, le corps s'exhibe et remet en cause les codes établis de la représentation. Il offre selon l'anthropologue Paola Lavra[326], « une lecture de lui-même au regard de l'autre »[327]. La performeuse Annabel Guérédrat invente le concept de « mangrovaire » un mot valise associant la mangrove et l'ovaire pour penser la matrice à l'origine d'un nouveau corps social émancipé. Dans un entretien avec Tsedaye Makonnen, Annabel Guérédrat la co-fondatrice du festival dit l'importance « de raconter les histoires de ceux qui ne viennent pas du pays impérial mais des régions périphériques des Caraïbes et non-européennes »[328]. Les performeurs endogénistes modifient même provisoirement, la perception du corps et par voie de conséquence, « celle qui est socialement tenue pour signifier ' l'être profond ', la ' nature ' de la personne »[329].

---

[325] Le FIAP 2017 a eu lieu du 17 au 23 avril 2017 à l'hôtel L'*Impératrice* à Fort de France.

[326] Paola Lavra, est anthropologue et professeure au Campus Caribéen des Art, Martinique http://artincidence.fr/?p=1037

[327] Paola Lavra, *FIAP 2019*, Martinique officiel https://youtu.be/j8C2LPqjWKc consulté le 06/05/2020

[328] Annabel Guérédrat, entretien avec Tsedaye Makonnen, Cultbytes. 06/06/2017 https://cultbytes.com/fiap-annabel-gueredrat/ consulté le 06/05/2020.

[329] Frédérique Giraud, *Pierre Bourdieu : le corps comme signifiant social*, Pierre Bourdieu, « Remarques provisoires sur la perception sociale du corps », Actes de la recherche en sciences sociales, Socio Voce, éd. OpenEdition, 1977 n° 14, p. 51. https://sociovoce.hypotheses.org/82 publié le 11/05/2008, consulté le 06/05/2020.

Tauliaut, Guérédrat, Bonello, Afro-cyber 1

Conception performance Bubbles Henri Tauliaut/performers : Annabel Guérédrat et Ange Bonello/cadre : workshop # 4 afro-cyber punck du 14 /12/2016-réalisation Artincidence, @Henri Tauliaut

Pour leur performance *Bubbles* [330]qui s'est déroulée en Martinique, Annabel Gueredrat et Henri Tauliaut choisissent la Savane des pétrifications, un lieu situé au bout de la Presqu'île de Sainte-Anne, à quelques encablures de la célèbre plage des Salines. Le site qui doit son nom au fait qu'on y trouvait des arbres pétrifiés (silicifiés) est réinvesti par les artistes pour sa symbolique. De manière métaphorique, les performeurs inversent le processus de pétrification et de stupéfaction en remettant leur corps physique en mouvement. Dans sa matrice, le corps recouvre l'oxygène et reprend vie. Le processus de gestation remet en cause la cognition erronée d'une infériorité ethnoculturelle sous entendue dans la bulle papale de Nicolas V incitant à la mise en esclavage du Noir, un être dépourvu d'âme, un bien meuble. Mais à travers la performance, le corps adulte se libère, croît et tente d'infléchir la perception exogène de l'altérité. L'endogène se réinvente et les ondines remontent du fond des eaux pour purifier le corps, effacer les souillures légales, physiques ou morales.

Le plasticien Marvin Fabien, aujourd'hui décédé, a collaboré aux performances de ces deux artistes. À titre personnel lui aussi a développé une recherche esthétique autour de la perception du corps social -temps et espace-. Dans son œuvre, il mêlait différentes

---

[330] La deuxième édition du festival Tout-Monde a eu pour thème de « L'Echo-Natures ». Elle s'est que se déroulée du 13 et le 17 mars 2019. Le festival d'arts contemporains caribéens se déroule à Miami. Il est à l'initiative de structures françaises : Les Services Culturels de l'Ambassade de France épaulés par la France Florida Foundation for the Arts et French Arts Associates.

techniques, dessin, canevas, nouvelles technologies, nouveaux médias. En 2019, il réalisait une série d'œuvres interrogeant les modes de représentation entre tradition et contemporanéité. Marvin Fabien pensait la représentation figurative du corps caribéen qui, disait-il, est « […] en constante évolution, renouvelé à l'ère technologique »[331].

De 2015 à 2019, il renouait dans une série, avec des méthodes plus traditionnelles et utilisait un mélange d'acrylique et d'autres liants. Le dessin sur papier intitulé *Caribbean Bodies* représente une forme abstraite d'un bleu vibrant à la confluence de l'indigo et de l'Outre-mer en référence à l'eau source de vie, celle qui sépare, à l'insularité qui encercle et le rouge de la violence et de passion quelques fois meurtrières. Les coulures de bleus forment un camaïeu de teintes qui par métonymie pourraient rappeler les nuances du métissage caribéen. Les bandes colorées expriment la volonté d'être dans le contraste chromatique de lumière et de surfaces. L'effusion, la projection d'encre sur la feuille confèrent un dynamisme à l'œuvre. La forme zoomorphique s'exprime à travers la protubérance d'une queue et d'une forme abstraite qui rappelle aussi une patte animale. La caribéanité s'exprime dans l'union d'éléments organiques l'eau et le sable de couleur or comme une lueur ou bien une richesse. Les références à l'écologie et à la faune qui soulignent la notion de transgénéricité sont très prégnantes dans les croyances animistes et amérindiennes où il n'existe aucune frontière entre les espèces. On note également ce qui pourrait être une allusion aux mythes européens comme pour énoncer une connaissance mais aussi un dépassement. Par analogie le monstre rappelle le corps hybride de l'Hydre de Lerne, un animal mythologique fabuleux. À l'instar de la bête, le corps social de l'endogène est polymorphe. Il se régénère et se réinvente au fil de l'histoire. Bien que défait par l'épée d'Héraclès, le sang du gigantesque chien-serpent polycéphale confère un pouvoir redoutable à son utilisateur et par analogie il est la force des peuples hybrides. Le rapprochement avec l'Hydre est possible tant cette œuvre renvoie en astronomie, aux lignes imaginaires de la constellation de l'Hydre qui, à l'image de la diaspora afro-caribéenne est très étendue et se répand sur deux hémisphères.

---

[331] Marvin Fabien, #caribbeanbodiesexploration, Face Book, le 07/05/2020.

Fabien Marvin, Caribbean Bodies 1

Marvin Fabien, Caribbean Bodies, mixed media on paper, 135cm x 105cm, 2015- 2019, photo@ Marvin Fabien

Dispersés dans le monde, les artistes se réclamant de l'endogénisme restent traversés par une communauté de représentations et de croyances. Celles-ci s'expriment dans le choix de thématiques qui traduisent la prise de conscience d'une histoire troublée partagée, mais aussi la volonté de dépassement par l'urgence de l'action comme l'expression d'un instinct de survie. Le farouche désir de vivre s'est quelques fois confronté à la nécessité de lutter physiquement ou politiquement comme ce fut le cas des plasticiens guadeloupéens, souvent plus véhéments que leurs confrères martiniquais. Dans cet ordre d'idées nous pensons à Michel Rovélas qui dans les années 1970 fut impliqué dans des actions syndicales et politiques, à Michelle Chomereau-

Lamothe considérée comme une peintre engagée, avec une forte conscience nationaliste ou encore Joël Nankin qui connut la geôle[332], pour ne citer ne citer que ceux-là » de 1983 à 1989. À travers leur art, ils ouvrent la réflexion aux thèmes de résistance, renaissance, et surtout de résilience.

La résilience

Cyrille Ronald, Résilience 1

Ronald Cyrille - "Résilience" - 147 x 199 cm - acrylique sur toile – 2020 @Minorit'Art

En physique et en mécanique, le terme de résilience désigne la résistance d'un métal au choc. Par extension cette propriété du métal a été appliquée à la psychanalyse par Boris Cyrulnik pour décrire la force morale d'un individu qui parvient à transcender un état de psychose. Les artistes endogénistes mobilisent la création plastique comme un instrument de résistance au traumatisme originel survenue « à fond de cale des navires négriers ». La question de la résilience ou la capacité à surmonter ce qu'Aimé Césaire qualifiait de « voie de fait historique », parcourt la recherche plastique endogéniste. En 2020 l'artiste Ronald Cyrille alias B.BIRD ou en français (Soyez l'oiseau) intitule sa peinture *Résilience*. Le plasticien né d'une mère dominiquaise et d'un père guadeloupéen fait un parallèle avec *La Création d'Adam,* l'une des plus célèbres

---

[332] Ce lexème signifie prison en français.

fresques peinte par Michelangelo di Lodovico Buonarroti Simoni dit Michel-Ange. Il (ré) interprète le texte biblique du livre de la Genèse : 1, 26-27 : « Dieu créa l'homme à son image, à l'image de Dieu il la créa ». La peinture interroge le dessein divin et les commandements du don de sagesse, d'intelligence, de science, de conseil, de force, de piété dans une société réfractaire à admettre l'origine unique de l'humain et la primauté de l'homme noir exprimée dans la représentation d'un Adam noir[333]. La peinture réalisée en période de confinement nous relie au moment quasi surréaliste de la pandémie du Covid 19. Elle nous amène à interroger le sens de « nos valeurs, mode de vie, désir et aspiration »[334] dans une société néo-libéraliste. Elle nous invite à (re)penser l'essentiel, c'est-à-dire le retour sur soi -les pieds nus-, la nature déconnectée des frénésies de la modernité et de son corollaire technologique -bras connecté mais débranché- pour apprendre à apprécier la force et la beauté d'un monde encore vierge de pollutions –masque chirurgical au sol, paysage préhistorique- peuplé d'animaux résilients et libres comme l'oiseau.

En *2016,* Marie-José Limouza intitulait déjà son exposition *Résilience* pour évoquer la lutte de la femme guadeloupéenne. Cette préoccupation revient de manière récurrente dans les œuvres des plasticiens endogénistes. Systématiquement ils puisent leurs sources d'inspiration dans leur environnement naturel -faune et flore-et leur capacité à se régénérer.

La figure du chien permet de penser l'adaptation à une écologie ou à un système en redéfinition perpétuelle. Fréquemment représenté dans les œuvres plastiques endogénistes, il apparaît dans les peintures fantasmatiques des Martiniquais Jacqueline Fabien *Autoportrait (la manchote, la chienne et le miroir)* de 2000, Raymond Médélice *Dorlis* de 2003 et des Guadeloupéens Marielle Plaisir *Le chien fou et le poète de l'errance* de 2002, Thierry Alet *Le chien qui mange le chien* de 2008, Joël Nankin *Le chien jaune à la pleine lune* de 2005, Bruno Pédurant *Transhumance* de 1997, Sanmyel *Amboise chien* réalisé en 2006. Ces œuvres souvent critiques mettent en lumière ce que José Lewest nomme une « dynamique d'errance concomitante à l'errance identitaire »[335]. Elles soulèvent aussi la problématique de la complexité de l'interaction interpersonnelle en milieu colonial. Pour José Lewest le tableau d'Yrius Philibert *Rochambeau et ses invités* apporte une « dimension historique violente et narrative » questionnant la notion de bestialité. Puis soudain et contre toute attente, en 2000 le *Chien sur canapé* de Philippe Thomarel ouvre la réflexion postcoloniale sur les

---

[333] Cheikh Anta Diop, *Nations Nègres et Culture, Volume,* éd. Présence Africaine, 1979.
[334] Minorit'Art, Appel aux artistes, Minorité visible : un créateur local face à la pandémie
http://minoritart.org/index.php/appels/?fbclid=IwAR1GYCkKrIJUFxU2_K73zggpv0-
pNF0J1LepAFJt20jSYJVXWGpxaUGd55A consulté le 31/05/2020.
[335] Ibid., José Lewest

questions de l'acculturation, de la domestication, de l'appropriation d'un maniérisme exogène - aux Antilles les chiens ne pénètrent habituellement pas dans les maisons-, mais aussi de la pacification des relations entre l'homme et le monde animal. En somme, l'œuvre du plasticien sonne-t-elle l'heure de la réconciliation, de la fin de la défiance entre l'Homme et l'Animal-social- ?

Philibert Yrius, Rochambeau et ses ... 1

Yrius Philibert, Rochambeau et ses invités, huile sur toile, 119 x 87 cm, 2000, photo@Yves Véron

Le chien n'est pas l'unique animal représenté par les artistes de notre corpus pour suggérer le concept de résilience. Le poisson parce qu'il n'a pas été éradiqué par le déluge, est un symbole de ténacité et de pérennité. Il est présent chez la Guadeloupéenne Béatrice Clerc qui, dans son œuvre *Préhistoire* de 1991, réécrit l'histoire des êtres vivants qui, bien que maltraités et méprisés restent vaillants. Le poisson pour ces artistes pourrait contenir l'idée de ce Nioussérê Kalala Omotunde décrit comme étant en Egypte la figure d'Ousiré, le fils de Dieu habillé en écailles de poisson[336]. Poisson que l'on retrouve dans la représentation du Piranha de Raymond Médélice, des créations d'autres Martiniquais tels que celles de Laurent Valère qui réalise *Manman Dlo* en 2006, de Victor Permal avec *Vwel pwason* en 2005 et de *L'homme à la tête de poisson* d'Habdaphaï un collage sur journal datant de 2005. Le travail du Martiniquais Bernabé Julvécourt est intéressant en ce qu'il montre un goût marqué pour les choses qui l'entourent. En 1988, avec sa nature morte *Poissons pour court-bouillon,* il plonge le

---

[336] Akondanews, Nioussérê Kalala Omotunde, L'ère du poisson, https://youtu.be/unkMcgqgJYc consulté le 01/09/2023

regardeur dans la diversité de l'écosystème marin Caribéen et les habitudes culinaires locales.

La figure du poisson inspire aussi l'artiste haïtien François Cauvin. Aujourd'hui installé au Canada, il a longtemps pratiqué en Martinique. C'est là qu'il entreprend une écriture picturale aux accents endogènes novateurs. Son style se cristallise autour de la personnification des forces de la nature. Avec *La femme Poisson*, il nous donne à voir une représentation de Yemaya, une divinité du Panthéon haïtien aussi nommée Ymoja chez les Yorubas de l'Afrique occidentale.

Cauvin François, Femme poisson 1

François Cauvin, Femme poisson, acrylique sur canevas, 24" x 30", 1995-1996, @François Cauvin

Yemaya parce qu'elle régit le monde aquatique, est la déesse de la mer et par extension celle de la fertilité invoquée lors des accouchements, sans doute pour son action sur le liquide amniotique. La *Femme poisson* de François Cauvin, est un poisson-ange de mer impériale aussi appelé le Pomacanthus imperator. Yemaya vit en solitaire sur les récifs et a choisi son territoire qu'elle défend avec acharnement. Comme tous les poissons anges, le Pomacanthus imperator à l'instar de la noix de Saint Jacques est hermaphrodite. Par analogie avec la femme antillaise qui est fréquemment une mère isolée, ce poisson se passe de la gente masculine. La *Femme-poisson* est fière et pudique, à en juger par la qualité de son port de tête, sa coiffe dorée et les coquilles dissimulant sa nudité.

En 2006 François Cauvin entreprend la représentation anthropomorphe d'une déesse de la terre intitulée Gaïa. Transfigurant les croyances européennes, l'artiste parvient à l'amplification d'une des mythologies des grecs primitifs. Il propose une figure de Gaïa, la déesse de la terre qui pourrait tout autant être Ala (le nom signifiant « Terre » dans la mythologie Igbo). Dans sa représentation, Gaïa est affublée d'un corps de sirène tel celui de Mami Wata, une divinité aquatique, dont le culte est répandu en Afrique. Dans la représentation figurative de l'artiste, le caractère incarne plus globalement les quatre éléments -la terre, le feu, l'air et l'eau-. Se rapprochant des croyances religieuses, ancestrales d'Afrique, d'Haïti ou d'Amérique latine, François Cauvin représente un fond rouge en référence à l'esprit du feu, du forgeron, de la Guerre ou d'Ogoun Féraille. Les papillons dans l'œuvre peuvent personnifier l'esprit d'Oyá ou Yansá, l'air et la couleur blanche des fleurs évoquer Obatalá envoyé par Olodumare pour créer la Terre. Ce faisant, le plasticien peint une cosmogonie du Sud Global et endogéniste dans laquelle il n'existe aucune frontière entre les espèces et les dimensions du réel. L'artiste développe un imaginaire inspiré des croyances et de la représentation des esprits et des divinités appelés loas qui agissent comme intermédiaires entre les humains et Dieu.

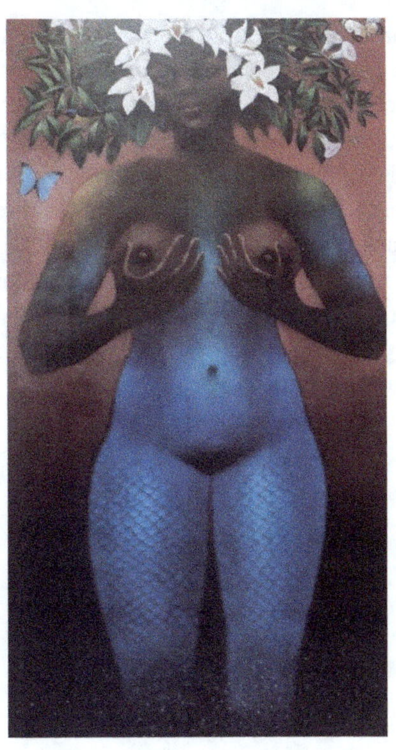

Cauvin François, Gaïa 1

François Cauvin, Gaïa, acrylique sur toile, 216 x107 cm, 2006, photo @François Cauvin

L'approche ornithologique est aussi récurrente dans les œuvres des artistes de notre corpus. La représentation des volatiles dans l'art peut prendre des formes cathartiques ou critiques.

François Cauvin que nous venons de mentionner développe un répertoire de formes hybrides empruntées à la nature et à l'humain. Le métissage et sa richesse sont les clefs de son travail. Il s'intéresse à d'autres animaux et met en évidence la symbolique de l'oiseau qui rappelle la Maât égyptienne portant la plume d'autruche symbole de vérité, pureté, justice, harmonie ou équilibre. En 2020, il produit le portrait d'une femme portant le masque d'un colibri. Lors d'un entretien[337]avec le plasticien, à notre question « cette toile ne mérite-t-elle pas un nom ? » François Cauvin répond « oui, je verrai et

---

[337] François Cauvin, entretien avec Catherine Kirchner-Blanchard, réalisé par Messenger le 20/05/2020.

ça tombe bien avec les masques que tout le monde porte ! Je l'appellerai 2020. Voilà »
parce que le tableau a été peint l'année du confinement et des privations de liberté liés
à la crise sanitaire du coronavirus.

À l'instar de l'oiseau-mouche qui défend son territoire avec vigueur contre les intrus, la
femme-oiseau de François Cauvin porte un masque-rempart. Représentée au centre du
cercle, possible ronde bèlè, elle est aussi un symbole culturel de la société antillaise
populaire. Pourtant son caractère noble est suggéré par le fond couleur or sur lequel elle
apparaît. La référence au métal précieux renvoie aussi à Oshun, connue pour dispenser
l'amour, mais aussi pour régir les arts plastiques, la peinture, la sculpture et la bijouterie.
Comme pour confirmer l'analogie, dans le tableau la femme porte aux oreilles de
grosses boucles rondes en or.

Cauvin François, 2020 (titre provisoire) *François Cauvin, titre provisoire 2020, acrylique sur canevas 20"2020, photo @François Cauvin*

L'iconographie métaphorique de l'oiseau est déclinée sous toutes ses formes. Dans sa thèse, José Lewest fait le lien entre l'image du Nègre d'Habitation et *La poule* (2008) du Guadeloupéen Antoine Nabajoth parce confinée à la basse-cour, elle ne vole pas. Chez Lucien Léogane l'oiseau est sauvage, mais meurtri et entravé. Son tableau *L'oiseau liberté ?* (avec un point d'interrogation) questionne précisément les limites de l'autonomie. Le fond rouge sur lequel le volatile est représenté, indique la violence de la scène qui se confirme dans la béance du poitrail de l'animal. Les griffes de l'oiseau semblent se fossiliser en racines entravant son envol.

Léogane Lucien, L'oiseau liberté ? 1

Lucien Léogane, L'oiseau liberté ? Huile sur isorel 76 x 48 cm, 1989, photo@Adagp

Le goût de la parabole figurative comme outil critique de la condition du dominé se retrouve dans la référence à cet autre volatile qu'est le coq. Il est représenté alternativement pour évoquer l'arrachement à la soumission, les jeux[338], les combats dans le gallodrome et l'appât du gain. Ces idées transparaissent dans les œuvres des

---

[338] Jean Chevalier et Alain Gheerbrant, *Dictionnaire des symboles*, éd. Robert Laffont 1997, p.695. Dans la philosophie bouddhiste, l'oiseau symbolise le divertissement.

Martiniquais Steph Destin en 1989 *Le coqueleur,* Germain Tiquant *Au Pitt* réalisée la même année, dans le travail de Victor Permal *Pit* et de Fred Eucharis avec le *Combat de coqs,* deux œuvres réalisées en 2005.

La figure de l'oiseau dans son aspect transcendantal est en revanche cathartique. Symbole de la vigueur sexuelle, de la domination, de l'envol de l'âme, de l'immortalité ou symbole votif de « l'amitié des dieux envers les hommes »[339], on retrouve cette dernière figure par exemple dans le travail de la Guadeloupéenne Lali Lali *Zozio en* 2008 qui lui donne une connotation mystico-religieuse. Différents écrits consacrés confirment ces préoccupations dans la recherche plastique et la multiplicité des postures dans l'art.

Penser la pluralité artistique

Longtemps les institutions muséales ont occulté les personnes racisées de l'histoire de l'art, des représentations figuratives et ont invisibilisé ou exoticisé les plasticiens.

Cela s'explique par le fait que le dominant a imposé ses canons de beauté et façonné le goût et la production artistique - une création toutefois marquée au fil de son histoire par des innovations et des démarcations menant à de perpétuelles ruptures-. L'art contemporain comme les mouvements qui l'ont précédé rompt avec les formes de représentations, les techniques, la conception de l'espace, les matériaux employés : il s'inscrit dans l'esthétique du renouvellement en opposition avec le goût dominant. L'art européen s'actualise dans une création dite contemporaine qui cristallise ce que la sociologue Nathalie Heinich définit comme une production « actuelle ». Il est surtout symptomatique d'un état d'esprit tourné vers la « dématérialisation, conceptualisation, hybridation, éphémérisation, la documentation », un art quelque peu « désenchanté » souvent tourné vers la dérision et l'ironie – à savoir une distanciation vis-à-vis de l'œuvre et une contestation des normes traditionnelles poussée jusqu'à la radicalisation. Faut-il penser que l'art contemporain des pays du « Nord » ait été annoncé par la Grande Guerre et à sa suite par l'avènement du mouvement Dada ? Pour la sociologue, ce mouvement a été amorcé par l'acte premier de Marcel Duchamp (ready-made de 1914), et depuis, l'artiste, ayant perdu la foi, renonce à la production des valeurs. De la désacralisation, il songe à la déstructuration des représentations. Le signifiant n'est plus le signifié comme l'illustre le célèbre tableau du peintre René Magritte *Ceci n'est pas une pipe* (1927). L'artiste ne tient plus également à la matière noble, comme l'illustre la non moins célèbre œuvre de l'italien Piero Manzoni *Merde d'artiste* (1961), vendue en conserve et estimée de 50 000 à 70 000 euros. L'artiste est désincarné, explique-t-

---

[339] Ibid., Chevalier et Alain Gheerbrant

elle, il délègue sa production à des équipes délocalisées, son œuvre devient conceptuelle et virtuelle. Ne reste plus que la trace du produit : l'iconographie, les articles, les cartels de l'œuvre.

Récemment et par opposition, les populations des pays dominés investissent la création plastique si longtemps proscrite et s'emparent ainsi d'un espace de liberté. Ils entreprennent de rassembler les fragments épars (croyances, pratiques, histoire, techniques, mémoire etc.), – un processus créatif fondé sur l'impérieux besoin de raconter une histoire spécifique au lieu et de construire une œuvre à partir de l'expérience des minorisés que nous qualifions de « (dé) fragmentation »-. Les assemblages d'objets hétéroclites, de ressenti sont individuellement et collectivement signifiants. Ils évoquent des coutumes, des actes du quotidien soumis aux conditions climatiques, l'insularité, les luttes sociales politiques et culturelles. Ils racontent l'Histoire et campent les perceptions autochtones du lieu et de l'expérience.

Contrairement à la posture de l'artiste européen, l'artiste antillais re-sacralise. Tout en empruntant le chemin de l'ironie, caractéristique de l'art contemporain européen, si l'on en croit Heinich, l'artiste antillais révèle les croyances profondes d'une partie de la population.

À travers l'art, les artistes expriment la transformation de l'expérience du dominé. Le corps est le véhicule qui le ramène du passé et l'ancre dans la modernité et la technologie.

Firmin Eddy, performance Récit des Cimes 1

Eddy Firmin, Performance Récit des cimes, en cours depuis 2016 photo @inconnu

La performance d'Eddy Firmin est un exemple de réappropriation du corps physique du dominé, de son histoire et une expression de l'art contemporain. En 2016, l'artiste réinvestit le carcan à tiges, instrument jadis passé autour du cou de l'esclave pour l'empêcher de fuir et limiter ses déplacements. Il place des caméras à l'extrémité de quatre perches qui lui permettent de se filmer et d'observer la réaction des passants. L'auteur de la thèse *La méthode bossale : pour un imaginaire et une pratique visuelle décolonisés* ne détourne pas totalement la symbolique de l'objet transposé à notre époque et figure aussi l'assujettissement à la modernité. Les effets de mode ou d'entraînement liés aux usages des nouvelles technologies de l'information et des télécommunications et leurs dérives -création, usurpation d'identités, de profils, vies imaginaires- vont quelques fois jusqu'à la schizophrénie. Le Guadeloupéen intrigue les badauds canadiens avec son dispositif accroché au corps. Bien que cette société soit très sensible à la dérision de l'auto-surveillance comme critique des États omniscients, il constate avec stupeur, tristesse ou déception que « non-averti du collier anti-fuite…vraiment personne ne connaît cette histoire au Canada »[340]. Pour autant la Culture, comme dirait De Certeau s'écrit au pluriel. Mais pour exister, elle a besoin de moyens.

Les mesures en cours

> « Les registres grâce auxquels un mouvement minoritaire peut prendre forme sont le culturel et le politique. Le danger qu'il convient de souligner, c'est qu'il risque toujours de se perdre dans l'un ou dans l'autre, le seul culturel ou le seul politique ».
>
> Michel de Certeau[341]

En 2009 le Ministère des Outre-mer prend la mesure de la crise qui agite la société antillaise. Face aux revendications pour une justice sociale et économique, le gouvernement finance la « Kréyol Factory », la première exposition d'envergure d'artistes ultra-marins sur le sol hexagonal. Près de dix ans plus tard les minorités racialisées ne décolèrent pas. Le 22 mai jour de l'abolition de l'esclavage en Martinique et ironiquement jour de mon anniversaire, des mouvements anti-racistes se forment dans l'île et déboulonnent les statues de Victor Schœlcher à Fort de France. Parallèlement, le 7 juin des manifestants anglais s'attaquent à la statue d'Edward Colston, un célèbre négrier. Dans la foulée du mouvement Black Lives Matter, plusieurs statues de Christophe Colomb sont prises pour cible aux Etats-Unis et les Rouge, Vert, Noire en symbole de leur souveraineté, de leur fierté et de leur autonomie finissent de déboulonner la statue auparavant décapitée de Joséphine de Beauharnais et celle de Pierre Belain d'Esnambuc en 2020.

Comme en 2009, le Ministère des Outre-mer tente d'apaiser les esprits avec des mesures prises en urgence. Sans appréhender le malaise racial profond qui gangrène la société française et faisant preuve de misérabilisme le 05 juin 2020 Annick Girardin, ministre des Outre-mer, et Franck Riester, ministre de la Culture, annoncent la publication d'un appel à candidatures pour la conception, la réalisation et l'installation d'une œuvre d'art en hommage aux victimes de l'esclavage au sein du jardin des Tuileries[342].

---

[340] Eddy Firmin, entretien avec Catherine Kirchner-Blanchard, Messenger, le 11/06/2020.

[341] Michel de Certeau, *La culture au pluriel*, éd. Christian Bourgeois, 1980, p.125.

[342] Ministère de la culture, *Appel à candidature réalisation d'un mémorial en hommage aux victimes de l'esclavage* https://www.culture.gouv.fr/Aides-demarches/Appels-a-projets/Appel-a-candidature-realisation-d-un-memorial-en-hommage-aux-victimes-de-l-esclavage consulté le 12/06/2020.

Très réactif, le gouvernement de l'époque a tenté d'éviter tout débordement sur le territoire, mais a-t-il pris acte des dysfonctionnements sociétaux plus profonds ? On peut effectivement s'interroger sur l'efficacité d'une telle mesure que certains artistes n'hésitent pas d'ores et déjà à qualifier de cosmétique. Ne serait-il pas temps de penser une politique de fond de l'intégration au prisme de l'introduction de quotas, de la révision des manuels scolaires, de l'instruction civique, de la création de lieux dédiés à l'histoire, aux cultures et aux arts afro-Caribéens ?

Le politique, l'économique ont partie liée dans la production et la diffusion de la création plastique. Si la fréquentation des musées et la renommée d'un artiste ou sa promotion tient compte de ces politiques publiques, nous comprendrons qu'en attendant la mise en place d'initiatives officielles nous nous soyons intéressés à la question de la réception des publics.

Notre projet d'enquête ethnographique pensé autour de l'exposition itinérante *Agora Mundo*[343] a été organisé en partenariat avec la Fondation du « Tout-Monde » créée par Édouard Glissant. Notre démarche de recherche a été orientée autour de la spécificité des esthétiques afro-Caribéennes. L'enquête avait pour objectif l'évaluation du degré de familiarité des publics avec les œuvres et leurs auteurs.

Le volet qualitatif se déploie selon trois axes principaux :

1- Un premier axe proposait l'identification des prescripteurs de la visite.
2- Le second de mesurer le degré de satisfaction des publics
3- Le dernier d'évaluer la familiarité avec les œuvres et les artistes

C'est dans ce cadre que nous avons mené une enquête par questionnaires limitée à cinq questions. Nous avons traité 99 questionnaires. Pour des raisons d'anonymisation, les résultats du premier axe ne figurent pas dans cet ouvrage.

Degré de satisfaction des publics

À la question « Avez-vous apprécié cette exposition ? » : sur les 99 réponses traitées, deux questionnaires étaient des non-réponses. 4 enquêtés ont répondu être moyennement satisfaits, 3 n'ont pas apprécié l'exposition et 90 autres ont été satisfaits. Si l'intérêt et le plaisir de l'expérience sont indéniables, les réponses liées à la connaissance des artistes sont clivées.

Connaissance des artistes

---

[343] Miguel Marajo, site de l'artiste, http://www.miguel-marajo.com/AgoraMundo-MuseeduToutMonde.html

53 enquêtés admettent ne pas connaître les artistes. Six ne répondent pas. Parmi les 40 autres enquêtés qui disent connaître les artistes, une majorité dit n'en connaître que quelques-uns et parfois qu'un seul. Le plasticien vénézuélien Ismaël Mundaray qui est une personnalité connue en Caraïbes est l'unique enquêté à connaître tous ses pairs.

Il est intéressant de noter la curiosité des visiteurs. Ils ont fait le déplacement sans connaissance des œuvres ou des plasticiens pourtant emblématiques dans les Caraïbes-Amériques, mais nous émettons l'hypothèse que le nom d'Édouard Glissant a joué un rôle prépondérant dans l'attrait pour l'évènement pictural et sculptural « Édouard Glissant, nous aimons tous », de même que la date symbolique du finissage de l'exposition, un 22 mai, a été signifiante puisqu'elle correspond à la date commémorative de l'abolition de l'esclavage en Martinique.

Circonscription

Dans notre questionnaire, nous avons également demandé aux enquêtés de définir les Arts de la Caraïbe et de dire si selon eux ils seraient

a)L'expression d'une origine géographique ?

Oui	63	Non	19	Ne sait pas	6

Ils sont une large majorité à penser la spécificité plastique de ces créations en lien avec le lieu de production des œuvres, d'origine de l'artiste ou du sentiment d'appartenance de celui-ci. 10 enquêtés n'ont pas répondu à la question et l'un d'entre eux répond qu'il est impossible de répondre à pareille question.

b) L'expression d'un processus historique ?

Oui	73	Non	8	Ne sait pas	8

73,3% des sondés pensent que ces créations expriment ou s'inscrivent dans l'historicité du lieu ou dans l'histoire de France. 10 enquêtés n'ont pas répondu et 8 ne savent pas. Tout au long de cette étude, nous avons montré que le processus de formation sociale, l'apparition de la profession de plasticien depuis la fin de la seconde guerre mondiale qui a mené à la réappropriation de pratiques interdites permettaient clairement de conclure à une reconquête de la création plastique comme un processus historicisé de réappropriation culturelle et d'affirmation de soi. Bien qu'il ne soit pas impératif de lier cette création contemporaine à l'esclavage, il nous semble difficile de faire l'impasse de cette dimension dans les expressions plastiques contemporaines.

c) L'expression de la diversité ?

Oui	72	Non	10	Ne sait pas	7

10 enquêtés n'ont pas répondu à la question, 7 ne savent quoi répondre, 10 sont catégoriques et pensent que ces créations ne sont pas une expression de la diversité. Le terme diversité n'ayant pas été explicité dans le questionnaire et le cadre de l'exposition ne nous ayant pas autorisé à interviewer les visiteurs à sa suite, nous ne sommes pas en mesure de rendre compte du sens de ce terme pour les enquêtés. Toutefois nous notons que Madame R.S., une commerciale âgée de 52 ans dit ne pas apprécier l'emploi du terme, sans préciser pourquoi. Si la définition du lexème peut sembler opaque pour certains ou inadéquate, 71,2 % des enquêtés estiment que les arts de la Caraïbes sont bien l'expression de la diversité. Monsieur G. Q âgé de 70 ans pense que ces créations sont à la fois l'expression d'une origine géographique, historique et de la diversité. Pour le galeriste « Il y a tout cela à la fois. Madame O. B-P, retraitée fait elle aussi le lien entre toutes ces catégorisations. Madame M-C. P âgée de 64 ans, n'a pas mentionné sa profession, mais signale elle aussi que « c'est le tout ensemble ». Pour l'artiste Ismaël Mundaray, il s'agit de l'expression de « la diversité du monde ».

À travers cette enquête nous voulons souligner l'intérêt de circonscrire les contours d'une création peu connue, peu visible et l'articulation possible entre valorisation des arts, culture des dominés et paix sociale. Notre étude illustre autant l'historicité que l'actualité du maintien de la domination systémique et symbolique, de l'invisibilité des dominés, de la méconnaissance de l'altérité s'exprimant par des violences sociales.

L'immobilisme des institutions françaises ou la faible prise en considération des revendications de toute une frange de la population française est un non-sens pour le pays des droits de l'Homme. Cette rigidité institutionnelle pourrait être atténuée par le recensement de la profession d'artiste, la valorisation des créations plastiques issues de la diversité ethnoculturelle et la promotion au sein de la République pour les artistes le souhaitant car tel n'est pas le vœu de tous.

Cette nécessité de réflexion autour de la question de la place de la diversité ethnoculturelle dans les musée est menée Outre-Atlantique et notamment au Canada où le Musée des Beaux-arts de Montréal a mis en place des ateliers de médiation sur le processus d'équité culturelle DAM (Diversité Artistique Montréal).

En attendant des mesures de fonds étatiques, les plasticiens montent artistiquement à l'assaut. Comme l'historien anthropologue et homme politique sénégalais Babakar Sali le soulignait en 1988, il est envisageable de se passer de l'approbation de l'autre, si nécessaire. Et dans ce cas, il revient aux artistes d'en appeler « aux arts comme on en appelle aux armes ».

Cauquil Claude, j'en appelle aux arts... 1

Claude Cauquil, J'en appelle aux arts comme on en appelle aux armes, acrylique sur bois 350 cm X 400 cm, place Eugène Mona, esplanade du Tropiques Atrium, Fort de France, exposition « Rezistens », hommage à Georges Floyd, Claude Cauquil 2020 photo @Tropiques Atrium

Les plasticiens et l'institution Tropiques Atrium proposent une action plastique engagée. Mickaël Caruge en appelle à la survivance ; pour l'artiste « Vivre ensemble paraît être un des enjeux majeurs de l'époque actuelle, tant dans l'acceptation de sa propre histoire, de celle des autres, que dans le respect des droits, des devoirs et des valeurs civiques, lié à la cohabitation entre Humains[344]. Bahbou peint la « Rézistan's », Wolfric évoque un « Acte en résistance » et Claude Cauquil exprime un puissant « J'en

---

[344] Mickaël Caruge, Face Book 13/06/2020.
 https://www.facebook.com/photo?fbid=690480694857905&set=a.150682555504391 consulté le 14/06/2020.

appelle aux arts » qui ouvre la voie à des réactions institutionnelles, politiques, économiques, sociales et bien entendu plastiques. Ces artistes ont réalisé des fresques du 20 mai au 10 juin 2020 sur la devanture de la scène nationale Tropiques Atrium. À travers leurs œuvres, ils montrent la nécessité de l'abolition des préjugés, d'un éveil de la conscience, du développement d'opportunités pour les plasticiens qui restent essentielles.

Porté par des figures aussi emblématiques que Toni Morrison ou Jean-Michel Basquiat qui sont représentées dans l'œuvre, Claude Cauquil qui, rappelons-le est métropolitain[345], exprime dans cette fresque la mobilisation planétaire et les problématiques qui traversent la société moderne. Cet art militant dit aussi le courage qu'il faut pour vivre et pour changer une vision du monde étriquée lorsqu'elle ne peut souffrir la différence. Enfin le travail de ces artistes illustre que, face à l'inertie des pouvoirs publics, une dose de solidarité, de courage, d'espoir et de mobilisation s'impose.

---

[345] Claude Cauquil, enquête effectuée par Catherine Kirchner-Blanchard le 11 avril 2015.

CONCLUSION

Dans cet ouvrage nous avons montré comment le croisement disciplinaire entre sémiologie et sociologie permettait de faire parler l'iconographie visuelle des œuvres inscrites dans des esthétiques relevant d'une culture afro-caribéenne. L'investigation du champ esthétique en sociologie nous a été nécessaire au surgissement du signifié plastique à partir des caractéristiques matérielles du signifiant. En dépit de débuts tardifs en qualité de plasticiens, de leur diversité, de leur différence comme « processus adéquate à la construction de systèmes d'identification culturelle »[346], ils ont montré qu'en dépit d'une faible visibilité et d'une identification opaque dans la sphère des arts, ils sont intégrés dans le tissu social et qu'à ce titre, leurs propos offre un regard sur la réalité des groupes sous-représentés.

Pour rendre compte de cet état de fait, nous avons mis en évidence les multiples enjeux des recherches en esthétiques pour la visibilité d'une esthétique de l'altérité. Nous avons identifié les différentes stratégies et motivations des plasticiens dans le processus d'identification culturelle soit à partir d'une posture de marginalité, soit pour reprendre l'expression d'Homi Bhabha « dans une tentative de gagner le centre »[347]. En dépit de ces difficultés, les créateurs font montre d'audace, d'ingéniosité et déploient moultes initiatives et stratégies individuellement ou collectivement qui ne s'inscrivent pas nécessairement dans les principes de dénégation ou de contestation afin d'exister et d'exprimer les spécificités d'une création plastique jeune, métissée et loquace.

À la question « Pourquoi je fais des films ? » Raoul Peck, le réalisateur césarisé en 2018 pour son documentaire *Je ne suis pas votre Nègre répondait* « Parce que c'est beaucoup plus convenable que de brûler des voitures »[348].

À l'instar du Haïtien, les artistes de notre corpus luttent globalement pour l'estime de soi et non pas uniquement pour la reconnaissance exogène de leurs pratiques et de leur travail. Ils n'ont de cesse de donner à voir le quotidien des artistes éloignés des lieux de consécrations et de l'art dit légitime. L'engagement pour faire émerger « l'art caché »[349] de la France dans le monde ou chez eux, va de pair avec celui de jeter la lumière sur les contradictions d'une nation dans le déni, balbutiante qu'elle est à admettre sa reluctance à embrasser l'altérité culturelle. Galvanisés par de tels enjeux et le succès de leurs pairs issus des Caraïbes hispanophones et anglophones, ils ne désarment pas et

---

[346] Homi Bhabha, (Op. Cit.), p.76.

[347] Homi Bhabha, (Op. Cit.), p.275.

[348] Raoul Peck, *J'étouffe*, in. « Cette semaine : " être noir en France " » N° 301, Le un Hebdo, 17/06/ 2020.
https://le1hebdo.fr/journal/jetouffe/301/1/article/j-touffe-3898.html consulté le 17/06/2020.

[349] Aude de Kerros, *L'art caché, Les dissidents de l'art contemporain*, éd. Eyrolles, 2007.

œuvrent pour le dépassement des violences symboliques, d'un racisme systémique et des contraintes logistiques qu'ils ne connaissent que trop.

Tandis que l'État met en place des « mesurettes », fait preuve de démagogie et distille des subventions au compte-goutte à un vivier d'artistes sélectionnés à partir d'un cahier des charges pensé depuis Paris - une aide à la création qui pour certain fait courir de risque d'aboutir à un art officiel légitimé par des institutions qui ne sont pas insensibles à des critères non culturels : influence et poids des « réseaux » de relations, effets de mode-, les autres comme les Fondations spéculent sur le renouvellement des esthétiques contemporaines. Ils saisissent les enjeux patrimoniaux et lucratifs d'une création pensée au prisme de l'évolution du « goût » désormais « omnivore ».

Les plasticiens élaborent quant à eux un travail de fond et un discours authentique, sincère et innovant dans un marché de l'art français essoufflé. Cette ouverture à la diversité ethnoculturelle, qu'une catégorie de plasticiens appelle de ses vœux, bien que placée sous le signe de la marchandisation, est une condition du vivre ensemble et de la paix sociale. D'autres ont une approche plus anthropologique des arts visuels, définie comme un ensemble de pratiques symboliques et matérielles d'une société qui réactualise le sens de la différence culturelle et les relations de dominant à dominé. C'est tout au moins le signal que les étudiants stagiaires du Campus Caribéen des Arts émettent lorsque qu'ils prennent part à une exposition post-covid intitulée *Existence #2*[350] qui ne fait que réitérer un désir de vivre pour soi, mais aussi dans le monde des arts et d'offrir des alternatives qui se révèlent aussi être un projet politique, un projet de

résistance d'abord contre l'univocité culturelle, ensuite contre l'injonction institutionnelle et marchande d'une conformité mondialiste. Ces revendications ne sont pas insensées si l'on considère qu'en 2003, *l'Annuaire de l'art contemporain* de la Direction des Musées de France confirmait que sur 998 lieux d'exposition en France

---

[350]Exposition organisée avec le concours des étudiants stagiaires du Campus Caribeen des Arts Tiffanie Cimper, Kevin Jérémie et Médy Gassette, vernissage le 20/06/2020, Galerie 14N61W, exposants : « Alice ARNAUD - Jean-Marc Bullet - Pauline & Mathilde Bonnet - Jonathan Claude - Marvin Fabien - Bahbou Floro - Yann Montout - Jérémie Priam - Ludgi Savon - Stedy Théodore - Alex Kvry - Kidjahna Waccus ».

hexagonale, 217 étaient situés à Paris[351]. Rappelons simplement que le musée du MémorialActe en Guadeloupe ne date que de 2015 et qu'en Martinique, s'il était question d'installer un musée d'art contemporain au sein des locaux de l'ancien Palais de Justice de Fort de France en 2024, comme l'annonçait l'exposition inaugurale du Musée d'art contemporain de Martinique -MACMA-, organisée par la Collectivité Territoriale de la Martinique -CTM- le 15 janvier 2021, dans l'Agora de l'hôtel de la CTM, à l'exception de l'espace privé de monstration de la Fondation Clément en Martinique, il n'existe à ce jour aucun Musée d'art contemporain dans cette Région.

 Si cette situation résulte de mésententes politiques et locales, elle ne minimise pas la faible considération du Centre à l'égard des Régions de la Caraïbe puisque, comme l'illustre l'étude statistique de l'INSEE sur la *densité en lieux institutionnels d'art contemporain par commune*[352]qui tout en proposant une étude au niveau national, ne s'embarrasse pas de cartographier les départements français des Outre-mer.

De même signalons que la consultation du Fonds national (FNAC) et du Centre national pour les arts plastiques (CNAP) ne facilite pas non plus la circonscription de la profession de plasticien de ces régions françaises et de leur diaspora. Si l'entrée par nom et prénom d'un artiste permet de retrouver les quelques plasticiens figurant dans la base de données des œuvres du Fonds national d'art contemporain répertoriant près de 8900 œuvres sur les 105000 acquises par l'État depuis 1791, l'identification de l'origine ethnoculturelle des artistes reste une gageure. Ainsi le plasticien martiniquais Ernest Breleur apparaît dans la catégorie française alors que le photographe David Damoison né à Malakoff est mentionné dans la catégorie française/Antillaise. On pourrait objecter que ces éléments ne sont pas indispensables et qu'un artiste reste un artiste indépendamment de son origine. Cependant comme nous avons tenté de le démontrer dans cette étude, l'élaboration de tels outils reste une condition de la scientificité d'une sociologie des arts et de la culture. Elle permettrait de consolider les connaissances et ceci à l'heure où nous apprenons la fermeture de la Colonie barrée et la suspension des séminaires de « l'Université décolonisons les arts ». Sans reprendre ici l'analyse de tout ce qui est impliqué dans l'absence d'une enquête de la profession d'artiste en région, nous réitérons l'intérêt du recensement des plasticiens de la zone Caraïbe, utile à une cartographie de la profession d'artiste plus inclusive. Cet ouvrage pose aussi la question si controversée de la réouverture du débat sur les quotas et la possibilité de réviser l'article premier de la constitution française comme ce fut le cas pour la question de la parité homme-femme. Elle illustre que si la question de la différence culturelle reste un

---

[351] CNAP (Centre national des arts plastiques), *Annuaire de l'art contemporain*, mars 2003, Direction des Musées de France, INSEE, RP 1999.

[352] Teodoro Gilabert, « La géographie et l'analyse des politiques de diffusion de l'art contemporain en France », in. *Sociologie de l'Art 2006 /2-3 (OPuS 9 & 10)*, Cairn, pp.161-178. DOI : 10.3917/soart.009.0161. URL: https://www.cairn.info/revue-sociologie-de-l-art-2006-2-page-161.htm consulté le 02/12/2020.

sujet brûlant en France, elle est l'objet d'une attention toute particulière dans les autres pays de la zone Europe, aux Etats-Unis ou au Canada. Comme le signale Eddy Firmin[353] à propos du Réseau d'Études Décoloniales canadien, la question de l'artiste afro descendant dans l'espace muséal se pose toujours. L'adresser relève de l'intérêt général, car ajoute-t-il « l'Occident a inventé le principe de race et d'une gradation de l'humain du Noir au Blanc. Le projet décolonial est d'opérer un déplacement du discours qui ne s'établit plus d'une extrémité de la borne à l'autre, mais à l'intérieur de ces deux bornes où se trouve toute l'humanité, permettant ainsi une résonnance positive sur toutes les problématiques »[354].

Ce qui est saisi entre les extrémités, c'est cet espace décolonialiste par ses voix plurielles, une insertion « dans la phrase », un renversement de la disjonction temporelle et spatiale excentrique dont parle Homi Bhabha, une incursion de l'acteur dans le discours pour repenser la place des subalternes dans l'espace muséal contemporain. [L'en dedans de la phrase] est donc le prédicat de la (dé) fragmentation décoloniale, du réassemblage de nos humanités de la reconfiguration de nos réalités. La temporalité discursive mise en avant n'est plus celle de l'écart historiciste, mais celle du conditionnel présent reformulant les enjeux de la monstration comme l'illustre la conférence intitulée *Repenser le Musée : Comment repenser le musée ? // How do we rethink the museum?* [355]

---

[353] Eddy Firmin est docteur en études et pratiques des arts de l'Université du Québec à Montréal (Canada). Il est aussi un des coordinateurs de la revue minorit'Art.

[354] Eddy Firmin, entretien avec L'Arbre du voyageur, publié le 02/12/2020, consulté le 02/12/2020.

[355] Musée des Beaux-Arts de Montréal, conférences Webinaire, *Repenser le Musée : Comment repenser le musée ? // How do we rethink the museum?,* animée par Ansfrid Tchetchenigbo, conseiller culturel au Conseil des Arts de Montréal. Panéliste // Diane Gistal, Michaëlle Sergile, Erell Hubert, Laura Vigo, Jade Almeida, Brintha Koneshachandra, 04/ 12/ 2020.

INDEX ICONOGRAPHIQUE

BIBLIOGRAPHIE

Adorno, T. W.-B. (1950). *The Authoritarian Personality.* NY: Harper & Row .

Anta Diop, C. (1979). *Nations nègres et culture, 4e édition.* Présence Africaine.

Bastide, R. (1955). *Le principe de coupure et le comportement afro-brésilien, vol.1.* Les Classiques des sciences sociales.

Bastide, R. (1967). *Les Amériques.* Payot.

Benkimoum, P. &. (2021). Aux Antilles, le scandale sanitaire du chlordécone. *Le Monde.*

Berthet, D. (2008). Une esthétique du lieu. Dans D. Berthet, *Khoko, Joseph René-Corail.* HC,.

Berthet, D. (2012). *Pratiques artistiques contemporaines en Martinique, Esthétique de la rencontre 1.* L'Harmattan.

Bhabha, H. (2007). *Les lieux de la culture - Une théorie postcoloniale.* Payot.

Bidonot, C. (2017). *Top Outre-Mer.* Promodom.

Blanchard, P. (2006). De l'esclavage au colonialisme : l'image du « Noir » réduite à son corps. *Africultures.*

Blumer, H. (2004, troisième trimestre). Les problèmes sociaux comme comportements collectifs,Trajectoires de la notabilité II. Production et reproduction . *Politix, vol. 17, n°67,* pp. 185-199.

Boudon, R. (1973). *L'inégalité des chances, La mobilité sociale dans les sociétés industrielles,.* Paris: A. Colin.

Bourdieu, P. (1966). L'école conservatrice. Les inégalités devant l'école et devant la culture. Dans R. f. sociologie, *Les changements en France, 7-3* (pp. 325-347). Persée.

Bourguignon, E. (1969). Haïti et l'ambivalence socialisée: une reconsidération . *Journal de la Société des Américanistes,* p. Tome 58.

Bracy, C. (2015,). Convergences et divergences : la peinture en Guadeloupe à partir de 1970 . Dans R. Toumson, *L'Anthologie de la peinture en Guadeloupe* (p. 73). HC.

Brautigam, D. (2009). *The Dragon's Gift, The Real Story of China in Africa.* Oxford University Press.

Broadman, H. G. (2007). *Africa's silk road : China and India's new economic frontier.* The World Bank.

Brubaker, R. &. (2001). *Au-delà de L'* identité. *L'exception américaine(2), Vol. 139.* Seuil.

Cancelier, S. (1992). La Guadeloupe dans l'espace plastique caribéen. Dans P. Bocquet, *1492/1992, un nouveau regard sur les caraïbes* (pp. 81-82). Paris: Créolarts.

Cervulle, M. &. (2015). *Cultural Studies, Théories et méthodes.* Armand Colin.

Césaire, A. (1973). *Une saison au Congo.* Du Seuil.

Chartier, R. (1989). Le monde comme représentation. *Annales. Histoire, Sciences Sociales, Volume 44, Numéro 6.*, pp. pp. 1505 - 1520.

Chevalier, J. &. (1982). *Dictionnaire des symboles.* Robert Laffont.

Clidière, S. (Juin 1983). *Etude sur l'expression culturelle des communautés originaires des Antilles et de la Guyane.* Paris: Ministre de la culture et secrétaire d'Etat chargé des départements et territoires d'Outre-mer.

Condé, M. (2009). Un Caliban de la peinture. Dans R. Toumson, *Anthologie de la Peinture en Guadeloupe* (pp. 129-130.). HC.

Confiant, R. (1994). *L'allée des soupirs, .* Grasset.

Confiant, R. (28/11/2016). Inauguration de la fresque de Louis Laouchez : Le discours de Raphaël Confiant. *Montraykreyol* .

Cuche, D. (2010). *La notion de culture dans les sciences sociales.* La Découverte .

Damas, L.-G. (2003). *Pigments, Névralgies.* Présence africaine, .

de Certeau, M. (1980). *La culture au pluriel.* Christian Bourgeois.

de Nerval, G. (1851). *Voyage en Orient, t. 2, .* Paris: Charpentier.

Demougeot, L. (2015). *Enquête emploi en continu en Martinique : Stabilité du chômage en 2015.* INSEE.

Eduardo Viveiros De Castro. (2021). *Le regard du jaguar.* Bordeaux: La Tempête.

Ferly, J. (2018). *Désir cannibale, in. Catalogue de la Fondation Clément, 2018.* Fondation Clément.

Gargar, M. (2009). Paysage de splendeur, entretien avec Nicole Réache. Dans R. Toumson, *Anthologie de la Peinture en Guadeloupe* (p. 330.). HC.

Gauthier, F. (2011, n° 38/2). Du mythe moderne de l'autonomie à l'hétéronomie de la nature, fondements pour une écologie politique. *Revue de Mauss*, p. 385 à 393.

Glevarec, H. (2005). La fin du modèle classique de la légitimité culturelle. Hétérogénéisation des ordres de légitimité et régime contemporain de justice culturelle. L'exemple du champ musical »,. Dans É. &. Maigret, *Penser les médiacultures* (p. 96). Colin.

Glissant, É. (1997). *Traité du Tout Monde.* Gallimard.

Glissant, É. (2005). *Acoma 1-5: 1971-1973.* PU de Perpignan.

Goudin-Thébia, S. (2007). La Peinture en Martinique. Dans G. L'Etang. HC.

Grignon, C. &.-C. (1989). *Le savant et le populaire.* Paris : Du Seuil,.

Guibert, N. &.-M. (26/11/2022). Affaire du chlordécone : un non-lieu attendu, indignation aux Antilles. *Le Monde.*

Guilhot, L. (2015). Le nouveau modèle de croissance de l'économie chinoise, un moyen pour relever le défi de la trappe à revenu intermédiaire ? ATM Le bilan des Objectifs du Millénaire pour le développement 15 ans après : réduction de la pauvreté et/ou mont. *HAL,* 16.

Hall, S. (2017). *Identités et cultures : politiques des cultural studies.* Amsterdam.

Herskovits, M. J. (1937). *African Gods and Catholic Saints in the New World Negro Belief.* AnthroSource.

Herskovits, M. J. (1962). *L'Héritage du Noir, Mythe et réalité.* Paris: Présence Africaine.

Hibran, R. (1943). Le problème de l'art à la Martinique. Une opinion ». Dans R. M. Césaire, *Tropiques, n°6-7* (pp. 39-41.). Aimé Césaire, Suzanne Césaire, René Ménil.

IFACCA. (2013). *Art Report N° 45 International Perspectives on Artist Residencies .* Sarah Gardner.

Jimenez, M. (1997). *Qu'est-ce que l'esthétique ?* Gallimard.

L'Étang, G. (1970). *À la genèse des sociétés créoles : la variation écologique »,* in. Archipélies *n°3-4, De la Créolisation culturelle,.* Publibook Université.

L'Étang, G. (2015, Janv). Une revue de Martinique : Recherches en esthétique. Dans D. Berthet. Dominique Berthet, Théo Berthet.

Lamboley, R. (2005/2 (n°24),). Derrida et la « différance » aux sources de notre culture. *Revue d'éthique et de théologie morale ,* p. pp. 47 à 62.

Lemoine, F. (2009). *L'économie de la Chine.* La Découverte.

Lewest, J. (2017). *Les processus de reconfigurations dans l'art caribéen Guadeloupe, Haïti,*

Jamaïque. L'Harmattan.

Macé, É. (2007). Des « minorités visibles » aux néostéréotypes, Les enjeux des régimes de monstration télévisuelle des différences . *Journal des anthropologues, Association française des anthropologues (Hors-série)*, pp. 69-87.

Macé, É. (2006, n° 17). Entre visibilité médiatique et reconnaissance politique. *Médiamoprhoses*, pp. 114-118.

Marie-Louise, J. (1998). Christian Bertin : l'appropriation entre rébellion et rassemblement . Dans D. Berthet, *Art et appropriation* (p. p.133). Cayenne: Ibis rouge.

Marie-Louise, J. (2009). Une vie nomade. Dans J. Busca, *Louis Laouchez* (p. p. 26). HC.

Moscovici, S. (2000). *Psychologie sociale.* Presses Universitaires de France, PUF.

Moulin, R. (1997,). *L'artiste, l'institution et le marché.* Flammarion.

Nayrac, M. (2011). *La question de la représentation des minorités dans les médias, ou le champ médiatique comme révélateur d'enjeux sociopolitiques contemporains.* OpenEdition Journal.

Ortiz, F. (1921-1923). *Los Cabildos Afrocubanos.* La Universal.

Ortiz, F. (1951). *Los Bailes y el Teatro de los Negros en el Follklore de Cuba.* Havane: De Cultura.

Orwell, G. (1949). *1984.* Secker & Warburg, 1.

Pompidou, C. (1996). *La Collection, Musée national d'art moderne et la Collection Acquisitions, 1986-1996, .* Paris: Centre Pompidou,.

Restany, P. (1990). *60/90. Trente ans de Nouveau Réalisme.* La Différence .

Roque, G. (2023, 01 24). À propos du Traité du signe visuel . *Actes Sémiotiques.*

Rovelas, M. (2019). *Mémoires de sang Mémoires de vie, Mythologies créoles.* Les Editions de Paris.

Seignobos, C. (1933). *Histoire sincère de la Nation Française.* Paris: Rieder.

Stuart Hall. (1997). *Representation, cultural representations and signifying practices.* Stuart Hall.

Tronche, A. (2003). *Hervé Télémaque.* Paris: Flammarion.

Verdol, P. (13/05/2021). Les Antilles Françaises enchaînées à l'esclavage, Chlordécone, un polluant néocolonial, épisode 4 . *France culture.*

Vergès, F. &. (2018). *Décolonisons les arts.* Arche.

Xuriguera, G. (1996). *Michel Rovélas.* Paris: Garnier Nocera.

Zolberg, V. L. (2015). Outsider Art - from the margins to the center? *Sociologia & Anthopologia,
V.05.02,* , pp. pp.501-514.

SITOGRAPHIE

Akondanews, Nioussérê Kalala Omotunde, *L'ère du poisson*, https://youtu.be/unkMcgqgJYc consulté le 01/09/2023

Africanah. Org, Arena for contemporary African, African-American and Caribbean Art, AFRICANAH.ORG - Arena for Contemporary African, African-American and Caribbean Art

Agbo Ariane, *L'industrie du luxe en Afrique*, SunayOn Business Club, https://fr.linkedin.com/pulse/lindustrie-du-luxe-en-afrique-sunayon-business-club , publié le 18 /12/2016. Consulté le 02/06/2017.

Aica, *Le nouveau rendez – vous foyalais des amateurs d'art* 28 /03/ 2019. https://aica-sc.net/2019/03/28/le-nouveau-rendez-vous-foyalais-des-amateurs-dart/ consulté le 09/06/2019.

ARC Magazine www.arcthemagazine.com

Art Absolument, http://www.artabsolument.com/fr/default/news/detail/129//Pool-Art-Fair-Martinique.html, nov 2012, consulté le 12/02/2023.

Artmajeur site en ligne, liste expositions Habdaphaï. https://www.artmajeur.com/fr/plasticien/news consulté le 04/02/2019.

Art Price, https://fr.artprice.com/events/74760/Art+Paris+Art+Fair consulté le 5 juin 2017.

Artprice.com, Les chiffres clés du Marché de l'Art Contemporain, Le marché de l'art contemporain 2022 (artprice.com) consulté le 01/03/2023.

Art Price, Thierry Ehrmann, *Le marché de l'art 2016* https://fr.artprice.com/artprice-reports/le-marche-de-lart-en-2016/edito-de-thierry-ehrmann-fondateur-et-president-dartprice Consulté le 10/06/2017.

Artsper, œuvres de JonOne. https://www.artsper.com/fr/rechercher?q=JonOne&hPP=60&idx=artworks&p=0&selection=youngtalents&sort=5&is_v=2 consulté le 08/07/2019.

Association Convergences Caraïbes, déclaration et parution au Journal Officiel du 6 janvier 2018, Présidente : Mme Marie GAUTHIER, Secrétaire : Mr Olivier MOREAU, Trésorière : Mme Lyliane RAZIN http://convergences-caraibes.com/?page_id=519 consulté le 04/02/2019.

Avocats-picovschi.com, *Droit et fiscalité du marché de l'art*, http://www.avocats-picovschi.com/droit-et-fiscalite-du-marche-de-l-art_menu2_60_1.html consulté le 06/10/2017.

Berry Anne-Catherine, « Le Street Art aux Petites Antilles Françaises », *Cahiers de Narratologie* [En ligne], 29, 2015, mis en ligne le 20 janvier 2016, consulté le 08 août 2019. URL: http://journals.openedition.org/narratologie/7413

BFM Business : 19ᵉ édition d'Art Paris Art Fair fait honneur à l'Afrique http://video-streaming.orange.fr/autres/art-paris-art-fair-2017-l-afrique-a-l-honneur-28-03-CNT000000FvJC6.html consulté le 29 mai 2017.

Blanchard Pascal, « De l'esclavage au colonialisme : l'image du « Noir » réduite à son corps », in. *Africultures*, publié le 30 juin 2006, http://africultures.com/de-lesclavage-au-colonialisme-limage-du-noir-reduite-a-son-corps-4467/ consulté le 21/11/2019

BNF / Spectacle *Une saison au Congo*, Paris (France), Théâtre de la Colline – 19/09/1989. https://data.bnf.fr/fr/42340888/une_saison_au_congo_spectacle_1989/ consulté le 04/07/2019.

Boclé Jean François, *La banane, objet artistique et esclavagiste,* entretien avec Siegfried Forster, RFI publié le 13/11/2017. http://www.rfi.fr/fr/culture/20171113-banane-objet-artistique-colonial-esclavagiste-jean-francois-bocle-akaa consulté le 25/04/2020.

Bourguignon Erika, « Haïti et l'ambivalence socialisée: une reconsidération », in. *Journal de la Société des Américanistes*, Tome 58, 1969. pp. 173-205; doi : https://doi.org/10.3406/jsa.1969.2102 https://www.persee.fr/doc/jsa_0037-9174_1969_num_58_1_2102 consulté le 22/11/2019.

Brebion Dominique, *La vitalité éditoriale dans la Caraïbe*, AICA-SC 15/11/2013. https://aica-sc.net/2013/11/15/la-vitalite-editoriale-dans-la-caraibe/ consulté le 03/10/2018.

Brebion Dominique, *Être curator en Europe et en Amériques* https://aicasc.files.wordpress.com/2014/12/uep1-commissaire-expo-in-progress-1.pdf consulté le 10/02/2019.

Brubaker Rogers, Junqua Frédéric, « Au-delà de L″identité̋ », in. *Actes de la recherche en sciences sociales*, Vol. 139, septembre 2001. L'exception américaine(2) pp. 66-85 doi : https://doi.org/10.3406/arss.2001.3508 https://www.persee.fr/doc/arss_0335-5322_2001_num_139_1_3508 consulté le 16/09/2018.

Canopé, Qui sommes-nous ? https://www.reseau-canope.fr/qui-sommes-nous.html consulté le 02/12/2019.

Canopé, Art des Caraïbes-Amériques, *Joseph René-Corail [khokho]* https://www.reseau-canope.fr/art-des-caraibes-ameriques/artistes/joseph-rene-corail-khokho.html consulté le 29/04/2020.

Caribeart www.caribeart.net consulté le 12/02/2023.

Caruge Mickaël, Face Book 13/06/2020. https://www.facebook.com/photo?fbid=690480694857905&set=a.150682555504391 consulté le 14/06/2020.

Cauvin François, https https://cheurtelou.wixsite.com/fcauvin/about consulté le 29/12/2019.

Cazanove Michèle, "BLOOD" de Thierry Alet, https://www.thierryalet.com/blood-drawing consulté le 16/03/2020.

Chahine Vicky, Houzé Guillaume , *Les Galeries Lafayette, c'est une entreprise familiale"*http://www.lemonde.fr/m-styles/article/2015/10/14/guillaume-houze-les-galeries-lafayette-c-est-une-entreprise-familiale_4785101_4497319.html#1L5ggSPLdTH6WQs6.99 , publié le 14/10/2015 consulté le 04/09/2017.

Challenges, *Les 500 plus grosses fortunes de Frances*, 2018.

https://www.challenges.fr/classements/fortune/bernard-arnault-et-sa-famille_13

Charron Chantal, *Je me sens très bien dans la Caraïbe car il y a une diversité, une permission d'être ce que l'on est*, UKA, France Antilles, 02/05/2017 https://www.guadeloupe.franceantilles.fr/actualite/culture/portrait-d-artistes-avec-uka/chantal-charron-je-me-sens-tres-bien-dans-la-caraibe-car-il-y-a-une-diversite-une-permission-d-etre-ce-que-l-on-est-427558.php consulté le 07/12/2019.

Clément & Art Curial, P *Street Art, Contemporary Rhum;* Paris le 04/02/2014 https://youtu.be/2yK-mNPKmCE?t=1

Clément, *Clément à la Don Gallery*, 03/07/2014, https://youtu.be/CHWOt1kKRXI?t=65

Clément, *Clément & la Gallerie Wynwood*, Miami, 25/09/2014 https://youtu.be/fB1OAy8JZfU?t=50

Clément, *Rhum Clément by Jonone - New York City Launch Party*, 25 sept. 2014. https://youtu.be/bytkyh7FxSs?t=34

Cnuced « Rapport sur l'investissement dans le monde 2015 », Genève, 2016 consulté le 18/10/2017

Coface for trade, *Dans une économie mondiale en ralentissement, le luxe continue à surperformer mais fait face à de nouveaux défis*, publié le 09/05/2019. https://www.coface.fr/Actualites-Publications/Actualites/Dans-une-economie-mondiale-en- ralentissement-le-luxe-continue-a-surperformer-mais-fait-face-a-de-nouveaux-defis . Consulté le 26/11/2019.

Confiant, Raphaël, *Inauguration de la fresque de Louis Laouchez : Le discours de Raphaël Confiant*, Montraykreyol, 28/11/2016. http://www.montraykreyol.org/article/inauguration-de-la-fresque-de-louis-laouchez-le-discours-de-raphaelconfiant , consulté le 08/07/2018.

Conseil Général de la Martinique, *Portrait de Joël Gordon*, You Tube, 03/06/2015 https://youtu.be/4cMEG_zA2Gc consulté le 08/07/2019.

Culture et médias 2030 http://www.culturemedias2030.culture.gouv.fr/annexe/29-fiches-culture2030-29-.pdf

Décoloniser les arts, *2017 devra être décoloniale!* https://blogs.mediapart.fr/decoloniser-les-arts/blog/200217/2017-devra-etre-decoloniale consulté le 05/02/2019.

Décoloniser les arts (Col.),. Leïla Cukierman, Gerty. Dambury, Françoise Vergès, Décolonisons les arts !, «Aux côtés des directrices d'ouvrage ont contribué à ce volume les artistes : Kader Attia, Marine Bechelot Nguyen, Rébecca Chaillon, Myriam Dao, Eva Doumbia, Daïa Durimel, Karima El Kharraze, Amandine Gay, Mohamed Guellati, D' de Kabal, Hassane Kassi Kouyaté, Jalil Leclaire, Olivier Marboeuf, Pascale Obolo et Sandra Sainte Rose Fanchine».
http://www.arche-editeur.com/publications-catalogue.php?livre=744 consulté le 06/02/2019.

(De) Lassus Christel , *Les « henrys », nouveaux clients des « marques dans le secteur du luxe »*, Le Monde économie, 22/06/2016. Consulté le 07/10/2017.
http://www.lemonde.fr/idees/article/2016/06/22/les-henrys-nouveaux-clients-des-marques-de-luxe_4955727_3232.html#G3O68gPbYECVqIUV.99. Consulté le 2 août 2017.

Donatien-Yssa Patricia, *Lette ouverte à Thierry Alet*, organisateur de la PoolArt Fair, mercredi, 26 Juin, 2013. http://www.montraykreyol.org/article/lettre-ouverte-a-thierry-alet-organisateur-de-la-pool-art-fair consulté le 01/02/2019.

Europe 1 : Jean-Louis Dell'oro, *Fiac : l'art ne connait pas la crise*, Europe 1, 20/10/2011,
http://www.europe1.fr/economie/fiac-l-art-ne-connait-pas-la-crise-777777

Fabien Marvin, #caribbeanbodiesexploration, Face Book, le 07/05/2020

Ferly Joëlle, *L'Art a un sexe…*, message posté sur FB.
https://www.facebook.com/catherine.kirchnerblanchard/posts/10205738570459379?comment_id=10 205743184094717¬if_id=1557548522047526¬if_t=feed_comment consulté le 11/05/2019.

Forster Siegfried, *Qui est N'Goné Fall, commissaire générale de la Saison Afrique 2020?*

Publié le 04/07/2018 http://www.rfi.fr/culture/20180704-ngone-fall-saison-afrique-2020-cultures-africaines-commissaire-generale consulté le 07/05/2019.

France Info/ Philippe Triay, la 1ère, France Info, *Ernest Breleur, plasticien : "Il faut aller vers le dépassement de la notion de racines*, 1 le portail des Outre-mer, Publié le 12 mai 2017 Ernest Breleur, plasticien : "Il faut aller vers le dépassement de la notio (francetvinfo.fr)

Frère Independent, *T&T Jarry*, publication en ligne 2012
https://frereindependent.wordpress.com/2012/04/12/tt-jarry/ consulté le 03/02/2019.

FXG, *Pavillon des îles de la Guadeloupe à la Biennale de Venise.*
http://www.fxgpariscaraibe.com/2019/05/pavillon-des-iles-de-la-guadeloupe-a-la-biennale-de-venise.html publié le 11/05/2019 consulté le 12/05/2019

Gay Amandine, *La couleur de l'adoption, Rencontre avec Amandine Gay, pionnière de la France,* site en ligne posté le 13/09/2019 consulté le 06/02/2019.
http://www.lacouleurdeladoption.com/rencontre-avec-amandine-gay/

 GHM (Agence), *L'art contemporain de la Caraïbe à la FIAC* France Antilles.
https://www.guadeloupe.franceantilles.fr/hexagone/l-art-contemporain-de-la-caraibe-a-la-fiac-191570.php consulté le 04/06/2019.

Gilabert Teodoro , « La géographie et l'analyse des politiques de diffusion de l'art contemporain en France », in. *Sociologie de l'Art 2006 /2-3 (OPuS 9 & 10)*, Cairn, pp.161-178. DOI : 10.3917/soart.009.0161. URL: https://www.cairn.info/revue-sociologie-de-l-art-2006-2-page-161.htm consulté le 02/12/2020.

Giraud Frédérique, *Pierre Bourdieu : le corps comme signifiant social,* Pierre Bourdieu, « Remarques provisoires sur la perception sociale du corps », Actes de la recherche en sciences sociales, Socio Voce, éd. OpenEdition, 1977 n° 14, p. 51. https://sociovoce.hypotheses.org/82 publié le 11/05/2008, consulté le 06/05/2020.

Guélaud Claire, Le Monde Economie. *Chine Afrique, le désenchantement*

 03.12.2015http://www.lemonde.fr/economie/article/2015/12/04/chine-afrique-le-desenchantement_4823908_3234.html#Z08wRG5UsAbkTZWV.99 consulté le 12/10/2017.

Guérédrat Annabel, entretien avec Tsedaye Makonnen, Cultbytes. 06/06/2017 https://cultbytes.com/fiap-annabel-gueredrat/ consulté le 06/05/2020

Hazael-Massieux Marie Christine, *Les langues créoles Formation et évolution dans le contexte des contacts de langues dans la Caraïbe,* Université de Provence). Il est indispensable quand on envisage la question des Contacts de langues de poser ou reposer la question des langues créoles (sorbonne-universite.fr) consulté le 10/02/2023.

Houzé Guillaume; Quintin François, propos recueillis par Emmanuel Rubin et Yamina Benaï, L'Officiel Art, 01.01.2017, https://www.lofficiel.com/art/la-fondation-galeries-lafayette consulté le 02/09/2017.

Huffington Post : Stern Jérôme *L'art contemporain ne connaît pas la crise,* http://www.huffingtonpost.fr/jerome-stern/art-contemporain-crise_b_1934879.html consulté le 5 juin 2017.

Idverre.net, Véronique Brumm, *Le secteur verre et cristal, crises récurrentes et nécessaires adaptations,* Idverre.net *http://www.idverre.net/veille/dostec/crise-adaptation/valeurs.php* consulté le 27/01/2018

IEDOM (Institut d'émission des départements d'Outre-mer, *Rapport 2015, Martinique* http://www.iedom.fr/IMG/pdf/ra_2015_iedom_mar_.pdf consulté le 14/09/2017.

IPAF, « Festival art mural", 8ᵉ édition, Fort de France, Martinique 2030. 21 juin 2019. https://www.martinique2030.com/actualites/ifap-un-festival-de-muralisme-ecoresponsable-dans-les-rues-de-fort-de-france

Kirchner-Blanchard Catherine, *L'Atelier 45, genèse d'une écriture picturale en Martinique,* Collectivité Territoriale de la Martinique. http://www.collectivitedemartinique.mq/doctorants-latelier-45-genese-dune-ecriture-picturale-en-martinique-par-catherine-kirchner-blanchard/ consulté le 03/06/2019.

Krystel Ann Art, Personal structures-Identities, Personal Structures - Identities — Krystel Ann Art 11 May - 24 November 2019, consulté le 12/02/2023

L'Artocarpe TEAM le Samedi 2 Février 2019 https://www.artocarpe.net/Next-Step-Havana-Biennale-biennale-de-la-Havane_a337.html consulté le 24/11/2019

L'Artocarpe, *Retour d'artistes et spécialistes venus en résidence à L'Artocarpe*, mars 2014 https://www.artocarpe.net/Retour-d-artistes-et-specialistes-venus-en-residence-a-L-Artocarpe-Feedback-from-previous-Artists-Art-professionals_a196.html

L'Artocarpe, *Meeting with the Diaspora*, https://www.artocarpe.net/Meeting-with-the-Diaspora-Vibe-Caribbean-Art-Incubator-a-Miami-based-platform_a220.html 7 Avril 2015, consulté le 31/01/2019

L'Artocarpe, Conférences, http://www.artocarpe.net/Arto-TALKS-Conferences_r6.html consulté le 29 décembre 2015.
https://www.artocarpe.net/We-ARE-10-Total-success-of-our-B-day-Anniversaire-reussi-pour-nos-10-ans_a336.html consulté le 01/02/2019.

Les Echos, *Loi de finances 2018, une fiscalité des œuvres toujours attractive*, https://www.lesechos.fr/02/05/2018/lesechos.fr/0301541334411_loi-de-finances-2018---une-fiscalite-des-oeuvres-d-art-toujours-attractive.htm consulté le 12/01/2019.

 Lavra Paola, *FIAP 2019*, Martinique officiel
https://youtu.be/j8C2LPqjWKc consulté le 06/05/2020

Les Echos. Patricia Barbizet souligne que la « Pinault collection » n'est pas une fondation d'entreprise mais une filiale d'Artemis, structure 100% familiale. Les Echos https://www.lesechos.fr/04/12/2014/LesEchos/21828-090-ECH_art-patricia-barbizet-prend-en-main-le-destin-de-christie-s.htm   consulté le 29 mai 2017.

Lefrançois Frédérique, *Séminaire Consciences diasporiques*, 01/03/2019 https://diasporasdesameriques.wordpress.com/ consulté le 24/03/2019.

Lefrançois Frédéric et Kirchner-Blanchard Catherine, « Décoloniser l'imaginaire esthétique : vers une écriture de nouveaux paradigmes caribéens », *Revue d'études décoloniales,* DECOLONISER L'IMAGINAIRE ESTHETIQUE : VERS UNE ECRITURE DE NOUVEAUX PARADIGMES CARIBEENS – Revue d'Études Décoloniales (reseaudecolonial.org), consulté le 05/07/2021

Le Monde art - http://www.lemonde.fr/arts/portfolio/2017/04/28/la-fondation-louis-vuitton-a-paris-celebre-l-afrique_5119126_1655012.html consulté le 29 mai 2017.

Le Monde : Jean-Jacques Larrochelle et Nicole Vulser, *Bernard Arnault va faire rénover le Musée des arts et traditions populaires par Frank Gehry.*
http://www.lemonde.fr/architecture/article/2017/03/08/lvmh-va-transformer-le-musee-des-arts-et-traditions-populaires_5091031_1809550.html#0EHa9rwGMEam4csV.99 publié le 08/03/2017 consulté le 02/09/2017

Le Monde, *Le Sénégal inaugure un musée consacré aux civilisations noires* https://www.lemonde.fr/afrique/article/2018/12/05/le-senegal-inaugure-un-musee-des-civilisations-noires-a-dakar_5392879_3212.html .Consulté le 07/12/2018.

Le Monde, *Un Basquiat atteint un record de 110,5 millions de dollars aux enchères* http://www.lemonde.fr/arts/article/2017/05/19/record-pour-un-tableau-de-basquiat-vendu-110-5-millions-de-dollars_5130140_1655012.html#AAI0z4qq3f8RWHl1.99 consulté le 2 juin 2012.

L'Étang Gerry, *Une revue de Martinique : Recherches en esthétique*. Recherches en esthétiques n°20, Créations insulaires, (Dir.) Dominique Berthet, Janv. 2015, p.274. https://potomitan.info/bibliographie/esthetique20.phphttps://potomitan.info/bibliographie/esthetique20.php consulté le 16/10/2020.

Libération : Christophe Alix, *Affaire Fillon : Marc Ladreit de Lacharrière mis en examen,* Libération (en ligne) 14 mai 2017, AFP, chiffre fournis par l'hebdomadaire *Challenges* qui estime la fortune de Marc Ladreit de Lacharrière à 2,25 milliards d'euros, en hausse de 12,5% l'an dernier. http://www.liberation.fr/politiques/2017/05/14/affaire-fillon-marc-ladreit-de-lacharriere-mis-en-examen_1569478 consulté le 02/10/2017.

Madinin-art. Christiane Falgayrettes-Leveau, *Une nouvelle vie pour la Fondation Dapper*, 16 mai 2017, http://www.madinin-art.net/une-nouvelle-vie-pour-la-fondation-dapper/ consulté le 05/008/2017.

Makandal speaks, *Serge Billé veut rapprocher l'Afrique et les Antilles,* Nofi, 30/04/ 2019. https://www.nofi.media/2019/04/serge-bile/65092?fbclid=IwAR1U9mfyTL2rawPXI7ApFuRORgqqQeYPPGSuaB4863-W8hcFu56GTg_SZck consulté le 02/05/2019.

Marajo Miguel, site de l'artiste, http://www.miguel-marajo.com/AgoraMundo-MuseeduToutMonde.html

Martin Laurent, Université d'été soutenue par le pôle des sciences sociales USPC, 18-22 septembre 2017. https://laurentmartinblog.wordpress.com/2017/09/17/luniversite-dete-des-sciences-sociales-sur-la-diversite-ethno-culturelle-commence-demain/ consulté le 01/05/2019.

Maveau Roger, *L'Afrique partie pour être le nouvel eldorado du luxe*, Le Point 22/07/14. http://fr.africatime.com/articles/lafrique-partie-pour-etre-le-nouvel-eldorado-du-luxe consulté le 07/10/2017.

Maveau Roger, *L'Afrique partie pour être une nouvelle contrée d'hommes riches, très riches,* [article en ligne] Le Point Économie. L'Afrique partie pour être une nouvelle contrée d'hommes riches, très riches (lepoint.fr) publié le 23/07/2014. Consulté le 11/02/2023.

MDA : https://fr.wikipedia.org/wiki/La_Maison_des_artistes consulté le 26/01/2018.

Médiapart, *Racisme dans les arts: Lipanda Manifesto, tribune des 343 racisé·e·s*, le 28 avril 2019. https://blogs.mediapart.fr/les-invites-de-mediapart/blog/270419/racisme-dans-les-arts-lipanda-manifesto-tribune-des-343-racise-e-s?fbclid=IwAR0zC9oS87TJX1HxCLMiBESk5LZK8zNseHrM-7hCLzL6aiTbl9m7rdxy3gQ consulté le 01/05/2019

Michel Nicolas, *Africa Art Market Report* (2014), publié, 13/01/2016, http://www.jeuneafrique.com/292751/culture/dix-artistes-africains-mieux-cotes/ Consulté le 29/05/ 2017.

Ministère de la culture, *Appel à candidature réalisation d'un mémorial en hommage aux victimes de l'esclavage* https://www.culture.gouv.fr/Aides-demarches/Appels-a-projets/Appel-a-candidature-realisation-d-un-memorial-en-hommage-aux-victimes-de-l-esclavage consulté le 12/06/2020.

Minorit'Art, Appel aux artistes, Minorité visible : un créateur local face à la pandémie http://minoritart.org/index.php/appels/?fbclid=IwAR1GYCkKrIJUFxU2_K73zggpv0-pNF0J1LepAFJt20jSYJVXWGpxaUGd55A consulté le 31/05/2020.

Monfinancier, 2015, Thierry Ehrmann - *Le marché de l'art ne connait pas la crise,* « Le marché de l'art a faim » https://www.monfinancier.com/le-marche-de-lart-ne-connait-pas-la-crise-18466.html consulté le 05/06/2017.

Otaku mon site.com, *Légende du panda*, pour en savoir plus http://ile-otaku.e-monsite.com/pages/legendes-urabaines/la-legende-du-panda-1.html#phdab0idU4Qh51Yz.99 consulté le 03/07/2019.

Peck Raoul, *J'étouffe*, in. « Cette semaine : ″ être noir en France ″ » N° 301, Le un Hebdo, 17/06/ 2020. https://le1hebdo.fr/journal/jetouffe/301/1/article/j-touffe-3898.html consulté le 17/06/2020.

 Peillon Vincent, Philosophie. Les promesses sont-elles faites pour être tenues ?, Arte TV, 2019 https://www.arte.tv/fr/videos/092170-002-A/philosophie-les-promesses-sont-elles-faites-pour-etre-tenues/ consulté le 17/03/2020.

People-bokay, Kaera est une entreprise basée en Guadeloupe. Elle fait la promotion des artistes.

People Bokay / Dorothée Audibert-Champenois, Dorothy, *La Guadeloupe et Trinidad publient ensemble « L'Art de la Caraïbe de A à Z », rédigé le* 12/11/2017. https://www.people-bokay.com/la-guadeloupe-et-trinidad-publient-ensemble-lart-de-la-caraibe-de-a-a-z/ consulté le 06/04/2020

 Poirier Nkpa Florence, *Processus de création*, https://www.florencepoiriernkpa.com/ecrits-art-contemporain/demarche.html consulté le 17/03/2020.

Poirier Nkpa Florence https://www.florencepoiriernkpa.com/ consulté le 17/03/2020.

PooL Art-Fair, la 10ᵉ édition de PooL Art-Fair a pour invité le Canada. http://poolartfair.squarespace.com/#eat-together consulté le 31/01/2019.

[1] http://www.artruche.org/search_results?q=David+Gumbs

QuandLM lm https://quandlm.wordpress.com/2014/08/14/jean-marc-hunt/ consulté le 01/02/2019.

Régnier Philippe https://www.facebook.com/photo.php?fbid=2306410622926845&set=a.1389910607910189&type=3 &theater consulté le 09/05/2019.

Richer Claire, page LinkedIn. https://www.linkedin.com/in/clairericher/?originalSubdomain=fr

Seignobos Charles *Histoire sincère de la Nation Française*, Paris, Rieder, 1933.
http://www.dailymotion.com/video/x3gcj9c le 12/02/2023

Sindika Dokolo, biographie,
https://fr.wikipedia.org/wiki/Sindika_Dokolo . Consulté le 10/06/2017.

Thomarel Philippe, exposition *Les territoires radiographiques*, Fondation Clément, 2014
https://youtu.be/5sKHjmMx8KM

Thompson Allison, *In the event of landing on water: Travels with Christian Bertin,* Challenge
critique 2017: Allison Thompson,
https://aica-sc.net/2017/05/05/challenge-critique-2017-allison-thompson/ consulté le 19/10/2019.

Tilting Axis, The Fresh Milk Art Platform Inc., 2015,
https://static1.squarespace.com/static/55c52842e4b0ccebcdd59d06/t/55c6d870e4b03257969f01c6/14
39094896565/Tilting_Axis_2015_Report.pdf consulté le 08/05/2019.

 Tilting Axis, *Changer la donne pour l'art contemporain de la Caraïbe,*
http://aica-sc.net/2015/03/18/titling-axis-changer-la-donne-pour-lart-contemporain-de-la-caraibe/
consulté le 29 décembre 2015.

Tilting Axis, 5ᵉ édition de "Au-delà des tendances : décolonisation et critique d'art" du 29 au 31 mai
2019 explore le thème de la *: décolonisation du discours critique au-delà de son usage fonctionnel
actuel de simple critique culturelle et institutionnelle.*
https://tiltingaxis.org/news/2019/2/9/tilting-axis-5-beyond-trends-decolonisation-and-art-criticism
consulté le 29 mai 2019

Toussaint Marie-Christine « il a adopté son pseudonyme en 1982 à Haïti (habda=celui qui attrait les
autres, Faye=un nom africain).
https://galerie-odis7.odexpo.com/pro_page.asp?page=1893&lg= consulté le 04/02/2019.

Twum Jonelle, *Who is African Art 'Rising' for?* Radington Report, 28/09/2017,
https://raddingtonreport.com/who-is-african-art-rising-for/

Valton Jocelyn, extrait de la communication *Les mots comme armes,* 5e conférence *Tilting* Axis au
MémorialActe. https://www.facebook.com/groups/minoritart/ consulté le 03/06/2019.

Vicart Pascal, site de l'artiste http://www.pascalvicart.com/informations/references/ consulté le
04/07/2019.

Vuitton : JC, vidéo-Fondation Vuitton : le vaisseau de verre inauguré à Paris, BFM, 21/10/2014
http://www.bfmtv.com/culture/la-fondation-louis-vuitton-ouvre-ses-portes-a-paris-841304.html
consulté le 03/09/2017.

Webster Sarah, *Francois Piquet parle de Timalle,* Timalle (reparations-art.org) consulté le
24/08/2021.

Wessbecher Louise, Exposition à Orsay: "Le modèle noir" contre l'invisibilisation des personnages
noirs Exposition à Orsay: "Le modèle noir" contre l'invisibilisation des personnages noirs
(huffingtonpost.fr) publié le 27/03/2019, consulté le 12/02/2023.

Whittaker André, *L'endogène: pour le dépassement des limites du métissage et de la créolité*, Researchgate [En ligne], 11 | 2002, mis en ligne le 15 novembre 2003, http://socio-anthropologie.revues.org/143, https://www.researchgate.net/publication/317364103_L'endogene_Pour_le_depassement_des_limites_du_metissage_et_de_la_creolite consulté le 24/11/2019

Ce livre a été réalisé et publié par
YEHKRI.COM A.C.C. © Service de publication.
(info@yehkri.eu)
L'auteur conserve ses droits légaux honorés
par Catherine Blanchard.

ISBN 9791093851204

9 791093 851204

The Renaissance, English Cultural Nationalism, and Modernism, 1860–1920

The Renaissance, English Cultural Nationalism, and Modernism, 1860–1920

Lynne Walhout Hinojosa

First published in 2009 by
PALGRAVE MACMILLAN®
in the United States—a division of St. Martin's Press LLC,
175 Fifth Avenue, New York, NY 10010.

Where this book is distributed in the UK, Europe and the rest of the world,
this is by Palgrave Macmillan, a division of Macmillan Publishers Limited,
registered in England, company number 785998, of Houndmills,
Basingstoke, Hampshire RG21 6XS.

Palgrave Macmillan is the global academic imprint of the above companies
and has companies and representatives throughout the world.

Palgrave® and Macmillan® are registered trademarks in the United States,
the United Kingdom, Europe and other countries.

ISBN-13: 978–0–230–60831–3
ISBN-10: 0–230–60831–0

Library of Congress Cataloging-in-Publication Data is available from the
Library of Congress.

A catalogue record of the book is available from the British Library.

Design by Newgen Imaging Systems (P) Ltd., Chennai, India.

First edition: May 2009

10 9 8 7 6 5 4 3 2 1

Printed in the United States of America.

To Victor, Miriam, and Monica

CONTENTS

Acknowledgments

This book has been a long time in the making, and it would not have been completed without the aid and encouragement of many. At Notre Dame, I am thankful for the guidance of Professors Joseph Buttigieg, Barbara Green, and Gerald Bruns, among others. Each of them provided significant comments for early versions of the manuscript. The Notre Dame Zahn Research Travel Fund generously provided financial support for research in London. I thank the archivists who provided me with materials at the Library of Congress, the Notre Dame Special Collections, the British Library, the Tate Gallery Archive, the Theatre Museum Archive, and the National Theatre Archive, where I was able to view the Shakespeare Memorial National Theatre Trust papers. At Baylor, I am very grateful to my colleagues David Jeffrey and Susan Colón, who provided both encouragement and wise assessment of later versions of the book. I also thank both Baylor's Department of English and the Honors Program for various types of support, financial, material, and otherwise. Two chapters have been previously published. A version of chapter 8 was published as "Shakespeare and (Anti-German) Nationalism in the Writing of English Literary History, 1880–1923," in *English Literature in Transition, 1880–1920* (September 2003, 46:4), and a version of chapter 9 was published as "The Modern Artist as Historian, Courtier, and Saint: Typology and Art History from Vasari to Pound" in *Clio: A Journal of Literature, History, and the Philosophy of History* (Spring 2006, 35:2). I thank the editors of these journals as well as my editor at Palgrave and an anonymous reviewer for many insightful comments. The cover art for this book, "Lucca: Tower of the Guinigi Palace," is an 1845 watercolor by John Ruskin and is used courtesy of The Victorian Web.

Most of all, I have been blessed by my friends and family through their love and support over the years. Mike and Jo Anne Beaty graciously provided me with workspace in their home for several months. My parents have been role models in so many ways, intellectual and otherwise, and have provided unwavering love and support. My two daughters, Miriam and Monica, fill my life with joy and energy. They got along so well with babysitters Heather, Kendra, and others when "Mommy had to go work on her book." My husband, Victor, was supportive of this project from its beginning to end. From the many Friday afternoons he gave me so that I could write in peace and away from small children, to the proofreading, pep talks, and prayers, he too is here in this book. I am so grateful to him and am blessed to live life with him. Thank you to all.

Classical Cultural History-Writing in England

Historical and Contemporary Contexts

In the last decade of the twentieth century the city of London gave birth to two new cultural institutions: the Globe Theatre in 1997 and the Tate Modern in 2000. The former is an Elizabethan-style playhouse built to imitate the sixteenth-century one in which Shakespeare's plays were performed. Located where the original Globe stood at Bankside on the south side of the Thames, the new Globe produces Shakespearean plays using Elizabethan-style costuming and staging. The second new institution, the Tate Modern, is a sister museum to the original Tate Gallery, now referred to as Tate Britain. Dubbed the "national museum of modern art," Tate Modern houses modern foreign and British art from 1900 to the present. Tate Britain, the "national gallery of British art," may reclaim the British modern pieces at any time, however, to exhibit the history of British art complete in one place. Housed in the refurbished Bankside Power Station, Tate Modern stands on the south bank of the Thames not far from the new Globe. At the dawn of the new millennium in London, modernism and Elizabethanism stand side by side, shaping British cultural attention for the twenty-first century.

The opening of these two new institutions could be seen as marking London's desire for and appreciation of culture, both modern and international (Tate) and historical and national (Globe). Yet both the idea for reproducing the Globe and the idea that the Tate should be solely a museum of modern art originated over a hundred years ago—in the 1890s. Rather than symbolizing and celebrating a new birth of culture, these institutions instead finally mark the end of a century-long era of cultural tension about what it means to be National and what it means to be Modern.

For over a century, complex reasons hindered these ideas from coming to institutional fruition: war, organizational disagreement over purpose and method, lack of funding, lack of popular and State support, lack of interest and focus, and, at times, too much interest and too many ideas. I discuss briefly in this chapter the Tate and the Globe as they were originally conceived roughly a century ago in order to introduce the broad topic of this book: England's quest for cultural identity in the late nineteenth and early twentieth centuries. Both the Globe and the Tate demonstrate that defining cultural identity in these decades was extremely complicated, and at times made impossible, by the dual desires to establish English culture as both modern *and* national.

THE RENAISSANCE AND ENGLAND: HISTORICAL CONTEXTS

In the late nineteenth and early twentieth centuries, various groups, individuals, and institutions in England attempted to define and legitimize English cultural identity by searching for historical models and origins, ones that could help determine what it meant to be "modern," "Elizabethan," "English," even "cultural." A wide array of writers produced art, literary, and cultural history in order to support and legitimize their hopes and desires for English culture. The period concept of the Renaissance was foundational in these histories and in the broader cultural contexts in which they were written. Standardized in the nineteenth century, the Italian Renaissance worked to inspire a general feeling of "newness" and of being modern and provided a historical model for how true culture might be reborn. At the same time, in its specifically English version, the concept of the Renaissance served to legitimize notions of national and imperial culture, as the roots of what it meant to be English were recovered from the sixteenth century and formulated into a coherent historical period: the Elizabethan Age (or Tudor Age or English Renaissance).[1] The Renaissance concept was central in thinking about what it meant to be modern *and* what it meant to be national.

The Italian Renaissance was first conceptualized as a unified historical period in the nineteenth-century historiography of John Ruskin, Jacob Burckhardt, and John Addington Symonds—three writers who established the genre of what Peter Burke terms "classical cultural history."[2] In England, Walter Pater and Matthew Arnold linked the Renaissance as a period term to ideas about aesthetics and national culture respectively. In these Victorian cultural histories, the Italian Renaissance was theorized to be the historical period in which three key interrelated phenomena originated: culture, nations, and modernity.

First, the Italian Renaissance was standardized as the period in which "culture" itself was born: when classicism, the visual arts, and vernacular literature all emerged to shape modern society. While "culture" held various significations in the mid-nineteenth century, generally, in the historiographical texts analyzed in this book, "culture" becomes a general concept that rhetorically and structurally replaces the Christian religion as the framework within which to view historical time and by which people see themselves bound together in common goals and identities. On a broad scale, these nineteenth-century cultural histories repeat what had been happening since the Renaissance itself: Christian notions of time, history, and teleological fulfillment are secularized and replaced with human or cultural constructs.[3] From the historical Renaissance on, instead of Christian history—Eden to redemption—human-based ways of explaining time and existence are created, including histories of culture, histories of nations, and histories of modernity. Yet as the "secularized" search for historical origins and fulfillment occurs, Christian religious rhetoric still informs and shapes cultural history-writing. In these texts, Italian Renaissance culture provides a historical model for how late nineteenth- and early twentieth-century English culture might acquire a religious or spiritual function within society.

A broad layer of analysis in this book, then, examines the ways in which culture seems to replace religion in various late nineteenth- and early twentieth-century contexts and texts. Such replacement occurs on the level of discourse and theory, in which art and literature are thought to be sources of spiritual experience, moral instruction, universal truth, or access to a deeper reality. Culture replaces religion rhetorically and formally in historiographical texts when cultural and artistic figures are narrated as having priestly or saintly qualities within society and when histories of human cultural institutions, artifacts, and achievements become more important than histories of the church or divine providence. Cultural institutions and organizations such as museums, societies, and clubs are formed or expanded, and cultural artifacts and events are produced, in the hopes of offering moral, spiritual, and political instruction and a means of betterment to society, thereby fulfilling pedagogical roles previously held by the church and religious institutions.

In addition to giving birth to culture, the Renaissance is also narrated in nineteenth-century cultural history-writing as the historical period in which both modernity and nations originated. The Italian

Renaissance as a period concept unified a national space (Italy) and a period of time (roughly 1300–1600) and was seen to mark the originating era of European nations and Western modernity. In parallel, developing a sense of cultural history modeled on the idea of the Renaissance enabled a particular way of thinking about time (being modern) and space (being a nation) in contemporary England. From 1880 to 1920, for example, English theater and literary figures began looking to the Elizabethan Age as the historical period in which the modern English nation and national English culture originated. Yet as the Renaissance was used by those who promoted "modern culture" and those who promoted "national culture," often tension arose, for at times the idea of being modern seemed incompatible with the idea of being national.

Before going further, I should delineate my use of the terms "modernism" and "nationalism." I use the term "aesthetic modernism" in this book to refer to modernism in the visual arts and "literary modernism" to refer to the same in literature. Rita Felski in *The Gender of Modernity* says "Modernism…defines a specific form of artistic production, serving as an umbrella term for a mélange of artistic schools and styles which first arose in late-nineteenth-century Europe and America" and which were characterized by "such features as aesthetic self-consciousness, stylistic fragmentation, and a questioning of representation" (12–13). While my argument complicates the use of "modernism" as such an umbrella term, nonetheless, I continue to use it in order to refer to the types of movements and cultural figures we have traditionally associated with modernism. Obviously it is impossible to treat in one book all such figures and movements, and I focus on only a few of the early modernists.

Most often, it seems, what I label "nationalist" in this book the modernists labeled "Victorian" and rejected. When I use the term "nationalist," then, it often refers to figures we have traditionally seen as holdovers from the Victorian era, figures such as Sidney Lee and Walter Raleigh, for example. Such figures were involved in movements I term "cultural nationalism." By this I mean that they developed theories, institutions, histories, and cultural products that were consciously meant to draw upon, generate, and support a specific English identity. As Anthony Smith describes cultural nationalism (as opposed to political nationalism), such figures narrated ideas about the homeland, social memory, heroic legends, myths, customs, festivals, a golden age, origins, language, community, morality, ethnicity, race, kinship, regions, victories and defeats, and religion—all elements by which a people defines its nationality (45ff).

Yet the "modernists" and the "nationalists," as I use the terms, were contemporaries of each other, and both types generated ideas about culture in the same climate of concern for England's cultural reputation and identity. I use the term "nation" in reference to both the modernists and the nationalists, then, in a general sense that refers not to political views or support of the British State, necessarily, but rather to a general concern for the culture and society of England. If one expands the notion of nationalism to include a general concern for modern English communal life—its stability, quality, and status—modernism and nationalism have to be seen as intimately connected.

Ultimately, I argue it is misleading to separate the two groups completely, but for the sake of discussion I continue to use the two terms. Traditionally, literary and cultural critics have tended to see modernism and nationalism as dichotomous. In literary and aesthetic modernism, we have generally believed, to be modern means to break with both the past and the present and to create something radically new, so new perhaps only an elite few can appreciate the new form. To be national, on the other hand, typically means to be uniquely English, a racial, ethnic, and geographical quality that has existed for centuries and is supposedly accessible to all. While being modern and national both involve looking to the past, the former often narrates itself as rejecting the past while the latter embraces it. Modernism tends toward elitism while nationalism tends to be democratic. To be modern often means to be cosmopolitan and international, while to be national necessarily involves insularity.

In contrast to this traditional view, proponents of national and modern culture in this period share some similarities and points of overlap, especially in their views of history. Viewing modernist movements in the context of cultural nationalism and nationalist movements in the context of developing modernisms illuminates both and ultimately blurs the boundaries between them. The two chapters of Part III, for example, tell the story of how nationalists appropriated Shakespeare and the Elizabethan era in the 1900s and 1910s. This story is often completely ignored in studies of early modernism, yet this has significant implications for it and cannot be separated from it. Before discussing the points of commonality in modernist and nationalist historiography, let us return to the Tate Gallery and the Globe Theater as examples of how the Renaissance was a key historical concept when thinking about the present status of English culture and how the dual goals of being both modern and national could seem contradictory.

The Tate Gallery in its very institutional history embodies such contradiction. Since its inception in 1890 and its opening in July 1897, many identified the Tate's potential to be a major player in a new birth of culture, a "renaissance" in art.[4] The goal was to make the Tate "an English Luxembourg," a gallery with the ability to collect and exhibit the best of contemporary art from across Europe and to equal Paris's Luxembourg museum of modern art. To the modernists, the Tate could establish England as a modern center for the arts, much like Italy was in the Renaissance. This goal, however, ran counter to the original bequest from Tate, which was intended to found a gallery to house his personal collection, what many considered to include only sentimental, second-rate, nineteenth-century British paintings. As a consequence, modernists never held any institutional control at the Tate, and most often they were relegated to the role of being the Tate's loudest critics.[5] Instead, the board of trustees of the National Gallery enforced its conservative goal of keeping the Tate an offshoot of the National Gallery, a house for British art. After several debates regarding what to house in each gallery, the National Gallery Board decided in 1897 that all art after the year 1790 would be regarded as modern (Spalding 23). This meant that most of Constable stayed at the National Gallery while mostly minor nineteenth-century British works went to the Tate. In the first two decades of the twentieth century the Board virtually halted every effort made to acquire new modern pieces for the Tate. Frustrated by the National Gallery's reluctance to join the modernist movement, in 1903 Roger Fry and D. S. MacColl established the National Arts Collection Fund as a separate, privately endowed organization aimed at acquiring new works of art and keeping privately owned modern pieces in England.[6] In the decades that followed, modernists made little progress in gaining institutional change and control at the Tate. Even though Joseph Duveen proposed funding for a "modern foreign" gallery to be added to the Tate in 1910, and the Tate Board of Trustees separated from the National Gallery Board in 1917, only in 1926 did a Modern Foreign Gallery open at the Tate. Even then it was only made possible through the generous gift of Samuel Courtauld, whose declaration that French modern art was superior to English art exemplified the nationalist-modernist tensions. Even though the Tate helped make French modern art canonical in the 1920s, obviously the issue of whether to be modern or to be national was not fully resolved until almost a century later when the Tate split into two museums—one to house British art and one to house Modern art. Ironically, after over one hundred years, Tate Modern was still deemed a "renaissance" when it opened in the year 2000.[7]

The Tate is just one example of the many cultural institutions, organizations, groups, and individuals in the first decades of the twentieth century that drew impetus from the historical concept of the Renaissance. As a concept the Renaissance indicated revival, rebirth, recovery. It stirred feelings of newness and of being modern. The Renaissance inspired excitement about facing an unknown future filled with endless possibility. And it implied a rebirth or repetition of what seemed a lost past: a time of high culture, unified sensibility, and aesthetic wholeness, what was widely thought to have existed during the Italian Renaissance and the Elizabethan Age. From feminist to classicist, from poet to dramatist, from Jew to Anglo-Saxon, the Renaissance provided a historical model for what culture in the twentieth century could become. Books and articles like the following were abundant: *Our Renaissance: Essays on the Reform and Revival of Classical Studies; The Renascence of English Drama; The Renaissance of the Nineties; The Most Illustrious Ladies of the Italian Renaissance;* "The New Renaissance and Woman's Place in it"; "On 'Renaissance' and 'Culture' and their Jewish Applications"; *The Coming Renaissance;* and *Cottage Building in Cob, Pisé, Chalk and Clay: A Renaissance.*[8] As seen with the Tate, however, establishing what it meant to have a renaissance in English culture produced much debate and conflict.

The Globe Theatre demonstrates how being modern and being national were also contested through the specific concept of an English Renaissance. The idea that London should have an Elizabethan-style playhouse was given significant impetus in the 1890s when William Poel and his Elizabethan Stage Society began to discuss such a project. Poel's movement was in large part a reaction against the "modern" spectacular staging methods that were popular in his day. He wanted to research Elizabethan methods and techniques and stage Shakespeare's plays as they were originally performed. In the decades that began the twentieth century, however, Poel's plans were overtaken and debated by various other organizations. They became caught up in the movement for a National Theatre (which took until the 1960s to come to fruition), were interrupted by wars, and faced a variety of obstacles, not the least of which were lack of funding and government support. Some of the questions debated in the 1900s and 1910s included: How can we generate more popular interest in Shakespearean productions and raise the level of English taste? What is Shakespeare's position in our national cultural history and how can we best honor that? Should we make Shakespeare "modern" or try to recover the truth about Elizabethan staging methods?

The recovery of Elizabethan culture, and hence the roots of Englishness, was taking place not only in the theater world but also in many other arenas during the 1900s and 1910s.[9] Cecil Sharpe led the movement to recover Elizabethan folksong. E. H. Fellowes, J. A. Fuller Maitland, and R. R. Terry were also prominent in this movement, which was later dubbed *The English Musical Renaissance* by its historians.[10] Arnold Dolmetsch began constructing "ancient" Renaissance instruments with which to play Elizabethan music. A bit later, Ralph Vaughan Williams led the movement to establish a National Music. The university discipline of English Literature was laying its foundations, recovering and organizing knowledge about Elizabethan texts and Shakespeare, and seeking to replace the traditional classical education with a national study of English literature and language. Likewise, the university discipline of History was formulating itself and beginning to focus more on national history, finding in the Elizabethan age the modern roots of liberal constitutionalism and British imperialism. In domestic architecture, Tudor cottages and English renaissance gardens were all the rage.[11] In these decades, there was wide interest in establishing the English Renaissance as the historical period in which modern England and English culture were rooted. Such recovery movements often had nationalist goals of inspiring certain feelings in the present social world, whether a taste for high culture or a patriotic loyalty to England and her long-standing Empire.

Although establishing a cultural identity that was both modern and national often proved self-defeating, promoters of modernism and nationalism were not as antithetical as their own rhetoric implied. First, both modernists and nationalists shared a concern for English society and believed art and literature could have spiritual and social functions within it, thereby showing a mutual concern for communal life in England, whether or not they backed the British State. In the decades from 1860 to 1920, the concept of the nation was an assumed political and historical structure, and both modernists and nationalists wanted culture to hold a key position within that structure. Second, in order to promote their new forms and theories of art and literature, both nationalists and modernists wrote and narrated cultural history in ways that periodized history and relied on the concept of the Renaissance as the origins of modernity, nations, and culture. Despite their varied theories regarding what type of culture was best for the nation, the structures and methods of historiography that modernists and nationalists used to legitimize these theories were remarkably similar.

Connecting modernism and nationalism through the concept of the renaissance and the writing of cultural history complicates and expands current ideas about how the modernists viewed history. Often narrating themselves as breaking with the past and the present, modernists especially reacted against nineteenth-century models of historical development, evolution, and progress, the very models of historical time a Victorian (Whig) national history or a history of modernity would posit. In 1910, for example, while defending the artists of the first postimpressionist exhibit, Roger Fry declared that the "fundamental error" with which all art history is "tainted" is the belief that there is "progress in art"—that art history is "evolutionary" (*Vision* 87, 102). T. E. Hulme went even further, claiming nineteenth-century philosophies of history built on notions of progress were a "modern substitute for religion" that provided "unreal consolation to men" (423).

For the most part, literary critics have followed such modernist leads and have seen modernism's sense of history as radically different than that of nineteenth-century writers. While nineteenth-century models of history are labeled developmental, continuous, diachronic, linear, evolutionary, or progressive, modernist structures of history are labeled cyclical (Wussow), sinusoidal (L. B. Williams), synchronic (Kermode), allegorical (Halpern), atavistic (Schneidau), or existential (Longenbach). Each of these terms roughly refers to the same idea: the modernist "historical sense," to use T. S. Eliot's phrase, involves a "tradition of return" (Perl), a reincarnation in which "the past lives in the texture of the present" (Longenbach 28). As Louise Blakeney Williams describes this view, the modernists developed views of history in which a limited number of historical conditions alternate and fluctuate in cycles, where one set of conditions is succeeded by another, which gives way to the first again (10–11). According to Williams, such a cyclical view of history posits that history can reverse itself; that the core meaning or tradition of any one period never varies; that history is not teleological; and that specific chronology does not matter, for there ultimately are no new changes in history, only repetition of the same cycle (11–12). Such a view of history is indeed very different than the typical nineteenth-century notion of history as progress, which Williams sees as positing the following: there is significant and cumulative change over historical time; chronology provides value; history is irreversible; and the past and present are incomparable (11). Generally, differentiating between modernist and nineteenth-century historiography in these ways is valid. Modernists created histories with distinct periods and cycles and often saw modern art as analogous to the art of earlier periods. For example, Fry saw the postimpressionists as a newer version of the Italian Primitives, and T. E. Hulme made analogies between modern art and primitive, non-Western art. By returning cyclically to an earlier period, modernists saw themselves as breaking with the immediate past and with earlier ways of viewing the past.

Creating a binary of modernist and Victorian, cyclical and progressive views of history, is not completely explanatory, however. Modernists from 1860 to 1920 did not entirely evade models of historical development—indeed most narrated a negative historical development from the Renaissance onward. In addition to drawing cyclical analogues between distant periods and their own, they narrated themselves as advancing the movement of cultural history after the steady decline (or negative development) of art and literature in modernity.[12] Modernists also retained some notion of the teleological movement of history, even if the final goal or end was not clearly defined. In viewing modernity as a negative development and in retaining a teleological view of history, early modernists are similar to those promoting national culture, for nationalists also reacted against modernity, returned to the earlier Elizabethan period, and theorized a new national culture that would advance society's development after modern England's scientific and industrial centuries. While modernists and nationalists may have had different emphases and goals, they were both bound to the same structures for narrating historical time: a periodization scheme that included an idealized earlier period; modernity as a long, negative development; and the present age that was opening onto a new future. Additionally, both modernists and nationalists relied on a way of viewing history in which the concepts of modernity, nations, and culture were seen to be natural components of human history. L. B. Williams's term "spiral" seems more apt to describe the cultural historiography of this period, for it accounts for both the idea of "cyclic regression or repetition" *and* "linear advance" (7).

This double sense of historical movement—of seeing one's own age as simultaneously a return of (or to) the past and a surpassing of the immediate declining past—is inherent in the concept of "renaissance" itself, which in the late nineteenth-century historiography of Burckhardt and Symonds implied simultaneously a rebirth of classical culture, a surpassing of the declining Middle Ages, and an opening onto a future that would continue to develop. Even though Burckhardt denied it, both he and Symonds followed a dialectical model of history in which the past was cyclically synthesized or assimilated into the present, which then continually moved onward or developed toward a future ideal. Following in the wake of these writers as well as Ruskin, Arnold, and Pater, modernists and nationalists often used the metaphor "renaissance" to describe their own age, seeing their own period simultaneously as a rebirth of a past period, a surpassing of modernity since the Renaissance, and as an evolving opening onto a new future.

In fact, the spiral of progress and rebirth has a much longer history and derives from sixteenth-century historiography itself. Rather than continuing to use and trying to combine the terms "cycle," "spiral," "progress," and "development," this book instead uses the terms "typology" and "allegory" to describe the structures and methods of cultural history, for these terms describe the particular practices of the sixteenth-century secular historians who first periodized history and developed the notion of a rebirth or "renaissance" of the past. In fifteenth- and sixteenth-century Italy, secular historiography developed in imitation of the allegorical and typological methods of Christian biblical hermeneutics and historiography. Using allegory and typology to narrate worldly history instead of Christian history, some Renaissance historians replaced Christian notions of time, divine providence, and teleological fulfillment with secular human constructions. They began to write histories of nations, culture, and modernity, creating a way of thinking about history that the nineteenth- and twentieth-century writers discussed in this book imitated. While the term "allegory" coincides with many interpretations of modernist cyclical views of history, "typology" reminds us that many early modernists had hope for a better future and ideas about the end or *telos* of history. The two terms in combination accurately place the modernists and nationalists in the tradition of Italian Renaissance historiography that influenced all thinkers in this period so greatly as they thought about the place of their own period within cultural history.

Through the ages, allegory and typology have had a mixed history, at times appearing to be the same thing, at others quite different. Early Christian interpreters at Antioch and Alexandria feuded over these two methods. Erich Auerbach in the twentieth century traces their history and insists on their differences, despite acknowledging a confusion of the terms over the centuries. Tracing the meanings attached to the term *figura* in ancient and medieval texts, Auerbach suggests that at various times, and especially in the Middle Ages, both *typos* and *allegoria* were used as substitute terms for *figura*. He argues that *figura* and *typos* are identical, however, and that *allegoria* is really something different, although closely related.

In Christian or New Testament typology, Paul's use of the term *typos* is a hermeneutical principle by which the Old Testament is interpreted in light of the life of Christ. In Paul's usage, *typos* means "the prefiguring of the future in prior history" (Goppelt 4). The Old Testament and Adam as type are explained according to the ways in which they prefigure, predict, and point to the fulfillment of Christian history in the antitype Christ. As Leonhard Goppelt describes, *typos* in its basic sense "designates the impression left by a mold, the imprint the seal leaves in the wax" (222). Adam the type is not an exact copy of Christ, but rather has a "correspondence in form" with Christ (222). Christ is the original seal or mold whose appearance in history fulfills and heightens what was but an imprint or foreshadowing of the future. In the Christian typological reading of history, type and antitype are corresponding historical realities—facts—that are connected in straight line. The life of one person—Jesus—dictates the interpretation of what has come before, and what has come before focuses historical meaning forward onto the individual who embodies and fulfills history's goal. Similarly, many modernists often promoted specific individual artists or institutions as the fulfillment of cultural history. Finding in the Italian Renaissance, the Elizabethan Age, or another historical period a real, historical type whose antitype or fulfillment existed in the present became a basic structuring principle for writing cultural history. For example, Roger Fry and Clive Bell lauded Cézanne as an antitype, and Ezra Pound often thought of himself and other modern artists as antitypes to Renaissance types.

Allegory can be seen as the inverse of typology—the imprint made by the other side of the original seal or mold. As Christian history continued and the promised fulfillment ("Behold, I make all things new") remained in the unforeseeable future, the Church began reading the Old and New Testaments allegorically. Paul wanted the church to see itself as molded according to the stamp of Christ, and the church *after* Christ became the new imprint by which the original seal was "pressed out into the fabric of the world" (Jeffrey 66, 61). Based on their present historical situation—the experience and life of the church—interpreters began reading biblical scriptures as allegorical explanations of the present. In other words, allegory looked backward and interpreted what came before in order to legitimate, justify, or explain the present situation. Unlike typology, which always relates the past to an actual historical life—a fact—or which uses the past to teach something to an individual reader, in the allegorical mode, as Northrop Frye states, the bible becomes something by which to prove or illustrate an abstract doctrine of the church (85). In other words, allegorical readings legitimized an interpreter's *theory* about what the church was to be in the present. Allegorical interpreters, then, claim to recover the historical origins of a present idea and narrate the past such that the present idea is legitimized. Auerbach insists that this process of abstracting, "spiritualizing," or theorizing the past is what makes allegory different from typology. Allegory replaces a real historical event with a "mystical or ethical system" and the past loses "more of its concrete history then in the figural system" (54). In their interpretations of the past, cultural history writers might also be seen as allegorizing or "spiritualizing" the past to justify abstract theories of art and what they felt to be eternal truths, much like early church interpreters did. Bell, for example, justifies his theory of post-impressionist art by interpreting Byzantine art as having a similar spiritual function, and English historians return to certain aspects of the Elizabethan Age in order to promote theories about present-day imperial England.

Despite the subtle differences between the two practices, for the purposes of this book, in Renaissance historiography—whether sixteenth-century or nineteenth-century—allegory and typology are two sides of the same coin (or opposite imprints made by that coin) and can be seen as occurring together. It is difficult to determine, after all, how much of the past an interpreter recognizes as concrete historical reality and how much of the past is being abstracted in order to match the interpreter's current needs. We cannot actually *be* in the past in order to know. When early twentieth-century theater figures wrote histories of the Elizabethan theater and called for the construction of a Globe replica, they read history allegorically in order to support and legitimize their theories about national culture and high drama. When modernists envisioned the Tate to be a gallery of modern foreign art, a center of culture, and a renaissance in England that would surpass the immediate past, they looked to the culture of the Italian Renaissance as a typological model for what London could become. Yet as can be seen, typology and allegory are so similar they often cannot be distinguished. Even Auerbach admits that typology (or figural interpretation) is "allegorical" in the "widest sense" (54).

While many have aptly described the allegorical and cyclical structures of modernist historiography, critics tend to ignore the typological, and hence teleological, aspects and assume modernists rejected all notions of linear history. Yet as Frye suggests, any model of history that assumes "there is some meaning and point to history, and that sooner or later some event or events will occur which will indicate what that meaning or point is," is a typological model: any "confidence in historical process, [or] belief that despite apparent confusion, even chaos, in human events, nevertheless those events are going somewhere and indicating something, is probably a legacy of Biblical typology" (81). Typological interpretations of history point to a future or *telos*, but the exact nature of this *telos* is not necessarily clear. Christians felt that the antitype Christ pointed to a future paradise and second coming, but they did not have a clear picture of what this end would look like. As Auerbach suggests, in typological interpretation, both type and antitype have "something provisional and incomplete about them; they point to one another and both point to something in the future, something still to come, which will be the actual, real, and definitive event" (58). In typology, "all history...remains open and questionable, points to something still concealed" (58). Typological modes of history include not only Christian ones, then, but also Marxist, dialectical, and liberal democratic ones—what we generally have referred to as modernity. Such models all see history moving toward a "state of human existence that will make what is now happening intelligible," whether that final state is called the New Jerusalem, Freedom, Redemption, Perfection, or Revolution (Frye 86).

As will be seen throughout this book, while modernists saw themselves to be reacting against these models and against modernity, they too still believed in a future for history, and even thought they were helping to move cultural history toward its fulfillment. Both modernists and nationalists not only read history allegorically—creating historical periods that they then used to justify present theories and forms of art—but they also read history typologically—seeing individuals and institutions in the present as fulfilling previous historical types while at the same time surpassing their immediate predecessors and pointing toward a concealed but better future. This double way of reading history not only imitates Renaissance historiography but also uses the Renaissance period itself as type and antitype. Even though they rejected modernity and saw themselves surpassing it as they resurrected an earlier culture, promoters of both modernist and national cultural history retained belief and hope in the other two constructs of cultural history—the nation and culture. The Renaissance constituted both a concept by which to explain modernity and a concept with which to envision a new and more hopeful future. In this envisioned future, culture would occupy a central position in the life of the nation, providing spiritual, moral, and political instruction to members of all classes.

Varieties of Cultural History: Contemporary Contexts

Naturally, my own historical project—which is a cultural history of cultural history—cannot avoid the structures of allegory and typology as present-day theories and concerns shape my allegorical reading of the past and as I find in the period I study various types whose anti-types still exist in our present culture and are continuing to develop. Just as those in England from 1860 to 1920 and beyond found in the Renaissance the origins of contemporary phenomena they deemed either positive or negative, so too I find in the period 1860 to 1920 the origins (or at least earlier versions) of debates we still pursue today over cultural history, modernism and modernity, and nationalism.

Throughout the twentieth century the period concept of the Renaissance has inspired a range of new methodologies and theories regarding the study of culture and cultural history, modernity, and nationalism. While this book focuses on historicizing the earlier forms of these debates, there are relevant implications for today's critical context throughout, and thus, a brief word on the contemporary status of each debate follows. In many ways, one could view today's arguments as mere variations on those made earlier.

First, the title of Peter Burke's 1997 volume, *Varieties of Cultural History*, describes something of my own varied approach amidst debates over the nature of culture and cultural history, debates that often lead to stalemate as conflicting theories seem equally valid. As Perry Anderson has described, cultural history today tends to become merely "an antimony of structural determinism and destructured contingency" (qtd. in Montrose 5). I try to keep both poles in tension, retaining a long view of twentieth-century criticism while also attempting to employ new historical methods. As Burke outlines, cultural history has developed methodologically in the twentieth century in three broad and overlapping waves: classical, Marxist, and "new." Because each has its own limitations and strengths, my approach refuses to reject any one and instead employs and addresses elements of all three.

Burke links the first phase—"classical cultural history"—to Burckhardt's 1860 *The Civilization of the Renaissance in Italy* and Johan Huizinga's 1919 *The Autumn of the Middle Ages*. Because Huizinga's book was actually a response to the plethora of Renaissance historiography written in the wake of Burckhardt, one could say instead that classical cultural history begins with the nineteenth-century histories of the Italian Renaissance. This mode of history-writing standardizes the Renaissance period concept and embeds it within a Classical-Middle Ages-Modernity scheme. While such history-writing almost immediately gives rise to cultural histories of other periods—the Middle Ages or the Baroque, for example—the concept of the Renaissance centers the genre.

In his introduction to Burckhardt, Burke suggests that determining exactly what Burckhardt meant by *Kulturgeschichte* is a difficult task. Nonetheless, Burke describes possible meanings that correspond with the meanings ascribed to the English word "culture" by Raymond Williams.[13] First, culture as an abstract noun refers to artistic and intellectual activities. A cultural history in this sense traces the development of art forms and intellectual thought through history and tends to treat these cultural phenomena as autonomous, abstract entities. Burckhardt traces Renaissance cultural formation as it develops from medieval and ancient times. Second, in an anthropological sense, culture as an abstract noun refers to a holistic way of life of a particular period, people, or group. In this sense Burckhardt's cultural history treats the Italians and the Renaissance as unified wholes. The Renaissance becomes a unified period in history whose cultural characteristics are common across time, and the Italians are seen as a unified people whose cultural characteristics are common across the nation. Despite Burckhardt's claim that he is not writing a coherent narrative of the Renaissance, his text helps initiate a tradition in which the Renaissance is seen as a conceptual whole. His method sees history as the study of unified cultures and cultures composed of historically unified periods.

Classical cultural history, then, is history that relies on period-making, which places the Renaissance at a pivotal moment in human history, and which ascribes autonomous cultural characteristics to broad spans of historical time and geographical space. The writing of such classical cultural history is a central phenomenon of late Victorianism and early modernism, yet it remains understudied within these fields. Following the emergence of classical cultural history, promoters of both nationalist and modernist culture in the decades from 1880 to 1920 imitated such structures; they treated periods of time and units of space as unified wholes and interpreted their own period in relation to other periods. In the process, the periods that shaped twentieth-century art and literary studies—Victorianism, modernism, Romanticism, the Elizabethan Age, the Middle Ages, the Baroque—began to be standardized, especially in the university disciplines of art history and English literature.

This book is organized in three main parts accordingly. Part I analyzes the emergence of classical cultural history in nineteenth-century England. Parts II and III trace the imitation of classical cultural history in England in the writing of modernist art history and nationalist cultural and literary history, respectively. All of the chapters analyze the contents and structures of historiographical texts, showing how the Renaissance concept both allegorically explains the historical origins of culture, nations, and modernity and consequently the status of present-day England, and typologically provides a model to inspire new cultural forms in the present. Each chapter also reveals the contradictions and problems that develop in such a view of history.

At the same time, in all of the chapters, I contextualize the writing of these cultural history texts in their material and social contexts. In this way, developments in the Marxist or second wave of cultural history also influence my approach. In the 1950s and 1960s, thinkers such as Raymond Williams and E. P. Thompson, among others, critiqued classical cultural history for ignoring the social, economic, and political infrastructures in which various cultural forms, institutions, and organizations emerge (Burke 185–186). To the Marxists, classical cultural historians saw culture as a unified, autonomous entity that remained in an abstracted realm. In contrast, Marxists felt cultural history needed to take account of the material trends and institutions by which culture is produced, regulated, disseminated, and consumed. For Marxists, cultural history also needed to analyze the various "subcultures" of those not in the dominant classes. Despite the enormous influence of Williams and other early Marxist cultural critics, however, cultural studies in Britain has, until recently, focused more on contemporary culture than on cultural history.[14]

Of course, such critiques of classical cultural history did not begin with the British Marxists. Although Burckhardtian cultural history and the Italian Renaissance concept remained orthodox among Continental historians for at least fifty years after *Civilization* was first published, and remained standard even longer in England and the United States, beginning in the 1900s and 1910s, German scholars especially began to rework Burckhardt's concepts by incorporating economic, social, and political factors into their theories of historical periods (Ferguson 213). William Dilthey and Ernst Troeltsch both researched the problem of how rationalism, the German Reformation, and the Italian Renaissance were related (Ferguson 285ff). After Dilthey, interpretations of the Renaissance began to extend beyond cultural to economic, political, and social analysis. For example, Ernst Cassirer and Leonardo Olschki studied humanism and renaissance science in the 1910s and 1920s; and Max Weber in 1904–1905 and Werner Sombart in 1913 both developed theories of modernity linking the Reformation to capitalism. Because Dilthey's work was little known outside Germany at his death in 1911, and because in general the English remained fascinated by the cultural aspects of the Italian Renaissance, these German strands of thought have little play in this book.

Although the early British Marxists were not particularly interested in the Renaissance, I follow Raymond Williams's ideas for cultural history in several ways. First, I sketch the material and social contexts in which these classical cultural history texts were written. This is done in each chapter primarily through the analysis of such factors as art market and collecting trends, museums, art exhibitions, educational initiatives, the formation of clubs, societies, and organizations, popular taste, publishing and periodicals, and public events such as celebrations, galas, and fairs. Special attention is paid to the activities of the cultural historians themselves in these contexts. I also model my analysis on Williams's attention to keywords and examine the meanings and values assigned to the keywords "Renaissance," "modern(ity)," "nation," and "culture," trying to determine not only what the "available and developing meanings" of the words are, but also how these words become part of particular "formations of meaning" that shape the historians' "ways not only of discussing but at another level of seeing many of [their] central experiences" (*Keywords* 15). In other words, I hypothesize about how these terms shaped the way writers saw history and its relation to their own experience in the present. By focusing on keywords and devoting a separate volume to them, Williams leaves open the possibility that language and concepts embody an ideological order of existence transcendent of the material and social world, or at least that their analysis must on some level assume this separation. In his later *Marxism and Literature*, Williams uses the term "structure of feeling" to refer to a society's "formations of meaning" or "ways of seeing" experience. This term lets one avoid having to decide whether human feelings and attitudes are entirely socially- and materially constructed ("structure") or whether they are entirely natural, self-generated, affective responses to human needs and desires ("feeling"). Although a historical society's "structure of feeling" is ultimately unknowable, as Williams suggests, the cultural historian's task is constantly to dissect and uncover the past by researching and analyzing more and more aspects of historical social and material context.[15] This book participates in that kind of endeavor.

This book thus interweaves two levels of analysis—the internal structures and contents of cultural history texts and the historical and material contexts in which they were written. Such work allows us to imagine what such history-writing meant within its own context and gives new insights into the nature of modernist and nationalist movements. As Trudi Tate has recently described, "the formal and theoretical aspects of modernism have been closely analyzed, but its place in the history of its own time has received surprisingly little attention" (2). The same could be said of cultural history-writing.

Determining what historical phenomena meant to the humans living then of course raises innumerable hermeneutical problems, ones that, in fact, have inspired the third wave of cultural history and its critique of both classical and early Marxist models.[16] Influenced mostly by Foucault and New Historicism, not surprisingly the "new cultural history" emerged in the 1970s, 1980s, and 1990s within Renaissance literary studies in the United States, where the period terms "Renaissance" and "Elizabethan Age" were still firmly entrenched.[17] The British counterpart, Cultural Materialism, also began by attending closely to the Renaissance period, but this school also retains ties with and emerges out of the British Marxist cultural tradition.

Such "new" cultural historians critique both classical and Marxist cultural history for assuming a model of culture that is organic and connected and for treating material and ideological realms as separate entities. Instead, historians of this third wave see nothing as transcendent. All texts, human beings, ideas, history, and language are entirely mutually constituted and constitutive, coexisting in a web of power structures and material and social productive forces. Instead of treating historical periods as internally coherent and consistent, cultural historians see texts and contexts as contingent and indeterminate. As Louis Montrose puts it, the new orientation assumes "the historicity of texts and the textuality of history" (*ELR* 8). Everything is merely textual, shaped by and shaping infinitely complex circumstances.

Even as it refuses to adhere entirely to new historicist tenets, the present study is shaped by trends in new cultural history in several ways. Even more than the Marxists, the new historians see themselves as turning to the anthropological sense of the word "culture" (Burke 192). Seeing classical cultural history as no longer adequate because it is too focused on Western European culture, new historians tend to focus on the cultural history of dominated and underprivileged groups whose histories have not been part of the grand narrative of Western culture whether by gender, race, ethnicity, sexuality, or geography. New historians try to avoid making value judgments when comparing cultures, and they extend the concept of culture to embrace a wider range of activities (Burke 194). In this way, not only are classical cultural history's period terms deconstructed, but so is the distinction between high and low culture that modernists are thought to have instituted.

Such historians might critique the present project for being too focused on high culture, Western Europe, and male-dominated disciplines. It is true—I focus mainly on those figures who have been labeled elitist, some even fascist, and I focus on forms of culture (Italian painting, for example) that seemed accessible only to the wealthy and the educated elite. Yet I also attempt to historicize these topics within a wider context. For example, in addition to analyzing the market for Italian art and museum culture, I show how Italian paintings were made widely accessible through reproductive prints, education, and clubs and societies, and assess the popular reception of these cultural forms. While the chapters on Shakespeare focus on the imperialist side of Shakespeare studies, they also allude to an entire realm of study that could be explored further to gain a more complete picture—namely, the reception and uses made of Shakespeare in the colonized world, say in the essays of C. L. R. James, on the stage in India and Africa, or in the colonial chapters of the British Empire Shakespeare Society. While I maintain sympathy with the new historicist and cultural materialist focus on the non-privileged, an outright rejection of those figures made canonical by modernism is inappropriate. Rather, by contextualizing the modernists in ever wider and broader ways we can learn more about them, how they saw their world, and perhaps see them in a different and more sympathetic light than recent criticism has.

Additionally, one should not underestimate the links between so-called "high culture" and popular culture from "below." Shakespeare's popularity, for example, in part arose from the working classes and women's circles who were studying his texts in reading groups and extension courses long before Shakespeare became a university institution.[18] In many ways, as various chapters will show, the high culture-low culture divide, which new historians claim to overcome and Modernists are thought to have standardized, is really an inheritance from the Renaissance itself—both the fifteenth and sixteenth centuries in Italy and the period term as constructed by nineteenth-century historians. While tracing the long history of the classical-vernacular, *anciens-modernes*, or classicist-nationalist, debates regarding literature and knowledge is not a part of the present project, the so-called divisions between high and low (or educated and popular) forms of culture in the twentieth century are linked to modernism's interpretations of Renaissance phenomena. Recent work has shown how the "great divide" between modernist high culture and popular culture is not as clear-cut as was once assumed.[19] The present study also works to complicate the high-low distinction, in part by showing the similarities between promoters of modernist and nationalist culture and in part by demonstrating how cultural forms and institutions often emerged both from above and from below—from multiple classes. In fact, the high-low divide we have inherited obscures in many instances our ability to see what was really occurring in these decades.

The present study is also influenced by—and yet resists—the new historicist approach to the idea of tradition. As Burke outlines, new cultural historians use terms like "reception," "reproduction," and "translation" when discussing tradition (195–196). Rather than finding fixed meanings in cultural artifacts, new historians stress that "tradition" is always contextual, never permanent, and they work to historicize the meanings given to texts and ideas. I, too, trace the reception of keywords such as "renaissance" and attempt to historicize the contexts of its meanings. At the same time, however, history is never merely "invented," "imagined," "represented," or a product of contingent forces; history-writing never arises *ex nihilo*. The past *did* exist. Additionally, something of the past always exists in the present, whether texts, artifacts, societal forms and institutions, modes of production, genres, modes of thought, words, concepts, or ways of seeing life. History ("structural determinism") and histories ("destructured contingency") always exist in dialectic, and this very tension has fueled the three-wave methodological development of cultural history in the twentieth century.

Indeed, the reaction against modernism that constitutes the "new cultural history" actually repeats the same typological and allegorical structures of the classical cultural history it critiques. Reacting against the idea of historical periods, which make everything in a defined space and time similar, new historians instead see history as *difference*. If history is contingent, as it is in this view, then there is no coherent narrative or goal that history moves toward, and consequently no typological structure to history. Time is full of ruptures and, it would seem, infinite possibility for new futures. The new historicist view sees History as Satire. According to Gerald Bruns, satire is "counterallegory," and history as satire is the "discourse of the other against the Same," the subversive, the unmasking of the present, the "return of the forgotten, the pagan, the forbidden, the repressed" (Bruns 204). In many ways the new cultural history has helped us to focus on what is left out of allegorically-, and typologically-, structured histories, to recognize difference. But certainly many modernists were well aware of the satirical elements of history, and neither, for all their efforts, can new historicists escape allegory and typology.

In fact, even as the new history reacts against the allegorizing procedures of classical cultural history, it itself tends to look like pure allegory. As Bruns describes it, allegory is the "conversion of the same into the familiar" and "the reweaving of a text or context" (203, 85). It is "crudely, the squaring of an alien conceptual scheme with one's own on the charitable assumption that there is a sense (which it is the task of the interpreter to determine) in which they are coherent with one another" (85). Bruns cites Foucault as an allegorist, one who recontextualizes historical discourses within his own conceptual scheme (15). In this sense, all history-writing is allegory, for one cannot escape one's present situatedness. By focusing on what Montrose calls a "synchronic intertextuality," assuming disparate discourses are at some level connected, new historicists tend to isolate moments of cultural wholeness just as classical historians did (461). They, too, cannot escape allegory as they read the past through the lens of the present and as they make things similar through coherent narrations about the past. Perhaps they see allegory as inevitable but as endlessly mutating, as new narratives, contexts, and connections constantly emerge.

At least in its origins, new historicism seemed quite skeptical and had no hope or vision for the future as it insisted on the constant contingency of power structures.[20] In contrast, Cultural Materialism was forthright about its political objectives and thereby implied that history was indeed moving toward a goal. In the "Cultural Materialism" series that began in Renaissance studies in Britain, Jonathan Dollimore and Alan Sinfeld in 1988 argued that "a combination of historical and cultural context, theoretical method, political commitment, and textual analysis offers the strongest challenge" to recent historical work (ix). They insisted that culture is material and not ideal, saying as the new historicists did that texts could not escape the conditions of production and reception. At the same time, however, cultural materialists also outlined their "commitment to the transformation of a social order that exploits people on the grounds of race, gender, sexuality, and class" (x). They saw their work, as literary and cultural critics, to be participating in an overall typological view of history. I suspect most cultural historians today also see themselves participating in such a political and teleological plan or hope for history, even if they deny the category of the transcendent and attempt to locate themselves outside allegory. In an age in which we deny the Grand Narrative, we continue to write historical narratives, and hence, allegory and typology persist.

A second current area of debate regards the relation of modernism to modernity, yet this, too, echoes earlier debates about the Renaissance. As the modernists saw their own period, postmodern new cultural historians see the present age as a break with modernity, but debate still occurs over when modernity originated.[21] Intellectuals such as Adorno and Horkheimer, Habermas, Foucault, and Lyotard see modernity beginning in the Enlightenment with the rise of instrumental reason, scientific rationality, and the idea of the autonomous subject. In contrast, those in literary studies now refer to the Renaissance as the "Early Modern" period, suggesting modernity began then. In this way they fall in line with cultural historians such as Burckhardt who also saw modernity beginning in the Italian Renaissance and who defined modernity primarily by the emergence of the individual subject. Leah Marcus suggests the new period label is meant to break with the Renaissance as a concept that predominantly looks backward to the origins and influences of classical culture. Instead, "Early Modern" looks forward and attempts to find the precursors of modernism and postmodernism in early modern times (41–63). Of course this is still a typological and allegorical view of history. Indeed, defining and surpassing modernity has become *a* central if not *the* central concern in postmodern thought. Cultural studies also takes up the idea of modernity as a primary topic of study, which, as Hugh Grady outlines, roughly refers to the following cluster of phenomena: a capitalist economy, nation-states, a growing middle class, changing conceptions of the family and privacy, secularism, science and technology, and the individual autonomous subject.

In many ways such work only continues what modernists and nationalists began in the late nineteenth and early twentieth centuries. Burckhardt and Symonds as well as others all viewed the Italian Renaissance as the original period of modernity, which they too described as the emergence of the nation-state, culture, science, democratic trends, the middle class, and the individual subject. Just as postmodernists do, both modernists and nationalists from 1860 to 1920 reacted against modernity and hence the Renaissance. They saw the Renaissance as the precursor to trends in their own day and narrated themselves as surpassing and deconstructing the legacy of modernity as they simultaneously hoped to move society forward to a better way of life.

Yet both modernists and nationalists participated in various aspects of modernity even as they rejected other aspects. As Peter Nicholls and other recent scholars suggest, there are a variety of modernisms (and nationalisms) to uncover, all of which relate to and participate in what we call modernity in different ways.

The relation of formalism to modernism is another topic addressed as various "aesthetic modernisms" are recontextualized within historical discourses of the Renaissance and modernity. In Part II, on art history-writing, I question the long-standing idea that modernism in the visual arts equals formalism, and I argue that the formalist theories of Bernard Berenson, Roger Fry, and Clive Bell do not treat art and literature autonomously, as has traditionally been thought, but rather bind art and literature to larger projects concerning the nation and society at large. In particular, the social and spiritual aspects of modernist art history are traced to Ruskin and Berenson, two figures often rejected by the modernists and the later interpreters of the period, yet whose influence is undeniably present. Aesthetic modernism as a phenomenon being concerned only for the formal and the new is recast, then, as having larger concerns for the spiritual and social, and thus as having much in common with the more traditional cultural nationalist movements.

The last topic of contemporary debate to sketch is nationalism. In the period from 1860 to 1920, intellectuals and public officials worked to resurrect, instill, enhance, and solidify a feeling of cultural nationalism in England. Anthony Smith would categorize the nationalist ideas of this period as a "perennial" theory of the nation, as opposed to what he calls a "modernist" theory of the nation (18).[22] According to Smith, a perennialist view of the nation involves the following ideas: the cultural community is based on common ancestry; the nation is immemorial and extends back for centuries; the homeland is rooted in place and time; the nation is popular (for the people); the nation embodies (or should embody) certain qualities; the nation has a "seamless character" with a single will; ancestry and authenticity are underlying principles of the nation; and the nation is an organic whole (23). Promoters of national culture in this period felt England had lost and was continuing to lose some of its eternal qualities, and they worked to build up national culture again to its past Elizabethan glory, narrating English cultural history accordingly.

According to Smith, the modernist paradigm of nationalism, orthodox by the 1960s, sees the nation as: a political community based on territory, citizenship, and civic community; a structure created and consciously built by an elite to shape the masses; possessing certain resources for accomplishing unity; divided into social groups; bound together through communication and citizenship; and a mechanical construct (23). In the cultural history and theory of what I call nationalists from 1860 to 1920, however, it often is difficult to tell where the boundaries between perennial and modernist paradigms of nationalism could be drawn. In this period intellectuals and elites sought to create a national culture that would shape the masses, but they themselves seemed to hold perennial views of the nation. They both "invented" national cultural history *and* "believed" in it. The nation was an assumed historical and political structure. This point is crucial to remember. From our postmodern perspective, it is tempting to say historical movements of cultural nationalism are "invented" or "imagined," as Eric Hobsbawm and Benedict Anderson argue. In contrast, I am arguing that in this era people retained a wholehearted belief in the idea of England as a historical nation even as they consciously sought ways to enhance and promote national feeling. In other words, as Paul Peppis has recently suggested, in this period many held the seemingly incoherent view that the nation was *both* a construct and an essence (51). To further complicate matters, in addition to intellectuals and elites, many from other classes of society also participated in such endeavors, both believing in the eternal qualities of England and helping to formulate an official national culture.

As recent work on modernism and nationalism has shown, modernists also were involved in such projects, although they often were more skeptical and condemnatory of the British State than were the nationalists. Michael Tratner argues modernists were not reacting *against* mass (or popular) culture and politics, as we have traditionally thought, but instead wanted to *create* mass culture (2).[23] They wanted to create cultural forms that would shape the communal mind. To do so they drew on and reinterpreted tradition—especially the Elizabethan Age and the Italian Renaissance—and they wanted their reinterpretations to become the nation's new tradition: the nation's new communal and spiritual way of identifying itself as a people. To support ideas about the spiritual and social value of art, modernists just as much as nationalists, assumed the nation to be a natural part of the modern world, and, in order to return to an earlier view of England as a nation, nationalists just as much as modernists rejected modernity.

Then, as now, disagreements persisted over when exactly the English nation originated—whether in the Middle Ages or in modernity (the Renaissance). This debate especially influenced the writing of English literary history and helped determine the values assigned to different historical periods. As Smith suggests, social scientists and historians continue to disagree today over whether nations originated in the medieval or modern periods. Additionally, such debates about nations and period terms continue to shape interpretations of literary and aesthetic modernism. Michael Saler's recent *The Avant-Garde in Interwar England*, for example, a book that helps us to rethink modernism's relation to nationalism, relies on distinguishing the medieval and Renaissance periods in terms of nationalism. According to Saler, "medieval modernists" were influenced more by Ruskin and William Morris and hence had a more communal view of humanity and concern for the English nation. In contrast, Saler suggests formalists such as Fry and Bell were attracted to the Renaissance period and treated art and individuals as if they were autonomous from society and consequently were unconcerned for the nation (vii). In contrast, I see the so-called "formalists" as similarly concerned for art's role in society. In fact, Fry and Bell rejected the Renaissance and were also highly influenced by Ruskin, as will be addressed in chapters 5 and 6.

Such restoration of modernism to its nationalist or social concerns and vice versa has to change the way we think of modernism's so-called division of high and low culture. As Sharon O'Dair argues, the way the concept of class fits into this debate is also problematic. As she asks, is class determined by one's role in capitalist production, by one's cultural and educational achievements, by the social hierarchy, or by one's participation in societal conflict? What about intellectuals—where do they fit in? (9). As O'Dair contends, the relation between the economic and cultural components of class are problematic (9). Applying similar questions here, we have to ask, is a modernist or a nationalist who tries to create a culture for the nation an elitist or a populist? What happens when this modernist or nationalist, in order to create culture, draws on cultural forms that are already popular among the so-called lower classes? And what happens when uneducated or "lower" classes enjoy and perpetuate these cultural forms? By contextualizing several strands of the development of cultural nationalism and modernism in England and by attempting to bypass the idea of a high-low cultural binary, this book opens up such questions about the roles of cultural history-writing, class, and the intellectual in the formation of cultural nationalism. Both modernists and nationalists occupied the contradictory position of being elitist and populist at the same time.

The Emergence of the Renaissance Concept in Europe: The Fifteenth through the Mid-Nineteenth Century

Today it is standard to think of history-writing as a negotiation between past and present. All history is viewed through concepts we inherit in our time, no matter how much effort we make to shed those concepts. Likewise, each past interpretation of the Renaissance was bound to a particular historical situation and to the needs, values, and desires people had in that context. It is impossible to separate the layers of historical time. Put another way, allegory and typology are inescapable. Antonio Gramsci's thoughts on the Italian Renaissance in the early twentieth century are one example of such hermeneutical negotiation. Gramsci saw the Renaissance as a conflict between humanist elitism and vernacular popularism, yet how much this was true of Renaissance Italy and how much of this applied to Gramsci's own nation, time, and culture is difficult to ascertain. Reacting to the theories of Jacob Burckhardt and his Italian translators and followers and to cultural nationalist movements in Italy in the wake of the 1860 Risorgimento, Gramsci wanted to dispel the idea of an "Italian Renaissance." In fact, Gramsci stated, the ideological "content of the Renaissance was developed outside Italy, in Germany and France" (374), and the Italians, at least until Burckhardt's theory, never thought of themselves as having had a Renaissance. If there ever was one, Gramsci argued, there were two incompatible forms of it: a regressive, elitist humanist movement in Latin and Greek, and a progressive, popular movement in the vernacular. Eventually, however, the Church dominated during the "Counter-Reformation," and no unified notions of Italian nationalism or popular culture ever formed (374).

Historians throughout the centuries have debated about which of these two opposed movements initiated the period: Did the Italian

Renaissance create a high culture through its elitist recovery and reception of classical texts and knowledge, or a national, popular culture through vernacular writings made widely available through new mass-printing methods and movements in the church? Such arguments persisted over the centuries, such that the competing importance of classical and vernacular literatures, or high and low cultures, gradually became a characteristic thought to be inherent in the concept of the Renaissance itself. In the twentieth century, shaped by concerns in his own national culture, Gramsci saw it to be *the crucial tension* of the period.

It is not mere coincidence that in the period of 1860 to 1920, when national culture movements began to peak, historians of the Renaissance focused on the issues and tensions they faced in their own time as they interpreted the past. The tension between high and low culture was also a dominant concern in late nineteenth- and early twentieth-century England. When Symonds wrote his volumes on the Renaissance in the 1870s and 1880s, English scholars debated whether to replace classical studies in the universities and public schools with a national study of literature in the vernacular and other "modern" subjects. Symonds believed that "the higher culture of the race" would still be grounded in humanism, but that "average students [would] probably require new methods of teaching the classics" because they had no "special vocation for literature and no aesthetic tastes" (*Renaissance* 580). Embedded in interpretations of the historical Renaissance is a dilemma of the late nineteenth century: the relation of classicism to national culture, elitism to popularism.

Despite the impossibility of escaping hermeneutic circles, it is instructive to trace through time the development of the Renaissance as a period concept, for one can see how various ideas and questions about nation, modernity, and culture become attached to it. The following genealogy draws from, among other studies, three major works that trace the history of the Renaissance concept: Wallace Ferguson's *The Renaissance in Five Centuries of Historical Thought* (1948), John Hale's *England and the Italian Renaissance* (1954), and J. B. Bullen's *The Myth of the Renaissance in Nineteenth-Century Writing* (1994). All three of these scholars agree that by the late nineteenth century the Renaissance referred to a periodized segment of history, and that by the time of Symonds's texts the concept of the Renaissance was naturalized in the English language. Because these and others have provided detailed accounts of the concept in England through the late nineteenth century, I outline only briefly the early trajectory here. Throughout its development the concept of the

Renaissance is bound to larger issues of politics, aesthetics, ethics, religion, and class, such that by the twentieth century the concept became complicated and tension-bound. Every time a writer uses the term, whether aware of it or not, he inherits in and through it a wealth of significations, often contradictory ones. The following discussion shows how the ideas of being modern and being national in nineteenth- and twentieth-century England are connected to the history of Renaissance interpretation.

In addition to the conflict between low and high culture, another phenomenon seen to originate in the Italian Renaissance is secular historiography. Italian sixteenth-century historians began to take interest in questions of national origins and political development in Italy and to write the history of nations and cultures. Machiavelli's 1525 *Florentine Histories* and Giovanni Villani's 1348 *Nuova Cronica* (*New Chronicles*) are prime examples. As historians became more concerned for practical ethical and political problems, they developed models for the present based upon classical models rather than Christian ones. History became secularized as Christian teleology and the concept of divine providence were replaced with human-based models of historical time. The historian began to see himself as an objective viewer of the past who interprets history based on facts and documents.

In addition to political history, one of the first cultural histories is published in 1550: Giorgio Vasari's *Lives of the Artists*. This text also exemplifies the secularization of history-writing as Vasari presents art history as a phenomenon tied to a certain political region, Tuscany, rather than to the Church. Secularizing Christian models of time, Vasari creates a three-period historical scheme that includes an ancient age, a middle age, and a modern age. He sees modernity beginning in the fourteenth century and as a definite break with the Middle Ages—as a *rinascita* or "rebirth" of art. (Chapter 9 discusses Vasari's historical scheme and its influence on modernist period-making in more detail.) Vasari's text becomes foundational to the history of Italian art in Western Europe and remains the standard interpretation in England for most of the nineteenth century. Some replace Vasari's pinnacle of Italian art, Michelangelo, with Raphael (Ferguson 67), but in general, European scholars follow Vasari's historical scheme in which art is perfected developmentally in a trajectory from Giotto to Michelangelo. Interestingly, although Vasari devotes almost two-thirds of his text to artists before Raphael, lovers of Italian art in England virtually ignore the pre-Raphaelite artists until well into the nineteenth century. Vasari becomes a primary target of revisionists only with the expansion of the art market and the rise of scientific connoisseurship in the mid-nineteenth century. Even though *Lives* was not translated into English until 1850 to 1885, it was read in Italian by Englishmen since its original publication in 1550.

After the Reformation and the accompanying redistribution of wealth in the fifteenth and sixteenth centuries, it was common for the English to travel to Italy, but Venice was the primary destination, not Florence. Generally the English were suspicious of the Catholic Church and considered the Italians to be dangerous (Hale 9). Grand Tour routes were mapped in detail, and travel guides and accounts of journeys were common.[1] Hale argues the English were not very interested in Italian history at this time. Although William Thomas published *Historie of Italie* in 1529, it was another 200 years before the next history of Italy was written in English. The first English account of Italian painting was in 1622 (Henry Peachman's *The Compleat Gentleman*), and the second was in 1685 (William Aglionby). Both texts were based on Vasari. English taste for Italian art gradually became the preserve of a narrow circle of aristocrats and royalty, who were aided by new connoisseurs who helped them make attributions and purchases. Thomas Howard, the Earl of Arundel, was perhaps the most famous of these early English connoisseurs and was popularized as the first English collector in Anna Jameson's 1844 *Memoirs of the Early Italian Painters and of the Progress of Painting in Italy* (Herrmann 65–68). Arundel's primary client was Charles I, who was thought to have preferred Italian paintings. In these centuries English taste was based on classical influences and favored artists after Raphael.

The national feeling and historical understanding displayed in sixteenth-century Italian texts influenced national feeling in other regions of Europe. German historians of the 1500s tended to be less nationalistic than the Italians but did frame their histories in terms of general cultural and racial qualities of the Germanic peoples. Rather than delineating different historical ages, Germans saw continuity between Rome, the Middle Ages, and present times (Ferguson 37). Seeing themselves as the initiators of modernity in Christian, universal terms—and the Reformation as the truly new age—Germans utilized Italian innovation and classical recovery but tended to give the Italians little credit. These general trends persisted in Germany well into the eighteenth century.

France was highly influenced by Italian classical humanism from the beginnings of recovery onward. Unlike the Germans, French scholars tended to admit their debt to the Italians even as they developed a sense in which a renaissance had begun in their own country during the reign of Francis I. In the sixteenth and seventeenth centuries the French conceived of a secular *renaissance des lettres* to describe the classical revival of learning in France, Italy, and elsewhere, and Ferguson tells us that French dictionaries of 1701 and 1718 show the word "renaissance" to be naturalized into the French language (69). At this time, however, "renaissance" referred *only* to the revival of classical learning, an assumed event in all histories. England was influenced more by German humanism than Italian and gradually developed the term "Revival of Learning" to refer to classical recovery and the Reformation. The English thought the New Learning was providential in that it paved the way for the Reformation to take hold in their country (Ferguson 55).

The famous *anciens* and *modernes* quarrels occupied French and English men of letters throughout the seventeenth century. Factions promoting classical standards of taste feuded with factions attempting to raise the vernacular to equality with classicism. Issues of politics and religion were bound up in such debates, as those favoring the ancients tended to be politically conservative while those favoring the modern languages tended to be Protestant and nationalist. The Middle Ages, or *medium aevum*, crystallized as a period term in the seventeenth century, according to Ferguson, and German history textbooks written by Cellarius from 1675 to 1696 used a tripartite scheme of ancient, middle age, and modern periods (75).

The Renaissance started to be seen more as the origins of modernity in the eighteenth century when writers began attributing to the *renaissance des lettres* the origins of modern secular rational thought. In 1695, Pierre Bayle's *Historical and Critical Dictionary* standardized several ideas that characterized Northern thinking on the Italian Renaissance. First, Bayle's claim that the Italian revival began when Greek refugees arrived in Italy after the fall of Constantinople in 1453 created a standard starting point for the *renaissance des lettres*. Second, Bayle's claim that the revival of learning was an "enlightened revolt against barbarism" gave Italian classical culture a revolutionary and rationalist intellectual nature (Ferguson 71). Ferguson sees Voltaire as the first historian who attempted to widen the scope of secular historical writing to civilization as a whole (87). Voltaire and other eighteenth-century historians rejected the idea of theological history as had continued to prevail in the North and attempted to trace the progress of human knowledge through the universal, natural laws under which they saw civilization operating. Believing that man was perfectible, Voltaire replaced Christian teleology with the notion of universal progress. Because the Middle Ages were Christian, they were irrational in such a formulation. Instead the *renaissance des lettres* in Italy was the beginning of modern progress and the awakening of human reason (Ferguson 90). Voltaire never provided a coherent interpretation of the Renaissance, however.

In Germany the rationalist movement began to shift thinking away from Protestant universal history toward abstract philosophical world history. English historians in the eighteenth century were also rationalists. They despised the Middle Ages and saw the Renaissance or Revival of Learning as the beginning of modern times, but they never isolated a Renaissance period for having a unique character (Ferguson 99). In the 1760s the English produced a multiple-authored, five-volume world history called *The Modern Part of an Universal History* in which much space was devoted to Italy as the center of classicism. The English followed the 1453 convention for the beginning of the Revival of Learning, began to focus now on Florence, and in general saw Italy as the original home of the Revival of Learning and the Reformation (Hale 47–59). Some debate occurred over whether modernity began after or before the Reformation, however.

In eighteenth-century England, art increasingly was traded, collected, and exhibited.[2] By the 1730s London was a major art center, and its auction houses increasingly became the conduits for international art trade. Two major art houses still in existence today, Sotheby's and Christie's, were established in 1744 and 1762, respectively (although for its first fifty years Sotheby's focused on selling literary texts). In 1737 France's *Académie Royale* began regular three-week exhibitions at Salons. Shows and exhibitions of contemporary art in England increasingly attracted diverse visitors, and in 1768 George III opened the Royal Academy. By the late 1700s the public also had access to engravings and prints of art.

Activity in the art world was tied to class and religious interests but gradually began to take a national focus in England. Those who collected art still tended to be aristocrats and royalty, and paintings by later Italian masters were still the most desirable (Herrmann 11). English collectors sent envoys to search for sixteenth- and seventeenth-century Italian art, but increasing numbers of nonaristocratic Protestant English travelers tended to develop a distaste for Catholic art. Francis Haskell tells us these Italian paintings were first called "Old Masters" in a 1777 sales catalogue and that by the 1790s the term was widely used, especially in England (4). At this time "Old Master" mostly applied to Italian sixteenth-century and seventeenth-century art, but later in the nineteenth century it came to refer to all artists living before the French Revolution. Literature on taste, collecting, and connoisseurship increased. In 1722 the first English guide to Italian paintings was written by Jonathan Richardson, who focused on Raphael, Michelangelo, and later artists. Richardson felt England was lacking in its knowledge of the visual arts, and his 1715 *Essay on the Theory of Painting* called for a national school of pictorial art that would use Italy as its model. This idea of developing English national culture using Italy as a model continued to influence interpretations of the Renaissance.

In eighteenth-century Germany, two major texts established art-historical discourse such that by the end of the century art history was an established university discipline there. Lessing's 1776 *Laocoön* (translated into English in 1836) and Winckelmann's 1764 *The History of Ancient Art Among the Greeks* each raised issues concerning the history of art that remained influential into the twentieth century. Dissecting Horace's principle of *Ut Pictoria Poeisis*, Lessing separated painting from poetry and systematically theorized their differences, becoming one of the first to offer an abstract theory of art. He was concerned for the composition of a painting in space instead of the narrative or literary elements of its subject matter. Winckelmann, in contrast, took a historical and contextual approach and analyzed Greek art for its literary elements. He suggested a renaissance had occurred in Greece, not Rome (Minor 91), and with Goethe at the turn of the century, he emphasized the Hellenic ideal and initiated a new wave of neoclassicism. In contrast, the Schlegel brothers in the early 1800s established Christian piety as the standard by which to evaluate art and described the period after Raphael as one of increasing paganism due to its strict adherence to classical models. Thus, by the end of the eighteenth century in Germany, debates occurred over whether classical or Christian conventions were more appropriate for making judgments on art; over whether art's literary or formal qualities were most important; and over whether art should be treated as a product of historical context or as an autonomous object.

Additionally, in the eighteenth century the word "aesthetic" was used for the first time to refer to perception, beauty, and feeling (Minor 97). Initiating a philosophical aesthetics that shaped much of nineteenth-century thinking on Italian Renaissance art, Immanuel Kant theorized the aesthetic to be a special category of human experience and response (Minor 100). For Kant, the aesthetic experience was subjective but not personal; it occurred when a human disinterestedly contemplated art or nature. Beauty was the product of a harmonious experience in which the rational and imaginative minds worked together, when conceptual and perceptive faculties joined (Minor 98). This idea that aesthetic experience is a subjective, individual experience involving both perception and knowledge influenced Walter Pater, Bernard Berenson, and many other writers on Renaissance art in the late nineteenth century.

In response to rationalist thought, the Romantic movement emerged in the late eighteenth century in Germany, England, and France. The Romantics considered the Renaissance in three major fields: historiography, popular literature, and art history. First, Romantic historiography linked nation and culture as categories that develop together over time. Such historians changed the focus from the universal development of rational man to the development of the group or national spirit. Herder led the Romantic historians of Germany by developing the notion of *Volksgeist* in which, instead of natural and universal laws, the directing spirit that produced and regulated history and culture was nationally specific (Ferguson 116). In Herder's theory, universal rational man did not drive history but rather the specific group or "folk" spirit led an entire nation in its history. Thus, nations and cultures developed differently and were to be judged only according to the ways in which they fulfilled their national natures, not according to any universal law. Edmund Burke, who was more influential in Germany than England, made romanticism into a political philosophy in which national evolutionary history was the focus. For Burke, history was the "unconscious working of the national spirit" (Ferguson 119).

Unlike rationalists who lauded universal individualism, Romantics stressed corporate vernacular and national customs. For example, the Germans and the English idealized the "Anglo-Saxon" and traced the best in their cultures to Saxon character (Ferguson 124). In France, Madame de Staël transformed German romanticism from a discussion about nation to one about "race." Based on languages, she divided humanity into three races—Germanic, Latin, and Slav—and labeled the Germanic as superior. Although the Romantics were attracted to Italy, they tended to ignore the Renaissance and favor the Middle Ages; ultimately, however, they saw all ages as important stages in the development of each nation or race. In general the year 1500 was seen to divide the medieval and modern ages, but a separate period for the Renaissance had not yet been conceptualized.

A specific debate arose in early nineteenth-century Romantic historiography about the role of the Medici in Italian national culture. Implicit was a debate about how elitist and democratic political forms shape national culture that influenced later writers such as Burckhardt,

Symonds, and Pound. Edward Gibbon's 1788 *Decline and Fall of the Roman Empire* focused more on Rome's fall than on modern progress, but made the Medici a popular topic of inquiry as it lauded the family for bringing prestige and strength to the Italian nation. William Roscoe of Liverpool also made the Medici a lasting interest in England with his 1796 *Life of Lorenzo de' Medici* (and his less well-received 1805 four-volume *Life and Pontificate of Leo the Tenth*). Roscoe praised Lorenzo as a heroic patron of the arts who was responsible for their "sudden progress" in Italy (Hale 88). His text also helped shift historical attention away from sixteenth-century Italy to the latter part of fifteenth-century Italy.

In direct response to Roscoe, the Swiss historian Sismonde de Sismondi wrote his sixteen-volume *Historie des républiques italiennes du moyen âge*, which was published from the year 1807 to 1826 and reviewed in England in 1812. Favoring republicanism and law over despotism and culture, Sismondi argued the Medici and the arts under them perverted the law (Hale 129). Sismondi suggested Roscoe had praised hereditary despotism while ignoring its evils because of its similarity to the English monarchy. In turn Roscoe accused Sismondi of being biased against the Medici because of his republican leanings. England was attracted to Sismondi's work and read it well into the twentieth century. Such discussions regarding Italy's historical political nature and its relation to the possibility of her nationhood became a large part of England's cultural imagination for much of the nineteenth century. As Maura O'Connor has argued, the English imagined the nation of Italy long before Risorgimento Italy did.

The second field in which Romantics explored the Renaissance was the field of popular literature. In England historical novels and plays set in Italy, with medieval castles, carnivals, and the like, were very common in the late eighteenth and early nineteenth centuries. A minor strain of these historical novels lauded the crime and amorality of the Renaissance and celebrated such figures as the Borgia, Machiavelli, or the Medici. William Heinse's 1787 novel, *Ardinghello and the Fortunate Isles*, inaugurated this type of novel that explored the heinous crimes and passions of such figures (Ferguson 129). Such novels did not aim to be historically accurate and offered instead escape, adventure, and romance. Stendahl, who published a history of Italian painting in 1817, falls into this category of figures who were fascinated with Renaissance criminality, as does Byron. This linking of radical individuality, amorality, and heroism influences modernist writers such as Pound and Wyndham Lewis.

Both Ferguson and Bullen agree it is in the early nineteenth-century Romantic approaches to art history that the concept of the Renaissance as a period of history distinct from the Middle Ages first emerged. As Christianity became the basis for evaluating art, especially in England, nineteenth-century thinkers tended to be attracted more and more to pre-Raphaelite paintings, which at the time were called "Gothic" or "medieval." Such thinking set the "Renaissance" up as a subsequent period of decay and paganism.

The French did more than the English, however, to generate interest in the medieval past. Leroux d'Agincourt, whose art history was published in 1823 and translated into English in 1847, brought the focus to pre-Raphaelite painters such as Cimabue and Giotto. Even though Vasari had classified these artists as the earliest of the *rinascita*, in early nineteenth-century England they were still considered to be Gothic. Bullen credits Agincourt with first using the word "renaissance" to indicate a break between medieval and modern times (72). Agincourt's book became a reference work of art history for at least the first half of the nineteenth century. One of Agincourt's copyists, William Young Otley, became the "pioneer of English history of Italian art" and published two volumes in 1823 and 1826 (Hale 110). In these volumes Otley suggested that Cimabue and the sixteenth-century painters paved the way for Leonardo, Michelangelo, and later artists, and thereby hinted at an extended period for the Renaissance. Some Englishmen—Samuel Rogers, Edward Solly, and William Roscoe—joined Otley in favoring these early Italian Old Masters, but their contemporaries continued to favor the later Italian artists (Herrmann 16).

Post-Raphaelite paintings were still the most popular ones for viewing and purchase in England, especially when the Napoleonic wars brought an economic boom to Europe and put more collections on the market at less expense. Throughout Europe royal and aristocratic families sold their collections. Italian families made treaties with the French and gave away over 1,150 pictures that became part of the Louvre collection and made Grand Tour shows. Germany increasingly entered the acquisition scene long dominated by the English. Based on taste, fashion, and availability, English landed gentry and upper-middle-class collectors liked to place Italian Masters in their town- and country estates (Herrmann 6). The English collected so much that Winckelmann is known to have said: "Before we know where we are, the British will take the whole of Trajan's Column to London!" (qtd. in Herrmann 27). Hale tells us that between 1795 and 1810 there were twenty major sales of art in London and Paris but only three of them had pre-Raphaelite paintings, with two of these three having only one painting each (116).

While in England aristocratic gentlemen were still the primary collectors of Italian Old Masters, the wars increased their circulation and popularity. Brian Allen suggests that because of the general economic boom, art galleries, shows, dealers, purchasers, artists, audiences, and professional art critics all increased in number (4). The English public saw Italian paintings mostly through hand-sketched, simplified reproductions, but the Old Master exhibitions that began in 1815 showed privately owned pictures that were otherwise inaccessible (Haskell 4). The British School was founded in 1802, and for the first half of the nineteenth century it held Old Master exhibitions at the Pall Mall galleries, for which aristocrats loaned their collections. Haskell reminds us, however, that tension often existed between collectors of Old Masters and contemporary English artists, who wanted attention paid to their work. Increasingly, in the nineteenth century, only the very rich collected Italian Old Masters while the middle classes turned their attention to collecting and exhibiting contemporary art.

Modern English painters at this time were trained at the Royal Academy using classical Italian models and conventions. Raphael was considered to be the perfection of classical achievement and the culmination of a tradition to which English painters such as Turner felt themselves to be the heirs (Fraser 44). Even into the 1860s and beyond, narrative and historical paintings were very popular in England and often took renaissance and classical themes as their content. For example, English painters often painted biographical scenes of Italian artists as they were described by Vasari, who was still considered to be the authority on Italian art history (Fraser 45).

Still, even in this heyday of Italian art collecting and imitation, few English texts detailed Italian art. J. T. James's 1820 *The Italian Schools of Painting* was the first scientifically organized book that classified Italian art into schools, including the pre-Raphaelite painters. Additionally, Murray's 1842 *Handbook for Travelers in Northern Italy* directed public attention as it thoroughly catalogued Italian art from the pre-Raphaelite masters onward (Hale 119).

The Germans, who gradually competed with the English in the art market, were far more interested in issues of art history and documentation than were the English. In fact, German scholars for the first decades of the nineteenth century were the experts on Italian art in England. The German art historian, Dr. Gustav Waagen, for example, toured English collections and documented them fully in his 1835 *Treasures of Art in Great Britain*. He estimated that, except for Italy,

England owned more art treasures than any other country (Herrmann 3). Based on Waagen's book, Germans also organized the first major exhibition of English-owned Old Masters, the famous 1857 "Art Treasures Exhibition" at Manchester. C. F. Rumohr's *Italienesche Forschungen* was published in Germany from 1827 to 1830, and although it was never translated, it was widely read in England. Rumohr's art history started giving primacy to the characteristic forms of a painting in order to make attributions rather than secondary documents, a trend developed more fully by Giovanni Morelli and Bernard Berenson later in the century.

The Gothic movement in England, which eventually helped popularize early Italian artists, first centered on architecture and was most influenced by French theorists who wrote in response to rationalist Enlightenment thought during the 1820s "Catholic Revival." Alexis-Francois Rio's *History of Christian Art* (1836), translated into English in 1854, especially influenced those involved in the Oxford Movement and the mid-century conflicts among Catholics and Anglicans. For Rio, the Renaissance was pagan in comparison to the pious Middle Ages, and beginning with Uccello, rising fleshliness, materialism, and realism in art signaled the decline of religious and moral health (Bullen 89). Rio favored Christian art over classical art, but suggested some Christian art (such as Fra Angelico's) did extend into the pagan sixteenth century. Such linking of art's content to period terms and ethical and religious issues influenced John Ruskin especially.

Blaming Protestantism for the depraved state of nineteenth-century English society, and the Renaissance for both Protestantism and paganism, Augustus Welby Pugin, an English Catholic, wanted to strengthen Catholicism in England by reintroducing a Gothic architectural style (Bullen 101). Pugin's *Contrasts* (1836), in its second edition of 1842, contained a chapter titled "Revived Pagan Principle" that referred to architecture and paganism from the sixteenth century onward. Bullen credits Pugin for introducing the concept of the Renaissance to England, even though he despised it, so that by the 1840s the word "renaissance" was a standard part of English vocabulary (10). At this time there was much sympathy among the English for the views of Rio, but not for Catholics. Art historians tried to praise Italian Gothic (or early Renaissance) art while circumventing the issue of Catholicism. Bullen discusses Anna Jameson, Lord Lindsay, and Charles Dickens as three such critics.[3] In England, John Ruskin turned the Renaissance into a period term that encompassed more than a Protestant-Catholic conflict, and in France Jules Michelet did the same. These two arrived at dramatically different conclusions, however. Saving discussion of Ruskin for the next chapter, this chapter ends with a brief description of Michelet and Hegel, two writers who influence the trend toward periodization and its links to nation, modernity, and culture.

Hegel's philosophy of fine art lectures delivered at the University of Berlin from 1820 to 1830 influenced the development of art history, and his posthumous works *The Philosophy of History* (1837) and *The History of Philosophy* (1833–1836) helped instigate the trend toward historical periodization.[4] The fine arts lectures made aesthetics about art only, not nature, as Kant had theorized. They also based art's truth not on Kantian perception but on knowing and rationality (Minor 101). Hegel saw a universal spirit or *Geist* as the essential mover of history and truth. This universal spirit could be revealed through art, religion, and philosophy. Hegel believed universal truth and meaning were most accessible in art, but they were less adequately revealed there than in religion or philosophy. For Hegel, the best art conjoins seamlessly the idea and the material form.

As Michael Ann Holly suggests, in addition to such "idealist" notions, Hegel also introduced historicism into discourses of art and history. Holly argues these two aspects of his methodology and thought—idealism and historicism—can never be fully separated, nor should Hegel be considered solely a proponent of one or the other (34–35). Thus, in addition to being a bearer of universal Spirit, art is a historical document tied to a particular culture. Following Herder, the universal world spirit manifests itself in various national spirits, and the history of civilization is the history of national cultures as they are fulfilled over time. A work of art for Hegel, then, represents the ways in which the Spirit is manifested in a particular people, period, and nation and reflects the specific culture of which it is part.

In turn, historical periods, peoples, nations, and individual works of art embody essential qualities that develop over time as they work toward the *telos* of Freedom. Although he does not write much on the Renaissance per se, Hegel interprets history as a system of thesis and antithesis in which periods are manifestations of a dialectical logic that operates through history. For Hegel, the Middle Ages and the Renaissance gradually become synthesized as what he sees to be the pinnacle modern period: the German Reformation. Hegel's philosophy of history and art combines both the specific history of nations, cultures, and periods and a theory of universal ideals. Such ideas influence in one way or another virtually every other thinker on the Renaissance, especially as they are taken up by Hegel's student, Jacob Burckhardt, who theorizes comprehensively the Italian Renaissance as a unique period during which the modern spirit of humanity first emerges.

Michelet is often credited with being the first to isolate a period in history, call it "The Renaissance," and identify it as having its own character beyond the recovery of classicism (Ferguson 177). His *La Renaissance*, published in 1855 as the seventh volume of his seventeen-volume *History of France* (1833–1862), treated the Renaissance in France and arose out of a particular political situation in which he was embroiled. Like Hugo, Rio, and others before him, Michelet started out as a lover of the Middle Ages. As he and his colleague Montelembert became more and more opposed to the ideology of the 1820s Catholic revival in France, however, Michelet began to lecture and write more on the Renaissance, thereby opposing his Catholic colleagues and their promotion of a medieval, Jesuit-controlled university system. Instead, Michelet fought for State control of French universities.

In direct contrast with Ruskin, Rio, Pugin, and others, and arising in the wake of the 1848 Revolution in France, Michelet saw the Renaissance as the most positive development in human history—the beginning of the "Revolution." For him, the Renaissance began in the sixteenth century when the human spirit was reborn and devoted itself to "the discovery of the world and the discovery of man." He saw the Renaissance as an age of heroism and individualism—as a liberal revolution against the aristocracy—and he narrated the lives of great men who revolutionized culture. Unlike Ruskin and others who favored pre-Raphaelite art in England, the fourteenth and fifteenth centuries for Michelet were undemocratic and in decline (Ferguson 176). Instead, he favored the sixteenth-century Renaissance, when men discovered the light of reason and began heading toward democracy, human greatness, and, following Hegel, freedom. In Michelet's Renaissance, the rationalist themes of reason, individualism, democracy, and secularism are combined with romantic ones of revolution, nationalism, and human creativity. Symonds and others in England were highly influenced by Michelet's "Renaissance as Revolution" paradigm and the view that the Renaissance brings the liberal individual into the modern world.

To summarize, in the hermeneutical negotiation that is history-writing, interpretations of the Renaissance are tied to concerns each writer has in his own national context regarding religion, politics, ethics, aesthetics, taste, class, and so on. By the mid-nineteenth century in England, the Renaissance is seen as the origins of modernity, but writers debate whether this is a good or bad phenomenon. For some, modernity as the triumph of secular rationalism over Christianity is positive; for others, it signifies decay as Christian truth and morality are rejected. For some, the emergence of the liberal secular individual in the Renaissance is a positive development in the progress of humanity toward perfection and freedom; for others, it leads to immorality and a loss of all sense of human community and national spirit. Catholicism is attached to the Middle Ages and Protestantism (and Paganism) to the Renaissance; both are judged according to how the respective periods are judged. Questions of taste and artistic standards also shape judgment of the Renaissance as writers compare the Gothic and later "High Renaissance" period of Raphael, tying to aesthetics their concerns for ethics, religion, and secularism in their own age. Finally, debates about politics and culture are central to discourses of the Renaissance. These include debates over whether despotism or republicanism is more capable of producing a national culture; over the idea of revolution and what it means to attain spiritual and political freedom; over the emergence and nature of national and racial groups and the relation of specific groups to universal ideals; and over the question of how high (or elite) and low (or popular) cultures should compose English culture. English writers of cultural-, art-, and literary history over the next decades of the nineteenth and twentieth centuries continued to be influenced by these earlier debates as they generated ideas about national and modern culture and sought to justify them by placing them in historical view.

Classical Cultural History and the Periodization of the Renaissance: Ruskin and Burckhardt

Classical cultural history first emerged in England and Germany in the mid-nineteenth century. Before this time, the Renaissance was assigned value according to the conventions of the discourses and sources in which it was considered: writings on art history, taste, and collecting; travel writings, novels, and poems; political and cultural histories and biographies; philosophical, theological, and moral treatises; even art exhibitions and a general fascination with Italy. As Ferguson reminds us, until the late nineteenth century in England, most of these discourses were not considered academic, professional, or disciplinary in the sense we have today, and often the most influential intellectual texts were also the most popular. In classical cultural history, these varied discourses congealed such that the Italian Renaissance was standardized as a unified period embodying definite political, cultural, and historical characteristics. John Ruskin first established the Italian Renaissance as such a period in England, and Jacob Burckhardt did the same in Germany. Both responded to and were interested in the increasing international market for Italian art as well as the state of their national culture.

Despite their seemingly opposite views of the Italian Renaissance, both Ruskin and Burckhardt narrate history typologically, finding in the past a period whose recreation or recovery might allow the immediate past to be surpassed and the present improved. Each also reads the Italian Renaissance allegorically as the originating period of modernity, nations, and culture to support his theory regarding contemporary culture. Both see culture replacing religion in the Renaissance as the framework within which to mark historical time and conceptualize human existence, and both believe cultural forms possess religious and spiritual functions. All of these ideas become the conceptual means by which later writers narrate human history and the development of culture in time and space. Not all of the meanings Ruskin and Burckhardt attach to the Renaissance are necessarily consistent or coherent, however, making later interpretations of the period quite complicated.

Ruskin's Theories of the Gothic and the Renaissance

During the Napoleonic era of the late eighteenth and early nineteenth centuries, trade of Italian Old Masters increased dramatically across Europe, and English aristocrats were the primary buyers. Increasingly in the early 1800s the public was introduced to Italian art through exhibitions of private collections and volumes of engravings and prints. Viewing Vasari as the authoritative source on Italian art, English taste generally focused on artists after Raphael, and artists trained at the Royal Academy followed the classicist conventions of sixteenth- and seventeenth-century Italian painters, especially as perfected by Raphael. In the nineteenth century the middle classes began to collect "modern" or contemporary art painted by Englishmen, such that by the 1850s collecting was very popular and commercialized. Eventually, through the writings of art historians such as Rio and Pugin, taste in England began to shift toward the earlier Italian painters, such as Giotto, who at the time were considered to be Gothic. Ruskin promoted these Italian pre-Raphaelites and linked appreciation of such art and Gothic Italy to the moral, cultural, and spiritual well-being of contemporary England. His ideas linked cultural nationalism and historical periodization, and conceptually tied together religion, ethics, and aesthetics. Later, modernists and nationalists alike had to contend with the dominance of Ruskin's theories and cultural production, and they used, rejected, and accommodated his ideas to varying degrees.

The mid-nineteenth century was also the age of national museums. In the wake of Herder's ideas about national culture, officials of various European national galleries and museums made Italy their stomping ground as they tried to increase their nations' art collections. Gradually, trade in Italian Old Masters increased and shifted from the control of European aristocrats to these national museums. England, who saw itself as the guardian of Italy's art treasures, and Germany, who continued to develop the fields of art history and philosophical aesthetics, were especially involved in acquisition. As the nineteenth century progressed, the market for Italian art became increasingly competitive and nationalistic, making necessary a new type of art scholar—the connoisseur—who was needed to establish adequate attributions and ensure originality. While chapter 5 analyzes the figure of the connoisseur in more detail, here it is important to note that the general distribution of Italian art around Europe as well as increasing scholarship on Italian art eventually led to what has been deemed a "cult of the Renaissance," in which Italy and Italian art acquired huge popularity, inspiring aestheticism and the writing of classical cultural history in England.

Ruskin worked in both theoretical and practical ways to introduce Gothic Italian art to England. Through appreciation of it, he argued, a greater national good could be achieved. In order to justify and legitimize his theories of art, Ruskin viewed history allegorically and typologically, relating the Renaissance and modernity negatively to his present-day England and hoping the art of the present—as representative of national culture—would surpass the art of the immediate past.

To understand what Ruskin admired in Gothic art and hoped for in his own culture, one needs to know something of Ruskin's general theory of art. For Ruskin, aesthetic beauty and Christian ethics are inseparable; the former cannot exist without the latter. This theory is best articulated in *Modern Painters* (*MP*), five volumes written from 1843 to 1860. Here, Ruskin distinguishes between "typical beauty" and "vital beauty," and conceptualizes both in Christian typological terms. Nature in its very form embodies "typical beauty," which Ruskin defines as "that external quality of bodies...which, whether, it occur in a stone, flower, beast, or in man, is absolutely identical, which,...may be shown to be in some sort typical of Divine attributes" (*MP* II.219). Nature and man are types—made in the image and mold of God, the "inevitable stamp of his image on what he creates" (*MP* II.277). Yet this beauty is not yet complete or fulfilled. Just as Adam was a precursor or imprinted mold merely pointing to the fulfillment found in Christ, so earthly forms are but images of God's eternal beauty and truth.

Perceiving typical beauty involves the senses and the intellect, and also what Ruskin calls the "theoretic" faculty or moral sensibility (*MP* II.201). Ruskin says he does not use the term "aesthetic," for it tends to leave out the moral element necessary to understanding truth (*MP* II.201): "Aesthesis" involves the "mere animal consciousness" of pleasantness, whereas "theoria" involves the "exulting, reverent, and grateful perception of it" (*MP* II.205). Ruskin's inclusion of the moral element in aesthetic judgment later becomes a point of contention for various modernist art history writers and theorists.

"Vital Beauty" is for Ruskin even more difficult to capture in art and perceive in nature, for it occurs when the artist or viewer imagines the *fulfillment* of beauty and truth in the imperfect creature he finds before him in nature. Whereas "Typical Beauty" rests in nature's external forms, "Vital Beauty" resides in nature's inner "spirit." Ruskin defines "vital beauty" as "the appearance of felicitous fulfillment of function in living things, more especially of the joyful and right exertion of perfect life in man" (*MP* II.219). Perceiving vital beauty involves a sympathy with nature or a love for it, a sensibility and accuracy of perception in which the artist discovers the "Truth" or "Spirit" present in nature's substances. It also involves the imagination, for the fulfillment or perfection of the type is not present on earth; earthly beauty is only a "shadow" of consummate beauty (*MP* II.326). Perceiving this level of beauty also involves a "faithfulness of the heart in its moral judgments" (*MP* II.291) in which both the mind and the eye "interpret all that is written upon [an object], disentangle the hieroglyphics of its sacred history, and the veil of the bodily temple, and rightly measure the relation of good and evil contending within it for mastery" (*MP* II.311). To see to the depth of things, to what their fulfilled or perfected state would be like, and then to portray it in art, the artist requires the "highest powers of penetration, sympathy, and imagination" (*MP* II.194). Only an artist infused with Christian spirituality and moral sense can perceive vital beauty in imperfect nature and represent it in art. The artist has a spiritual function, then, for he is the type of person most capable of imagining the typological fulfillment of God's eternal truth and beauty and of bringing such vitality and life to the viewer.

Ruskin's three-volume *Stones of Venice*, published from 1851 to 1853, establishes a periodized view of history that supports this theory of art. In these volumes Ruskin allegorically links the Renaissance to his own "troubled" age; he sees the Renaissance as the beginning of modern trends in art and culture that had lasted into his own day and of which he disapproves. He also returns to the earlier Gothic period in the hopes it would typologically prefigure or model what his own age could become. Linking Christian ethics and aesthetics, Ruskin is antimodern but pronational.

In sections titled "Nature of the Gothic" in Volume Two of *Stones of Venice* and "The Fall" in Volume Three, Ruskin assigns to the architecture and culture of the Gothic and Renaissance periods contrasting moral and aesthetic qualities. To Ruskin, Gothic architecture embodies Christian morality and a proper Christian view of human beings and the world, and thereby reflects the good health of the culture and nation in which it was produced. Gothic architecture is imperfect and playfully grotesque, and thereby demonstrates its culture's recognition that human beings exist in a state of imperfection. Rather than seeing such art as inferior, Ruskin sees imperfection as a sign of vitality, expression, and exertion on the part of the artists and their culture (II.171). Such art brings pleasure and happiness because it recognizes that man is finite yet living within God's providential plan (III.55). Gothic art fuses its formal content with its spiritual content, its external or typical beauty with its internal or vital beauty (II.196–197). Such art might not be technically perfect, but for Ruskin, the beauty that exists in Gothic art's representation of nature is *always* a reflection of God's truth.

To Ruskin, the Gothic artist is a superior yet still imperfect type of human, for he perceives God's truth in nature using his whole being, "in perfect balance, the imaginative, moral, and intellectual faculties," and seamlessly expresses it in his art (III.158). The Gothic craftsman is free from rules, conventions, and concepts that regulate art (II.162–163), which is Ruskin's ideal state, for nothing should come between "Nature and the artist's sight; nothing between God and the artist's soul." The artist's life is "to see, to feel," not to think, judge, argue, or know (III.40). In tune with God, the Gothic artist is free of the scientific, rational, and classicist framework of modernity.

The Renaissance, in contrast, initiated modernity and the trends in art and culture Ruskin hoped would be surpassed in his day. Modern conventions begun in the Renaissance include what Ruskin calls "Pride of Science," "Pride of State," and "Pride of System." By "Pride of Science" Ruskin refers to the Renaissance development of scientific rules and models for perfecting the imitation of nature in art—the classical tradition. Such adherence to conventions eventually leads to the "fall of the arts in Europe" when Renaissance artists ignore man's finitude and drive after a "relentless requirement of perfection" (II.171). To Ruskin, "nothing is a great work of art" if it relies on these things, and indeed, "all written or writable law respecting the arts is for the childish and ignorant" (II.175, III.99). When such rules and restraints become systematized, they oppose the divine law and merely serve as "fetters," "cages and manacles," and "chain mail" on artists and culture (III.98).

As these conventions become "Pride of System," art dies. Man's claims to systematic knowledge in the Renaissance deaden his imagination and energy, and the "faculties of men" that once served Faith now serve "Fiction" (III.55, 109). Ruskin even calls this approach to art and nature "evil," for this "demand for perfection, at any cost" is wrong (III.8). Renaissance men strayed from Christianity and a proper view of man and nature and instead focused on themselves and their abilities (III.58): "The desperate evil of the whole Renaissance system is, that all idea of measure is therein forgotten, that knowledge is thought the one and only good, and it is never inquired whether men are unified by it or paralyzed" (III.540). In Ruskin's view, Renaissance artists separated the aesthetic from the ethical or "theoretic" faculty and pursued outward beauty while neglecting inner truth. Ruskin despises this view that sees the human subject as perfectible on earth outside of Christianity. This idea of perfectibility and its connection to the Renaissance becomes a key issue in modernist art history.

In addition to implying a false view of humanity, Ruskin also sees such art as "evil" because it relies on the aristocracy, what he deems Renaissance "Pride of State." Ruskin sees Renaissance architecture reflecting the aristocratic ideals of self-sufficiency, "refined, high-trained, and deeply erudite" personality, luxuriousness, perfection, lack of sympathy, and bodily pleasure (III.62–63). Instead of creating art for the worship of God, Renaissance aristocrats, princes, and courtiers patronize art for the purposes of glorifying man, taking too much pride in both their families and their bodies. To Ruskin, Venice slowly sank into these modern trends until it fell like the "Virgin of Babylon" (III.97): "From pride to infidelity, from infidelity to unscrupulousness and insatiable pursuit of pleasure, and from this to irremediable degradation, the transitions were swift, like the falling of a star" (III.112). In Venice "the Renaissance frosts came, and all perished!" (III.21).

The Renaissance initiates several trends, then, that constitute modernity that Ruskin despises: the classical tradition of art with its conventions, rules, and regulations; the idea that the human being is perfectible outside of God's truth; the pursuit of formal beauty alone and the neglect of art's inner spiritual function; and the dependence of art on the aristocracy and wealth. Ruskin sees these trends as still dominant in his present-day England: "little progress has been made as yet" in the contemporary world (III.6, III.166). To him, the modern artist barters "all the birthright and power of nature" for the mask of "unhappy prettiness and sameness," and as a consequence, modern art is "hardly better than the blocks on which dresses and hair are tried in barber's windows and milliner's books" (*MP* II.313).

While Ruskin admits the "modern mind" might be different than the Renaissance mind, to him the "errors, with respect to the cultivation of art, are precisely the same": both periods adhere to the ideas that the workman must acquire "a more perfect finish" and that "the goodness of work consists primarily in firmness of handling and accuracy of science" (III.170). In other words, like the art of the Renaissance, contemporary English art is too bound to conventions of scientific representation and the classical tradition.

Instead, Ruskin wants his age to reject the Renaissance and return to the Gothic as a typological model, stating: "I believe that in a few years more we shall wake from all these errors in astonishment, as from evil dreams; having been preserved, in the midst of their madness, by those hidden roots of active and earnest Christianity which God's grace has bound in the English nation with iron and brass" (III.112). He feels the Gothic lies latent in England: "it by no means follows that because the grotesque does not appear in the art of a nation, the sense of it does not exist in the national mind. Except in the form of caricature, it is hardly traceable in the English work of the present day; but the minds of our workmen are full of it, if we would only allow them to give it shape" (III.162).

If English artisans return to Gothic models, the Renaissance and all of modernity would be surpassed. Even more importantly, England as a nation would once again demonstrate her moral character and Christian grounding. Ruskin narrates this return to the Gothic in terms of a rebirth from the dead, calling for sepulchres and "forgotten ruins" to be opened again, for Byzantine domes and Northern medieval cloisters to be noticed again, so that their "multitudinous souls" will look on us, "stretching their white arms to us across the grave, in the solemn gladness of everlasting brotherhood" (III.188). He calls for the modern artist to "leave his academic benches, and, innocently, as one knowing nothing, go out into the highways and hedges, and there rejoice with them that rejoice, and weep with them that weep and in the next world, among the companies of the great and good, Giotto will give his hand to him, and lead him into their white circle, and say, 'This is our brother.'" (III.174). If the hold modernity has on art can be surpassed, Ruskin feels that "London of the nineteenth century may yet become as Venice without her despotism, and as Florence without her dispeace" (III.193, 197).

In Ruskin's aesthetic theory and art history, then, art is judged according to three inseparable categories: the aesthetic, the (Christian) ethical, and the national. While rejecting modernity, Ruskin retains hope in the other two constructs of classical cultural history: the nation and culture. In Ruskin's view, the return to the Gothic and hence to what is truly England should be a democratic, nonaristocratic process. He sees the potential for good art in the common artisan, and he wants the artisan to be freed from a system requiring academic training and aristocratic patronage. To institute such democratic notions in England and thereby to help the nation return to its proper state—to the "fulfillment of its function"—Ruskin was indefatigably active in various arenas in the English art world, including the Arundel Society, art exhibitions, art education, and the National Gallery.

In the mid-nineteenth century, England not only held the largest number of art treasures outside Italy but also saw itself as the guardian of art *in* Italy and often narrated itself as such. The most obvious manifestation of this was the Arundel Society, founded in 1849 in order to raise English awareness of the decay of Italian art and to provide funds to help restore it. The Society was headed by A. H. Layard, the archaeologist who discovered Nineveh and later became a trustee of the National Gallery and a Member of Parliament. Ruskin also helped found the Society and was very involved in its projects. Under his influence, the Society helped turn public attention from fifteenth- and sixteenth-century painters to Gothic art.

Art critic J. B. Atkinson's article in the 1860 *Blackwood's Magazine* about Italy's frescoes reflects both England's paternal attitude toward Italy and the Society's promotion of Christian Gothic art for the purposes of improving English culture. In 1860 Italy achieved nationhood, but English art experts still saw the need to intervene and aid Italy in the recovery of her greatest national cultural treasures. Atkinson begins by stating that "Young Italy," if it does not save the frescoes that German soldiers disrespect and plunder, may experience the "irreparable loss of those great trophies which should ever be cherished as the charters of a nation's liberty and genius" (458). The Society felt that England with its wealth and power ought to keep "vigilant watch" on Italian art, for "at any moment a cannon shot" could destroy it (471). In addition, restoration processes and weather were causing permanent damage to frescoes (459). According to Atkinson, there was much fourteenth-, fifteenth-, and sixteenth-century "Christian art" yet to be saved—an almost "divine pictorial revelation" from Giotto to Raphael (465).

The Society worked to save the frescoes by bringing to the public the "sad stories of destruction," such as were occurring in Giotto's Arena Chapel, through the publication and sale of chromolithographs and accompanying narratives, which Ruskin and Layard helped to write. A subscription for a "copying fund" was initiated so that the Society could make watercolors, tracings, and photos of the frescoes and later display and publish as many as possible. Many of these drawings were made into chromolithographs and sold. Although this medium slightly altered the colors, outlines, and tints of the originals, it was the best reproductive technique then available.[1]

Clearly, however, the Arundel Society's primary goal was not the building up of Italian culture but rather the improvement of English national culture through the appropriation of Italian Gothic art in England. Atkinson acknowledges this double goal when he states that the Society's "position as guardian and protector of the art-treasures of Italy—its office of mediator and translator between England and Italy, between the arts of an early age and a distant people, and the present wants and tasks of our own country—is now generally acknowledged" (464). Similarly: "The dawn of a new, and we trust of a higher, life is on all hands awakening" and the Society cannot help but feel that "Italia's need comes as England's opportunity" (467). In this new era of "increased luxury" and "increased taste," Atkinson pleads, expanding England's collections and publishing copies of Old Masters will instruct students and artists and "refine the people in their enjoyments" (467). In this way, the Society saw itself as an extension of the National Gallery. By bringing copies of what could not be removed from Italy to the "very door of every Englishman," the Society could "diffuse and popularize" early Italian Christian art and thereby better the nation's cultural taste (470).

For the Arundel Society as for Ruskin, aesthetic sensibility and Christian spirituality were inseparable, and Italian Gothic art perfectly exhibited such fusion. By coming to love such art, national art could be improved, for in this period of transition in which Italy is the "fading sunset," England could become the "opening dawn" (463). Viewing Italian art in these new colored formats could help the English learn the arts of expression, emotion, and color—everything the Italian Gothics were capable of feeling freely but which the English had always lacked (462–463). The society wanted "national art [to] assume a higher tone and aspire to a nobler purpose" and hoped "public taste might in some measure be withdrawn from works naturalistic and meticulous," as were commonly being produced by classically trained artists (464). The spirit conveyed through Italian art's emotion, devotion, and rapture involved a feeling completely different from modern art's intellectual, calculated, and scientific spirit (468).

In addition to working with the Arundel Society, Ruskin was on the organizing committees for two of the first major exhibitions of Old Masters in England. The 1857 "Art Treasures of the United Kingdom Exhibition" at Manchester allowed 1,300,000 visitors to see an Italian early master such as Giotto or Fra Angelico for the first time (Haskell 83). Such paintings were not yet available in the National Gallery. Although it also contained Spanish, German, Flemish, Dutch, and English art, the exhibit gave "unprecedented coverage to Italian art of the Middle Ages and early Renaissance" (Haskell 85). At this point the English were still dependent on German art scholarship: the German scholar George Scharf organized the exhibit, which was based on *Treasures of Art in Great Britain* by Gustav Waagen, who also served as a consultant. The second major exhibition—in 1868 at Leeds—also contained many Italian Old Masters (Hale 163).

While Ruskin believed the artist's perception was a gift, he also believed the proper perception of art could be taught, and hence he was involved in numerous education initiatives.[2] From 1855 to 1860, he taught drawing at the Working Men's College. He also supported the Art for Schools Association, which produced and circulated prints to schools, and served as its president. In 1868, when Felix Slade donated funds to establish Fine Arts professorships and courses at Oxford, Cambridge, and the University of London, Ruskin took the first chair at Oxford. Ruskin focused on the teaching of drawing, believing such training improved artistic perception (Effland 136). He also felt studying natural history and landscapes could help students perceive God's truth and beauty therein. At Oxford, Ruskin gave many lectures on art, worked to establish collections of artworks and prints for study, established a drawing mastership, and promoted art instruction in general (Effland 137). Lagging behind France and Germany in art education, drawing was instituted in British primary schools in 1857, and tended to emphasize design and established-conventions. In contrast, Ruskin wanted to teach perception—how to see truth and beauty in nature, sense it vitally, and express it in art. Such heightened perception would naturally enhance aesthetic taste and Christian moral sensibility, and thereby improve national culture. Such a view also maintained a democratic value for art outside the commercial realm.

Influenced by Ruskin, the National Gallery under Charles Eastlake also began to bargain for early Italian paintings and purchase them for the public's benefit. Following Vasari, the Gallery's collections were initially organized around the idea that art history gradually developed until perfection was reached in Raphael, Michelangelo, and Leonardo (Fraser 64). Before Eastlake became the director in 1855, the Gallery held only four pre-Raphaelite paintings. A Parliamentary Commission urged the Gallery to begin purchasing Gothic art in 1836, and from 1855 to 1865 Eastlake bought a few early masters every year (Herrmann 309).

Joining Ruskin and the Arundel Society in popularizing Italian Gothic art was the pre-Raphaelite Brotherhood, founded by Dante Gabriel Rossetti in 1848. Rossetti and others such as Burne-Jones favored the early Venetian Renaissance painters and worked to imitate them. By the late 1850s and 1860s, however, as more and more Italian art from both the early and later periods was being dispersed across Europe, exhibited, and reproduced in prints and books, the pre-Raphaelites and even Ruskin began to reassess their views of sixteenth- and seventeenth-century Italian art. Second generation pre-Raphaelites and Rossetti, Burne-Jones, Frederick Leighton, and Watts shifted from quattrocento to later Italian models such as Leonardo and Michelangelo. By the late 1860s and 1870s in England, according to Hilary Fraser, both early and later Italian artists were admired (129). Even Ruskin reassessed his views of the Renaissance. With his famous "unconversion" experience before Veronese's *Solomon and the Queen of Sheba* at Turin in 1858, Ruskin loosened his views about late Renaissance decay and admitted that sensuousness in art did not necessarily preclude the ability to depict spiritual truth (Fraser 125). He maintained his dislike for any overt references to sexuality in art, however, and never approved of Raphael or the Renaissance as a whole.

Ruskin was the first cultural historian in England to treat the Renaissance as a unified period concept and assign to it national cultural, aesthetic, and moral qualities, albeit the entirely negative ones of pride, immorality, undemocratic privilege, secularism, science, and excessive knowledge. Through his writings and practical efforts, Ruskin expanded popular taste toward an appreciation of Italian Gothic art and away from that of the high Renaissance. His theory saw the ethical, the aesthetic, and the national good as intimately linked, and he felt a truly Christian art should play a key social and spiritual role in the life of the nation. Allegorically and typologically, a return to the Gothic would restore England to her innate "function" and identity—a nation of Godliness—and leave the legacy of the Renaissance and modernity behind. Ruskin saw such a transformation as a democratic process, one that could occur among the lowliest of artisans and viewers without a dependence on the marketplace.

For much of the second half of the nineteenth century Ruskin's ideas and influence presented the largest challenge for those promoting modern art. In the early twentieth century, Ruskin was simplified as the Victorian "Other" against whom Modernists such as Roger Fry and T. E. Hulme saw themselves reacting.[3] As later chapters demonstrate, however, English modernists imitated and repeated several aspects of Ruskin's aesthetics and historiography. Like him, they created a typological and allegorical account of art history, and they theorized art to be the central force in the spiritual life of the nation, believing that aesthetic taste and experience could be taught among all classes. Additionally, even as they perceived themselves to be reacting against Ruskin, modernists treated Renaissance art much the way he did: as the beginning of modernity and the long decline of Western art through its increased emphasis on science, rationality, classicism, and wealth. They also exhibited one key difference, however; they sought to dissociate aesthetic perception from any sense of Christian ethics.

One other contradictory legacy from Ruskin also continued to shape ideas about culture in the decades that followed: the idea that as one develops a theory about culture's democratic place in the nation one also is individually, or as an elitist, determining what type of culture is best for the nation. Linda Dowling argues that such a view sees the aesthetic as a means of "social redemption" but is really "an aristocratic gift projected as democratic endowment" (24). Even as he rejects modernity and the individualism of the Renaissance, Ruskin fully participates in the ideology of liberalism. Although he never claims all people are equal, he relies on the idea that each person is composed of a "rich and indelible individuality," a universal human quality by which all humans can access and respond to beauty and truth (32). Although in Ruskin's theory humans are to interpret their position in terms of God's plan for history, Ruskin also implies that just a handful of individuals understand what good art is and can aid the nation in the quest for better taste. This tension between elitism and popularism is passed on to later theories of both modernists and nationalists. Yet, like Ruskin, writers of cultural history accept this notion of being elitist and populist at the same time as normative, for that is how they saw culture working in the historical Renaissance.

As Italian art became increasingly available to the public through exhibitions and the market in the late nineteenth century, not only did Ruskin and the pre-Raphaelite painters lessen their criticisms of it, but an international "cult of the Renaissance" emerged, a large network of admirers who, like Michelet, turned once again to lauding the Italian Renaissance in positive terms. The most famous and influential of these historians was Jacob Burckhardt, who saw in the period the origins of that element of modernity in which Ruskin inescapably participates: the liberal individual.

BURCKHARDT AND THE RENAISSANCE AS ORIGINS OF CULTURE, NATIONS, AND MODERNITY

The original publication of Burckhardt's *The Civilization of the Renaissance in Italy* in 1860 went virtually unnoticed in England, and the text was not translated into English until 1878. Although Symonds was initially the larger influence there, Burckhardt's text had greater influence in the twentieth century. Indeed, Burckhardt's theories of the Renaissance, although adapted and modified, were orthodox into the 1900s and 1910s and were not thoroughly questioned until after the Great War.[4] At the time *Civilization* was published, Burckhardt had already published the hugely popular travel guide to Italian art, *Der Cicerone* (1855). Together with the changing art market, his texts helped to usher in the age of what is known in Germany as *Renaissancismus*, a phenomenon that had its English equivalent.

Like Ruskin, Burckhardt sees the Renaissance as the beginning of a modernity that had extended into his own times: the Renaissance is the "Mother of our own," he states, whose "influence is still at work among us" (20). Yet he enlarges the scope of the period by shifting the Renaissance backward into the *quattrocento*, including what had previously been labeled Gothic by Ruskin and others. Even though he denies Hegel's teleology, Burckhardt is remarkably similar to Hegel when he uses the term "Spirit" to describe the work of history in modernity. He describes Florence as the "most important workshop" of the "modern European spirit" (73), and he suggests that Florence is the "most modern state in the world," meaning it has the "most elevated political thought and the most varied forms of human development" (65). For Burckhardt the most distinguishing feature of the modern spirit is the development of the individual. In his scheme, the modern State, in this case despotism, is necessary for the modern Spirit of individualism to develop, and it is due to individualism that Renaissance Florence inaugurates modernity.

Burckhardt's historical periods constitute an allegorical and typological project in which the Renaissance and modernity have a conflicted relation to the present. As Jeffrey Perl argues in *The Tradition of Return*, like Ruskin, Burckhardt is disappointed with the course modernity had taken since the Renaissance and sees his age as incompatible with the cultural forms the Renaissance initiated (22–23). In particular, Burckhardt is disappointed with the "bourgeois materialism, progressivism, and pursuit of novelty that dominate the modern era." Unlike Ruskin, however, Burckhardt is equally condemnatory of "Christianity's pursuit of the Ideal" that prevails in his own mid-1800s culture (Perl 24). On one hand, then, the Renaissance provides a way to think about his own age and the origins of its decay; some elements of modernity along with the Middle Ages are dismissed as models for culture. Yet on the other hand, Burckhardt lauds the earlier portion of the Renaissance as a model of national culture.

For Burckhardt, culture and the new political form of the nation develop contemporaneously in the Renaissance and are inseparable entities. Culture is an institution of modernity that typologically replaces Christianity and takes on spiritual functions within society. When Burckhardt says that due to his political circumstances man becomes "a spiritual individual" who is "no longer under the spell of race" (98–99), he indicates that a new quality—the spirit—defines human subjects, replacing race, blood, and the medieval concept of the soul. Following Michelet's "Discovery of the World and Discovery of Man," Burckhardt argues that this modern spiritual individual splits into an inner and an outer man during the Renaissance. The "inward development of the individual" corresponds to a "new sort of outward distinction," what Burckhardt calls culture, or, "the modern form of glory" (104). In other words, the inner spirit of the individual is made manifest outwardly through the forms of culture he produces. Instead of the inner Christian spirit of man being made manifest in his good works, now the inner modern spirit of man is signified by his cultural production. Man's spiritual nature now shapes and is shaped by culture, not by Christianity.

Cultural and national unity in sixteenth-century Italy coalesce for Burckhardt through a new sort of historical inquiry: the search for ancient models. Because the ancient monuments and history are in the very earth beneath their feet, the learned and the commoner together become fascinated with "the side of antiquity as a whole" (121). Returning to the earlier period of Roman glory provides a historical model by which to break from the Middle Ages, and it feeds a "national sentiment" that unites the Italians and helps them to conceptualize a unified nation in the present (123). In other words, for Burckhardt, the Renaissance is the time when allegorical and typological interpretations of history begin: "self-conscious" interpretations of past glory support the development of the Italian national and cultural spirit in the sixteenth century (123).

Strangely, however, Burckhardt believes this creation of national culture is only made possible by despotism. Under despotism, political power and status acquired by blood and race are no longer options for most people. Instead, the acquisition of culture becomes a status indicator that is potentially available to all through "personal merit" (231, 233). Under despotism, Italian society forms what Burckhardt calls a "complete whole" (230), as the Italian nobility mix with "other classes on a footing of perfect equality" and become "natural allies in culture and intelligence" (231, 235).

Yet Burckhardt never clearly states his opinion on whether a national democratic culture available to all or an elitist humanist culture is more desirable, and this tension remains a contradiction in his interpretation of the Renaissance. On one hand, he lauds the development of the modern languages. He discusses Dante's Tuscan dialect as the basis of a "new national speech" by which the educated classes become unified, the peasants learn to speak perfect "Italian" (240–241), literacy rates rise, and language becomes unified as the basis for social intercourse. On the other hand, Burckhardt also understands that culture is not always democratically available and that at times its acquisition is materially dependent. The leveling influence of culture is often thwarted by wealth, he suggests, because the wealthy can develop culture as a fashion, and often only the wealthy have the leisure to devote to culture and to the perfection of the self (235). This influence of wealth on culture *is* the "modern distinction" for Burckhardt; in modernity, blood no longer matters, and culture increasingly becomes dependent on capitalistic systems. While Burckhardt recognizes the tendencies of classical humanism toward elitism, he defends the Renaissance in comparison to his own culture and never really condemns the Renaissance for commodifying culture. For Burckhardt, "the worst that can be said of the movement is that it was anti-popular, that through it Europe became for the first time sharply divided into the cultivated and uncultivated classes. The reproach will appear groundless when we reflect that even now the fact, though clearly recognized, cannot be altered." The Renaissance separation was not as "cruel and absolute" in Italy as it was in other countries or even is now, he states; after all, "even Tasso is in the hands of the poorest" (121). Thus, while Burckhardt recognizes the ways in which culture becomes the capital by which classes are formed, he seems to ignore the problem and passes judgment only on his own age. It therefore is unclear whether one should label Burckhardt an elitist or a populist. Like Ruskin, he does not necessarily approve of culture's dependence on wealth in modernity, and he condemns this trend in his own culture. Yet at the same time, he feels despotism was historically necessary (and might still be) to the process of national cultural formation. This tension of elitism and popularism in cultural and political forms, as we know, not only influences many of the modernists and nationalists but also their subsequent critics, as the problem of politics, aesthetics, and class has engendered much critical debate in the twentieth century. The last chapter of this book addresses Ezra Pound's approach to these concepts and outlines Burckhardt's and Vasari's influence upon his thought.

Burckhardt is not entirely admiring of the Renaissance, however, and like Ruskin, he blames the humanists for paralyzing the national movement after 1400, claiming they decayed into excesses of pride, irreligiosity, immorality, and artifice (138, 177). For Burckhardt, however, decay was not caused by individuals nor was it within man's control; rather it simply was the work of "historical providence" (178). For some reason, nothing curbed the "boundless development of individuality" in the Italian Renaissance, as the cultural elite began to substitute "the cult of historical greatness" for "holiness" (271). As Ruskin had argued, for Burckhardt the quest for pride, fame, and culture—for "modern glory"—in the late Renaissance eventually supplanted Christian virtues, a negative development. Thus, while Burckhardt admires the development of the modern individual subject in the Renaissance, he recognizes a moral danger if the perfectibility of the self and the achievement of personal historical greatness are seen as the highest goals. Like Ruskin, he condemns the splitting of the aesthetic (or cultural) from the ethical, although this split occurs much later in history for Burckhardt than for Ruskin. Unlike Ruskin, however, Burckhardt continues to be displeased with the remnants of Christianity in his own day.

Clearly Burckhardt is influenced by his own nationalist sentiment: narrating the decay or ultimate failure of the Italian Renaissance allows him to elevate his own nation in history. For him, the German Reformation saves what the Italian Renaissance would have destroyed: a moral basis for culture (290). Burckhardt also suggests that because it retained a moral sensibility, Germany became more of a unified nation than Italy ever did (96), a claim that is of course highly debatable, as neither nation was unified for centuries.

In sum, Burckhardt creates a classical cultural history that establishes the Italian Renaissance as the unified origins of modernity, nations, and culture. Culture replaces Christianity as the means by which the inner spirit of man is made manifest in the world. Culture also replaces the church and family genealogy as the basis of a new social structure: it is the means by which people traverse classes in society and through which they are joined in common national identities and aspirations. Burckhardt leaves two major dilemmas unresolved, however. First, he does not explain fully how Italy's national culture and identity is achieved only under despotism. What many would see as a tension between a national democratic culture and an elite authority that is necessary for its development does not seem problematic. Second, he does not adequately account for the fact that culture's dependence on capitalism and wealth necessarily splits society into unequal classes within this new social structure. Both of these tensions reflect Burckhardt's own context and continue to shape and influence later histories of modern and national culture.

Renaissancism in England: Arnold, Symonds, Pater

With the market for Italian art increasingly expanded in the second half of the nineteenth century, texts like Burckhardt's on Italian art and culture along with a long-standing interest in the fate of the Italian nation made the concept of the Renaissance a popular one in England in the 1880s and 1890s. Pasquale Villari's two volumes on Savonarola (1859–1861), translated into English in 1888, were widely read, especially among those who followed Italy's *Risorgimento* movement. George Eliot relied on these volumes as she wrote her Renaissance historical novel, *Romola* (1863). Villari also wrote on Machiavelli (1877–1882; trans. 1892). Two other notable volumes were Hippolyte Taine's *Philosophy of Art in Italy* (1866; trans. 1866), which helped to naturalize Burckhardt's ideas in France, and Francesco de Sanctis's *History of Italian Literature* (1870–1871). The pre-Raphaelite painters and others produced contemporary art in imitation of Italian Renaissance art, while exhibitions of Italian art in England influenced poets such as Charles Algernon Swinburne and Robert Browning. Bernard Berenson had tremendous influence in the world of Renaissance art collecting, connoisseurship, and art theory; chapter 5 examines his writings in a continued discussion of Italian art in England.

This chapter reads the texts of three major Victorian English writers who contemporaneously consider the concept of the Renaissance in relation to culture, nations, and modernity. Matthew Arnold's 1869 *Culture and Anarchy* helped instigate various English national culture movements, but what often goes unnoticed are the ways in which Arnold linked the status of English culture to a historical vision of the Renaissance. John Addington Symonds's monumental seven-volume cultural history, *The Renaissance in Italy*, published from 1875 to 1886, provided for decades a standard view of the Renaissance and was considered authoritative by the general population as well as by artists and scholars. Walter Pater's highly influential treatise on aestheticism, *The Renaissance: studies in art and poetry*, published as a collection of essays in 1873, shaped modernist English poetics for several decades. Though differing, each of these authors interprets history and the Renaissance typologically and allegorically in relation to contemporary England.

Arnold and Symonds develop narratives of historical progress within which contemporary England is to be judged. Their texts, along with those of Burckhardt and Ruskin, establish a mode of history-writing in which historical periods and national cultures become standard concepts in England. The following ideas from both Ruskin and Burckhardt shape Arnold's and Symond's thought: modernity develops as a whole from the late Renaissance onward; culture has spiritual and social functions; the modern individual and individual moral and intellectual freedom arise in the Renaissance (liberalism); ethics and aesthetics separate in the later Renaissance. As time (periods) and space (nations) are interpreted allegorically and typologically, however, as was seen in Burckhardt and Ruskin, various contradictions become inherent unexplained problems within the grand historical theory. Especially evident in Symonds's historiography, these problems are later accepted and inherited by both modernists and nationalists and include: the relation of class to culture; the relation of political form to culture; the relation between elitism and popularism; the relation of the ethical to the aesthetic and of both to Christianity; and the relation of the individual to the community. Both authors hope for the progress of English society. Arnold calls for a State-sponsored national culture based on the national heritage to be made available to all, while Symonds hopes for a return to Renaissance ideals.

Pater attempts to avoid the contradictions embedded in classical cultural history by offering a new historical method and by broadening the concept of the Renaissance, linking it to the individual subject's experience of art in the modern world rather than to a specific historical period. Yet Pater ends up creating a theory of the Renaissance that is the most liberal of all and contains its own problems as it emphasizes the notion of "self-culture." Although they define and describe the Renaissance differently, all three of these writers believe that a new historical understanding of the Renaissance could improve English culture and that progress must begin at the individual level and then expand to the national level. These ideas subsequently influence both nationalist and modernist history-writers in the decades that follow.

MATTHEW ARNOLD: THE RENAISSANCE AND NATIONAL CULTURE

In *Culture and Anarchy*, Arnold develops a theory of culture and politics for nineteenth-century England that is remarkably similar to Burckhardt's ideas regarding the Italian Renaissance. Arnold believes culture in his day has become merely a social and class distinction, an object acquired through vanity in order to display economic status. He despises what capitalism has done to culture in England in the trend Burckhardt identified as originating in the late Renaissance. Reacting against all notions of class in England—aristocratic-, middle-, and working classes alike—Arnold redefines culture as "the study and pursuit of perfection" (61). He wants culture to be based not on class and wealth but rather on reason and the will of God, on what he calls "sweetness and light." Achieving culture is a process of becoming, Arnold says, not a state of being. It involves aspiring to one's "best self," not one's "true self." This progress toward perfection is an inner and individual process and involves becoming acquainted with the "best that has been thought and known in the world" (79), what for Arnold is predominantly found in literature and poetry. Unlike Ruskin, for whom the quest for perfection is a sure sign of decadence in the Renaissance, Arnold believes it is possible to typologically overcome one's natural state and become one's own perfected antitype on earth. Instead of imitating God through pious actions, as Ruskin would have it, now *culture* is the means to perfection. Arnold's theory of culture and cultural history replaces the church and Christian history as the site of political and moral training for society, and he wants such training to be democratically available to all.

To achieve this ideal across an entire nation, however, for each individual to be free enough to find his "best self," a notion of authority is needed that rules in the name of higher reason. This authority, Arnold argues, can only come through the State, for the church has always been problematic in English society: the State could and should be the "organ of our collective best self, of our national right reason" (101). In Arnold's England, however, the state, politics, and culture are all caught up in class "machinery," whether the liberal middle class with its quest for money and fanatical Protestantism (Philistinism), the aristocracy that is concerned only for outer forms of culture

(Barbarism), or the working class that aspire to the middle class but are prone to revolutionary violence along the way (Populace). Instead, men of culture should be the "true apostles of equality," recognizing that each person has all three classes within himself but that each needs to be superseded in search of the best self (79). Like the role of despotism in Burckhardt's Italy, Arnold's State would make all men equal because it would provide a cultural training potentially available to all. Like Ruskin, Arnold has the communal national good in mind and a democratic view of culture, but like Burckhardt, the community must be subjected to a higher and more concentrated political authority in order for culture to do its work. With the help of the State, individual culture multiplies to become national culture.

Like Burckhardt's criticisms of Germany, Arnold sees his nation's decline as a developmental one; he locates the origins of England's flaws using a theory of history that involves unified historical periods and national spaces. Arnold reacts most strongly to English middle-class liberalism and its seeking out of individual interests—making money and saving the soul—over communal ones. The middle class, he says, is too interested in activity and energy: work, duty, earnestness, self-control. Its members forget to use their intelligence to critique themselves, a process that in the end provides the only proper basis for right practice (126). Arnold describes the English overemphasis on activity in terms of two "spiritual disciplines": Hebraism (energy) and Hellenism (intelligence) (127). He feels that together these two disciplines should comprise the balanced man of culture, but in modernity the English have been too Hebraistic. Arnold defines Hebraism as "strictness of conscience" and Hellenism as "spontaneity of consciousness" (128). In different cultures and historical periods, one spiritual discipline tends to dominate over the other. At times society is governed by the intellectual impulse, the Hellenistic "effort to see things as they really are," at others, by the moral impulse, the Hebraistic "effort to win peace by self-conquest" (134). The English, in Arnold's opinion, have for too long been concerned only for Hebraism.

Arnold traces this English imbalance historically to the Renaissance, the Reformation, and Puritanism. In a strange prophetic aside, Arnold coins the word "Renascence," saying in a footnote:

I have ventured to give to the foreign word "Renaissance,"—destined to become of more common use amongst us as the movement which it denotes comes, as it will come, increasingly to interest us,—an English form. (134)

The Renascence, according to Arnold, was the "up-rising and rein-statement of man's intellectual impulses and of Hellenism" as Italy broke away from medieval Christianity and excessive Hebraizing to achieve a more unified balance (134). In other words, the Renaissance was a model time in which man was closer to becoming his best self.

According to Arnold, however, England missed out on much of the Renascence and knew its influence chiefly as the Reformation, "its subordinate and secondary side" (134). The Reformation had strengths, including its "Hebraising revival" in which the Bible and "doing good from the will of God" were rightly promoted, but it also had the weakness that "it never consciously grasped or applied the central idea of the Renascence" (134–135). Protestant superiority over Catholicism was in the moral realm only, not the intellectual, and the resulting imbalance has always hindered England's progress (135). In parallel, the Renaissance also had strengths and weaknesses. Its strength was the "return of humanity to nature and to seeing things as they really are" in art, literature, and physics, while its weaknesses included "a side of moral weakness and of relaxation or insensibility of the moral fibre" (135). Like Ruskin and Burckhardt, Arnold locates a loss of ethical concern in the Renaissance, and, essentially, he sets up a pattern that Symonds and others follow: the Reformation and the Renascence are two parallel movements that in order to give forth fruit must be in equal balance in a society and among its individuals.

What little of the Renaissance and Hellenism *had* entered England was eliminated with the rise of Puritanism in the seventeenth century, what Arnold calls the Hebraistic reaction against Renaissance "moral indifference" and "laxness of conduct" (136). Since that time, while over the last two hundred years the movement of Europe has been toward "spontaneity of consciousness," he states, the main impulse of "our nation" has been toward "strictness of conscience" (137). Puritanism has led to a "contravention" of the "natural order," to confusion and "false movement," such that now England's "habitual courses of action" are losing credit, efficaciousness, and control, and England is falling irretrievably behind the rest of the West (137).

Because Protestant religion in England has caused this imbalance and suppressed Renascence forces, Arnold replaces religion with culture as the proper basis for society and the study of perfection. He wants England to "Hellenize a little"—to think critically, become more intellectual, and recover a right understanding of the Renascence (169). Culture with the aid of the State will create a situation in which the discovery of the best self, and hence the progress of humanity toward perfection, can be achieved (180). In order to maintain national dignity, proper taste, societal harmony, and even imperial control, a new "spiritual" authority is needed: Culture aided by the State.

Like Ruskin, Arnold sees culture—especially literature—as the potential redeemer of the English nation. He adheres to notions of aesthetic democracy and participates in liberalism even as he critiques it. Unlike Ruskin, however, for whom Christian art is the only possible redemption, Arnold sees a culture based on the national heritage as society's central redemptive force. While Ruskin wants to overcome the effects of the Renaissance in modernity by returning to the Gothic, Arnold wants to overcome the effects of the Reformation in English modernity by returning to the Renaissance and its focus on a secularized, national, democratic culture, a culture in which each citizen typologically becomes his best self and thereby enables the nation to become its best self. As in Burckhardt, a concentrated State authority is needed to ensure that culture makes possible England's progress. Arnold's influence is direct and wide, as evidenced in chapters 7 and 8, where the story of the recovery and building of national culture in the early twentieth century is narrated. But Arnold's ideas also influence various English modernists, who, while they may have rejected the idea of a State-controlled culture, nonetheless believed art and culture were the best means of creating a better individual self and hence communal "self."

John Addington Symonds: Renaissance as Progress and Rebirth

Although Symonds is clearly influenced by Burckhardt, *Renaissance in Italy* is much more widely read in England before Burckhardt is.[1] In fact, Symonds's was the orthodox account of the Italian Renaissance in England until the late 1910s and into the 1920s, when his popularity declined after several modernist readers dismissed him in blanket pronouncements against Victorianism.[2] Kept in print into the 1930s, to amateur historian, common reader, art historian, novelist, poet, and university professor alike, his was the standard account of the Italian Renaissance in English. Smith, Elder, and Sons published the seven volumes as follows: *The Age of Despots* in 1875, *The Revival of Learning* and *The Fine Arts* in 1877, the two volumes titled *Italian Literature* in 1881, and the two volumes titled *The Catholic Reaction* in 1886. A Pearson's abridgement of the seven volumes, *The Renaissance in Italy*, was published in 1893. Although the texts were critiqued for being inconsistent, bulky, and rambling, one can never-theless piece together a fairly coherent theory of the Renaissance as a period, especially by looking at the prefaces and conclusions to each volume.[3]

Symonds's volumes establish a unified vision of history for English readers. His dialectical historiography unifies time and space within historical and political identities. Time is unified as antiquity, the Middle Ages, and the Renaissance, as the origins of modernity, are conjoined through the dialectical movement of historical forces. Space is unified at international and national levels: Europe is united as clas-sicism becomes the common basis for learning, and Italy is united (and potentially other nations) as vernacular, popular literary forms synthesize with classical learning. Yet like the periodized histories of Ruskin, Burckhardt, and Arnold, Symonds's dialectical scheme is rid-dled with contradictions that later cultural historians (both modern-ists and nationalists) inherit and accept as unresolved tensions. Symonds acknowledges some of these contradictions, but he focuses on the grand historical theory instead of trying to account for them.

Unlike Arnold, Ruskin, and Burckhardt, Symonds does not spend much time critiquing his own age or modernity; rather, in his view, society and history are still typologically progressing toward perfec-tion and freedom. He sees the whole of modernity as Hegel and Michelet do: as an "unbroken sequence of events," a "universal drama" in which "civilised humanity as one" entity progresses toward the *telos* of a "Utopia…where all men shall enjoy the same social, political, and intellectual advantages" (II.465, I.16). Symonds sees three distinct movements comprising modernity's progress toward freedom: Renaissance, Reformation, and Revolution (II.465). These are "not three separate things, capable of being isolated," he states, but rather "moments in the history of the human race which we find it convenient to name" (I.5). The Renaissance provided the modern intellectual qualities needed to work toward freedom; the Reformation developed the doctrine of personal moral freedom; and the Revolution connected that personal freedom to national politics. What remains for his own time is to "organis[e] society in harmony with democratic principles" (I.16).

For Symonds, in the rhythmical movement of history dialectical antitheses clash, at times negating each other but eventually synthe-sizing, only to become part of the new movement. Often, as the sys-tem of "construction, destruction, reconstruction" repeats itself, the result is a "wild phantasmorgoric chaos of confused and clashing influences" (I.234). Symonds also sees such complexity in each of the three movements themselves. The "essential character" of the Renaissance, for example, is "diversity, controlled and harmonized by an ideal rhythm of progressive movement" (I.24). Symonds says little about Revolution in these seven volumes, and only slightly more about the Reformation. Clearly, the Renaissance is more necessary to modernity and more lasting than the Reformation, and Symonds is attracted most to Italy and the modern innovations it brings to Europe.

Like Burckhardt, Symonds identifies the development of culture as the major contribution of the Renaissance: "Culture, in the highest and widest sense of the word, was what Renaissance Italy obtained and gave to modern Europe" (I.334). He describes culture as "a common intellectual atmosphere" that creates a sense of human freedom (II.444).

While Symonds clearly admires the new Renaissance focus on human beings, his version of modern culture does not reject Christianity and the Middle Ages outright. For him, the Renaissance is a "new force" but does not arise *ex nihilo*; rather, it makes use of materials already available but synthesizes them in new ways, such that the Renaissance is more like a "modulation" between the medieval and the modern (II.461). One important synthesis he sees occurring in the Renaissance is that of paganism and Christianity, "two adverse principles, destined to fuse their forces and to recompose the modern world" (I.188).

Yet at the same time, Symonds describes the Renaissance as a liberation from Christianity, and just as Hegel, Michelet, and Burckhardt, he sees a new secular modern identity emerging that involves a spiritual freedom based on reason and individualism. With this new type of spirituality comes a "vivid sense of man and the world as they are" (II.338); a "freedom of conscience" (I.15); a "perfected individuality" (I.334); and ideas of democracy and political liberty (II.444). While none of these are ultimately fulfilled in the Renaissance, the period does achieve what Symonds refers to repeatedly as "modern culture" (I.229, II.443). As for Burckhardt and Arnold, even though it might have Christian influences and elements, culture clearly supplants medieval Christianity as the new spiritual force shaping the modern individual and modern society.

Repeating a quandary found in Burckhardt, Symonds implies throughout *The Age of Despots* (Volume 1) that political despotism is necessary for modern culture to form and that elitism is necessary for national democratic culture to survive. Despite Symonds's hatred of the evils, immoralities, and secularism of many of the despots, he sees such tyrannies as pacifying Italy and having a leveling effect on society (I.41). As for Burckhardt, culture replaces birth, status, and political power as the sign of rank and honor. This is an entirely new phenomenon, says Symonds, because "culture, in our sense of the word, did not exist [in the middle ages]" (I.356). Also like Burckhardt, however, Symonds blames despotism for the ultimate failure of the Italians to establish national political unity, and he calls tyranny a disease (I.46). As despotism levels society, it allows for the individual to emerge, but without a proper moral base or sense of social law. As a result, Symonds sees morality separating from both the Church and the State, a situation ultimately leading to the demise of Italy and the Renaissance. As it was for Burckhardt, despotism is necessary yet eventually detrimental to the formation of culture.

Yet Symonds still claims that modern democratic, national culture forms under despotism, and he outlines its development as three overlapping and progressive syntheses of historical forces: the recovery of classical learning, the development of the visual arts, and the dissemination of vernacular literatures. The first and most necessary step is the recovery of antiquity and classical learning, what the English had always called the *Revival of Learning* (Volume 2). Although this recovery tended toward elitism and cosmopolitanism and overpowered the development of a national vernacular literature initiated by Dante, Petrarch, and Boccaccio, Symonds sees Italian humanism as a "necessary interruption" in the progress of modernity: "The culture of the classics had to be reappropriated before the movement of the modern mind could begin: before the nations could start upon a new career of progress, the chasm between the old and new world had to be bridged over" (I.354).

Similar to Arnold, Symonds narrates classicism as "emancipating" the intellect and unifying culture at the international and national levels, but like Burckhardt, he is indecisive about whether it is elitist or not. Classicism is a cosmopolitan movement first, developing the "ideal of the human family," which Symonds claims is European, and placing the human at the center of inquiry apart from theological determinations. Classicism for Symonds restores the ideas that literature is an "elevating and purifying influence" on humankind and that culture civilizes and educates the human race (I.375). It helps to "create a common consciousness, a common standard of taste and intelligence in the peninsula" and eventually for all of Europe (I.920). In addition to Western European cultural unity, the Italians develop a sense of their continuous, unified cultural past, a crucial step in developing a national identity (II.80, I.9, I.920).

In the end, Symonds's version of Renaissance humanist culture seems both elitist and populist at the same time. Most often Symonds claims the humanists are an elite class, opposed to vernacular literature and learning, and ultimately prideful. The humanists or cultivated classes seemed to have no time "to bestow on the education of the common folk" (II.3). Yet Symonds also claims that the "recovery of Latin" and the humanistic education of the middle classes helped to bring about intellectual unity in Italy, much as the study of the English Bible did for England (II.246). The general fervor and excitement generated for antiquity by wandering scholars helped to create a "common consciousness" in the peninsula (I.920) as culture trickled down: "genuine sentiment for the truth and beauty of antique art passed downwards from the educated classes to the people" (I.527). In these ways, classical culture, even if belonging mainly to the elite, also emerged "from below," laying the groundwork for a national consciousness. As in Arnold, Ruskin, and Burckhardt, the binary of elitist and populist (high and low) obscures the way in which culture seems to work in Symonds's theory.

Ultimately, however, in addition to cultured learning, immorality also disseminates from the educated classes down to the people. Symonds blames humanist scholars for the ultimate fall of the late Renaissance and accuses them of flaws similar to the ones Ruskin outlined. Adhering to the false authority of the classics, humanists lose all sense of Christian morality, and seeking the false idol of style, their literature and art become mediocre and artificial (I.578). As for Ruskin and Burckhardt, honor becomes judged by "aesthetical rather than moral standards," and too much attention is given to outer material form (I.346). In the end, for Symonds, despotism is necessary, but elitism is, in the end, condemned, especially as the aesthetic separates from the ethical, and as intellectuals become interested in individual financial gain and glory instead of their social and national responsibilities.

In *The Fine Arts* Symonds narrates the visual arts as the second force that helps unify modern culture. Painting is more democratic than classical culture; it is closer to the people and more accessible to all, for painting is "less a matter of education than instinct, a product of temperament rather than of culture" (I.246). Painting helps develop for Florentines the "aesthetic sense," a new faculty of the modern subject Symonds greatly admires and which involves a new focus on humanity and a new synthesis of Christian and pagan. Turning as far back as the fourteenth century, Symonds praises Giotto and the Florentine artists for "humanis[ing] the mysteries of the faith" and for discovering "the secret of depicting life" in its earthly form (I.689). For Symonds, painting "treat[s] the body as the interpreter and symbol of the soul" (I.597). In direct contrast to Ruskin, Symonds views the perfection of the human form in sixteenth-century art as a great breakthrough, and he praises later Renaissance artists, especially Raphael and Michelangelo, for restoring to humanity its sense of dignity (I.603).

Yet by the sixteenth-century Golden Age, this new "aesthetic impulse" is so widely diffused it "possessed the Italians in the very centre of their intellectual vitality, imposing its conditions on all the manifestations of their thought and feeling, so that even their shortcomings may be ascribed in great measure to their inability to quit the aesthetic point of view" (I.589). Like Burckhardt and Ruskin, Symonds sees the aesthetic sense without a moral base, in the late Renaissance, as dangerous, but he never outlines exactly what such a new moral base should look like.

Lastly, Symonds reaches the climactic point of his narrative to which all the rest has been prelude: the development of national literature in the vernacular completes the formation of a unified national culture. For Symonds, Dante and Petrarch are precursors while Boccaccio "inaugurates" the era by writing in the tongue of the people (I.895ff). Yet in the first stage of modern cultural formation, classical humanism drives this national literary movement underground as the humanists share a disdain for all things vernacular. Symonds sees Lorenzo de' Medici as both a populist and an elitist: he helps to revive the national movement with his carnival songs and vernacular poetry, giving "the form of refined art to popular lyrics of divers kinds," yet he also uses culture to contain the people and maintain power (II.114, I.91). Giving insight into his own day, Symonds says we must dialectically "combine these contradictory positions" to know the truth about Lorenzo (I.475). Eventually, the two strains of national culture synthesize—antique classics and popular literary forms—and as "both currents, the learned and the popular, the classical and the modern, reunite on a broader plane," the "national Italic temperament emerges" (I.919–921). In vernacular literature class, boundaries dissolve, and the truest "renascence" occurs—a rise of the "clear ideal of the national genius" (I.21).

This newly defined national identity should have paved the way for democracy, but in Symonds's view it was rudely interrupted by the Counterreformation (or *The Catholic Reaction*, Volumes 6 and 7). At its supreme cultural moment, Italy was "crushed and trampled underfoot" by Spain (I.22). Not only was Italy at its peak in the visual arts and literature and at a point when a national identity was coalescing in cultural forms accessible to all, but she was also on the brink of developing science as a "fresh field of discovery." While Symonds does not blame the Church for all decline in culture, he despises what it does to culture in order to gain ascendancy in what he calls an "odious exercise of spiritual tyranny" and a "regime of terror" (II.619, 623, 658).

Throughout his volumes, however, Symonds also notes the forces swirling during the Renaissance that leave Italy weak in the face of its conquerors: diseased despotisms (I.56), politics and culture separated from morality (I.225, I.163), intellectual vices trickling down into the lower classes (I.241, II.714), and a general lack of conscience (I.368). Through despotism and the recovery of classical culture, the Italian Renaissance inaugurated the forms of modernity—Western cultural and intellectual unity, national culture, class unity, democracy, and scientific and aesthetic sensibilities—but it never sustained these forms as it lost sight of the moral grounding necessary for their fulfillment. Nevertheless, the national unity achieved during the Renaissance in Italy and its culture in which classes interact and exchange freely, even if only lasting for a brief period, serves as an allegorical and typological model for England's present day.

Walter Pater: The Renaissance as Modern Experience

While Pater participates to a degree in this historical way of thinking about periods and cultures, he transforms historiography, arguing that the Renaissance is not a defined historical period within a classical historical scheme, but rather an experiential phenomenon of the individual modern subject, no matter what the historical context. His theory of individual aesthetic experience as "renaissance" influences art historians, poets, and artists in the decades of the late nineteenth century and early twentieth as they attempt to generate such experience in their art and hope for art's central role in the life of the nation. *The Renaissance: Studies in Art and Poetry* was originally published in 1873 and contained ten essays, five of which had already been published in periodicals. During Pater's lifetime the text came out in three more editions, all of which he revised extensively: 1877, 1888 (when an eleventh essay, "The School of Giorgione," was added), and 1893.[4] Although Pater's conception of the Renaissance changed gradually throughout his career, and even from essay to essay, here his text is read as a whole, just as a later reader would have read it.[5]

While they reviewed each other's work, the shape of Pater's text was vastly different than Symonds's.[6] In fact, in both content and method, Symonds's comprehensive history was just the kind of thing Pater reacted against in *The Renaissance*. The most obvious point of difference comes in Pater's approach to periodization and historiography. Whereas Symonds is constantly giving dates and demarcating periods (even though he recognizes periods do not actually exist), Pater only very loosely establishes boundaries for the Renaissance. Although Pater sees the Renaissance occurring mainly in Italy during the fifteenth century and as "the breaking down of those limits which the religious system of the Middle Ages imposed on the heart and the imagination," he actually narrates the Renaissance as beginning and ending in France, "within the middle age" (xxiii, 1). He sees the "rupture" that historians make between the Middle Ages and the Renaissance as false (2), and he extends the Renaissance to the eighteenth century when he calls Winckelmann the "last fruit of the Renaissance" (xxv). Just because there is a single name for this period, he suggests, it does not mean a unified period ever existed (127). In the essay on Winckelmann, Pater argues that periodizing history and seeing the Renaissance as a definite period is a "superficial view." The deeper and more radical view would be to "preserve the identity of European culture" and see the Renaissance and the Middle Age as "really continuous" (180). Pater also redefines the "essence of humanism" not as a product of fifteenth-century Italy but rather as an element of all historical time: humanism is simply the "belief that no thing which has ever interested living men and women can wholly lose its vitality" (38). For Pater, the Renaissance is and "was ever taking place" (180). Unlike Symonds's Hegelian history that outlines the developmental progression of historical forces or universal phases of the human spirit, Pater makes the Renaissance an individual process and experience.[7] This experience first occurs in the Renaissance of Italy and France that Pater's readers were used to imagining, but it also is repeatable throughout history, even in a reader's own life.

Pater transforms the Renaissance from the name of a lost historical period, then, into a term describing a heightened experience of one's own historical moment. He sees the "medieval Renaissance" in France as a "spirit of rebellion and revolt against the moral and religious ideas of the time" and as involving a search for the senses, the imagination, beauty, a worship of the body, and an ancient love of Venus (18). In the "outbreak of the human spirit," humans begin to focus on themselves, developing a "new care for physical beauty and the worship of the body" (xxii). Unlike Hegel's and Burckhardt's version of the human spirit, this breaking out of spirit for Pater always involves a return to the body. The Renaissance initiates a "new kingdom of feeling and sensation and thought" such that body and emotion and idea become one. This new mode of living, or what Pater calls the "liberal mode of life," is repeatable and possible even in the present (146). Modernity makes it increasingly difficult to achieve this freedom and unity, however, so art's role becomes increasingly more significant, for eventually art alone is able to address through the senses what Pater terms the "imaginative reason" (102). A "renaissance," then, is an experience of unified sensibility in which the imagination, the intellect or rational mind, the emotions, and the sensations of the body are united in a moment of wholeness; it is a moment in which all human capacities work together, unlimited by religious or moral conventions.[8]

Pater suggests especially in Italy the Renaissance generated this new human spirit and spread it throughout culture so that there was a "common air" in which all communicated in a "spirit of general elevation and enlightenment" (xxiv). Ultimately, however, Pater's definition of the Renaissance is open-ended and can be applied to any person in any age:

> For to us the Renaissance is the name of a many-sided but yet united movement, in which the love of the things of the intellect and the imagination for their own sake, the desire for a more liberal and comely way of conceiving life, make themselves felt, urging those who experience this desire to search out first one and then another means of intellectual or imaginative enjoyment, and directing them not only to the discovery of old and forgotten sources of this enjoyment, but to the divination of fresh sources thereof—new experiences, new subjects of poetry, new forms of art. (1–2)

Sources of the Renaissance arise from all time, both past and present, old and new, which unite to create what Pater calls an "ideal instant" or an "exquisite pause in time" (118). In this renaissance moment "we seem to be spectators of all the fullness of existence," sensing the "quintessence of life" and gaining special knowledge about being human (118). One "absorb[s] the past and future in an intense consciousness of the present," in a moment in which time seems to stop, yet in which existence is understood more fully (118).

Despite his rejection of historical periodization, Pater's concept of renaissance does involve a return to antiquity, for the intense moment of *presence* in which human faculties unite somehow involves bringing what is classical into the modern world. Most often Pater calls this classical element the "Hellenic ideal." On one level this term means giving outer form to inner content such that form and content become one. Michelangelo, for example, seeks an abstract form of beauty to "tranquillise his vehement emotions" (67–68). The Hellenic ideal also means making past and present unite. Leonardo's "Monna Lisa" is a "symbol of the modern idea" as both Leda, the mother of Helen of Troy, and Anne, the mother of Mary—the ancient and the Christian—merge in her portrait (99). The effort of all art is to obliterate form-matter, body-mind, present-past distinctions, just as the proper experience of art is to sense, imagine, and think all at once (106). In such an experience time and space momentarily unify, and human subjectivity momentarily coheres. An experiential recovery of the classical in the present, a moment of unified sensibility and heightened consciousness, a "renaissance" erases categorical and temporal boundaries.

According to Pater, Winckelmann restores to the modern world this Hellenic ideal and thus participates in the Renaissance recovery of classical form. In reproducing the "earlier sentiment of the Renaissance" (146), Winckelmann is attracted to a "wistful sense of something lost to be regained" (143). This lost something is the "the Hellenic manner" in which the principle of "intellectual light" enters into the concrete, into bodies and into art, just as in Greek art, form and content, mind and flesh, became one (151, 154). The Hellenic ideal is "man at unity with himself, with his physical nature, with his outward world" (177). It occurred in ancient times, was reproduced in medieval France and fifteenth-century Italy, and whenever it recurs today, such a moment is a "renaissance."

For Pater, ancient, medieval, renaissance, and modernity are not defined historical periods, then, but rather modes of being in the world. In Hellenic antiquity man was at unity with himself. Form and content, body and mind, were united. In the medieval mode, soul and body separated. A renaissance mode rejoins the self by recovering the Hellenic ideal in one's present moment. Finally, the "modern sentiment" for Pater is the "sentiment for antiquity": a longing for a lost ideal, a sense of being exiled from unity with one's self, a homesickness (138, 160). The modern subject is a secularized version of the medieval Christian subject: the longing for heaven is now replaced with a longing for full presence on earth. Winckelmann's entire temperament was such a yearning; the modern subject longs to give in an "external form that which is most inward in passion and sentiment" (154, 168).[9] Indeed, in modernity this longing is the "eternal problem of culture": how to achieve "balance, unity with one's self, consummate Greek modeling." Interestingly, Pater labels this problem the need for "self-culture" (182–183). He asks: how can we achieve "unity with ourselves, in blitheness and repose" in the modern world? (182). Modern thought has tried to dissect experience through analysis, but Pater looks for something more elemental: "How can we bring down that [Hellenic] ideal into the gaudy, perplexed light of modern life?" (181–182). How can we be present "at the focus" of all the "energy and forces" that modern life presents to us, with the "passage and dissolution of impressions?" (188). In this state, Pater seeks "not the fruit of experience, but experience itself" as the end (188).

For Pater, art's function is to restore the possibility for such renaissance moments to occur in a world where modernization makes them less likely. What matters is not the moral content of the art, but rather the experience generated by the art and its ability to help one achieve "self-culture": "What modern art has to do in the service of culture is so to rearrange the details of modern life, so to reflect it, that it may satisfy the spirit. And what does the spirit need in the face of modern life? The sense of freedom" (184). Passion and art will "yield you this fruit of a quickened multiplied consciousness. . . . For art comes to you proposing frankly to give nothing but the highest quality to your moments as they pass, and simply for those moments' sake" (190). As we know, this experiential ideal influences scores of late nineteenth- and early twentieth-century artists and poets who develop aesthetic theories based on similar terms.

Pater differs from his predecessors and contemporaries because he focuses not only on "high" art but also on "low" art. Existence can be heightened not only through a painting by Botticelli but also through everyday objects. This point is a crucial one that engenders interest in the decorative arts and influences the avant-garde focus on everyday objects. Several essays in *The Renaissance* treat lesser-known Renaissance figures who work in lesser art forms. One essay focuses on the pottery of Luca della Robbia and the ways in which classical qualities are embodied in common objects of household life (55). In the Giorgione essay, Pater suggests everyday items such as clothes and furniture can obliterate the distinction between form and matter (108). And in another essay, Pater claims that through Joachim du Bellay's ornamental design and glass-painting one can see that "the spirit of the Renaissance was everywhere" (123–124). For Pater, when modern longing is fulfilled "a sudden light transfigures [even] some trivial thing" to achieve a "pure effect" on experience (140).

Yet unlike the practices of some of his successors, Pater's Renaissance is not divorced from notions of training and tradition. To experience these "intense moments" through art and everyday objects might require a "great education," he argues, one aided by those who have developed the proper temperament—the critics (181). The critic's job is not to create an abstract theory of beauty, as Ruskin does, nor is it to create generalities about schools of art, as Symonds does. Rather, for Pater the critic's role is to examine particular art pieces and to record impressions answering the following question: "What is the peculiar sensation, what is the peculiar quality of pleasure, which this work has the property of exciting in us, and which we cannot get elsewhere?" (39). The best critic experiences the impressions and then separates himself enough to write about them, re-creating the renaissance moment for the reader. In this way, the method of renaissance art criticism becomes one with the content. As the next chapter shows, this idea shapes the entire lifework of Bernard Berenson, and hence, subsequent modernist art historians as well.

Like Symonds, Pater sees a splitting of scientific and aesthetic faculties in modernity, and he consciously sets his critical method against what he felt was dominant in his day: philosophical, abstract, and scientific methods of interpreting art and history.[10] Referring to them as "the new Vasari," Pater seems especially wary of Crowe and Cavalcaselle's recent *History of Painting in North Italy*, which employed "scientific" methods of attribution (113). He also favors Winckelmann, who "solves the question [of the Greek ideal] in the concrete," over Lessing who writes abstract theory (147). Pater's method is to begin where all such analysis leaves off: to give his impressions, informed at times by scholarship. Beauty is relative because it is an individual human experience; therefore, the art critic should not seek to find a universal, abstract definition of it, as Ruskin attempted (xix). Instead, one must learn to discriminate and know one's impressions first. The critic is an expert at this, develops a refined temperament, and "indicate[s] what the source of that impression is, and under what conditions it is experienced" (xxi).

Importantly, Pater does not dismiss all notion of tradition and aesthetic standards. For him, "the standard of taste was fixed in Greece, at a definite historical period" (159). This standard involves a fusion of content and form, is permanent, has been maintained in the intellectual tradition, and acts upon each artist through the artworks that precede him (159). For example, one uses Old Masters to derive "typical standards" for judging art (76). The Renaissance recovered this Hellenic standard after it had been missing during the Middle Age, but this standard is increasingly difficult to maintain in modernity, especially when philosophy, science, and the idea of progress or development toward perfection govern experience instead of vitality, a sense of being in the world, and a sense of the past's connections to the present. In his reaction against the dominance of science and ideas of progress, Pater sounds remarkably like Ruskin, yet he reacts against Ruskin, too, as he lauds experience over what he sees as Ruskin's abstract theory.

Although the Renaissance does refer to a specific historical time frame, Pater explodes the notion of periodized historiography as he makes the renaissance into an experiential phenomenon possible in any historical moment. This experience involves a freeing of the human spirit so that one feel's unity with one's self and is aware of an intense moment of enlightenment, sensation, and thought: self-culture. As the modern world increasingly thwarts such experience, art maintaining the Hellenic ideal helps one to regain it, even art objects that are common and everyday. Thus a renaissance is possible in the late nineteenth century for anyone who has developed the proper temperament. The task of culture is to generate places and art forms where this experience can happen and to educate people and provide critical models so that they are more aware of such possibility in life. The critic is of an elite class that knows how to recognize and record impressions and understands the tradition of taste. Pater does not speak as Burckhardt and Symonds do of whole cultures or nations or even classes. His Renaissance is an individualized event, supposedly available to all, and represents the possibility of "culture" in the modern world. Although not a standard periodized history, Pater's theory of renaissance also participates in allegory and typology: it is the historical model for what the present should hope to achieve in order to overcome the effects of modernity. In rejecting classical cultural history's model of unified periods and nations, Pater does avoid many of the contradictions generated therein, but his theory of the renaissance ends up being the most liberal of all, for the individual's experience of art overrides any system of classical rules and standards, any scientific objective principles, any established moral or religious authority, any capitalist system. Both modernists and nationalists after Pater see the individual "self-culture" experience he describes (like Arnold's) as the key to restoring national and communal culture. They also begin to use the term "renaissance" in Pater's general aesthetic sense to signify any renewal or recovery of the self through culture.

Many of the ways in which modernism and nationalism have seemed separate movements to later interpreters can be linked to the ways in which their predecessors interpreted the Renaissance. The

Victorian idea of individual cultural (or aesthetic) experience that multiplies to enhance national (or communal) culture is replicated in countless theories of both modernist and nationalist art. The periodized structures of classical history with all the contradictions contained therein are also replicated in modernist and nationalist historiography. Yet to the modernists and nationalists who followed Ruskin, Burckhardt, Pater, Arnold, and Symonds, these contradictions (for the most part) did not seem contradictory: the Renaissance as the foundation of modernity, nations, and culture provided an adequate and "true" foundation for the story of their present time and place. Even as they rejected some aspects of the Renaissance and modernity, through the allegorical and typological historiography of periodization modernists and nationalists synthesized seemingly opposing elements into one overarching narrative of human history.

PART II

Renaissance Old Masters and Modernist Art History-Writing

The "New Art History" emerged in the 1980s in reaction to the dominance of modernism and the formalist art historical methods and theories used to teach art history from the late 1930s into the 1960s and 1970s.[1] Most often such a formalist modernism, or "aesthetic modernism" as it is often called, is linked to Clement Greenberg, whose writings are thought to have standardized modernism as a term referring to abstract, flat, formalist art.[2] Thus, as Johanna Drucker points out in *Theorizing Modernism*, recent art scholarship often sets Greenberg up as a straw man and oversimplifies the idea of modernism in order to promote new methods and approaches to art and art history.[3] These new methods often seek to elaborate an artwork's historical and cultural context or to draw conclusions about art's content based on new theoretical models such as psychoanalysis or feminism.

Making distinctions between formalist and content- and context-oriented approaches to art has always played a role in art history, however, and has fueled debates among philosophers and art scholars since antiquity. Of interest here are the decades of the 1880s through the 1910s when both scientific and idealist methods of art scholarship were emerging in England, and art history as a university discipline was being established. In these decades, debates about whether artworks were to be treated as autonomous entities or as products of specific contexts were common, as were debates over whether the form or content of a painting was most important in assigning it value.[4] Yet these issues were only symptoms of a larger crisis fueling the construction of art history and aesthetic theory in England in these decades. At stake was the ontological position of art in English society.

Italian Renaissance art stood at the center of this crisis. In the late nineteenth century, just about every art critic, connoisseur, and historian in Europe focused his/her attention on the Italian Old Masters. As more and more Italian art became available in the market from the early nineteenth century onward, connoisseurs, collectors, and historians established attributions and chronology scientifically and scrutinized such knowledge in international debates. In the 1890s, 1900s, and 1910s, if one wanted to offer a new theory or history of art, one had to contend with the Italian Renaissance.[5] This seemed especially true in Germany: for historians whose goal was to establish Germany's superior cultural history, the Italian Renaissance and Italian art were primary challenges.

In these decades Germans produced the majority of aesthetic theory and art history. Theodor Lipps's concept of *Einfühlung*, or "empathy," established the contemplative subject as the basis of aesthetics and influenced Bernard Berenson and others in the English art world. Adolf Hildebrand's 1893 *The Problem of Form in Painting and Sculpture* was translated into English in 1907, but even before translation, this work greatly influenced Berenson and Fry. Hildebrand's "architectonic method" refers to the artist's method of determining the "unity of form lacking in objects themselves" or "the permanent factor of all art" (19). Instead of imitating and representing nature, Hildebrand's artist perceives the formal relations and eternal laws governing objects in nature and "reconstructs" this latent "reality" in his art (112). Such theories about the contemplative subject and form are foundational to the formalist theories of art that we have traditionally associated with modernism.

German art histories produced at the turn of the century also influenced modernist views. Texts such as Heinrich Wölfflin's *Renaissance and Baroque* (1888) and *Principles of Art History: The Problem of the Development of Style in Later Art* (1915), and Wilhelm Worringer's *Abstraction and Empathy* (1908) and *Form in Gothic* (1912) transformed historical period concepts into terms referring to styles of art and modes of perception. Nationalism influenced the construction of these period styles; for example, Wölfflin and other German art scholars such as Wilhelm Bode narrated the German Baroque to be a period equaling if not surpassing the Italian Renaissance. While scholars in England were influenced by German (and Italian and American) art scholarship, this book does not make all of the connections that could be made between German and English art history.

English theories of art and art history were shaped most by events and trends within English culture, especially the art market and the popular consumption of Renaissance art. In early twentieth-century

England, as art critics tried to legitimize modern art and ascribe to it special ontological status within English society, they had to contend with the public and the immense popularity and commercial nature of both Italian Renaissance art and contemporary art based on classical conventions. To explain the state of contemporary society and taste and to justify the new modern art, they began to create histories of art that used the typological and allegorical structures of classical cultural history, inheriting both the ideas and the contradictions contained therein, as formulated by their predecessors Ruskin, Burckhardt, Arnold, Symonds, and Pater.

By connecting the methods and contents of art history texts to their wider cultural contexts, this study takes a slightly different approach to modernism than recent art historical scholarship does. Three overlapping waves of new art history connect "Modernism as Formalism" to the late nineteenth- and early twentieth-century English art historians this book analyzes, but I argue all three are limited because they tend to equate modernism with formalism. Many studies also assume a (false) division between modernism (as formalism) and nationalism.

In the first wave, which dates to the early 1980s or earlier, art historians reacted to the basic tenets of modernist formalism—namely, the ideas that art objects are formal and autonomous entities unconnected to cultural and historical context and that art is about appreciation, spectator response, and subjective vision. These critics traced the development of formalism in the writings of modernist art critics such as Clive Bell and Roger Fry and in their precursors such as Walter Pater. Although helpful, such studies often assume formalism was the single concept dominating modern art criticism in these decades. Beverly Twitchell in her 1987 *Cézanne and Formalism in Bloomsbury*, for example, sees Roger Fry as the "single greatest impetus to formalism's fifty-year domination of the visual arts" (4).[6] Recently Bernard Berenson, the premier connoisseur and critic of Renaissance art from the late 1880s through the first half of the twentieth century, has been reread as part of this genealogy of "modernism as formalism."[7]

In the second wave, national concern inspires the writing of alternative histories to show how the English outside of Fry and Bell developed other strands of modernism. John Rothenstein's *Modern English Painters* series of the 1950s and 1960s initiated this line of inquiry as it reacted against Fry and his narrow focus on French art and created instead a genealogy of English modern art.[8] More recently this nationalist concern for the marginality of English art within the narrative of modernism has fueled new scholarship.[9] Michael Saler's

The Avant-Garde in Interwar England: Medieval Modernism and the London Underground (1999) argues that although formalism is one way to think about modern art in the interwar period, other equally modern art movements were occurring. In fact, Saler argues modern art in this period was dominated by those concerned for art's moral and spiritual function in society who "deliberately associated modernism with national traditions" (8). These approaches tend to connect an autonomous "modernism as formalism" with Fry and Bell.[10]

In response, a third wave of scholars are rewriting the story of Fry to distance him from the formalist label. While these studies expand the definition of modernism to encompass more than formalism, they tend to ignore Fry's views of the Renaissance.[11] In his edited 1996 *A Roger Fry Reader*, for example, Christopher Reed wants to show that Fry was not just the "Father of Formalism" but also an "activist" whose concerns, interests, and "social mission" can be associated with those of postmodernism (4). Instead of seeing any continuity between Fry's writings on Italian Renaissance art and those on modern art (and in fact, Reed does not include any of Fry's writings on the Renaissance in his volume), Reed instead narrates Fry's thinking on modern art as a "revolutionary" break with his Renaissance scholarship (10). In contrast, I see Fry's views on the Renaissance and modern art as always intimately connected.

While informative, these studies revolve around some notion of formalism as a self-contained method of approaching art, which is assumed to be contrary to nationalism. Additionally, such studies tend to ignore the historical perspective art theorists had in these decades and consequently any links there might be between their views of Italian Renaissance and modern art. While elements of formalism certainly arise in my discussions of Berenson, Fry, Bell, and Hulme, among others, outlining the development of formalism is not the nexus upon which my argument turns. Rather, I am most concerned with the methods and contents of the histories of art envisioned by these art scholars and the material and social contexts in which these histories emerged. Theories of art are always connected to theories of history, and theories of any kind are always connected to material events and historical situations. By focusing on the art histories of the 1880s through the 1910s and their contexts, we can learn more about the establishment of the period terms that have shaped twentieth-century discourse as well as about the values and identities assigned to these period terms, the reasons for such assignations, and consequently the ontological status accorded to the art of various periods within English society. As for the classical cultural historians discussed in Part I, interpreting the Renaissance shaped what it meant to be modern and to be national for art historians in the late nineteenth and early twentieth centuries.

Instead of equating modernism with formalism and opposing it to nationalism, I describe modernism as a turn to the "spiritual." As Sanford Schwartz describes in *The Matrix of Modernism*, both modernist poetics and modern philosophy in the 1900s and 1910s began to be concerned with the opposition between surface and depth, conscious and unconscious, ordinary experience and hidden mental life, conceptual abstraction and immediate experience or sensation, form and flux (3–5). Seeing themselves as inverting Platonism, some modern philosophers believed reality was not in an abstract realm beyond human experience, but rather was hidden within a realm of sensation, inner flux, the unconscious, and immediate experience (12). Reacting against conventions, abstract conceptual schemes, and instrumental reason, poets and philosophers began to theorize a new ontology. Art theorists and historians also participated in this new focus on structure, and perhaps helped initiate it, as they began to discuss art's relation to a "spiritual" realm, to develop "spiritual" nonscientific methods of writing art history, and to see art as a religious phenomenon. Such concerns make English modernist art historians not as different from Ruskin as they thought they were; they, too, believed art could have a spiritual function for the nation, albeit no longer a Christian one.

In their turn to the spiritual, English modernists were not the anti-functionalist, anti-communal formalists twentieth-century criticism has made them out to be. Rather, much as Michael Tratner sees modernists in *Modernism and Mass Politics*, Berenson, Fry, Bell, and Hulme all describe this spiritual realm as a collective realm larger than the individual human being. Admittedly, while all but Hulme saw the experience of art occurring on a subjective, individual level (following both Arnold and Pater), this experience was nonetheless one in which all humans could share. It required one to shed all of one's conceptions and ideas so that one could freely become a part of this "extra-human" universal realm. Many modernists assigned to such an experience a social and moral function. As Tratner says, modernists wanted to "produce mass culture" so that society could be improved (2). Art, they felt, could help transform English life by bringing society in touch with a spiritual realm that transcended capitalism, scientific claims, objective knowledge, conceptual systems, materialism, classical conventions, and social classes. Although some argued against the State control of culture, these modernists nonetheless felt art should hold a key ontological position within English society; in fact, instead of religion, they felt art could redeem society.

Shifting the focus to modernism as being concerned for the spiritual and the social, instead of merely for art's formal qualities, presents a much more sympathetic view of Berenson, Fry, Bell, and Hulme than they perhaps have received in decades. It also connects the development of what was later called formalism to cultural nationalism: to think about the function of art and culture in the larger social world was to be a part of the general climate of the age, and modernist art historians fully participated in such projects. Gradually from Berenson to Hulme, these writers reacted more and more against what they saw to be dominant, elitist, and foundational to modernity: the Italian Renaissance and its influences in English culture. Instead of a capitalist-bound, classicist, and scientific art, they theorized an art that was democratic, communal, essential, and universal—an art for the masses—and they rewrote art history using typology and allegory to legitimize their views.

The Connoisseur and the Spiritual History of Art: Morelli and Berenson

In the mid-nineteenth century, finding and purchasing Italian Renaissance or Gothic paintings was very problematic and indeed an adventure. Attributions were anecdotal and often inaccurate. Artworks were often in very bad condition, and primitive and untested restoration procedures usually made the quality of paintings even worse.[1] Because knowledge and codification of Italian art was only beginning to emerge as an area of scholarly interest in the mid-nineteenth century, forgeries and copies had not yet been distinguished from originals. Eastlake and other English officials often relied on guidebooks such as Murray's handbooks as they sought Italian art for purchasing. While German scholars increasingly studied art history and established art theories, Italian officials were only beginning to show concern for their nation's art. Increasingly German national museum officials entered the Italian art scene, led by Waagen, Rumohr, and later Wilhelm Bode of the Berlin Gallery. By mid-century, American millionaires were also purchasing Italian art, providing a new capital that by the twentieth century completely altered the nature of the market. As national museums and wealthy individuals increasingly competed in the art market for Italian Old Masters, the need for specialists who could confirm attributions and ensure originality arose. English officials maintained an excellent relationship with one Italian connoisseur in particular—Giovanni Morelli.

Concerned for Italy's national culture, Morelli worked constantly to increase his country's interest in restoring and keeping its art treasures. In the 1850s and 1860s, Morelli served for ten years as a senator and through educational and cultural committees helped raise government awareness of the issues surrounding Italian art. Whereas in the 1850s only foreigners cared about the decay and restoration of Italian art, and the English could make purchases fairly easily, after the Risorgimento in the 1860s Italians increasingly established stricter trade laws, tariffs, and rules for the buying and selling of art, and emphasized the patriotic nature of collecting Italian art and keeping it in the country (Anderson 6). Such measures were often established under Morelli's advisement. He advised Eastlake and Layard on Italy's new restoration techniques, policies, and procedures so that the National Gallery could also institute them. In 1861, the Italian government appointed Morelli and G. B. Cavalcaselle to document all artworks in Umbrian churches, public buildings, and individual collections. The relationship between the two men was strained, however, and Cavalcaselle became one of Morelli's primary rivals. Morelli constantly pushed his government to take inventory of the art remaining in Italy and helped to document Italian collections. In addition to his official work, Morelli devoted much of his personal life to traveling throughout Italy and studying its art.

Such work made Morelli one of the most knowledgeable scholars of Italian art in Europe, and increasingly, international buyers depended on his advice. Morelli helped museum and gallery officials from many countries, as well as private collectors, make purchases through art dealers and pawn shops, while at the same time he encouraged and aided Italian collectors. While Morelli wrote in German and greatly admired the work of Burckhardt, he had a strained relationship with German connoisseurs and historians. Bode became a primary rival with whose attributions and methods Morelli consistently disagreed. Morelli also disliked most Italian museum and gallery directors and government officials, believing their understanding of art too limited. When the Englishman J. A. Crowe and the Italian Cavalcaselle published their multiple-volume *New History of Painting in Italy* from 1864 to 1866, and *A History of Painting in North Italy* in 1871, Morelli spoke out against their attributional and historical methods. Crowe and Cavalcaselle's volumes were some of the first to document systematically the whole of Italian art. They were extremely popular throughout Europe, especially in England and Germany, and remained authoritative for decades.

Despite these intense rivalries, Morelli seems to have maintained a very amiable relationship with English officials and helped the English to acquire Italian pieces. Beginning in 1859, Morelli became good friends with Layard and remained so for the rest of his life. Eastlake of the National Gallery and Henry Cole and John Charles Robinson who bought for the South Kensington Museum also worked with Morelli closely, as did individual British collectors such as Sir James Hudson. Morelli often complained to his government about the differences in funding between the two countries. To him, the National Gallery gave Eastlake overwhelming purchasing power, while Morelli could only dream of his country doing the same. In 1868, when Morelli traveled to the Leeds exhibition and helped identify the works on display there, he must have met Ruskin. In a preface to an English edition of one of Morelli's books, Layard claimed Morelli "always approved" of England's arrangement and classification of Italian paintings in the National Gallery, a fact not to be taken lightly given Morelli's harsh criticism of Germany and his own country (20). Clearly, in the early decades of Italian art trade, art scholarship was fueled by nationalist sentiment, such that England and Italy most often proved allies against German influence. When Morelli published his own ideas on connoisseurship and Italian art in the 1870s and 1880s, the methods he promoted were also infused with nationalist (anti-German) sentiment.

In response to the art scholarship increasingly being published and considered authoritative, of which he did not approve, especially volumes by Crowe and Cavalcaselle, Bode, Rumohr, and Waagen, Morelli published in the years 1874 to 1876 a series of essays in the German periodical, *Zeitschrift für bildende Kunst*. The essays appeared under the pseudonym "Ivan Lermolieff" (the last name is an anagram of Morelli with a Russian ending), and were (supposedly) translated by a Johannes Schwarz. These essays discussed the Borghese galleries in Rome and corrected many attributions made in catalogues there. In 1880 Morelli published under the same pseudonym *Die Werke italienischer Meister in den Galerien von München, Dresden und Berlin*, a text critiquing German gallery organization and attributions of Italian art. While they reacted to Lermolieff's characterization of them, German scholars seriously questioned and debated the opinions of this new "Russian" art scholar, of whose real identity they were ignorant, and eventually rewrote catalogs to take his opinions into account. Only when this volume was translated into English in 1883 under Morelli's real name was the parody of Germany exposed. Bode carried resentment over this trickery even to Morelli's death in 1891, publishing a piece in the October 1891 *Fortnightly Review* attacking "the Lermolieff mania" and the "quack doctor" (509). In 1890 and 1891, Morelli's first group of essays was expanded and published in two volumes titled *Kunstkritische Studien über italienische Malerei*; a planned third volume never materialized. These volumes were translated into English in 1892 and 1893 as *Italian Painters: Critical Studies of their Works* and were widely read in England. They had profound influence on Berenson, Fry, and other English art scholars and provided the most clearly outlined account of Morelli's attributional methods.[2]

MORELLI'S *ITALIAN PAINTERS*

Morelli's method requires a balance of scientific and aesthetic sensibilities—the two modern modes of thought outlined by Symonds as originating in the Renaissance. Although he is remembered mostly for his scientific methods, Morelli also begins the shift toward focusing on the non-Christian "spiritual" in method and content as he promotes an experiential approach to art. Thus, he is a precursor to the modernist focus on the spiritual in art and art history. For Morelli, this modernist element is inextricably linked to nationalism. Following Herder and Hegel, the spiritual element of art is conditioned by nationality, and art embodies the national spirit. To understand Italian art, then, a connoisseur must be able to understand the "spirit" of Italy. Morelli believes the German art scholar is least capable of doing this, and anti-German sentiment shapes both the method and the content of his work.

The main principles of Morelli's methodology emerge in the opening section of *Italian Painters*, titled "Principles and Methods," which is a fictional dialogue between a young Russian student named Ivan and an elderly Italian gentleman who meet at an art gallery in Italy. In the ensuing conversation, Ivan and the Italian parody a series of figures involved in the arena of Italian art attribution, dealing, and collecting, most of whom are German or influenced by German methods. These include the Connoisseur, the Art Historian, the "Anti-Philosopher," the Public, the Artist, the Aesthete, and the Government Official.

Setting his method against all forms of art history as it is presently practiced, the elderly Italian wants connoisseurship to be based not on any preestablished conceptual scheme but rather on direct material and experiential evidence. Both the "German anti-philosopher" and the "art historian" make judgments about art based on preconceived notions, such as ideas about universal values or historical epochs (9). These two characters also believe German art historians are overly reliant on secondhand scholarship and reduce art's value by overanalyzing it. Morelli views with skepticism three sources German scholars weigh heavily. The accuracy of traditional historical texts, such as Vasari, is questionable, because often such texts are anecdotal, subjective, and biased (17). Second, while historical documentary evidence of attributions or sales is often deemed authoritative, for Morelli all documents and even signatures (*cartellini*) are untrustworthy and might have been forged (27). Third, German art scholars tend to rely on their "general impressions" of an artwork, claiming their knowledge of technique and intuition are enough to recognize a particular master's work (19, 32). The problem with this, says Morelli, is that restorers and repainters have often dabbled with a painting, sometimes completely altering it, and at times even ruining it (32).

The Italian dislikes the authority given to all of these Germanic types by others in the art world. The elite and cultivated classes who buy and sell art hanker over quality, names, dates, attributions, and "aesthetic platitudes," and give the scholar immense power without ever truly contemplating art. Likewise, the government museum official places too much stock in such scholars. The public, on the other hand, does not care enough about scholarly opinions and instead compares art to nature for its lifelikeness, what Morelli calls the "tourist" view of art (7). The elderly gentleman in the dialogue complains of Germans invading Italy, saying: "These youthful seekers after knowledge...come flocking over the Alps, and you may see them any fine morning armed with red and brown guide-books, hungering and thirsting for information, and taking stock of churches and galleries with irrepressible ardour" (4). Fed up, the Italian gentleman says the guidebooks are written for tourists who allow no room for repose, "without which enjoyment of art is an impossibility" (2). For Morelli, to be an art historian it is first necessary to go to the country and its art and immerse one's self in it, laying groundwork in the gallery, not the library. The elderly Italian argues that if his method is used, the "art historian will gradually disappear" and instead the "connoisseur will emerge from his chrysalis state" (14).

Morelli's new experiential basis for understanding artworks and their origins has two aspects: scientific analysis in conjunction with an ability to perceive with the "artist's eye" (11). These two methods correspond to the two aspects of art requiring judgment: its "form" and its "spirit." While these are the same terms Ruskin used, their referents are often confused. Not only did Pater confuse the issue by using "matter" and "form" to refer to what Ruskin had called "form" and "spirit," respectively, but Morelli uses the term "form" to refer to *both* aspects of an artwork: to what he labels "outward form" *and* to "spirit." Morelli uses the terms in a way similar to Ruskin, but for Morelli, "form" and "spirit" have nothing to do with Ruskin's Christianity; instead, they are related to national identity.

For Morelli, the "outward form" refers to the scientifically analyzable aspects of a painting: the "representation of the human figure" or "external signs"—clothing, colors, head shape, hand and nails, ears, drapery, and so on (35). Best to analyze are the hand, ear, and face, for these are "characteristic in the works of all independent masters, and afford valuable evidence for identifying them" (45). These "typical or fundamental forms" Morelli terms *Grundformen*; they are the outer characteristics of the human figure that one painter always treats in the same way. This is of course quite different than the "Modernism as Formalism" theory of form. By scientifically examining the shapes and details of these formal qualities, not only can identifications be made, but the historian is also led to the spirit of the painting.

By "spirit" Morelli seems to mean "the idea": the artist's "idea" gives birth to the "form" of the painting that then determines its character or style (75). "Outward form" is "by no means accidental, as many contend, but is determined by inward conditions" (45). For Morelli as for Ruskin, the right understanding of outward form occurs only when the inward condition is also simultaneously perceived and understood: both need to be judged in order to make attributions and write history accurately. To see the inner "spirit," the connoisseur must have the "perceptive faculty," an "eye for colour," and a "feeling for beauty of form" (21). Such a gift of aesthetic perception can only be developed by studying art in person and over a long period of time. "To see form correctly" depends in part on the "physical conformation of the eye." This can be developed, however, with persistence in the "man of ability" (23). To see as an artist sees, then, involves training and practice but also an innate capacity for perception. Echoing the sentiments of Arnold and Pater, such "full enjoyment of art" is reserved only for a "select few," for one must have an "unusually high degree of culture" (25). Morelli suggests, however, that better education systems might increase the number of potential connoisseurs (25).

For Morelli, art's spirit and the connoisseur's aesthetic perception are conditioned by nationality: "National prejudices affect our mental vision as well as our physical sight" (24). Artists in particular regions, schools, and nations develop specific ways of perceiving and consequently creating form and color in their work, and these ways develop over time. Because perception is shaped by nationality, when in a foreign country studying its art the connoisseur has to shed his "home prepossessions" until he finds himself in harmony with the land he is in: "Like the language of a nation, the phraseology of form and colour can only be properly learnt and understood in the land of its birth" (24). The man with a high degree of culture is the man with the resources and the time to spend long periods in Italy, developing his eye as he sits before artworks directly, acquiring the same mental and physical vision the original artist had. For Morelli, the Germans obviously have not done this. Yet he also doubts whether Germans can ever appreciate and understand Italian art, for their nationality prevents them from such perceptive capabilities. Strangely, although he does not discuss them here, Morelli must feel Englishmen *are* capable of acquiring the proper visual skills. The English certainly feel they are so inclined.

Given its nationalist two-tiered method of form-spirit analysis, Morelli's early version of a "formalist" method is far from what "Modernism as Formalism" became. For Morelli, formal analysis is performed by the connoisseur in order to determine attributions. Such knowledge is needed in order to write a proper history of art. Yet "form" has two aspects: outward physical qualities analyzed scientifically through comparing and contrasting among schools and within a developmental progression of history, *and* the less tangible qualities of "spirit" and "idea" perceived intuitively by a trained and gifted connoisseur. Morelli's conception of art's "spirit," while similar to Ruskin's, is devoid of any universal Christian moral content. Rather, it resembles more Hegel's concept of *Geist*, a universal spirit that also embodies specific national qualities.

Even though he tries to establish a new method of connoisseurship set apart from what he sees as the subjective, intuitive methods of scholars such as Rumohr and Crowe and Cavalcaselle, Morelli also relies on a subjective epistemology, for attribution relies on an intuitive or innate capacity for perception in addition to scientific methods. Yet his work is often reduced to the scientific aspects of his formal method (the diagrams he gives of various hand types, for example).[3] Gibson-Wood attributes this to Bernard Berenson's appropriations of Morelli's texts, especially in his "Rudiments of Connoisseurship" (237). Yet while Berenson did have a "Morellian phase" and codified Morelli's scientific principles more systematically, he also always relied methodologically on a perceptive, spiritual, or extra-scientific element of analysis. In fact, it is not the formal element of art but rather this "spiritual" element that becomes the most important factor in Berenson's approach to art history and appreciation and that greatly informs modernist theories. Unlike Morelli, Berenson does not stress the nationalist nature of the spiritual; rather, the spiritual is a more general quality of art potentially accessible to all.

BERNARD BERENSON THE CONNOISSEUR: POPULARIZING ITALIAN ART IN ENGLAND

Ernest Samuels, the most thorough of Bernard Berenson's biographers, describes Berenson as a product of the "Renaissance cult" prevalent in the United States by the 1870s (I.36).[4] Educated and formed by the foundational texts of Italian Renaissance art and cultural history, Berenson read all the major European writers who lauded Renaissance Italy in aestheticist terms: Symonds, Pater, Vernon Lee, Heinrich Heine, Theophile Gautier, Burckhardt (I.25). In his year at Boston University, Berenson was fascinated with Matthew Arnold's conception of culture, and at Harvard, Berenson was a student of Charles Eliot Norton, who popularized Ruskin's *Stones of Venice* and *Modern Painters* in the United States. Whereas Norton lauded Ruskin and regarded Pater with contempt, however (as did another Harvard teacher, William James), Berenson brought Pater's texts with him to Europe and used them to guide his art tours (I.146).[5]

A product of a literary-aesthetic education in the Italian Renaissance, Berenson in 1887 arrived in Europe—a continent that itself was an international, cosmopolitan arena of fascination with the Renaissance and Italian art. German, Italian, English, French, and other European collectors, museum curators, connoisseurs, and art historians constituted an international market of Italian art trade and scholarship. All sought knowledge and wanted to increase, protect, and validate their national and personal collections. German art historians and connoisseurs in particular competed vigorously with Morelli and later with Berenson for status as authorities in the world of Renaissance art attribution and criticism. Often methodological debates over Italian art took published form and thereby publicized hostilities (as was seen in the case of Morelli and Bode). The number of art history volumes written originally in English was limited, however. In addition to Pater and Symonds, Crowe and Cavalcaselle's text was a primary one. Burckhardt's *Renaissance* was translated into English in 1878 and Morelli in 1892.

On his first tours, Berenson traveled with the texts of Pater, Burckhardt's *Cicerone*, Morelli, and Baedeker (I.147). He first read Vasari in 1889 and used him as a guide (I.101). Using Crowe and Cavalcaselle's volumes, Berenson began to collect photographs of Renaissance art. Beginning in 1889 in Rome, Berenson met Cavalcaselle, Morelli and other connoisseurs, including the German, J. P. Richter, with whom he apprenticed, and the Italian, Enrico

Costa, with whom he toured Europe in 1890 (I.86). In the 1890s Berenson was often in contact and conflict with that other disciple of Pater, Vernon Lee, who resided in an Italian villa and was well established as a writer on Italy and Renaissance art.[6]

As Mary Ann Calo notes, scholars have tended to see Berenson's career as full of contradictions.[7] Critics often neglect or denigrate Berenson's art scholarship as trivial, uneducated, or informal. They see him as merely discussing art appreciation and cannot reconcile his seemingly democratic views with his entrenchment in an elitist art market from which he also benefitted tremendously. Yet Berenson was thinking about the nature of art, particularly Italian art, and the experience and appreciation thereof, long before he became a connoisseur and made a salary from it. He was shaped by textual accounts of Italian Renaissance art, and he went to Europe first to appreciate it for himself and to help others appreciate it. That he was beginning to feel conflicted by the late 1890s about the role he played in helping to make Renaissance art a capitalistic enterprise is not doubtful. Neither is it doubtful that he had lifelong regrets over his role in the art market. Nevertheless, his continuing in the connoisseur trade was always connected to public appreciation, for he felt that if collections in the United States and elsewhere were increased, life itself would be enhanced, both for individuals and for societies. Rather than being contradictory endeavors, Berenson's connoisseurship and art scholarship are part of the same project. His is another case in which the binary of elitist and populist obscures our vision.

Before analyzing Berenson's writings on Italian art, written from 1894 to 1907, I survey their context: the Italian art market and the activity of Berenson and others in it, up to the start of the Great War. In 1893 Berenson began lecturing in England on the Italian Old Masters. His lectures were quite popular and were attended by American and English millionaires who started to become familiar with his work (I.167). By 1895 Berenson was a close advisor to Mrs. Isabella Stewart Gardner and helped her spend more than one million dollars on Italian Old Masters between 1894 and 1903 (II.2). As more and more wealthy buyers became involved in the Renaissance art market, prices rose and Italian art became the fashion. Berenson was the key connoisseur in this process. He began to sign more contracts in the early 1890s, such that according to Samuels he went from making $100 in 1893 to earning over $15,000 in 1896 as a connoisseur (I.277). By the mid-1890s, Berenson was the most knowledgeable connoisseur in the Anglo-American world, and every rich American and Brit who needed professional assistance called on him.

Individual collectors rather than museum collectors began to dominate the market by the mid-1890s, so much that Berenson predicted few Italian paintings would be available in twenty years (I.243).

Nevertheless, acquisition of Italian art was still fueled by nationalist sentiment, and national museums continued to participate in trades. Italy especially wanted to keep its art in the country and made it a patriotic endeavor to do so. Increasingly Italian authorities placed restrictions on exports and sales of art. By 1903, Italy marked some paintings as "Never to be sold" and placed a 20 percent tax on all others, which raised prices considerably (I.380). A March 1902 article in *The Connoisseur*, a new magazine that, like the *Burlington Magazine*, was started in 1901 for collectors and others interested in art, discussed the recent acquisition of the Borghese galleries by the Italian state in patriotic terms. Ettore Modigliani states: "Both houses of parliament grasped the artistic and political importance of the measure, and hastened to approve it...In doing so they gratified the wishes of all lovers of art in Italy, who realise the moral ascendancy gained at the present time by a nation which proves itself an appreciative and careful guardian of its artistic patrimony" (171).

The Germans were also intent on increasing their national prestige. Bode led the quest to acquire art for German national collections. In his 1891 "The Berlin Renaissance Museum," Bode surmises that with new galleries and buildings since 1870 and a focus on collecting Italian medieval and Renaissance sculptures, the Museum was making its mark in the art world. Nevertheless, Bode admits, "our gallery cannot compete with your English one. When we come into competition for important works we are almost always obliged to retire modestly" (507). Disparities in budgets are the cause: "I think that more money is often given for public purposes in England in one year than is given here in five" (507). Mentioning specific deals with English aristocrats that Germans lost to the National Gallery, Bode clearly feels England dominates the scene: "Would that we, on our way to our offices, had only to pass our Christie's, with its sales once or twice a week during the season!" (510).

Whether Bode's complaints are accurate or legitimate, even England, once the "storehouse of the world's art treasures," struggled in the turn-of-the-century market for Old Masters.[8] Roger Fry, who was beginning to write extensively on Renaissance art for *The Burlington Magazine* and *The Athenaeum*, complained in a 1902 article that the National Gallery would never "keep pace" with "German public and American private enterprises" ("On the National Gallery" 165). While National Gallery trustees argued over what to purchase and struggled to achieve consensus according to their new acquisitions policy, Fry feared "the private purchaser from across the Atlantic will probably—if the picture is worth having, and no patriotic motives on the part of the owner intervene—have written a cheque on the spot and gone off with the object in dispute" (165). In Fry's early years, he worked closely with Berenson, and, believing all students of art should study Italian art, he pressured the authorities in charge of England's national collections to acquire as much of it as they could. In this early period, Fry was concerned for modern art as well, and he consistently pressured authorities at the Tate Gallery to acquire modern continental pieces.

Despite its lacks, the National Gallery was still the most widely available source for the study of Italian art in England. Although the Royal Academy continued to show Old Masters, since its 1870s exhibitions of Renaissance art, London had seen only two major exhibitions of Italian art, both in 1894. One of these exhibitions was at the Burlington Fine Arts Club. Organized by the Italian art historian, Adolfo Venturi, it featured the Ferrara-Bologna schools of 1440–1540 and consisted of loans from English collections. According to Haskell, this exhibition had only 2,400 visitors over its three-month run. The second was a loan exhibition of 300 Venetian paintings at the New Gallery. Berenson found the attributions made here so atrocious he published a separate pamphlet correcting them. Clearly, even after half a century of museum acquisitions, some critics thought England was in desperate need not only of extending its collections of Italian Old Masters but also of more accurate knowledge regarding them. Yet the millionaire private collector was beginning to dominate.

In England, collecting contemporary art was also the rage of the time. From the 1880s on, as middle-class buyers tried to carve out a niche in the art market, production and consumption of what Fry denigrated as "sentimental" and "anecdotic" English art (or narrative painting) increased steadily. By the late nineteenth century, according to Julie F. Coddell, artists and the art market were regulated by clubs, societies, and galleries, which limited sales, shows, and the production of art and offered professional status to artists. These societies competed with Royal Academy artists for the public's attention and appealed to middle-class consumers through increasing numbers of published pamphlets, magazines, and art criticism (169–182). In general, such contemporary narrative paintings aimed for accurate and scientific representation of nature and English life and thereby imitated the Renaissance classical conventions of the Old Masters.

In his 1903 *Pictures and Picture-Collecting*, C. J. Holmes, the director of the National Gallery, argued that collecting and investing in pictures could be done by everyone from the "Millionaire" to the "Rich Man" to the "Poor Man." According to Holmes's analysis, Italian paintings were the best to collect for the millionaire, but were almost "closed from the market" at the time he wrote (15). Holmes suggested millionaires move to second level buys, such as Northern Old Masters "of whatever school," but warned that even those opportunities would be gone soon (17). For the "Rich Man," Holmes suggested Italian drawings, Dutch pictures, and from the English school, Constable and the pre-Raphaelites. "The Poor Man," according to Holmes, might not be able to make many purchases, but with knowledge he could focus on just the right one, perhaps a drawing or small picture. He suggested that Old Master drawings were still widely available, that Dutch pictures were the most promising investment, and that eclectic Italian masters had until recently been ignored. If one wanted to collect "modern" art, on the contrary, one would have to be very careful in determining the long-range value of a piece. Overall, Holmes recommended visiting the galleries, museums, and auction houses, consulting experts such as Berenson and Claude Phillips, and reading Morelli in order to gain as much knowledge as possible about pictures.

While Holmes seemed to be directing English taste toward Old Masters and away from contemporary English art, a trend with which Fry would have sympathized, Fry reacted negatively to Holmes's project on nationalist grounds. In a 1903 review of the book, Fry questioned whether Holmes was "rendering a public service by helping the Transatlantic millionaire to help himself to the acquisition of the first works that England possesses" (356).[9] He also disagreed with Holmes on the status of Italian painting, saying "no doubt it is difficult" to acquire Italian Old Masters, but that their prices were not as affected as Holmes supposed (356). The chief difficulty, according to Fry, was still the damage they typically received through faulty restoration processes.

Fry argued equally for England to increase Italian Old Master collections at the National Gallery and modern collections at the Tate. In his many reviews for art journals he also praised the alternative ways in which knowledge of Italian Renaissance art was being made available to the English public. For example, several organizations and societies were formed early in the century in order to perpetuate a love for Italian painters. The "Vasari Society" was formed in 1905. Although English museums had owned many Renaissance drawings since the eighteenth century, the society felt they had not been reproduced enough, and so its goal was to disseminate reproductions of old master drawings for students and amateurs. It published twenty reproductions a year in collotype, with the first year seeing so much demand the Society produced more prints than originally planned. As Fry mentions in his review, the society decided to name themselves after their "patron saint" Vasari, who had also collected drawings.[10] A new Arundel Club was formed in 1904 to reproduce "little-known pictures of the Old Masters" using photogravure methods (806).[11] Their advertisements in issues of *The Connoisseur* from these years tout the "largest selection" of chromolithographs in London. The Medici Society worked to publicize the Italian art in England's national collections. *In the National Gallery: A First Introduction to the Works of the Early Italian Schools as There Presented*, by Mrs. C. R. Peers (1913), claims art is seen by hundreds of people every day at the National Gallery, and stresses that art in the Renaissance was not an elitist endeavor but rather was "as much a part of life as machinery is now" (viii).

New publications on Italian Renaissance topics proliferated. In addition to art histories, monographs, and biographies of specific artists, Fry reviewed the reproduction series produced by publishing houses. In the early 1900s, Heinemann published a *Great Masters Series* and Hirth a similar *Formenschaft* series. Reproductive techniques were still limited in quality, however, and Fry critiqued bad reproductions of the tone contrasts and "precise linear design of the primitives" in such series (246).[12] Series of Old Master prints were also sold with textbooks in art education programs.

In the 1900s and 1910s, amateur histories, historical fictions, and guidebooks about Italy and the Renaissance were quite popular in England. Julia Cartwright Ady, who worked at times with Berenson and Fry, published a guidebook to Italian Renaissance art. Her preface cites the current need for new guidebooks, saying "the increased interest now taken in Italian art by travelers creates a distinct demand for a book in which the results" of fifty years of research since Ruskin can be brought together (x). Even children's books were published, such as Alberta Wheny's 1902 *Stories of the Tuscan Artists*. Fry praised this text, saying it gave children "just the necessary help and information to enable them to look at and enjoy the masterpieces of Italian art without being perplexed," even giving in words "some notion of the aesthetic qualities of each artist's work" (151).[13]

As wealthy individuals made the market more competitive for national museums across Europe and as the Italian Renaissance became a topic of public consumption, Berenson thrived. In addition to connoisseurship, he and his wife, Mary Costelloe, worked to popularize the Italian Old Masters in England and the United States. In September 1903 they gave an extremely popular lecture tour in the United States on "How to Enjoy Old Masters." In 1908–1909 Berenson worked to catalog the Italian paintings in American collections. While Berenson's goal was to make Italian Renaissance paintings popular among all classes, as a result of his work the American elite came to dominate trade. In August 1909, the United States further enabled its collectors to dominate the market by repealing duties on works of art over 100 years old, in a new tariff act (II.91). This dismayed English collectors and connoisseurs, and Fry and others began to appeal to the British government for limits on sales from English to American collectors. In 1909 the Italians dramatically increased their export duty and made exporting licenses very difficult to obtain (II.103). By the 1910s the increasing difficulty and expense in acquiring Italian paintings turned the market more to Old Master drawings than paintings, as Holmes had predicted.

With the Great War, trade and competition came to a halt. After the war, Americans made a rampage on Italian art as European aristocrats hurt by the war put their collections on the market. Increasingly through the twentieth century, Italian Renaissance art became an investment for only the very wealthy. It also became a corporate endeavor in which Berenson played a significant role. From 1912 to 1937, Berenson was on a (supposedly exclusive) contract with the English firm of Joseph Duveen, who around 1910 had decided he wanted to dominate the trade in Italian Old Masters. Berenson had worked for the firm as early as 1906, and after signing an official contract in 1912, for much of the first three decades of the twentieth century, Berenson received hefty cuts from Duveen sales. With the end of the war and the "new rich" on the scene buying up old collections, Duveen's business began to boom.

Berenson stands as a curious type: his connoisseur work is critical in making Renaissance art both popular and marketable. Through his efforts American collectors begin to dominate the art scene in Europe as Italian Renaissance art almost becomes exhausted around the turn of the century. Yet Berenson's concern is always to increase public appreciation of the Italian Old Masters. He wants collectors to make their collections available for public viewing, and he lauds art as a redeemer of humankind, helping both England and the United States become aware of what he sees as art's value for society. Rather than seeing his connoisseurship and involvement in the art market as separate from his aesthetic theories and ideas about art appreciation, these are part of the same project: bringing the Italian Old Masters to the world and the world to the Old Masters. The figure of the connoisseur is both elitist and populist at the same time.

Berenson's Theories of Renaissance and Modern Art

When Berenson published his series of four volumes on the painters of the Italian Renaissance from 1894 to 1907, he had already become the most famous and authoritative connoisseur of Italian art in the Anglo-American world. His writings further increased his authority and helped popularize Italian Old Masters even more as he offered a comprehensive and detailed accounting of Italian Renaissance art the likes of which had never been seen before in the English language. The four volumes are: *The Venetian Painters of the Renaissance* (1894), *The Florentine Painters of the Renaissance* (1896), *The Central Italian Painters of the Renaissance* (1897), and *The North Italian Painters of the Renaissance* (1907). Included in the final volume is a short essay titled "The Decline of Art."

Although other critics, especially Fry, offered minor revisions of his attributions, Berenson's volumes were considered the "Bible" of Italian art for the first half of the twentieth century (II.48). In 1930 the four were reprinted together as one volume and titled *The Italian Painters of the Renaissance*. A 1952 edition sold 60,000 copies (Calo 122). Although other art historians rose to prominence in the art world with new methodologies, most notably Erwin Panofsky and his iconological methods, in Anglo-American universities Berenson held sway. His main student, Kenneth Clark, shaped modernist art discourse in England while Clement Greenberg showed a similarly close following of Berenson in the United States. Typically, Roger Fry and Clive Bell are also seen as direct heirs of Berenson, and thus, Berenson is often seen as a precursor to "modernism as formalism."

Yet, as Calo points out, by the time an aesthetic or formalist modernism was an institution in the academy, beginning in the late 1940s, and even well before this period, Berenson was an adamant spokesman against modern art, especially its abstract varieties. This presents a quandary: if modernist formalist theories derive from Berenson's writings on Renaissance art, then why does he react so negatively to modern art, even seeing it as the decline of art? Calo pinpoints Berenson's "modernist" shift to his discussion of Giotto in the second volume, *Florentine Painters*, when he begins to outline the formal aspects of art and hints at its antirealist or abstract quality (57–60). To her, this move is inconsistent both with Berenson's insistence on representation in art in other places and his vehemence against modern abstract art (Calo 59–63). In this view, it seems modernism and formalism have to go together, so in the end Calo sees more continuity when Berenson is viewed as a "creator of highbrow culture" rather than as a "formalist pioneer" (fn 8, 230).

In contrast to Calo, I argue that analyzing Berenson's aesthetics as inseparable from his historical view—both in method and content—and thus placing the question of formalism and modernism in the broader cultural context of Italian Renaissance art, elides this supposed contradiction in his thought. While it is true that from the first volume in 1894, *Venetian Painters*, to the last volume in 1907, *The North Italian Painters*, Berenson's theories changed in emphasis and were never systematically worked out, the four volumes together reveal Berenson's developing vision of art and its history. Additionally, other essays Berenson wrote during this time flesh out his ideas, most notably "Rudiments of Connoisseurship" (1894), *The Study and Criticism of Italian Art* (1901), and *Drawings of the Florentine Painters* (1903).

Over the course of the four Renaissance volumes, Berenson demonstrates a shift in his methodological and conceptual approach to art history. Berenson's most "modernist" move occurs not when he discusses form as an element of painting abstracted from nature, but when he begins to focus on the "spiritual history of art" as opposed to what he (mistakenly) calls a Morellian connoisseurship. Although Berenson's conception of the "spiritual" is intimately related to "form," "spirit" is never equal to "form." In fact, form is only one means of accessing the spiritual for Berenson. By focusing on the "spiritual," it is possible to see Berenson as a modernist and a nationalist because he attempted to theorize Italian Renaissance art for the masses: he wanted Italian art to pervade culture at large because it could provide access to a spiritual universal realm potentially shared by all humans in ways no other form of knowledge could.

Methodologically, Berenson was a follower of Morelli, wanting knowledge about art to be derived only from the art objects themselves, but he interpreted Morelli falsely to some extent when he reduced his attributional methods to scientific readings of "outward form" and ignored Morelli's own emphasis on the intuitive and perceptive aspects of reading an artwork's "spirit." In fact, Berenson takes the credit for drawing attention to the spiritual aspects of art.

In his 1894 essay, "Rudiments of Connoisseurship," Berenson outlines two levels of connoisseurship—a scientific level and an artistic level. The scientific level involves examining the "formal elements" of a painting (similar to what Morelli outlined)—the drapery, color, landscape, architecture, expressions, hair, and especially hands and ears. At this level of connoisseurship, Berenson states, we understand "all that is in a picture which can be distinguished from the feeling, or, as it is sometimes called, the spirit" (125). To understand the "spirit" or "feeling" of an artwork, the connoisseur must rise to the second level and evoke his "Sense of Quality," what Berenson says is "indubitably the most essential equipment of a would-be connoisseur" (147). For him, the "Quality belongs to another region than that of science" and "measurable things"; it belongs to the region of "Art" itself (148).

Although he says little more about the "Sense of Quality" in that essay, by his 1901 preface to *The Study and Criticism of Italian Art*, a volume collecting essays written over the previous ten years, Berenson had changed his emphasis to this second level of connoisseurship—to the analysis of art's "spirit." Claiming he "see[s] now how fruitless an interest is the history of art" and how worthless it is to pursue attributions, Berenson calls his earlier essays "crassly Morellian," and he deems both scientific connoisseurship and Ruskinian histories of art "valueless in the life of the spirit" (v). While Berenson knows art history depends on connoisseurship, he distinguishes what he does by saying, "I am among the first to question the spiritual value of art history" (vii). For him this means art should be classified "alone" and "much more abstractly than it has ever been studied…freed as much as possible from entangling irrelevancies of personal anecdote and parasitic growths of petty documentation" (vii). Berenson's turn toward the spirit is in part a reaction against scientific methods and claims to objective historical knowledge about art, but it also is a reaction against Ruskin's linking of Christian spirituality with aesthetic quality.

In this preface, Berenson again distinguishes between two levels of analysis. The first is quantitative. Morelli was satisfied with this, and so was Berenson in the past. This type of analysis, he claims, can be performed by "any serious student armed with patience and good habits of observation" (viii). In contrast, Berenson implies that the number of people able to analyze art in the second way—qualitatively—are limited, for having a "sense of quality must first exist as God's gift" and then be submitted to many years of arduous training (viii).

In the end, attribution and art history depend not on modernity's constructs of science and certain knowledge but on "feeling," "spirit," and "quality," on what is most intangible. While this view is not significantly different than Morelli's (which Berenson misreads), it does signify a shift in Berenson's own thinking about methods. In a 1938 special reprint of his 1903 *Drawings of the Florentine Painters*, Berenson admits that art's spirit often speaks with "truly Delphic ambiguity" (xii). One can and should always use what he calls "the Morellian system of checks," but one must also realize the conclusions reached with such methods will never be completely satisfactory: "When all is said and done, the ultimate appeal is to our feeling. From that responsibility no mechanical test, no material consideration, no peering in looking glasses, magical or not, can save us" (xiv).

By the time Berenson finishes his four volumes on the Renaissance, then, he has consciously outlined a shift in methodology. It is not a complete break with Morelli or science. He simply shifts his focus to the spiritual aspects of Renaissance art, partly in reaction to the over-reliance on scientific methods among connoisseurs and collectors and also because of his belief that art potentially connects to all humans and should be made accessible to all. This turn toward the spirit is Berenson's modernist move.

By emphasizing the idea that art contains a spiritual reality beyond rational analysis and capitalist interest, Berenson follows in the line of Ruskin, even though he believes himself to be the opposite of Ruskin. Like Ruskin, Berenson emphasizes perception and the universal spirit that art reveals; unlike Ruskin, this spirit is not Christian or explicitly related to the ethical, but rather constitutes a realm that is universal, solely human, and experienced subjectively, much as Pater argued. Indeed, Berenson in his four volumes on Renaissance art attempts to perform the Paterian method of criticism, recording his impressions and experiences of Italian art.

For Berenson, the Renaissance was a period when art performed a spiritual function in everyday life. He sees his volumes of Renaissance art history as recovering this spirit for modern times, and he wants the present age to transform itself using the model of the past. His overall view of art history, then, is typological: the Renaissance is the type to which he hopes his own age will become the antitype. In his 1894 *Venetian Painters*, Berenson believes the art of his age will fulfill what was prefigured in the Renaissance, yet by the time he writes *North Italian Painters* in 1907, Berenson has little hope for modern art, seeing it as a shadowy falling away from the Renaissance ideal.

In the 1894 preface to *Venetian Painters*, Berenson gives his fullest discussion of the Renaissance as a period and its relation to modern times. Interestingly, Berenson suggests that the Renaissance is "even more important *typically* than *historically*" (v). Historically, he states, the Renaissance has over the past five centuries been looked upon either as "glory" or as "shame," depending on one's view (v). Yet in a typological view the Renaissance means more, for it is the originating imprint of what the present could become: "our problems do not seem so easy to solve, our tasks are more difficult because our vision is wider, but the Spirit which animates us was anticipated by the spirit of the Renaissance, and more than anticipated. That spirit seems like the small rough model after which ours is being fashioned" (v). For Berenson, connecting with Renaissance art on a spiritual level can help those in the present to understand themselves. He suggests the present age is "instinctively in sympathy with the Renaissance," and that "we, too, are possessed of boundless curiosity. We, too, have an almost intoxicating sense of human capacity. We, too, believe in a great future for humanity, and nothing yet has happened to check our delight in discovery or our faith in life" (v, 58).

In this first volume, Berenson sees Venetian art as the first to embody the new modern spirit of the Renaissance because it "satisfies the needs of men" rather than serving a superhuman purpose (22). No longer confined to the Church, painting moves to the Council halls, then to schools, where art depends on aristocratic life, and finally to private homes (21). In a democratic way, Venetian painting serves man and satisfies his needs for enjoyment, youth, and merry-making (22). Giorgione, for example, is lauded as "bright, romantic, joyous" (24), and Tintoretto's religious subjects lauded because they satisfy "an ever-living need of the human heart" (39).

Berenson praises everything about Venetian Renaissance art that Ruskin abhorred—its emotion, sensuousness, passion, beauty, and enjoyment of human bodies and the physical world. Rather than con-demning these things as immoral, Berenson sees them as giving art a spiritual and social function for humanity, because they make life more vital. When Venetian art turned to the "expression of deep emo-tion," it made life more pleasing. Especially adept at color, the Venetians helped men to attain "enjoyment of the world" and "life-enhancement" (10). Following Pater, Venetian Ben art helped its viewers achieve an emotional, sensory being in the world—what for Berenson is the very spirit of the Renaissance.

In the first volume the Venetians are more life-giving than the Florentines, who are too reliant on the "classical ideals of form and composition" and "too academic to give embodiment to the throbbing feeling for life and pleasure" (12). By the second volume, however, Berenson expands his definition of what can enhance life from Venetian emotion and color to Florentine form. In *Florentine Painters*, Berenson focuses on the viewer of art and describes more fully what he means by enjoyment of the world and feeling. He contends "*the essential* in the art of painting" is "to stimulate our consciousness of tactile values" and that a picture appeals to our "tactile imagination" just as much as to the object represented (63). The essential part of a painting consists not of the content or subject matter, then, but rather of the viewer's response to it and its effect on the viewer. Berenson distinguishes the term "tactile values" from the term "form" by saying the former refers to our subjective experience while the latter refers to the objective artifact (330). Nonetheless, the "tactile values" of a viewer's response are most clearly linked to the formal elements of Florentine painting: "form is the principal source of our aesthetic enjoyment" (65). By "form," Berenson refers to aspects such as volume, bulk, inner substance, and texture—what he terms "static sources" (330).

After the first volume, while Berenson most often links "form" to the viewer's spiritual response to a painting, he also describes other elements as enabling the spiritual response to art, including movement, colour, and "space composition" (68). By "movement" Berenson means "energy," and by "space-composition" he means the spatial arrangement of the elements that are illustrated (197).

But what exactly is this spiritual response? To "realize form," Berenson says, we give "tactile values to retinal sensations" (67). In Paterian fashion, something unifying that is both physiological (tactile) and intellectual (values) happens when a painting is seen properly. When discussing Raphael in *Central Italian Painters*, for example, Berenson says "space-composition" produces effects on our "vaso-motor system" (198). When discussing Giotto, Berenson says our retinal impressions are translated into the sensations of touch, pressure, and grasp (153). In viewing Italian art, visual perception becomes "tactile" and a physical "sensation." Yet Berenson also suggests "we see much more with our mind than with our eye" (238). He also calls this experience "ideated sensations," and says the "highest human values are derived from the perfect harmony of sense and intellect" (325). Such visual perception is a unified experience of mind and body—a physiological and psychical event.

Such a Paterian experience of wholeness when viewing a painting is "life-communicating and life-enhancing"; a special knowledge is gained (*Italian Painters* 125). When Berenson suggests Giotto's form and movement, for example, have a "life-communicating quality," he implies the viewer experiences what it means to be human more fully when viewing a Giotto painting than he does when simply living his life (153). This spiritual experience also brings pleasure. When the viewer has a "vivid realization of the object," he has a "sense of greater psychical capacity" in a way that occurs "more rapidly" than with actual objects (68). When this sensation occurs we "feel better provided for life" and the "whole personality is enhanced" (67–68). For Berenson, only through viewing the human figure can a viewer realize his own life more fully: "it arouses in ourselves ideated sensations that shall make us experience the diffused sense of happiness that results upon our becoming aware of an unexpectedly intensified, facilitated activity" (238).

For Berenson as for Pater, art provides a unified individual experience not otherwise easily attained in the modern world, but it also puts the individual viewer in touch with a universal spiritual realm normally lost to a viewer of real objects: a deeper reality is brought to presence. Berenson calls what is brought to presence "Spirit" or "significance." Giotto, for example, "render[s] the material significance" of objects and has a "profound sense of the significant in the visible world" (72). He can "seize upon the spirit of life and imprison it in his paintings" (152–153). Likewise, Leonardo is a master of significance (107), and Botticelli seems "haunted by the idea of communicating the *unembodied* values of touch and movement" (111). Michelangelo is the best at rendering tactile values (122), while Raphael's paintings and use of space-composition produce the "religious emotion" (203), embodying man's "spiritual ideals" and "spiritual aspirations" (212).

Art represents the permanent spirit of objects and when this spirit is perceived it resonates with what is permanent in the viewer, sensually and intellectually, such that he "is led on to the further pleasures of self-consciousness" (66). Like Ruskin's "vital beauty," Berenson's "Spirit" or "significance" helps the viewer to fulfill his or her true function, but rather than accessing a Christian ideal, the ideal is now the Paterian fuller experience of material life itself.

Such an experience, while individually attained, draws the individual out of the self and into contact with humanity and the universe as a whole, in "union with one's surroundings" (330). This experience is similar if not identical to the German concept of *Einfühlung* (empathy). Not only is one's self enhanced, but one is put in touch with the permanent laws of what it is to be human in the world—one joins with the essence of human experience, something available to all. Hence, art's spiritual function is also a social or communal one. For example, Raphael's use of space "dissolves us into the space provided, until at last we seem to become its permeating, indwelling spirit" (202). Such identification or empathy with the universe is "the very essence of the religious emotion" for Berenson (202). This tension between individual subjectivity and a universal spiritual realm—this focus on the spiritual experience of art and its potential value for enhancing the lives of all humans, for redeeming them—is one way to see Berenson as a modernist. He wanted art to enhance the lives of those in the present by acquiring a key position in social life.

Berenson believed his volumes revealed the true spiritual nature of Renaissance art, and he hoped his "spiritual history" would help contemporary artists to understand art's function in life more fully. Like Pater, however, achieving such an experience is quite difficult, for modernity has fallen away from the Renaissance ideal and interferes with spiritual perception and historical understanding.

Berenson's final essay in the 1907 *North Italian Painters* titled "Decline of Art" reveals his growing disdain for contemporary and popular art, which he sees, as Ruskin did, as too bound to the trends of modernity. With his help, Berenson hoped modern artists would recover the very attitude that produced life-enhancing art in the Renaissance, just as early Renaissance artists had discovered ancient ways, but instead, he sees modern artists employing one of two false approaches to history. Either they pursue the quest for perfect imitation of conventions, which inevitably leads to decay, or they promote newness at all costs and reject history completely.

In the first erroneous view of history, moderns reduce Renaissance art to a set of conventions and rules to be imitated. Berenson sees contemporary artists loved by the public as adhering to tradition too tightly. While such artists might "feel the groping need of a return to the classics," they have lost the "spiritual" approach to history, and Berenson's attempts to recover and reproduce the Renaissance attitude toward life has been lost on them. Rationality and modern science have changed our way of seeing, says Berenson, such that it is difficult to recover Renaissance freedom (174). Such imitative regard for convention is a necessary starting point for Berenson, but when scientific methods become structured schema from which an artist does not deviate, the result is decay.

The second erroneous approach to history breaks with the past completely and promotes instead individuality and newness. Echoing Burckhardt's and Symonds's condemnation of the late Renaissance humanists, Berenson sees his contemporaries as writing history for the sake of their own individual place in it, not for any spiritual or social reason. Berenson links this modern quest for newness to the Western obsession with change: "The exercise of our functions, rarely if ever dallies with the already achieved, but is mad for newness. . . . We care more for the assertion of our individuality than for perfection. In our secret hearts we instinctively prefer our own and the new to the good and the beautiful. We are thus perpetually changing" (*Italian Painters* 331). For Berenson, this individual, self-conscious, and self-promoting quest for the new makes art history a discontinuous, fragmentary thing. Instead, Berenson sees art embodying unitary and universal ideals to which all humans can find access.

Berenson links the trend toward abstraction in modern art to this quest for individualism and newness. As art becomes more abstract, he feels it strays from the Renaissance focus on human life in the present and hence art's communal and spiritual function. Modern artists have lost interest in man himself and are destructive of history instead of spiritually connecting with it. Consequently, modern art is neither life-enhancing nor spiritually vital. In the end, Berenson's typological vision of history is unfulfilled, and he is an antimodern modernist.

Despite this, Berenson remained an adamant lover of Renaissance art throughout his career. His volumes on Italian Renaissance art, his connoisseurship, and all his activity to popularize Italian Renaissance art in the United States and England greatly influenced the development of art history university curricula. In the United States especially, but also in England, art education syllabi centered on Italian Renaissance art and the spiritual realm, not outward form alone. H. H. Powers, in the 1907 *Outlines for the Study of Art*, for example, suggests "learning art is learning to see, not memorizing the results of other people's seeing" and that through art we "understand and realize our higher selves" (14).

In his concern for the spiritual experience of art—an experience that is both individual and communal—and in his development of a spiritual methodology of art history, we can see Berenson as a modernist and a nationalist. To develop such theories but to see his contemporaries as too bound up in modernity is not inconsistent. In these ways, Berenson follows both Ruskin and Pater, as well as others, periodizing history, using it allegorically and typologically to establish a relation between the past and the present so that the present might emerge anew from the throes of modernity.

CHAPTER 6

The Modernist Rejection of the Renaissance: Fry, Bell, Hulme

Reacting against the scientific and material methods of connoisseurship dominant in their day, Morelli and Berenson developed a "spiritual" approach to art history and new "spiritual" methods to determine art's origins. The best historian for both writers was the one most capable of accessing a nation's (Morelli) or a period's (Berenson) way of seeing—its spirit. This focus on the spiritual both in art and in history shaped the theories developed by Roger Fry, Clive Bell, and T. E. Hulme, all of whom have been linked in various ways to the "Modernism as Formalism" line of interpretation. Just like Ruskin and Berenson, however, their theories of art and history are never limited to consideration of "form" alone; rather, their theories are most concerned for the spiritual function of art and are shaped most by their reactions against elitist trends in their own context. Consequently, their ideas are more complicated than previous generations of critics have allowed. Fry, Bell, and Hulme each react to the legacies of the Renaissance in contemporary England that they feel are elitist, or in Hulme's case, just plain false: classicism, the belief in progress, capitalism, science, and class interests. Each develops a typological-allegorical view of art history to legitimize a new type of art that would initiate a new period in art history and become central to the life of the community. Despite their rhetorical desires to reject both Ruskin and Berenson, Fry and Bell utilize aspects of both men's theories, applying Berenson's (and Pater's) theory of Renaissance art to modern art while rejecting modernity and the Renaissance for many of the same reasons Ruskin did. Hulme, on the other hand, rejects Fry and Bell as well as Berenson and Ruskin. For him all of these theorists tie art too closely to the realm of the human, and hence are still bound to Renaissance ideals.

ROGER FRY'S *VISION AND DESIGN*

Roger Fry began his art critical career in the same circles as Berenson and was one of the leading experts on Italian Renaissance art in England during the first three decades of the twentieth century. He devoted many of his early essays for *The Athenaeum* and *The Burlington Magazine* to major Italian painters, and he especially took interest in Italian Primitives such as Giotto.[1] Between 1893 and 1900, Fry gave Cambridge Extension Lectures as well as other lecture series on early Italian art, all of which were quite popular and helped establish his reputation. He reviewed just about every art history book published in England in the first two decades of the twentieth century, including those by Berenson, Wölfflin, and Worringer, and he offered analyses of the major exhibitions, collections, and activities of the English art world. Fry's love of Italian Renaissance art remained with him throughout his career, and he participated in exhibitions, attributions, and critical writings on it until his death.

Yet, for a time in the 1910s, Fry denigrated Renaissance humanism and mimetic art. Although he was never as vindictive toward the Renaissance as Bell, Hulme, or some of the avant-garde in England, Fry did view the Renaissance as the root of modern art's demise. Even though he toned down this criticism by the late 1920s, Fry always maintained a strong preference for the Italian "primitives," as he called them, over High Renaissance artists. This reaction against the Renaissance had everything to do with Fry's promotion of the post-impressionists and modern art, whom he saw as revolutionizing art and art history.

Although Fry's career is often seen as shifting dramatically from his early interest in Italian art to his postimpressionist efforts, these two interests are never completely separate and need to be viewed together. *Vision and Design*, a collection published in 1920 containing essays written during the previous two decades, can be read as a historiographical text in which Fry consciously juxtaposes ideas about Renaissance and modern art, for most of the essays are either about Italian Renaissance or contemporary art. Out of these essays come a periodized view of history, a theory of modern art that is spiritual and social, and a hope for the role of art in the life of the nation.

In "Retrospect," the 1920 conclusion to *Vision and Design*, Fry narrates the history of his interest in the Italian Old Masters and hints at the allegorical and typological relation of modern and early Renaissance art. According to Fry, when he first became interested in art, some of his contemporaries were studying the French

Impressionists and becoming naturalists. At the same time, Whistler and others were establishing a "decorative theory of art" that "tried to sweep away the web of ethical questions distorted by aesthetic prejudices, which Ruskin's exuberant and ill-regulated mind had spun for the British public" (287). Yet Fry felt both of these movements were failing, and he turned instead to the Old Masters of the Italian Renaissance in the "hope of discovering from them the secret of that architectonic idea which [he] missed so badly in the work of [his] contemporaries" (288). He claims his admiration for the Old Masters was not archeological, as it was for the general public, but that he searched for something he wanted to see in the art of his time—a sense of structural, formal design (288). He also claims that only when he saw Cézanne and other postimpressionists did he feel a conjunction of "the modern vision with the constructive design of the older masters" (289). For Fry, the modern movement as evidenced in the postimpressionists was "essentially a return to the ideas of formal design which had been almost lost sight of in the fervid pursuit of naturalistic representation" (290). Yet when Fry started promoting these postimpressionists, "the cultured public," who had "welcomed [his] expositions of the works of the Italian Renaissance," now saw him as "flippant" and "slightly insane," and even became his enemies (290). In 1910, no one could see how the postimpressionists imitated the Italian primitives.

Fry's favorite Italian primitives such as Giotto, Masaccio, Uccello, Piero della Francesca, Mantegna, and Signorelli were the models for whose typological fulfillment Fry was searching in his own age, but only in Cézanne did he find the imprint of the early Renaissance type. Of course Fry consciously sets up this allegory in "Retrospect," but the essays of the early 1900s are consistent with this view. In *Vision and Design* (*VD*) Fry defines modern art in opposition to Renaissance art by using some of the same terms and ideas Berenson had applied to Renaissance art; in a way, then, Fry's text typologically supplants both Ruskin and Berenson.

In the 1901 essay, "Giotto" (*VD*), Fry follows Ruskin in seeing a fusion of the aesthetic and the ethical in Italian primitive art. Fry attributes this fusion to St. Francis of Assisi: "his whole life had the pervading unity and rhythm of a perfect work of art," and "his feelings for moral and aesthetic beauty were intimately united" (132–133). Yet Fry deviates from Ruskin and moves toward Berenson when he lauds sensuality and spirituality equally. Italian art, he states, "in a sense" arose from Francis's life: both expressed simultaneously the "same spirit" or "attitude, as rare in life as in art, in which spiritual and sensuous beauty are so inextricably interwoven that instead of conflicting they mutually intensify each other" (133). For Fry, Giotto and Cimabue add to painting a vitality, sentimental realism, and dramatic vigor not present in Byzantine painting. Yet even at this early stage Fry admires most the structural design of Giotto and the Italian Primitives, not their mimetic representation. In the "Deception of Isaac," for example, Fry sees a "conscious aspiration after style" in which "the artist will not allow the requirements of formal beauty to be disturbed by the desire for expressive and life-like gestures" (142). Although the natural and the human are present, such "dramatic ideas" are not the most important—rather the formal, stylistic, and structural components of the painting are. Like Berenson, the representative element in painting is a necessary means to a more abstract significance. This is also Ruskinian but without the specifically Christian requirement.

In his 1909 "Essay in Aesthetics" (*VD*), Fry consciously deviates further from Ruskin when he separates the ethical and the aesthetic and distinguishes between actual life and the imaginative life. In actual life, responsive action requires moral responsibility, but in the imaginative life, a different set of values exists based on pure and free emotions and a different kind of perception. Art speaks to the imaginative life and therefore presents "a life freed from the binding necessities of our actual existence," including its moral obligations (21). In fact, art may correspond to an "existence more real and more important than any that we know of in mortal life" (22). It is never quite clear to where this imaginative life extends for Fry, whether to a Platonic realm abstracted from the material world or inversely to an inner realm of flux and sensation within the material world as it was for Berenson. For Fry, because the imaginative life and the moral life do not always correspond, practical moral questions do not apply to art (27).

Like Berenson and Pater, Fry gives this realm of imaginative life an ontological function: through art, the self and its place within the order of universe are more keenly understood and felt. Through a "specialized vision" viewers realize the artist "has expressed something that was latent in us all the time, but which we never realized, that he has revealed us to ourselves in revealing himself" (30). While art adds a "consciousness of purpose" nature does not reveal, it is important to remember such feeling can be achieved through both natural and abstract forms for Fry (38). The Italian Primitives are for Fry the most capable artists in history of achieving this function in art.

These early essays do not mention contemporary painting. After the 1910 first postimpressionist exhibit, however, Fry consciously began to draw connections between the Italian primitives and the postimpressionists. Both the public outcry against the modern painters exhibited at the Grafton Gallery and Fry's continual frustration with the Tate Gallery and its unwillingness to purchase modern pieces inspired him to develop further his historical view. He began to denigrate the High Italian Renaissance, the period most popular in his day that had in his view shaped the public's admiration of realistic, representative art. In three short pieces around the time of the postimpressionist exhibits, Fry began to create an allegorical and typological view of art history, connecting the Italian primitives to the postimpressionists and explaining the decrepit state of public taste by locating its origins in the Renaissance.[2]

The postimpressionists were criticized by the public for not being "life-like." Fry blamed the prevalence of this standard of taste on a faulty construction of art history. In "The Grafton Gallery" essay of 1910, Fry claims the "fundamental error" of art history has been to believe "progress in art" is the same as "progress in power of representing nature" (87). All our histories of art are "tainted with this error" that art moves toward perfection (87). Likewise, in a lecture on postimpressionism, Fry condemns the traditional way of looking at art history as "evolutionary" in which predecessors and successors to various individuals and movements develop and progress (102). This method is "entirely fallacious," he states, and is based on "false analogies" with science. Yet art teachers have always found this model helpful because in the period most studied by art students, 1300 to 1500, one can quite easily "show a continual and fairly steady progression towards the more complete science of representation" (102). Fry argues that instead one ought to focus on "the changes in the feeling and sentiments of humanity," not on the changes in representative science (103). Fry is careful to say he is not attacking representation outright, but rather arguing art should appeal "directly to the imagination through the senses" (105). For Fry, art's function is to appeal to the spiritual realm of the "imaginative and contemplative life," which is outside nature (105). Like Ruskin and Berenson, Fry links public taste to the trends of modernity, especially the classical system of representative art.

Fry also begins to compare allegorically the Italian Primitives and the postimpressionists, legitimizing the latter by explaining how the art of the former period—which is acceptable to the public—also had a nonrepresentative and spiritual approach to nature. In response to a critique of the postimpressionist exhibit, Fry defends Cimabue's technique as "masterly to the highest degree" and containing the "complete and final expressions of certain spiritual experiences" that deflect "representative science," just as he sees the postimpressionists doing (95). In 1911, near the end of the first postimpressionist exhibit, Fry suggests the generation of Leighton and Frederick Walker knew Italian art well but did not understand Botticelli and Mantegna because of their incomplete representation of nature; now, however, "our generation has moved one step further in appreciation" and can understand the symbols of the Italian fifteenth century—"this much distortion of nature" is now allowed (102). Some are even "giving lip-service to the real primitives" such as Cimabue, the Byzantines, and twelfth-century French sculptors (102). In 1914, Fry connected Paolo Uccello to the postimpressionists, suggesting Vasari's depiction of Uccello as a literary picturesque painter misled us for centuries, and that instead Uccello's "scientific and abstract realism" is not like "modern realistic art" because it creates a "purely aesthetic organisation of form" and thereby anticipates the "modern cubists" (188–189).

In the 1912 Introduction to the catalog for the second postimpressionist exhibit, Fry elaborates on art's spiritual and ontological function. Although the public had accused these artists two years earlier of not having any skills or knowledge of art, in their defense Fry suggests these artists were merely trying "to express by pictorial and plastic form certain spiritual experiences" (237–238). These artists tried "to arouse the conviction of a new and definite reality: They do not seek to imitate form, but to create form; not to imitate life, but to find an equivalent for life," as they "appeal to our disinterested and contemplative imagination" (239). In "Art and Socialism" (1912) (*VD*), Fry describes this experience further, saying "art is one of the chief organs of…the spiritual life: It both stimulates and controls those indefinable overtones of the material life of man which all of us at moments feel to have a quality of permanence and reality that does not belong to the rest of our experience" (55). In other words, like Berenson and Ruskin, art gives the viewer a spiritual experience of a realm of reality not normally attained in the modern world. This experience is attained through contemplation, not action.

By the 1915 essay, "Paul Cézanne" (*VD*), Fry consciously uses typological terminology to describe the fulfillment of the Italian Primitive/Postimpressionist allegory. He labels Cézanne the "perfect realisation of the type of the artist" and the "type of the artist in its purest, most unmitigated form" (260, 256). He describes this perfect artist as embodying "complete individualism" and saintly qualities: in a world "where every one else is being perpetually educated the artist remains ineducable—where others are shaped, he grows" (256). The artist alone can shed his social preconceptions to feel the required emotional intensity to access the spiritual realm. Interestingly, Fry directly compares Cézanne to the artists described by Vasari, "doubt[ing] whether in the whole of Vasari's great picture gallery there is a more complete type of 'original'" than is Cézanne (260). The perfect fulfillment of the artist type, Cézanne is "the most purely disinterested and the most frankly egoistic of men" because his intellect is completely independent of classicist rules and has instead the "gift of expression" (261). While he appears to be turning to a cyclical or allegorical model in which distinct periods exist, Fry also sees Cézanne within a developmental scheme—as the typological fulfillment of the Italian Primitives and as an initiator of new developments in modern art that will surpass the legacy of modernity and continue to evolve.

The postimpressionist crisis, then, forced Fry to think more carefully and broadly about art history. Not only did he want to justify the postimpressionists by linking them to a historical tradition, but he also wanted to expose the false values the public attached to Renaissance art and that he saw as an inheritance from the Renaissance itself, much as Ruskin did. As the 1910s progressed, both Fry and Bell reacted to their own age and treated the Renaissance allegorically in order to explain the classicist, commercial English culture they despised. In thinking more thoroughly about art history and postimpressionism's place within it, Fry's goal was to improve English taste and art appreciation so that a truer sense of community could be achieved. In the process, he rejected the Renaissance that Berenson so admired while still maintaining some of Berenson's ideas about art's spiritual function. While Fry rejected Ruskin's attachment of art to Christianity and ethics, he did agree with Ruskin that classicism and commercialism were forever wed to each other in modernity and were the root causes of England's cultural problems. The snobbery and elitism spawned by these forces overshadow the proper spiritual and social function of art.

In essays written between 1915 and 1920, Fry fleshes out his historical vision further by exploring more thoroughly the legacies of the Renaissance that need to be superseded in the present. The first legacy Fry sees the new modern artists surpassing is classicism or scientific representation. The early Renaissance (or Italian Primitive) artists from Giotto on had a sense of design fused with a sense of representation, but as the Renaissance continued, science split from design and began to dominate. In "The Art of Florence" (1919) (*VD*), Fry sees Leonardo as the figure in whom the "higher aspects of the scientific spirit first came into conflict with art" (183). While Michelangelo and Raphael did much to "re-establish a system of design," ultimately science and naturalism dominated (185).

The postimpressionists have healed this split, however. Cézanne, Gauguin, Van Gogh, and others reunite representation and design. In what Fry calls the "greatest revolution since Graeco-Roman impressionism became converted to Byzantine formalism" (11), such artists have reestablished "purely aesthetic criteria in place of the criterion of conformity to appearance" (12). In his 1910 "Art of the Bushmen" (*VD*), Fry also links primitive art to the postimpressionists, saying both "deconceptualise art" (97). By 1918, people flocking to the British Museum to see ancient Aztec and Mayan sculpture reflect a change Fry argues is a "result of the general aesthetic awakening which has followed on the revolt against the tyranny of the Graeco-Roman [or Renaissance] tradition" (107).

The second legacy of the Renaissance—commerce—seems harder to overcome. Like Berenson, Fry wants art to hold a spiritual function in everyday life, just as in the early Renaissance, art and life were mutually intertwined. In his 1917 "Art and Life" (*VD*) lecture to the Fabian Society, Fry states the early Renaissance exhibited the first "true correspondence" between art and life, but since then in modernity art and life have become separate realms (6). In the early Renaissance, commerce had not yet taken over art, and what Fry calls the social and aesthetic values of art were mutually combined. In his later "Art and Commerce" (1926), Fry suggests that Florence and Siena were as commercialized as today's cities, but they experienced the "rare phenomenon of a people who actually preferred" works of art for aesthetic reasons and not as objects of social prestige (115). Yet, by the High Renaissance, aristocrats began acquiring art purely for status, not out of an aesthetic sensibility. Since the Renaissance, the social consumption of art has only worsened, and the trend still dominates Fry's present-day England. In his 1912 "Art and Socialism" (*VD*), Fry suggests that Renaissance aristocrats of the past and modern plutocrats of the present are similar: "both want art to be a background to their radiant self-consciousness" (56–57). In his 1917 "Art and Life" (*VD*) lecture, Fry states the public does not appreciate today's modern art because it leaves them "face to face with bare aesthetic values" (1).

For Fry, this commercializing of art into social symbol in modernity is intimately related to art's reliance on classicist principles of scientific representation. Indeed, for Fry, these two trends historically developed together in England. In his 1934 *Reflections on British Painting*, Fry wants the English to recognize that theirs is a "minor school" of art, which he blames on "some failure in our culture" in which governing classes and patrons are unimaginative, and in which artists cater too much to the plutocratic desire for prestige by painting realistic portraits and landscapes of ancestral country estates (25). Even though England has always held a fascination for Italy, it has never understood fully its art; instead of its formal and spiritual aspects, the English have always valued its narrative, moral, and representative aspects (67). Over time, capitalism diminished man's capacity for being in tune with the aesthetic value of art. Consequently, art in twentieth-century England is seen as "the symbolic currency of the world," marking "national greatness," "municipal greatness," and the "social man…[who] lives in a world of symbols." In contrast, Fry sees the "creative artist" as promoting an art that does "not stand for something else, but appear[s] to have ultimate value, to be real" (72).

The long-standing elitist hold on art stemming from the intersection of commercialism and classicism since the Renaissance has held England back from the true social and spiritual value of art. For Fry, this is a national catastrophe. Mourning in *Vision and Design* the fact that "we as a nation" have had the habit of "treating our emotions, especially our aesthetic emotions, with a certain levity," Fry argues national life could be enhanced if there were a more widespread understanding of art's spiritual value (243). Such a renewed understanding would help transform the nation and create community. In 1917 he suggested that if a tenth of what was paid for old art were used on "irrigat[ing] whole nations" then "vital artistic expression" could be stimulated once again (*VD* 60). The "greatest art," he says, "has always been communal, the expression…of common aspirations and ideals" that aid "the spiritual development of the race" (62–66). The artist has the power to revitalize the nation, for he is "prophet and priest…the articulate soul of mankind." Fry writes against public governmental funds and public patronage, however, because committees can never agree upon excellence and cannot be trusted to understand the spiritual value of art (62–63). He is equally skeptical of the idea the artist would be better appreciated in a socialist system (64–65). In the end, even though Fry never outlined what political system would be ideal, he believed art should occupy a central position in society so that it could maintain its spiritual function and provide viewers access to a spiritual realm outside capitalism and scientific representation. Art in this mode would help redeem society.

In the 1920 "Retrospect" that ends *Vision and Design*, Fry stresses the religious and spiritual nature of art's function while also admitting "I have never believed I knew what was the ultimate nature of art" (285). To him, art presents an experience not ordinarily found in the material, capitalistic, human world—an ontological experience of a spiritual realm lying outside all conventions and concepts. The artist tries to "bend to our emotional understanding by means of his passionate conviction some intractable material which is alien to our spirit" (302). This "intractable material" is clearly separate from the realm of actual life with its "practical utilities" and ethical values; most think it has a "peculiar quality of reality" that becomes crucial to their lives (302). Such art may be representative of nature, but it never takes imitation, lifelikeness, or science as its goal. Rather, it "sees form" and engenders spiritual experience. If English society could learn to value this experience, not only would life under modern capitalism be transformed, but humans would be united by a common sense of meaning and purpose.

Clive Bell's *Art*

Bell makes a similar argument to Fry's, although much more adamantly. Like Fry's lauding of the postimpressionists, Bell's 1914 volume, *Art*, was a product of the general feeling that a "new age" was at hand. In fact, beginning in 1909 Bell began to work on a volume he planned to call *New Renaissance*. The project was abandoned, but some of the original ideas became a part of *Art* and others part of his 1928 *Civilization*. Bell claims in the preface to *Art* to develop "a complete theory of visual art," one that, although admittedly simplified and generalized, can be used to interpret the whole history of art "from paleolithic days to the present" (v). Although Bell is forthright about interpreting art history based on a preconceived theory of art, he obviously means to justify contemporary art—namely, Cézanne and the postimpressionists—through his revisionist history. He believes his interpretation will elucidate art's spiritual, social and ontological value for his own times and instigate new developments for future art.

The structure of the volume makes this typological and allegorical relation between past, present, and future clear. In the first sections Bell develops his complete theory of visual art; the second sections apply this theory to the entire history of art, making judgments on various periods; the third sections then describe the "new movement" in contemporary art in light of previous history; and the last sections look to "The Future" with essays on "Art and Society" and "Society and Art." Although his theory of art history is similar to Fry's, Bell returns to an earlier period and idealizes Byzantine art instead of the Italian Primitives. He also is much more inflammatory in his condemnation of the Renaissance. Although Bell's negative views of Renaissance art place him in opposition to Berenson, he follows Berenson in attaching spiritual qualities to both art and its history, claiming the history of art is really "the spiritual history of the race" (96).

For Bell, art is akin to religion and is "necessary to and a product of the spiritual life" (76). Both allow the human participant to experience emotions not otherwise accessible in the material world. In fact, art is a "manifestation of the religious sense," for the rapture attained in experiencing it is a "universal emotion," what Bell terms the "aesthetic emotion" (7). Although this emotion is subjective and experiential, it must be the starting point for "all systems of aesthetics" (6). In fact, Bell claims "no metaphysical notions about art matter," only the immediate object and the aesthetic emotion produced thereby (281). Bell feels every human potentially has access to the aesthetic emotion; it is a universal aspect of human nature and the universal means by which to judge art.

In terms similar to Fry's "design" and Berenson's "tactile values," Bell argues that aesthetic emotion is evoked only when an artwork contains "significant form," which he defines as "lines and colours combined in a particular way, certain forms and relations of forms" (8). The artist's "task" is to create significant form or "to express a sense of reality," implying, as Ruskin, Berenson, Morelli, and Fry had, that the artist brings to bear a level of reality more real than the material world (63). In *Art*, then, "form" is used in ways analogous to the ways others used the term "spirit." When a spectator contemplates the formal qualities of an artwork, considering the thing in itself, he becomes "aware of its essential reality, of the God in everything, of the universal in the particular, of the all-pervading rhythm" (69). One has the "unconscious apprehension of [a] latent reality of material things" (70). Like Fry and Berenson, Bell sounds remarkably like Ruskin here, for in art one has spiritual access to that which the material world keeps hidden and which our normal levels of perception miss.

Bell seems to attach some ethical value to art, although he distances art from Ruskin's Christian ethics and like Fry he moves toward separating ethics and aesthetics. In "Art and Ethics," Bell claims art "is a means to good states of mind," in fact "the most direct and potent [means] that we possess" (114). Like Fry, art for Bell has nothing to do with promoting "good actions" in human life. Bell also differentiates himself from Ruskin by claiming moral judgments should never be made on specific artworks, only on art as a whole, for moral judgments necessarily relate to life's concerns, not aesthetic ones (115). For Bell the only relevant qualities in a work of art are its "artistic" ones, which are the best "means to good" that humans have available to them (117).

Despite Bell's focus on subjective experience, emotion, and art's separation from the realm of life, and despite the twentieth century's "formalist" reading of his theory, Bell does not detach art from all social concern. In fact, Bell sees art as crucial to human life and society. Unlike Morris, who wants common men to become craftsmen and to incorporate art in everyday life, Bell says "the value of the greatest art consists not in its power of becoming a part of common existence but in its power of taking us out of it" (266). He thinks art can "leaven" society, "perhaps even redeem it" (276). He compares art to going to a temple or church in search of "an ecstasy incompatible with and remote from our normal preoccupations" (266). Seeing man becoming dissatisfied with "dogmatic religion" and nineteenth-century materialism, Bell suggests that art comparatively has real redemptive value (288, 290). Art "is an expression of and a means to states of mind as holy as any that men are capable of experiencing; and it is towards art that modern minds turn, not only for the most perfect expression of transcendent emotion but for an inspiration by which to live" (277). While nothing human should be brought to bear on art, art does fulfill a normative human need—the need for transcendence, feelings of wholeness, spiritual harmony. Although he does not discuss the nation or society as a whole as much as Fry does, Bell clearly believes art's spiritual function is also a social one. While he seems elitist in his judgment and recommendations for society, he nonetheless is populist at the same time, hoping art could play a role in communal life.

Bell interprets history according to this theory of art and uses allegory and typology to explain the place of contemporary art in history. As for Fry, the Renaissance becomes the originating moment of the forces still at work in Bell's context that inhibit ordinary people and keep art from its redemptive role. These forces include an attachment to classical conventions and lifelike representation, the commercialization of art, its use as cultural capital by the upper and middle classes, an inhibited sense of morality, even nationalism, and other attachments to the State. In contrast, Bell wants art to be treated as a means of spiritual experience.

Bell appropriates Berenson's spiritual approach to art and history but uses it to promote postimpressionism. Echoing Berenson, Bell believes art history should be studied free from outside factors: "Great art remains stable and unobscure because the feelings that it awakens are independent of time and place, because its kingdom is not of this world" (37). Like Fry, Bell defines his spiritual history of art against historical models of development commonly followed in the nineteenth century, saying, "No more disastrous theory ever issued from the brain of a charlatan than that of evolution in art. Giotto did not creep, a grub, that Titian might flaunt, a butterfly" (102). The concept of "development" might be interesting historically, but it has nothing to do with aesthetics (102–103). Such statements are contradictory, of course, for Bell sees art developing in different stages, most of the time negatively, and he passes judgment all the time on its development.

Although he seems ambiguous when defining historical periods, Bell believes the methods of "creating form" in different periods are different enough to distinguish between ages of art, and using this criterion he distinguishes rises and falls (or "slopes") on what he calls the continuous "stream of art." In an allegorical-typological comparison, Bell sees the postimpressionists beginning a new slope just as the Byzantines did in the sixth century. In between the Byzantines and the postimpressionists has been the long downward Christian slope that extends to the Tate and Luxembourg Galleries of Bell's day. Now, he asks: "Are we in a new period of incubation? Or is the new age born? Is Cézanne the beginning of a slope, a portent, or merely the crest of a movement?" (129–130). He answers: "This alone seems to me sure: since the Byzantine primitives set their mosaics at Ravenna no artist in Europe has created forms of great significance unless it be Cézanne" (130). Later in the volume, Bell says that with Cézanne a "new movement came to birth," but it is difficult to see one genius producing "what looks like the beginning of an artistic slope and a renaissance of the human spirit" (205). Nonetheless, Bell goes on to label Cézanne "the Christopher Columbus of a new continent of form" in whose debt contemporary art stands (205–208), and later he says the contemporary movement "has the air of a beginning" and is a "rare spectacle of a renaissance" (251). While the new age will be for Bell a typological fulfillment of the past, it will also surpass the immediate past and move forward.

The age of art typologically prefiguring the new modern artists for Bell is most often the Byzantine period or the "Christian slope" arising out of Graeco-Roman disease. In this period, Christianity lent itself to significant form, but while the Church and art were related, both being products of a "state of enthusiasm" or "new spirit" of the age, they were not identical: "the emotional renaissance in Europe was not the wide-spreading of Christian doctrines, but it was through Christian doctrine that Europe came to know of the rediscovery of the emotional significance of the Universe" (132–133). Just as Byzantine art's creation of significant form brought viewers to spiritual truths, so does postimpressionist art, although the truth now is unattached to any particular religion. Like the Byzantines, the post-impressionists are "weary" of "smug materialism" and interested instead in a "passionate and spiritual conception of life" (243). Cézanne initiates the movement toward "simplification," which is "the liberating of what is significant from what is not" (220).

Not only does Bell create a typology to justify postimpressionist art, he also narrates the Renaissance allegorically as the origins of modernity and the current trends in British art he despises. Fighting against classicism, nationalism, commercialism, the social sense of culture, and the possibility of objective knowledge, Bell links all of these things to the material world, which he wants art to transcend. He sees the Giotto-to-Leonardo slope as the "beginning of the end" as the Christian slope declines "towards imitation and scientific picture-making," breaking up the Byzantine tradition and leaving the "body of art a victim to the onslaught of that strange, new disease, the Classical Renaissance" (148–149). For Bell, the recovery of antiquity in the Classical Renaissance turns humans toward their own abilities—their intellect and their sensations—and results in a loss of any transcendent spiritual and emotional life. Art in turn becomes focused on imitating nature, the material world, and the human figure. While he does not morally condemn such trends as Ruskin did, Bell nevertheless has a similar reaction to the art and classicism of the High Renaissance as Ruskin did, seeing it as the beginning of modernity and the decline of art. Yet Bell does admire some Renaissance artists, including Uccello, Mantegna, Masaccio, Masolino, Castagno, Donatello, Piero della Francesca, and Fra Angelico, all of whom work against the "Giottesque tradition" (149).

Reacting to trends in his own age, Bell sees the popularity of classicism in the Renaissance as intimately linked to class structures and the increasing commercialism of art. During the Renaissance, "plutocratic art" and "popular art" diverge as Europe "definitely turns her back on the spiritual view of life" (160). High Renaissance art becomes "conditioned by patron's demands" who want "plenty of beauty of the kind dear to the impressionable stock jobber" of the day (162). Anyone who has been "in the haunts" of the Collector and the Expert, Bell states, "will admit that I have not exaggerated the horror of the diseases that we have inherited from the Classical Renaissance" (170). The nineteenth century is the epitome of illness for Bell: the Victorians "lay in sick caves and cellars" with their "central dogma" being the "accurate imitation of objects" (177, 192).

For Bell, these "diseases" extending from the Renaissance infect England's museums, galleries, art schools, and craft guilds. If one is to increase one's aesthetic sensibility, Bell insists it is necessary to avoid all art institutions in England, for they depend on quantifying art into objective knowledge. Like Fry and Ruskin, and despite the twentieth century's treatment of Bell as an elitist, he reacts against the elitism of his day, which he sees as stemming from Renaissance ideals. The upper- and middle-class collector are both derivatives of the Renaissance patron.

Bell sees modern postimpressionist art as the beginning of the recovery of art's social and spiritual function, but he is open to other forms of art doing the same. Although he admits "the mass of mankind will never be capable of making delicate aesthetic judgments," he suggests they can become more sensitive through training (261). He also envisions a situation in which all people can see themselves as "amateur" artists, freed from "culture," conventions, museums, and officialdom: "If art is to do the work of religion, it must somehow be brought within reach of the people who need religion, and an obvious means of achieving this is to introduce into useful work the thrill of creation" (291, 283). While he is against the guild and revival models in which folk song and popular arts and crafts are revived, primarily because such constructs ultimately resort to imitation, Bell suggests some popular art forms hold promise because they relate to the emotions of everyday human beings and are open to all (290).

Bell's theory links art to a spiritual realm outside the material, capitalistic, and conceptual world humans inhabit. Experiencing the aesthetic emotion is a type of religious experience. Bell then interprets art history based on his aesthetic theory and creates an allegory and typology to explain the demise of English taste and contemporary art and simultaneously to legitimize postimpressionism. Although he denigrates historical models of development and progress, Bell himself relies on such models as he narrates the negative development from the Renaissance into his own times and the rise of a new movement in Cézanne and the postimpressionists. Like the Byzantine artists before them, the postimpressionists provide humans with spiritual access to an ontological realm outside all things material and human, and in the process, art provides a much-needed religious experience in the modern world. This experience is individual and subjective, but enhances and redeems social life as it is made available to all.

For both Bell and Fry, postimpressionist art constitutes a new renaissance: it surpasses the immediate past in art history and simultaneously moves art history forward toward a future ideal. For both, Cézanne is the ideal antitype who fulfills and perfects the earlier type. As Ruskin did with Gothic art and Berenson with Renaissance art, both see postimpressionist art as recovering the spiritual nature of art and, consequently, as holding the potential to redeem society from modernity's elitist institutions: capitalism, class, classicism, science, materialism, the belief in progress, and false values. Despite their reaction against Ruskin, especially his Christianity, Fry and Bell share with Ruskin similar views about the central role art should hold in the spiritual life of the nation.

T. E. Hulme's Essays in The New Age

T. E. Hulme also constructs an allegorical and typological view of art history and theorizes modern art as having a spiritual function. For Hulme, however, even Fry and Bell are too bound to the realm of human life. Hulme's philosophical critique of modernity and the Renaissance is the most forceful of all as he wants society and its art to enter into a truly "religious" era again. Of the art historians discussed here, Hulme supports the most abstract and "modernist as formalist" art, but for Hulme, too, art's spiritual function is what is most crucial.

In his short-lived writing career, Hulme went through several phases of thought. His earliest interests from 1908 to 1912 centered on poetry and politics. While he had an intense period of following Bergson, as Karen Csengeri states, by 1914 he was "no longer a Bergsonian" (xi). In 1913 Hulme heard Wilhelm Worringer speak in Germany and thereafter turned his attention to art and art history, publishing several articles on modern art in *The New Age* from 1913 until his death in World War I.[3]

Despite these shifts in interest, Hulme is quite consistent in his view of history and the place of modern art and poetry within it. Even though it seems his period terms change from "romanticism" and "classicism" to "humanism" and the "religious attitude," these pairs are parallel, and in my view, the latter set encompasses the former. Hulme himself directly links "romanticism" and "humanism" when he says they are two stages of modernity: humanism is the "more heroic form," which decays into the sentimental utilitarianism of Romanticism (451). His use of the term "classical," on the other hand, and its relation to the "religious attitude" have been matters of some debate.[4] Like Csengeri, I see Hulme using two versions of the word "classical"—one to refer to the culture of ancient Greece and Rome, the other to refer to his own redefinition of the term, one bearing much resemblance to what he later calls the "religious attitude" and essentially interchangeable with it.[5] Because the later essays give the fullest view of Hulme's approach to history, the bulk of my discussion is based on the modern art essays and on "A Notebook," published in seven installments in *The New Age* from early December 1915 to late January 1916.[6] Hulme's earlier essays demonstrate a view of history and the Renaissance consistent with the later essays.

Just as for Ruskin, Berenson, Fry, and Bell, the Renaissance stood at the center of Hulme's view of history. As for Ruskin, Bell, and Fry, the Renaissance was for Hulme a period whose effects and ideas had lasted into his own age, which he hoped were breaking up and on the verge of being surpassed. He mentions the connection between the end of the Renaissance and the early twentieth century several times in the modern art articles. For example, Hulme sees the "efflorescence" in most contemporary realistic or mimetic art as a "last effort" of the "Renaissance attitude" (271). On the other hand, the new geometric art being produced is potentially the "breaking up of an era" and a sign of a new age that would "clean the world of [the] sloppy dregs of the Renaissance" (258). In 1914 Hulme planned to write (but never did) a sequel to his modern art essays titled "Break Up of the Renaissance," in which he would demonstrate the relation between the new art and a "certain general changed outlook" (263). Like Bell's and Fry's views, Hulme's view is allegorical and typological: he starts by assessing his own times and then finds a type in the past in order to legitimize and inspire modern geometric art.

Like Fry and Bell, Hulme reacts against developmental models of history. In "A Notebook," Hulme labels nineteenth-century idealist philosophies of history built on notions of progress and continuous development the "modern substitute for religion" (423, 438). To him, the idea of continuity in history is an arbitrary principle, a relative category, yet the Liberals around him do not realize the constructed nature of such categories and regard them as absolute and inevitable (424, 419). In contrast, Hulme sees a need for overhauling the way history is conceptualized. He hopes for a restoration of the "temper" in which discontinuity can be accepted as well as continuity, in which the historian can look at a "*gap* or chasm without shuddering" (423).

Hulme traces the belief in continuity and progress back through Romanticism to Renaissance humanism, and so it is with an examination of the Renaissance that Hulme believes a new historiography should begin: "a proper understanding of the Renaissance seems to me to be the most pressing necessity of thought at the present moment" (439). A new examination of history is necessary in order "to *emancipate* the individual from the influence of certain *pseudo-categories*" associated with humanism (439). Humanity is always unconsciously influenced by abstract ideas and conceptual schemes, Hulme says, but historical analysis helps one to investigate the origins of these schemes and to shed one's *naïveté* (439).

Instead of assuming history to be a continuous development of progress, then, Hulme calls for a method of history-writing that analyzes and historicizes the categories with which humans have become satisfied: "a critique of satisfaction" (429). The subject matter of such a critique would be the "sphere of religion," an area Hulme sees the moderns entirely misunderstanding (432). Hulme likens religion to the concept of *Weltanschauung*, a term borrowed from the German art history of Worringer and the cultural history of Dilthey, which he equates with "wisdom" and "an interpretation of life" (433). He also uses the terms "sensibility," "outlook," and most often, "attitude" to mean *Weltanschauung* (433). Hulme clearly believes periods or eras of history change, begin, and end, and that these periods are defined by their prevailing "attitudes," which are shared unconsciously by all people in a period (453–454). Whatever the nature of the satisfying is, that is a period's *Weltanschauung*, the source of its "religion" (437). While Hulme thinks most of his contemporaries understand the idea of periods and cultures having shared worldviews, he also thinks they are blind to how categories of thought in the "modern humanist period from the Renaissance to now" are similarly shared and constructed (454). Those around him see modernity's "instinctive" way of judging things to be the "inevitable way" (454). Hulme wants to critique these terms of "satisfaction," revealing their origins in the Renaissance and their deviation from what he sees as true religion.

Hulme's ontological categories illuminate what he means by a truly "religious attitude." In Hulme's metaphysics, radical discontinuity separates three regions of reality: the inorganic world, the organic world, and the realm of ethical and religious values (424). For Hulme, life is a relative, "muddy mixed zone" of the organic and inorganic worlds. The sphere of religious and ethical values, on the other hand, is a realm of reality entirely separate from the realm of life. Human beings are finite and imperfect, bound by "Original Sin," and infinitely separate from the realm of ethical and religious values. For these reasons, existence is ultimately "tragic." Hulme sees thinkers in modernity recognizing the division between organic and inorganic worlds but failing to recognize the division between life and the realm of absolute values (426). Recognizing the separation of the organic and the inorganic falls in line with Renaissance humanism, but recognizing the disjuncture between the realms of life and absolute values, would require a break from "the whole Renascence tradition" (426). This failure to view humanity as imperfect, or the willingness to believe that man is perfectible, is the essential heritage of Renaissance humanism. Like Ruskin and Berenson, Hulme sees the Renaissance drive for perfection as inherently faulty. Unlike them, for Hulme there is no possibility for "vital beauty" or final truth in the realm of life; ethics and religion are not "relative to human desires and feelings" (444). The attempt to bring religious and ethical values into the realm of life leads only to "bastard phenomena" such as "Romanticism in literature, Relativism in ethics, Idealism in philosophy, Modernism in religion" (427). The modern world no longer understands that the Perfect exists only in the realm of the religious (444).

Just as Worringer had devised two major attitudes explaining all of art history (Renaissance and Baroque), Hulme finds two major *Weltanschauungen* constituting Western history: the humanist and the religious attitudes. The religious (or classical) attitude adheres to and accepts Hulme's ontological categories, while the humanist (or romantic) attitude denies such ontological absolutes and tries to infuse the Perfect into the human realm. For Hulme, these attitudes carry over from metaphysics into historiography—the religious historian is able to see periods with different attitudes while the humanist historian views human history as developmental, progressive, and continuous as it moves toward perfection.

For Hulme, Western history alternates between these two attitudes. He associates the humanist attitude with the Renaissance and all of modern history since the Renaissance: "humanism thus really contains the germs of the disease that was bound to come to its full evil development in Romanticism," which is only today showing "signs of the break-up" (250). The humanist attitude is also associated with the Greek and Roman periods, what the Renaissance resurrected. The religious attitude is most often associated with the medieval or Byzantine period, the primitive or "archaic" period, and with the new age that Hulme feels is typologically emerging. Of course, linking a single, unified worldview to a period and its cultural artifacts is itself an idealist notion extending from Herder, Hegel, and Burckhardt through Wölfflin and Worringer, all of whom see entire nations and periods as exhibiting unified styles in their art. Yet Hulme sees himself to be deconstructing such notions.

Hulme most often compares the Renaissance and the Byzantine/Medieval periods to each other in order to demonstrate the differences between the two attitudes. In the process, he creates a view of history to legitimize modern geometric art and to explain the decline of art in his own day. During the "Renascence," Hulme says, the medieval "attitude of renunciation" was replaced with a new attitude that accepted life, took new interest in man and his environment, and in human characteristics and personalities (433). Similar to Hegel, Hulme believes these qualities of humanism can be seen in the philosophy and art of modernity, both of which have been "unified," sharing a "family likeness" since the Renaissance (428).

Philosophy is the mode of knowledge that for Hulme fixes the *Weltanschauung* as a "necessary fact" (433). In other words, philosophy creates "pseudo-categories" that frame all the thinking and art of a period, such as the modern attitude that man is perfectible as history progresses (430). This idea begins with Renaissance humanists who believe that life is the "source and measure of all values"; that man is good; that evil and sin are empty concepts; that progress is possible; that political systems exist to remove obstacles from man; and that external restrictions inhibit spontaneity and personality (444). For Hulme, such humanist values have naturally led to the relativism and subjectivism of his own day.

A real counter to such thought would need to establish first the "objective characteristics of ethical values," and second, "an order or *hierarchy* among such values" that is also objective and absolute (451). Yet for Hulme, in modernity all religious understanding has been confused because philosophy puts the category of the Perfect into the human realm. Only when one sees the conclusions reached by philosophy as unsatisfactory, even if true, can one begin to understand religion (438). While Hulme does suggest the religious period overlapped with the Renaissance such that some early humanists had religious virtues, he nonetheless assigns general qualities to entire periods and longs for a "new period" in which the accepted categories are changed. In such a situation, a different "type" of artist would dominate (449).

As in philosophy, Renaissance humanism has also lasted into the twentieth century in art. Since the Renaissance, art has been "vital," depending on the pleasure of reproducing human and natural forms. Byzantine art, in contrast, sought after austerity and took no delight in the human form. In fact, it always distorted the human form "to fit into the more abstract forms which convey an intense religious emotion" (447). In the Renaissance, man anthropomorphizes the world and infuses himself into all things, but in the Middle Ages man sees himself as separate from the perfection of the Divine and as a stranger in the natural world. While Renaissance art might have religious subject matter, to Hulme it is not religious, for such art expresses human emotions. In contrast, the "religious attitude" is something that springs from the "feeling for certain absolute values" independent of vital things (426). Again, Hulme sounds like Ruskin in despising all attention to the human body in art, but Hulme goes further than Ruskin and rejects *all* referents in art to the natural world or to human feeling.

For this reason, Hulme consciously defines the religious attitude against Bell's "significant form" and "aesthetic emotion." In fact, Hulme rejects Fry's and Bell's theories and sees them as extending Renaissance humanism. There is no such thing as a "peculiar kind of emotion produced by *form* alone" or a special aesthetic emotion, he states. Such emotional products are like "ordinary everyday human emotions" (but produced in a different way) and like them are simply projected "outside ourselves into the outside form" (306). For Hulme there is a "simple, psychological explanation" for any emotions felt when viewing art, and Bell's interest in abstract form is really an interest in himself, the spectator (307).

Yet Hulme would argue modern geometric art does not negate nature or tradition. Abstract artists are still in contact with nature, but they "extract from nature facts which have not been observed before" (293). Such artists also value tradition because it demonstrates "solidarity": through tradition "we know our ancestors were of like nature with ourselves" (245). For example, the new modern movement finds in the primitives the "archaic yet permanent formulae" and the "intensity" for which it is looking (266). Such an approach to the past is not a "romantic revival" but rather part of a "real sensibility occurring now in the modern world" (266). Hulme wants to dissociate himself from other modern art movements that promote "NEW art, NEW religion, even a NEW age": "feeble romanticism…is always wriggling and vibrating to the stimulus of the word 'new'" (236–237, 263). Believing that tradition inhibits the quest for freedom, the Romantic is "always escaping," ultimately displaying only an emotional state, not a universal truth about the way history operates (236–237). In his reaction against newness for the sake of being new and for establishing one's personal historical glory, Hulme is, like Berenson, an "anti-modern" modernist.

Of course, Hulme himself promotes a "new" art and, like Bell and Fry, he creates a narrative of (negative) development from the Renaissance to his own times. Yet he sees his periodization of history as representing a different approach that accepts radical discontinuity. He would also deny he was interpreting the past based on his own desires for modern art. He claimed, for example, that he returned to the Middle Ages not because he was nostalgic, but rather because there is such a thing as dogma—that of original sin—and that "very few since the Renaissance have really understood the dogma" (455). Hulme does admit to seeing the geometric art of his day as "analogous" to the Byzantine and archaic geometric art of the past (276). One cannot use the past in a typological way to predict contemporary art, but past periods can form an analogy for the new *Weltanschauung* (276). How do we know art is changing today? By our new liking for primitive art, Hulme says. Such a change is not a conscious choice, however, and even though the new art will be analogous, it will have its own character, tending toward "machinery" (282).

Despite his protests against developmental and idealist models of history, then, Hulme creates something of both. He creates a typological allegory in which one period points to or explains another and in which a unified *Weltanschauung* can be detected in each period's art and philosophy. Yet unlike Fry and Bell, Hulme has rarely seen the "new type of artist," for which he hopes; he is still waiting for typological fulfillment, and he remains very critical of most contemporary artists.

Additionally, despite his aversion to developmentalism, Hulme creates his own scheme in which art develops from the postimpressionists to the Cubists to those who create a "constructive geometrical art." The first two stages are merely "preliminary and temporary." In fact, Hulme especially despises Fry, Bell, and the Bloomsbury artists, saying things like: "Mr. Fry and his group are nothing but a kind of backwater" who create a "Cambridge sort of atmosphere" (264, 266). Artists such as Duncan Grant only "provide the wives of young and advanced dons with suitable house decorations" (267), while Fry is a "mere verbose sentimentalist" who "accomplishes the extraordinary feat of adapting the austere Cézanne into something quite fitted for chocolate boxes" (282, 264). Members of the Grafton Group perform "merely a cultured and anemic imitation" of ancient art and "what in the original was a sincere effort towards a certain kind of intensity, becomes in its English dress a mere utilization of the archaic in the spirit of the aesthetic" (266). Although London artists are moving toward abstract art and are inspired by the primitives, Hulme sees them failing to express the religious attitude. The London Group of the Camden Town Group are better than the "faked stuff" of Fry and his friends (294), but their use of abstract forms "seems to be a by-product not based on a feeling for mechanical structure" (295). He even sees the Futurists as the "last efflorescence of impressionism" and dislikes Kandinsky.

The only artists Hulme expresses some admiration for are Gaudier-Brzeska, Jacob Epstein, David Bomberg, F. Etchells, C. F. Hamilton, Wyndham Lewis (who even so does not control his forms enough), Wadsworth, Nevinson, and Roberts (298). Despite Hulme's hatred of progress and "newness," his belief in discontinuity seems just as destructive of history, as he condemns much contemporary art and all of modernity's negative development since the Renaissance. Like the art histories of his predecessors, Hulme's history is structured such that the present surpasses the immediate past as it moves art's development forward and returns to an earlier period—the Primitives and the Byzantines—as an ideal model. Hulme does not write much on community or nation directly, but he felt his period was beginning to shift to a religious *Weltanschauung* again, which would presumably have profound ethical and social ramifications. Art for Hulme is not dependent on the individual spectator's response or emotions. Rather, it expresses the universal condition of man, something that, if embodied in art more widely and understood by all more fully, would mean that history and society had entered a new age.

CONCLUSION

Out of a concern for the ontological position and function of art in English culture and society, particularly of modernist art, the writers discussed in Part II developed spiritual approaches to writing art history and theories of art that focused on art's spiritual function. For each, this spiritual function of art could redeem English society, and hence, unlike typical interpretations of "modernism as formalism" that tend to denigrate the so-called "formalists" for focusing only on "spectator response" (among other things), these writers were indeed concerned for the nation and communal life. Now admittedly, for all except Hulme, the spiritual experience of art did occur on the individual level first. Following Pater and Arnold, Berenson, Fry, and Bell generally believed art helped the individual achieve "self-culture," but if this process of "self-culture" could be multiplied across the nation, national culture would also be transformed for the better. Ruskin also seemed to support this kind of individual-to-national idea, but unlike Berenson, Fry, and Bell, the spiritual experience of art and truth found therein was specifically Christian for Ruskin and hence did not emphasize man's role in the process or perfection as the end. In this way, Hulme is most like Ruskin, although Hulme's "religious attitude" is generic and not specifically Christian. While these writers did not carefully theorize how the individual's experience translates to the national level, and while they seemed to embody the contradictory position of being elitist and populist at the same time as they theorized an art for the masses, they nonetheless were concerned for the larger social world and felt art could transform it.

Of course, these problems of the individual and the communal, and of high and low culture, as well as other contradictions, are inherited and perpetuated by these writers as they imitate the allegorical and typological structures of classical cultural history and view the Renaissance as the origins of nation, culture, and modernity. Retaining belief in the nation and culture, these writers were "antimodern modernists" as they reacted to the elitist trends of modernity they saw originating in the Renaissance and affecting their own culture. All of them reacted against classicism and scientific representation in English art, and gradually, from Berenson to Hulme, the representation of the human figure. Berenson spoke against modern abstract art, but more out of a disdain for the approach to history that he saw its proponents enlisting as they sought newness and individual historical glory. In this way, he, Ruskin, and Hulme are alike, yet Hulme dismissed Berenson's attachment to the human figure and human emotion in art, and Ruskin would have done the same. Each writer also reacted against the dependence of art on capitalism and the class system in England. Finally, Berenson, Fry, and Bell saw themselves as dismissing Ruskin as they theorized art's function to be outside the realm of the ethical, yet Ruskin's influence on other aspects of their theories is undeniable. Hulme is again the exception here, seeing denial of the ethical (as Ruskin did) as perpetuating modernity's focus on human perfection and progress. In the end, the historiographical methods developed by Morelli and Berenson to write about Italian and Renaissance art, which focused on the "spiritual history" of art rather than the scientifically knowable facts about art, drew upon the methods of cultural history employed by Ruskin, Burckhardt, and Symonds, and influenced the modernist art history writers to use similar methods as they promoted modernist art. Such history-writing involves typology and allegory, reading the past in relation to the present to create unified periods, cultures, and nations. Such generalizations incorporate contradictions we can decipher in hindsight, but to the historians in their own context, such grand theories of history made perfect sense.

PART III

Shakespeare and National Cultural History-Writing

Cultural nationalists in England also used the "renaissance" as a metaphor of cultural rebirth. In the wake of Arnold's ideas about national culture, dramatists, literary historians, and many others in the late nineteenth and early twentieth centuries felt England's cultural reputation was declining, especially in comparison with Germany and other nations on the Continent. Like the modernist historians, nationalist writers created allegorical and typological histories as they idealized an earlier era—the Elizabethan Age—and called for a transformation of culture in their own day. Yet while such national cultures might seem dramatically different from the modernist cultures being promoted at the same time, the two types of movements have much in common. Both imitate the structures of history inherited from classical cultural history texts; both narrate culture as having spiritual functions as it replaces Christianity in discourses about national life; both reject modernity and long for a premodern past; and both seem elitist and popular at the same time. Additionally, just as some of the modernist art historians had nationalist concerns, so some nationalists had modernist ideas. In fact, several people we would label "modernist" were also involved in national culture movements. Both modernist and nationalist movements emerged in the same general atmosphere of writers exploring history to help theorize the ways art and culture could improve the nation and restore English society.

Part III narrates the long story of the recovery of the Elizabethan Age and Shakespeare in various nationalist endeavors of the late nineteenth and early twentieth centuries. In these decades, as England increasingly competed with Germany for ownership of Shakespeare, real politics shaped the formation of culture: political nationalism and cultural nationalism merged. Drawing on archival and periodical documents, these chapters show in detail how national culture typologically replaces religion at the real, material level of discourse and practice as it acquires spiritual functions for English society and eventually, during the Great War, for the Empire as a whole.

In the late nineteenth and early twentieth centuries there were no such clear-cut categories as Victorian and Modernist, or Professional and Amateur.[1] Scholars who were once independent and amateur were becoming the first university professors of literature. University professors of literature were intimately involved in theater movements, public debates, and public education initiatives while actor-managers lectured at universities. A Shakespearean critic could be an aesthetic idealist who used scientific methods. Realist dramatists reacted to Victorian spectacular theater conventions but were themselves challenged by more avant-garde directors. Nonetheless, all borrowed from each other. In addition to those involved in universities and theaters, a wide variety of social types were involved in Shakespearean public activities such as the national theater (NT) movement, reading clubs and societies, fundraisers, and celebrations. These included royalty, government officials, members of Parliament, clergymen, popular novelists, amateur historians, literary critics, newspapermen, socialite ladies, schoolchildren, and all the classes of society who attended such events.

Although what we have labeled anti-Victorianism, antimodernization, anti-amateurism, antirealism, and anti-spectacularism are all elements of the various strands of Shakespearean activity during this time, anti-German, pro-English sentiment is the central element undergirding such activity. From the late nineteenth century through the Great War, Shakespeare was a national and imperial icon for whom the English saw themselves competing with the Germans. At the same time, Shakespeare as cultural hero began to fulfill a religious function within English society, becoming a "Christ-like" figure or type who could teach the common Englishman about citizenship and proper living in the present. Shakespeare becomes in the popular imagination a spiritual and patriotic type who inspires action in the present, and the Elizabethan Age becomes a model for what present England could become.

The idea of Shakespeare as national icon was certainly not a new phenomenon; to some extent he had always been seen as the national poet.[2] For most of the nineteenth century, however, Germany and England were in amiable relationship and Shakespeare's "Anglo-Saxon" or Germanic nature was an easily accepted notion in both countries. Since the Romantic age, German theaters regularly performed Shakespeare and studied Shakespearean texts in great detail. Throughout the nineteenth century, English literary critics, from

Romantics such as Coleridge to amateur Shakespeare scholars such as F. J. Furnivall, made use of German philological methods, were influenced by German Shakespeare critics, most notably G. G. Gervinus, and often collaborated with Germans on Shakespeare scholarship. Furnivall's New Shakspere Society, which existed from 1873 to 1894, worked to establish a Shakespearean canon of authorship and chronology through the use of German methods such as scientific historical and biographical treatment and statistical versification tests.[3] The New Shakspere Society and German Shakespeare societies were mutually appreciative of each other and stayed in close contact. In addition, a nineteenth-century group of English historians known as the Anglo-Saxon school traced Germanic influences on England's constitutional and legal development and lauded England and Germany's common roots.[4]

In the first two decades of the twentieth century, however, in response to heightened debate between German and English scholars over Shakespeare's national and racial nature, a wide variety of cultural figures attempted to raise Shakespeare's iconicity to new levels. Such competition over Shakespeare increased as England's political relationship with Germany slowly disintegrated and paralleled the race for increased naval power in both countries. By the time of the Great War, Shakespeare had become the highest representative of all things English, virtually replacing religion as society's moral resource and erasing German influence. Shakespeare was used to promote new versions of English literary history, the English language, English culture, English drama, the English nation, the British Empire, Anglo-American unity, and Englishness in general.

The elevation of Shakespeare as national icon culminated in wartime, especially in 1916, the year of worldwide celebrations of the 300th anniversary of Shakespeare's life. In England the tercentenary and other Shakespeare-related wartime events drew together factions of Shakespeareans who were previously at odds with each other. In fact, during the war Shakespeare as the icon of Englishness was used repeatedly in attempts to unify society against Germany. While critics typically narrate things such as the rise of English studies, educational reforms, and popular theater in these decades in negative terms of middle-class hegemony (and continue to use class as the most important factor in many analyses),[5] these chapters complicate that idea by showing how during the Great War members of all classes—including some modernists—through many different groups and organizations, coalesced around nationalist sentiment, in particular around the icon of Shakespeare as English patriot and spiritual hero.

National Cultural History in Public Spaces: The Theater, the Press, the Great War

SHAKESPEARE AND THE NATIONAL THEATER QUESTION, 1880–1905

On October 24, 1905, in the third year of its existence, the London Shakespeare League sponsored a public discussion on "The Best Method of Presenting Shakespeare's Plays."[1] Arguments were presented or sent in by many of the most prominent theater and Shakespeare authorities in London: Shakespearean actor-managers Arthur Bourchier and Herbert Beerbohm Tree; playwrights George Bernard Shaw, Henry Arthur Jones, and W. S. Gilbert; Shakespeare scholars A. C. Bradley, Sidney Lee, and F. J. Furnivall (then President of the League); director William Poel; and clergyman Stewart Headlam, among others. At the center of all debate stood the opposition between the methods of stage presentation offered by Beerbohm Tree and William Poel.

Tree, an actor-manager who had been producing Shakespeare at the Haymarket and His Majesty's Theatres for several years, was typically seen as perpetuating the spectacular conventions of Sir Henry Irving, the great Victorian Shakespearean actor-manager.[2] Tree's productions, like Irving's, made use of elaborate scenery, costume, and special effects to create a profitable long-running show. Much historical and archeological research went into creating a pictorial stage that realistically depicted the setting of the play, often creating a "tableaux" or live painting on stage. Actors crowded the stage in a magnificent visual display for a large audience. Both Irving and Tree were known to cut lines, and sometimes entire scenes, from Shakespeare's plays in order to fit the requirements of their shows (M. Booth 134, 137).

All of these factors drew complaints from those seeking a more literary or "higher" drama. A general feeling prevailed that the spectacular theatre was too commercial, too geared toward popular taste, too loyal to the individual personality of the actor-manager, and too disloyal to Shakespeare's plays. In a 1905 essay, "The Dying Tongue of Great Elizabeth," Shaw, for example, lambasted Tree's production of "Much Ado," stating his puzzlement over Tree's cutting of lines and scenes. He claimed Shakespeare's language was "dead" to most modern actors, and he labeled such productions "Shakespearian orgies" containing "all pure original Tree and not Shakespear" (169).

Tree and his supporters, on the other hand, such as the realist dramatists William Archer and Harley Granville Barker, defended the spectacular method by suggesting that if Shakespeare had been living in their day he would have utilized all the methods, materials, and technologies available to him ("Report of a Public Discussion" 9). After this 1905 meeting with the mixed support of the League, Tree started an Annual Shakespeare Festival at Her Majesty's Theatre. His goal was to make Shakespeare popular and accessible to London playgoers. Despite continued complaints about Tree's methods, the Festival provided the only consistently attended productions of Shakespeare in London for years.[3]

William Poel had different goals. In order to reestablish Shakespeare in London, Poel believed three groups of people needed to change: first, the public who did not want to use its intelligence when attending the theater; second, the actor-managers who imposed their own will on Shakespeare and made adjustments in order to make money; and third, the literary profession who refused to see Shakespeare performed and insisted that reading his texts was sufficient ("Report of a Public Discussion"). Throughout his career Poel called for a return to Elizabethan staging methods, Elizabethan costume, simplicity on the stage, companies of actors who were trained in reciting blank-verse, and noncommercialized theatre. The best way of achieving such productions, Poel thought, was to establish in London a theater that replicated the Elizabethan Globe. Poel had produced Shakespeare's plays with Elizabethan costume and staging methods since 1881. In 1895 he founded the Elizabethan Stage Society in London and produced thirteen plays in Elizabethan style (and thirty-one plays in total) before the Society was disbanded in April 1905.[4] The London Shakespeare League was founded in 1902 and took the lead in promoting a Globe Theatre in London. At the 1905 meeting, Poel's methods were supported by many, including Shaw, Sidney Lee, Israel Gollancz, Henry Arthur Jones, Furnivall, and Bradley. Poel produced six more Elizabethan-style Shakespeare plays through 1913, once for Tree's Festival.

This "great divide" between those for and against spectacular staging of Shakespeare is typically how Edwardian Shakespeare performance is narrated. Others such as Barker and Gordon Craig are labeled "modernists" or "avant-garde" because they experiment with Shakespeare.[5] Yet, underlying this debate concerning the methods of Shakespearean performance is a national concern for drama and the status of Shakespeare in England generally and London specifically. All schools of thought wanted Shakespeare to become more popular, beloved, and symbolic of English culture. Thus, what divided actor-managers, playwrights, scholars, and directors often became less important when the topic of discussion was national culture and the idea of a national theater. Competition with Germany began gradually to alter these discourses such that eventually these otherwise dissident parties were at some level united.[6] Important "modernist" figures were involved in these endeavors, too. Over time, for many types of people, Shakespeare and the Elizabethan Age became typological allegories for what national culture could become.

In the late 1880s and 1890s, ideas for a national theater in London regained popularity, partly in response to Matthew Arnold's discussion, in his 1879 essay "The French Play in London,"[7] of a national theater that would be attended by all classes. Central to many of the proposals was the argument that Shakespeare was the epitome of English national drama and the Elizabethan Age England's finest cultural moment. As such ideas grew and became attached to specific groups and organizations, Shakespeare and the Elizabethan Age increasingly became icons of English national culture, ones whose recovery, it was thought, would reestablish England's cultural and dramatic reputation, especially in comparison with Germany. While the history of the National Theater movement has been well-documented,[8] in this section I focus on the role of Shakespeare in such discourse between 1890 and 1905, particularly in the essays and speeches of a few key figures: Henry Arthur Jones, William Archer, and Sidney Lee.

Perhaps the most vocal advocate of a national drama was the playwright Henry Arthur Jones, who, with early encouragement from Arnold, for over thirty years promoted the idea through his numerous essays, letters, and lectures.[9] The essays of the 1880s and 1890s, collected in 1895 as *The Renascence of the English Drama*, and the essays of the 1900s, collected in 1912 as *The Foundations of a National Drama*, reveal Jones's unremitting mission. In the early 1890s Jones felt a "renascence" was truly at hand, one in which a "higher," literary drama would be reborn on the English stage to replace the popular entertainments of his day.

Yet several obstacles were blocking such a rebirth. One obstacle, Jones says, is the way in which plays are written. Jones wants playwrights to write "literary" dramas that represent the deepest aspects of life realistically (19). Such plays would differ greatly from the recent "realism" movement, however, which "proclaims that the details of ugliness and disease are of chief importance for us to study, and that the curious and distorted forms of vice and selfishness and human degradation are the essential elements to be preserved and treasured in our plays" (245). In Shakespeare, which is the best drama, the dramatic and literary effects cannot be distinguished. Another obstacle hindering a national literary drama is the audience's perception that drama is merely for entertainment. In 1887 the prevailing forms of popular drama were melodrama, farcical comedy, burlesque, and pantomime (195). By 1895, and into the 1910s, musical comedies and other music-hall entertainments replaced melodrama but produced the same problems for "serious" dramatists. In an 1883 essay, "The Theatre and the Mob," Jones argues that most playgoers seek "sensation, realism, noise, tricks of surprise, huge scenic effects, tawdry dresses, foolish songs—anything but the quiet, steady, faithful portraiture of character in a natural, fitting language" (1). This need for entertainment Jones sees as a condition of modernity. Because playgoers "come jaded from the impure air of shops, factories, and offices, from the hard stress of business, professional, or domestic duties," audiences do not want to exert intellectual energy (4). Echoing Arnold, Jones feels all classes have poor dramatic taste (65).

For Jones, this lack of higher taste is a national problem. Should we care, he asks, whether drama "portrays and interprets its national life [as] palsied, supine, effete, diseased, and imbecile, or whether it is living, active, healthy, clear-eyed, clear-brained, clear-souled, and clear-tongued?" (308). If created, a national drama would in Jones's view "embody the spiritual and intellectual life of our nation today," represent "the history of our age," and unify the classes around England's national heritage. A literary drama would also restore the use of proper English: current popular drama promotes "one eternal, universal carnival of slang," and the "degradation of the English tongue implies the correlative degradation of the national character" (181). In Jones's ideal formulation, the national drama would become the new religion of England: "The more the Church becomes an archeological museum of fossil dogmas, the less hold and command it will have upon the religion and morality of the nation. If the Pulpit loses its power, will the Drama take its place?" (131). Directly influenced by Arnold, Culture aided by the State replaces religion in Jones's texts as the force that will help England become its "best self."

In order to achieve such a renaissance in the literary drama, Jones returns again and again to Shakespeare as the model to recover and honor, and toward whom English dramatists should aspire. He employs a typological-allegorical view of history, seeing the Elizabethan Age as an era when national cultural unity existed. In 1883 Jones mourns the facts that even Shakespeare is merely a form of profit-making and that "many units of the same crowd that to-night are making the success of a Shakespearian revival will to-morrow night be making the success of an empty burlesque" (3). Contrarily, Jones sees Shakespeare as providing the type of intellectual pleasure for which the nation must long: "The Man whom *Hamlet* delights and whom the music hall displeases has the purest, highest, most rational, and most lasting pleasure" (262). Jones calls on modern dramatists to become "the inheritors of our Elizabethan forefathers" (317) and to restore heroic English ideals to the modern world. By 1893 Jones sees Shakespeare regaining in popularity, force, influence, and authority, mostly due to Irving's productions (280). A "renascence" is at hand: "I believe that the English drama has never since the days of Elizabeth had such a chance of establishing itself as a national art and as a great power in our national life as it has to-day" (143). He calls for state support of a national drama, for "if you wanted to sum up England you might almost do so in one word— Shakespeare" (343).

By 1910, however, Jones admits the renascence he thought was arriving never did (*Foundations* 248). In the 1890s Puritan moralists reacted negatively to both the realists and the aesthetes and shut down any hopes for serious drama to flourish. Burlesque and music hall entertainments replaced melodrama as the most popular dramatic forms, so much so that in 1911 Arthur Bourchier quipped the only renascence England had seen was a "Renaissance of the Music Hall" (*Reflections* 17). At this point Jones admits there is a "marked slump in Shakespeare" and not much outside Tree's Festival (*Foundations* 90). Music halls occasionally perform Shakespearean scenes and sketches, but these are for the most part "very crude and on a very debased level" (92). Jones persisted in his mission, however, believing the state of drama reflected the state of the nation. In fact, drama is the art "most connected with national life," he argued, for it "touches and shapes conduct and practice," "move[s] thought and feelings" and "inspire[s] and direct[s] our actions" (2). Drama can be a "great civilizing and humanizing force, a great potential influence in our community, a great potential educator" (4). As the years passed, Jones's passion for a "renascence" in English national drama became more and more a diatribe against Germany, who competed with England over Shakespeare.

Such competition with Germany first became part of the national theatre discourse when the drama critic William Archer wrote "A Plea for an Endowed Theatre" in 1889. Archer shared with Jones and other national theater proponents the view that something must be done to "develop the higher possibilities of dramatic art" in England (610). He wanted to know why "in Paris, in Berlin, in Vienna, in Munich, in Dresden, in Copenhagen, there are theatres that cater far more liberally to the intellectual man than any London playhouse, or than all our forty playhouses put together?" (610). The answer, Archer surmised, was that these cities had anticommercial, state-subsidized theatres. In a moment to which later discussants referred repeatedly, Archer directly compared Shakespearean productions in England and Germany. When comparing the "whole theatrical history of London in 1888" with six months of a *single* theatre in Berlin, Archer found that while London had four Shakespearean productions and only two plays he considered "readable," a single Berlin theatre had four Shakespearean productions and a whole host of more intelligent plays (612–613). Archer made more comparisons, chiding, "Is it not a standing reproach to us that Shakespeare has far more vitality on the German stage than on our own?" (614). Here for the first time the discrepancy between England's and Germany's appreciation of Shakespeare becomes a basis from which to argue for a national theatre and a higher drama.

In the next decade many proposals were made promoting some kind of national theatre. All shared a disdain for the "tyranny of the actor-manager" and the commercialism of the theatre, and all used Shakespeare at some point in the argument (Fyfe 807). In 1900 H. Hamilton Fyfe wondered why the "greatest city in the world" could not institute a Shakespeare repertory theatre (809). In 1901, Frank Benson, who had established a Shakespeare repertory company in Stratford that traveled throughout the provinces from 1876 onward, suggested that the "National Theatre" was a way to combat modernity, and that, while it reflected an ideal toward which many theatres should strive, a Shakespeare repertory theatre should be established in London (779–780).

The most formalized national theatre plan was Archer and Barker's *Schemes and Estimates for a National Theatre*. The plan was privately printed and circulated in 1904 but was not publically printed until 1907. Their scheme outlined in detail how such a theatre should be funded and operated, what dramas should be produced, and the types of training actors should receive. Even though the scheme argued for a repertory system (in which Shakespeare was to be central) against the predominant actor-manager one, the plan was supported by six signatures of actor-managers on the frontispiece: Henry Irving, Squire Bancroft, Helen D'Oyly Carter, John Hare, Henry Arthur Jones, and A. W. Pinero. While acted-drama ought to unite all "Anglo-Saxon peoples," Archer and Barker felt that presently the drama was only "draw[ing] the whole English-speaking world together in the bonds of racial vulgarity" (xvii). The Central Theatre they envisioned would be in London and "worthy of the metropolis of the Empire" (xvii). Its establishment would "restore to the English drama that honourable place among the intellectual achievements of the race which it has for so long forfeited, and it would be a radiating centre of the best artistic influences" (9). Yet such a theatre "must not have the air of appealing to a specially literary and cultured class. It must visibly and unmistakenably be a popular institution, making a large appeal to the whole community" (xviii). By fulfilling such a function, a National Theatre would restore England's cultural reputation and unite the people at the levels of race, empire, and class. Such ideas, like Ruskin's and Arnold's, sound elitist and populist at the same time. Despite its detail and precision, their scheme did not have public influence until 1908.

The most vocal scholar on the topic of Shakespeare, national drama, and the alleged competition with Germany in the early 1900s was Sidney Lee. Lee was assistant coeditor and then editor of the *Dictionary of National Biography* from 1883 to 1901. Essays by Lee, originally published between 1899 and 1905 and collected in book form in 1906 as *Shakespeare and the Modern Stage*, explicitly make admiration for Shakespeare a question of national patriotism. In 1902 Lee suggested that the various proposals made for a national theatre were all vague and isolated. Following Arnold, Lee called instead for the State to support a municipal theatre "so that a higher standard of dramatic art might be encouraged and made more accessible to the wage-earning classes" (132). It was the State's duty "to provide for the people's enlightened amusement" (133), Lee argued, and such theatres had proved successful in "every great town" in France, Germany, Austria, and even Switzerland (133–134). Lee claimed

England was the only European country in which theater was "wholly and exclusively organized on a capitalist basis" instead of an artistic basis (124). If London could succeed in establishing a State-supported theatre, Lee said, "the nation would gain in repute for intelligence, culture, and enlightened patriotism; it would rid itself of the reproach that it pays smaller and less intelligent regard to Shakespeare and the literary drama" than other countries (140). The current popularity of Shakespeare in Germany should be seen as shameful, Lee argued, for "it cannot be flattering to our self-esteem that the Austrian people should show a greater and a wiser appreciation of the theatrical capacities of Shakespeare's masterpieces than we who are Shakespeare's countrymen and most direct and rightful heirs of his glorious achievements" (18).

Several ideas clearly emerged in these early fragments of the national theater discourse. First, any rebirth or renascence of the drama should be of national concern, not only for the sake of reputation but also in terms of national (and for some racial) health and solidarity. Second, the Elizabethan Age is elevated against modernity as the model period of national culture to which the present should typologically and allegorically return. And third, Shakespeare is the ultimate English dramatist and the highest form of literary drama, the ideal type whose restoration as antitype in the present would inspire intelligent and right action. If England would only honor these "facts," many argued, it could recover its cultural reputation in Europe, especially in comparison with Germany. As the national theater idea progressed in the 1900s and 1910s, Shakespeare, patriotism, anti-Germanism, and cultural reputation became even more discursively connected.

BARDOLATRY AND THE PUBLIC REALM: 1905–1913

In his 1900 *Plays for Puritans*, George Bernard Shaw coined the word "bardolatry" to satirize the popular practice of treating Shakespeare as a religious hero.[10] This section traces the new forms bardolatry takes through 1912. Like Shakespeare's national heroic status, worship of the Bard was not a new trend. Stratford had for over a century been the Mecca of bardolatry and tourism. In 1769 David Garrick held his famous Jubilee there. A Shakespeare Club, formed at Stratford in 1824, began an annual birthday celebration, and the Shakespeare Birthplace Committee was formed in 1847. After some competition with London, the Tercentenary of Shakespeare's birth was held in Stratford in 1864. The introduction to an 1864 Tercentenary Souvenir

Book gives Shakespeare honored "religious" status as the uniter of English-speaking peoples throughout the Empire, claiming that "by the spell of his genius he created a bond of sympathy and union, which will unite for ever all the descendents of that great Anglo-Saxon family which is now rapidly extending itself over far-distant lands."[11] On April 23, 1879, the Stratford Memorial Theatre opened under the leadership of E. F. Flower, along with a Shakespeare Library and Picture Gallery. Beginning in 1886 and for almost thirty years, Frank Benson led the Stratford Shakespeare Festival, and from 1883 to 1914 he took Stratford repertory companies throughout the provinces to perform. Organized by Sidney Lee, in the 1880s and 1890s several monuments were erected to Shakespeare in Stratford.

While part of London's inspiration in the 1900s and 1910s for raising awareness of Shakespeare's London affiliations was its competition with Stratford, most Shakespeare-related activity at this time had England and the British Empire as a whole in mind. Restoring Shakespeare to London would make the imperial, political, and economic center of the Empire also the cultural center. It would unite the English-speaking world in looking to London as home of the world's greatest cultural and spiritual hero. When this endeavor intensified in London in the years 1905 to 1913, Shakespeare was already present in the public imagination through religious and national discourse.

In the late 1800s, amateur Shakespeare scholarship was abundant. The New Shakspere Society, the Baconians (discussed in the next chapter), and other amateurs wrote a wide array of articles that were published in many different periodicals. Much of this discourse linked Shakespeare to religious topics. As Walter Raleigh put it in 1907, Shakespeare had been named and renamed:

> Books have been written to prove that he was an atheist; that he was a Roman Catholic; that he was an Anglican; that he was a man deeply involved with the traditions and sentiments of a Puritanic home. . . . Party work was not invented in his day; but much has been spent on the attempt to classify his political convictions and to reduce them to a type. (*Shakespeare* 18)

Raleigh alludes to such pieces as John W. Hales's "Shakespeare and Puritanism" in the 1895 *Contemporary Review*, W. S. Lilly's "Shakespeare's Protestantism" in the 1904 *Fortnightly Review*, Thomas Carter's 1897 *Shakespeare, Puritan, and Recusant*, and Henry Bowden's 1899 *The Religion of Shakespeare*. Linda Rosmovits convincingly shows how German critical methods influenced both Bible and Shakespeare scholarship in the late nineteenth century such that the Bible became more secularized and Shakespeare more "Biblical" (20). She points to a multitude of works between 1880 and the Great War that outline Shakespeare's affinities with the Bible or trace the moral natures of Shakespeare's characters, such as James Bell's 1894 *Biblical and Shakespearean Characters Compared*, Charles Bullock's 1879 *Shakespeare's Debt to the Bible*, and the many "Shakespeare sermons" that had been preached since the 1864 tercentenary.[12]

The emergence of consumer markets and mass production methods helped to make Shakespeare more popular and widely read. Published editions of the plays multiplied exponentially between 1880 and 1910, including translations for the young. School editions increased as Shakespeare was taught in more and more elementary and secondary schools. Even the Shakespearean actor Arthur Bourchier announced that he wished *Henry V* were "read and re-read in all our schools," for there is "no finer lesson in patriotism" (*Reflections* 29). Frank Benson toured Shakespeare's plays to provincial theatres to match the school curriculum. As Rosmovits outlines, Shakespeare's tales were retold for children from about 1880 onward. Texts such as Alice Huffman's 1904 *Stories from Shakespeare's Plays for Children* and Arthur Quiller-Couch's 1899 *Historical Tales from Shakespeare* were meant to provide moral and patriotic guidance for youth.[13] Some of these retellings and analyses targeted girls, especially character typologies such as Mary Cowden Clarke's *The Girlhood of Shakespeare's Heroines*. Additionally, various Shakespeare reading societies were formed in the late 1800s, including the New Shakspere Society.

Whether the proliferation of Shakespeare-related texts and discourse aided the public's appreciation of the plays or not is a question up for grabs. Literary critics such as Lee and dramatists such as Jones thought play-reading would increase taste for Shakespeare on the stage. Skeptics such as William Poel, on the other hand, did not. In a May 25, 1911, column for *The New Age*, Poel complained that:

> A variety of editions of [Shakespeare's] plays are published yearly, but excepting for class instruction they are not commonly read. If books are bought for the general public they are bought for the sake of the binding, or the illustrations, or because some popular actor or editor has written the preface: or it may be that the book is purchased merely as an investment because it may one day sell for more than has been paid for it. (91)

Shakespeare will not be read at home, according to Poel, until "he is seen oftener acted on the stage under intelligent conditions" (91). Others such as H. B. Irving, Sir Henry Irving's son, also complained that forced reading in the classroom did "incalculable harm" to Shakespeare. The fact that the plays were purchased and continued to be published, however, even if they were not read, demonstrates Shakespeare's popular status in the public imagination.

Two Shakespearean organizations were founded in the early 1900s whose sole aim was to increase Shakespeare's reputation in London (and hence England and the Empire) and memorialize his life there properly: the British Empire Shakespeare Society and the London Shakespeare League. The British Empire Shakespeare Society, or B.E.S.S., was founded in 1901 by Miss Greta Morritt. Sir Henry Irving accepted its first Presidency, saying "the world needed it," and Acton Bond became the Society's first director. The B.E.S.S. 1904 "Official Report" lists four objectives of the Society:[14]

1. To promote greater familiarity with Shakespeare's works among all classes throughout the British Empire
2. To help the rising generation not only to study Shakespeare's works, but to love them
3. To form Shakespeare Clubs and reading societies (or help with those already existing) in London, in the Provinces, and in the Colonies
4. To encourage the Study of Shakespeare by Prizes offered yearly for the best reading, recitation, acted scene from his plays, or essay on Shakespeare, by Members or Associates of the Society.

B.E.S.S. sponsored annual elocutionary competitions with Sidney Lee being one of the first judges. Bond directed public "readings" of Shakespeare's plays, in which famous actors and actresses often participated, such as Ellen Terry, Irving, Tree, and Bourchier. These readings were not full-scale productions but were aimed at giving the public proper renditions of Shakespeare's language so as to make him more accessible and appreciated. Such reading groups toured the provinces beginning in 1905. Professors Lee, Saintsbury, Bradley, Furnivall, and Knight all helped with lectures at club meetings, and patrons included the Archbishop of Canterbury, Major General Baden-Powell, and Her Highness Princess Louisa-Augusta of Schleswig-Holstein.

Within a few years, many local chapters formed in England and the colonies, with the subscription rate set at five pounds, kept low to "recruit" from all classes. By 1908 local branches numbered twenty-five, including many reading-circles in London, branches at Dublin and Leeds, and colonial branches in Johannesburg, South Africa; New Amsterdam, British Guiana; and Wellington, New Zealand. That year Sidney Lee proclaimed that "a disciplined army of Shakespeare students" had been formed. By 1910 two societies had formed in British Columbia, and in 1914 a branch was announced for Trinidad. By 1939, B.E.S.S. had almost 10,000 members throughout the Empire (Brown and Fearon 22).

B.E.S.S. local reading chapters hosted professional performers, supported performances for special occasions in their region, such as Shakespeare Day, and set up home-reading locations such that members could gather and have readings amongst themselves. In 1910 a B.E.S.S. edition of the plays was announced, which cut the plays so that readings would last under two hours without "sacrificing anything vital or essentially dramatic or unnecessarily eliminating beautiful passages" (*1913*, 10) ("Official Reports"). By 1913 western London reading-circles were giving costume performances at local hospitals.

The language used to promote B.E.S.S.'s goals was the language of religious mission and social gospel. From the Society's slogan—"Using no other weapon but his name"—to the ways in which members and the press described the society, Shakespeare was discursively becoming the savior of the Empire. Henry Irving's 1904 presidential address serves as one example:

> I have had personal relations with many Shakespeare societies in my time, and have always regarded them as missionaries of humanity. For the study of Shakespeare is not the study of a writer, who, with all his greatness, is remote from our time....Shakespeare is alive in our thought: his speech is ever on our lips, and to enter truly into his spirit is to learn unending lessons of that noble charity which is the highest inspiration of our religion. (*1904*, 3) ("Official Reports")

Lee calls the society "educational and missionary" as it "combined serious study of Shakespeare's texts with social recreation." He lauds B.E.S.S for "stimulat[ing] among subjects of the British crown the sense of their indebtedness to Shakespeare for the honour that his achievement confers upon the English name" (*1904*, 13) ("Official Reports"). The 1902 *Free Lance* calls B.E.S.S. "not merely of educational, but of national importance." The 1902 *British Empire Review* lauds the Society's efforts, stating the strongest tie in the Empire, besides the crown, is our "common tongue," and that B.E.S.S. would unite the study of the English language "at its highest source."[15] Generally supported by most London Shakespeare authorities for its work in spreading Shakespeare's popularity, B.E.S.S. continued its work independently for many years.

The second nationally focused organization, the London Shakespeare League, was founded on Shakespeare's birthday, April 23, 1902. F. J. Furnivall was its first president until his death in 1910. Israel Gollancz was president from 1911 to 1912; Edward Brabook the next year; and Stewart Headlam from 1914 to 1926. The League made its first aim the memorialization of Shakespeare in London. Ideas included establishing a national holiday and Poel's idea of establishing a Globe (Littlewood, "Shakespeare Commemoration League" 9). In a pamphlet the next year, titled "Shakespeare Day, 1903," the League suggested that Shakespeare's birthday was "the greatest day in our calendar" and called for an annual celebration in London "so that Shakespeare Day might become a National and Imperial Celebration."[16] Arguing that proper celebration and study of Shakespeare would help increase proper enunciation, diction, and memory in English-speakers, the League called on other learned societies to observe the Day, asked theatres to help with concerts and public performances, and hoped schools would establish an annual holiday. The 1903 weeklong celebration of Shakespeare Day involved an Elizabethan Stage Society performance of "Twelfth Night" directed by William Poel, music by Arnold Dolmetsch, a Public Dinner at the Criterion House, lectures, and meetings. The League continued to host these annual dinners and commemorations of Shakespeare's birthday each year.

In letters to the *Times* in 1903 and 1904, Richard Badger offered to donate a large sum of money in order to erect a permanent Shakespeare memorial in London. Stratford had erected a memorial years ago, and even Germany was constructing one at Weimar.[17] Denmark had already erected a statue of Hamlet at Elsinore, and in 1903 was proposing to erect another to honor Shakespeare, even calling it a "national obligation."[18] The League was the only organization to respond, and it sent honorary secretary Israel Gollancz to meet with Badger in February 1904. The result was the formation of a Shakespeare Memorial Committee, whose members included the Lord Mayor, the Chairman of the London County Council, Prime Minister Balfour, the Chief Rabbi, Archbishops, Ambassadors,

Furnivall, Lady Gomme, Gollancz, Mr. Ordish, and Sir Edward Brabrook (Brown and Fearon 296). A 1905 letter from Badger to the *London Monthly* outlined in detail his plan to give 2,000 pounds, with 1,500 to follow, and stipulated that the memorial be "on the order" of the Albert Memorial, on a prominent site, and with a committee to organize fund-raising throughout the world that consisted of at least 100 members representing all walks of life: men and women, nationals and colonials. The League appointed an executive Shakespeare Memorial Committee under the leadership of Gollancz that included Pinero, Tree, Lee, Archer, Granville Barker, Bourchier, Gosse, Harvey, H. B. Irving, Ellen Terry, and Mrs. Alfred Lyttelton. Despite a letter to the *Times* in February 1905 opposing the memorial idea, which was signed by J. M. Barrie, A. C. Bradley, Edmund Gosse, Gilbert Murray, and A. W. Pinero, among others, the committee held a public meeting at the Mansion House on February 28, 1905, to begin plans, saying the "Memorial should represent the World's homage to the Poet,—the World's Tribute to his Genius." Those who opposed the plan often cited Milton's line, "What needeth my Shakespeare to honour him?"

Lee was one of the most vocal spokesmen in favor of the proposed memorial, and he argued its national and imperial importance in his April 1905 essay, "The Commemoration of Shakespeare in London."[19] As a member and then chairman of the Shakespeare Birthplace Trust, Lee had helped restore Shakespeare sites in Stratford (New Place and Birthplace in 1891 and Anne Hathaway's Cottage in 1892) and now fully supported the creation of a memorial in London. Stating he now did not support the rebuilding of a Globe Theatre, Lee argued that "a national London memorial must be symbolical of a larger fact…It must typify Shakespeare's place not in the past, but in the present life of the nation and of the world." The memorial must "constitute a perpetual reminder of the position he fills in the present economy" of human thought (229). For Lee, it did not seem unreasonable to ask London to construct a memorial to show that "Shakespeare is a living source of British prestige, an unifying factor in the consolidation of the British Empire, and a powerful element in the maintenence of fraternal relations with the United States" (230). After all, "a monumental memorial, which should symbolize Shakespeare's influence in the universe, could only find an appropriate and effective home in the capital city of the British Empire" (230).

In a 1905 Special Committee Report of the Shakespeare Memorial Committee, it was decided that from six previously proposed ideas a statue and an architectural monument would be most appropriate.

Lee, Gollancz, and Tree were added to the special committee, which already included Irving, Benson, Furnivall, and Bram Stoker. Despite more letters of protest to the *Times*, the Committee in 1908 selected a site at Portland Place for the memorial, which they estimated would cost 100,000 pounds, and developed and publicized a competition for sculptors and architects "from the English-speaking races all over the world, and from naturalized Englishmen."[20]

In the meantime, Granville Barker and Archer had developed and circulated their National Theatre scheme, gaining more support from those who had promoted such an institution for years. In 1908 the *Daily Chronicle* published a booklet containing arguments favoring a National Theatre over a monument. Most newspapers also joined the debate, publishing many letters and columns on the issue. This led to the famous "Shakespeare Memorial National Theatre Demonstration," held at the Lyceum Theatre, May 19, 1908. The meeting was attended by over 2,000 people who heard arguments both for the memorial and for the national theatre.[21] Those in favor of a national theatre included Shaw, Pinero, Hillaire Belloc, M. P. Alfred Lyttelton, John Hare, Ellen Terry, Arthur Symons, Thomas Hardy, H. Rider Haggard, William Archer, Robert Graves, and John Galsworthy, among others. Those who felt the national theatre movement too controversial included Aston Webb, Furnivall, Lee, Stoker, Tree, and Gollancz, among others. The goal of the Demonstration was reconciliation, however, and the national theatre speakers had with them a list of over 350 people who were willing to serve on a new committee to help found a Shakespeare Memorial National Theatre. Besides those names already mentioned, the list included men of politics, the Church, the universities, the theater, the press, and such literary and dramatic notables as: Acton Bond, G. K. Chesterton, Arthur Quiller-Couch, Marie Corelli, Ford Madox Hueffer, Maurice Hewlett, Henry James, Henry A. Jones, William Poel, Lord Alfred Tennyson, H. G. Wells, and W. B. Yeats.

The final result of the demonstration was that at a July 23, 1908, meeting presided over by the Lord Mayor, the Shakespeare Memorial Committee, and the National Theatre Committee joined forces to become the Shakespeare Memorial National Theatre Committee (SMNT). Now the national theatre movement was officially linked to the movement to memorialize Shakespeare, and it had the support of virtually every academic, dramatic, and literary authority in London. The executive joint committee was composed of a wide array of members: including actor-managers Tree, Hare, Shaw, and Barker, playwrights Pinero and Archer, academics Furnivall, Gollancz, Gosse, and Lee, two Lords, and one Member of Parliament. The official goals of the SMNT were described as follows:

1. to keep the plays of Shakespeare in its repertory
2. to revive whatever else is vital in English classical drama
3. to prevent recent plays of great merit from falling into oblivion to which the present theatrical system is apt to consign them
4. to produce new plays and to further the development of the modern drama
5. to produce translations of representative works of foreign drama, ancient and modern
6. to stimulate the art of acting through the varied opportunities which it will offer to the members of its company

When fund-raising efforts were immediately launched by the SMNT, however, the goals described seemed more nationalistic and imperial in nature, as appeal went out to inspire the public's patriotic feeling. "An Illustrated Handbook 1909" calls for subscriptions and outlines these slightly altered goals:[22]

1. To "secure the unity of the English-speaking world"
2. To "fill a manifest gap in the architectural equipment of London" and increase London's cultural respect
3. To "inaugurate a new era" in the history of the drama; to render it a force for good as it is "now in comparative disesteem"
4. To "counteract the evil" of the long-run and touring system
5. To train a new generation of actors
6. To benefit thousands of non-Londoners as the theatre would travel and benefit "the classes which visit London infrequently"
7. To have "pervasive influence on the theatrical enterprise throughout the three kingdoms of the Empire"

In this list no specific mention is made of Shakespeare. Either national theatre proponents simply used Shakespeare to get what they wanted—an overhaul of the current theatrical system—as some would accuse them of later, or else they implicitly saw Shakespeare as the symbol that could culturally unite the Empire. I suspect executive committee members had both ideas in mind.

Aside from a 70,000 pound donation to the SMNT by a single donor,[23] the committee depended on raising money through general appeals and fund-raising events. Local committees were set up throughout the nation with the aim of raising local funds. While these generated some funding, in general the public remained uninterested in giving. In the end, upper-class men and women put on society functions and public events all in the name of Shakespeare. The majority of such events were "drawing room meetings" at which groups of people were entertained in a society home, often with well-known actors and actresses participating, and then solicited for money. The first of these was hosted by the Countess of Essex and involved addresses by Mrs. Lyttelton, Philip Carr (the secretary of the Executive Committee) and G. K. Chesterton, with a performance of "Calpurnia's Dinner Party," a "new duologue" by Maurice Baring.[24]

The SMNT Committee published various leaflets to publicize the cause, such as one in 1910 titled "The Churches and the National Theatre."[25] This pamphlet reprinted three speeches given by clergymen in support of the SMNT movement, each of which echoed Jones's idea that a national drama could become a site of political, moral, and spiritual training. The Archdeacon Bevan, rector of Chelsea, for example, spoke in favor of the societal good such a national theater would bring, saying "people who go to see plays will not come to hear sermons," so it is crucial "the drama should be wholesome and elevating in tone." He called Shakespeare a Prophet and a Poet, gifted by God, whose plays never caused human harm, and said Shakespeare's "great object [was] to teach men to care for their country by caring for each other."

Between 1910 and 1912, several grand-scale public Shakespearean fund-raising events were held. Even though the public did not respond greatly to appeals for donations, a large number of Londoners from all classes and walks of life who attended these events were increasingly exposed to the idea of Shakespeare as a national, spiritual icon. On June 30, July 1, and July 3, 1910, a "Masque of Shakespeare" was held in Regent's Park. Written by Mrs. Alfred Lyttelton, the masque included dances, music, professional actors and actresses who introduced "many of the principal characters in Shakespeare, some allegorical persons, and a few of the actors and actresses of the last two centuries."[26] The Masque raised only 200 pounds (Lyttelton 531), perhaps because, as a review in the *Times* sarcastically alluded, rather than presenting excerpts from Shakespeare, Mrs. Lyttelton created "amusing opportunities for Shakespeare's leading characters to appear and quote Shakespeare to her purpose."[27]

Much more successful in the public eye was a short interlude written by Shaw and performed to help raise SMNT funds. "The Dark Lady of the Sonnets" was first performed at the Haymarket Theatre on November 24, 1910. It toured the provinces and was eventually broadcast. As Shaw himself said, however, the play "brought more applause than subscriptions" (Littlewood 253). The play wittily portrays an encounter between Queen Elizabeth, Shakespeare, and the "Dark Lady" of the sonnets. At the end of the play, Shakespeare appeals to Elizabeth for a "boon" to endow a National Theatre so that her subjects might be better instructed and so that his better plays—the tragedies—would have a home.[28] Elizabeth responds that she must not offend the Puritans by asking for their money and predicts that every other country would have their publically endowed playhouses before England did, even "barbarian Muscovy and the hamlets of boorish Germany." The play ends with Elizabeth encouraging Shakespeare to keep writing his popular comedies.

The SMNT struggled with funds so much that in the April 1911 issue of *World's Work: An Illustrated Magazine of National Efficiency and Progress*, Mrs. Lyttelton tried to generate support by writing about the SMNT Committee's progress. She outlined how the Board of Governors now was made up of members from all of the provinces and the colonies, that local committees were trying to raise funds, and that celebrities such as Martin Harvey were touring and lecturing for the cause. Robert Donald, then Managing editor of the *Daily Chronicle*, also wrote a piece for this issue, describing the support of the press for the National Theatre movement and calling on newspapers to aid the cause more fully.

Mrs. Lyttelton also promoted the Shakespeare Memorial National Theatre Ball organized by Mrs. George Cornwallis-West (Winston Churchill's mother).[29] A grand procession of quadrille parties was being organized by "various ladies" in which over 1000 characters from thirty-four of Shakespeare's plays would be represented by attendees in costume. The Ball was held during Coronation Week at the Albert Hall on June 20, 1911, the day of the State Banquet at Buckingham Palace. Many of the foreign representatives present for the Coronation attended the Ball, including royalty and political representatives from around the world, but the King and Queen did not. Many of the 4000 guests were American and Colonial visitors. The Hall had been transformed into a Tudor landscape, and a souvenir book was published with contributions from Shaw, Gollancz, Chesterton, Corelli, and others, but the Ball ended up losing money. A full report in the *Times* the next day described the Ball as "the most splendid entertainment of the first days of the new Georgian era," and the January 17, 1912, *Times* reported that the Ball had secured 10,000 pounds for the SMNT, but that 400,000 more were still needed.

Thus, a "Shakespeare's England" exhibition was held at Earl's Court the following spring, summer, and autumn, again organized by Mrs. Cornwallis-West.[30] The exhibit opened on May 9, 1912. Earl's Court was transformed into miles and miles of Elizabethan roads and Tudor buildings, including Shakespeare's house at Stratford, the Globe Theatre, the Queen's palaces, St. Mary's Church, the Windsor cloisters, Ford's Hospital, Anne Hathaway's cottage, the market at Exeter, colleges from Oxford and Cambridge, Guildhall, a Ducal Hall, a Mock Fortune Theatre, a Tudor banqueting hall where Queen Elizabeth and her Court dined daily, a Mermaid Tavern Club, and "Shakespeare's bookstall" and other shops. Edwin Lutyens designed many of the buildings and facades, including Plymouth harbor complete with a replica of Sir Francis Drake's *Revenge*, upon which one day Sir Winston Churchill gave a speech and inspected British Sea Scouts. At the reconstructed Globe theatre Patrick Kirwan and his company, the Idyllic Players, performed thirty-minute excerpts from Elizabethan and Jacobean plays three times a day, mostly Shakespearean ones similar to those vignettes increasingly being performed in music halls (M. O'Connor, "Theatre of Empire" 87). The "Pyramus and Thisbe" episode was especially popular, as were the "Tricking of Malvolio," the "Enchantment of Titania," and scenes from *The Merchant of Venice*. In the audience at these performances were spectators in Elizabethan garb, Nell Gwyn girls who sold oranges, and other "groundlings" with whom visitors mingled. B.E.S.S. gave several performances that summer. So did William Poel, who in general was highly critical of the Globe's design, the "travesty of Shakespearean drama given there," and the entire exhibition, saying it was organized by those who were only "superficially acquainted with the period" ("Shakespeare at Earl's Court"). Mrs. West hosted visits from the royalty, luncheons for her society friends, five garden dances in Empress Hall named after flowers in Shakespeare's plays, a Venetian masque with 2000 dancers, and two fancy balls. On July 11, 1912, there was a recreated tournament, the "Triumph Holden," staged by F. R. Benson, replete with horses and knights in armor, and attended by many social elites.[31]

Despite many visitors, however, the Exhibition lost money. By late summer, a circus, a series of *tableaux vivants*, sideshows, and rides were added to attract more visitors. When the exhibit closed in early October 1912, it was financially a failure. Marion O'Connor argues that the exhibit "so emphasized class as to exclude most of the nation and so emphasized continuity [between past and present] as to occlude change" ("Theatre of Empire" 94). But it can also be argued that the exhibit worked to fuel the idea of Shakespeare and the Elizabethan age as national icons in the imaginations of its visitors, for whether they were interested in Shakespeareana or the circus more, the public was still exposed to the Shakespearean propaganda of the organizers. With admission at only one shilling, all classes would have been able to attend. Additionally, as an August 14, 1912, *Times* article stated, the Shakespearean Globe presentations were always the most popular aspect of the exhibition.

With the relative failure of the SMNT Committee to raise funds, various individuals and groups voiced their concerns from 1908 to 1913. Despite the variety of complaints, however, all arguments exhibited a love for Shakespeare as the greatest English dramatist and a desire to see him honored and performed properly in London. Some critics reacted to the forms of fund-raising and to the organization of the SMNT committees. In 1912, Jones, who supported the Shakespeare Memorial Theatre movement and wanted the State to help, doubted "the present enterprise" would be successful because the committee lacked any "men of letters who ha[d] also a practical knowledge of the theatre" (*Foundations* 120). Mixed in his support of the SMNT, Bourchier wrote in a February 7, 1911, letter to the *Times*: "I cannot bring myself to believe that the spectacle of stately Society matrons floating around the Albert Hall garbed as 'Rosalind,' 'Juliet,' and 'Ophelia' will add to the dignity of our present drama or appeal to public enthusiasm for the future chances of our National Theatre."

Poel in a June 22, 1911, column for *The New Age* supported the idea of a National Theatre, yet he was highly critical of the SMNT Executive Committee. Other critics questioned the legitimacy of the SMNT Committee's appropriation of Shakespeare. In a May 1908 essay, Bram Stoker wrote about the public's confusion as to "what way Shakespeare is to be specially honoured by the realisation of a scheme which they hold to be required for other reasons" (735). In an April 6, 1909, letter to Gollancz, Acton Bond warned he would be critical in every way of the National Theatre effort, accusing the committee of holding to "such an ill-considered scheme for a great object."[32] In another letter of March 21, 1910, and in subsequent newspaper reports, Bond announced B.E.S.S. would "give no official recognition to the scheme in its present form," and accused the SMNT of using Shakespeare inappropriately to attain a national theatre.

In general, actor-managers feared the NT would outdate their methods and were vocally skeptical of the SMNT, even as they served on its committees.[33] In December 1909 actors even signed a manifesto, arguing they would protest the SMNT movement as it was presently organized and calling for Gollancz to meet with them. Often, as Bourchier argued in a 1911 lecture at Oxford, the dramatic profession supported Tree and felt he was already accomplishing at Her Majesty's Theatre work that equaled any State-endowed theatre elsewhere (47). An anonymous letter to the *Times* on May 31, 1910, agreed that Tree was already doing what the scheme wanted: "Does this magnificent, this grandiose, scheme appeal to the British public at large, and, if not, can it be called a national concern at all? It is, we know, the pet invention of experienced, learned, and well-placed people. But where is the eagerness of the rank and file?" Nonetheless, despite these complaints the dramatic profession agreed that Shakespeare was the greatest of English dramatists and lauded him in religious tones, much like the most nationalistic of SMNT members. For example, Bourchier stated:

> The more mechanical, the more laborious, the more prosaic, the more uninspiring the conditions under which our daily work is done, the greater need there is that in our leisure we shall resort to the company of the great and wise, whose thoughts enrich the world. Of these, the greatest and wisest is Shakespeare. In his serene companionship the dullest life may be cheered, the humblest duties become less irksome, the greatest efforts receive inspiration. (53)

Huntly Carter, in his 1912 *The New Spirit in Drama and Art*, identified the present NT movement with that which he worked against, namely the social drama of Barker and Shaw. Seeing Shaw as having butchered Shakespeare and Ibsen to "make a Fabian holiday," Carter lauded instead the aesthetic theatre of Gordon Craig or Max Reinhardt of Germany, both of whom treated Shakespeare with simplicity (13–15, 45). Until we have an art theatre, Carter argued, the NT will be a "piece of public idiocy" (45). Jones echoed Carter's underlying concern when he called on the SMNT Committee to devise carefully the staging methods it would use to present Shakespeare.

Increasingly, those in Stratford also became skeptical of the SMNT movement in London and argued that their theatre could be viewed as the national theatre. On November 5, 1912, Martin Harvey wrote to Gollancz saying that although he supported an endowed theatre in London he felt the Shakespeare money should go the annual Stratford Festival.[34] Shakespeare, Stratford, and the countryside were increasingly seen as the epitome of English character in such arguments. In a 1911 volume, *The Shakespearean Revival and the Stratford-upon-Avon Movement*, Reginald Buckley and other essayists linked Stratford to the "renaissance of individual race consciousness" among the English, saying Shakespeare is the "banner-bearer around whom we must rally if anything like the Elizabethan spirit of self-preservation and enterprise are to be regained" (204–205, 108).

Such critiques of the SMNT Committee's work peaked publically in 1913, when the *Daily Graphic* in an interview with Gollancz brought such questions to a head, saying, with only one-fifth of the needed funds raised, both supporters and the public wanted some answers. Plans were made to appeal to Parliament in the Spring for aid, and the SMNT was debated in the House of Commons on Shakespeare Day, April 23, 1913. Several Members of Parliament made eloquent cases for the SMNT. Mr. Mackinder, the M.P. called upon to initiate discussion, carefully argued that the SMNT was an issue of national and imperial importance because of Shakespeare's foundational role in national culture and the English language. He argued, as the *Times* described it, that:

> the nation was held together by the fact that every member of it could appeal to a common history, a common religion, and a common literature, and for that reason he, as an imperialist, wanted that every member of the British race visiting London should have an opportunity to see the great dramas of English literature presented in a series so that they might be studied.[35]

In addition to Shakespeare's ability to unite the British race, Mackinder argued Shakespeare could keep the English language unified. He argued that London's theatre should be both "popular and educational" so that even schoolchildren would benefit. Another M.P., Mr. Neilson, favored the idea, saying it would "inspire enthusiasm throughout the Empire," and would "be a monument to Shakespeare" by "nationalising architecture with a stage as could be seen in Budapest and Berlin, with scenery and equipments that called forth national interest and enthusiasm."

Opposing arguments ranged from the politely doubtful to the scathingly sarcastic. Mr. Lynch wondered if "in our day [Shakespeare] was held in such honour as some people would have us believe?" He had seen Shakespeare on stage in London and never before had he been so "unutterably bored." Lynch questioned "whether Shakespeare was a great model for literature in the future" and poked fun at university English programs. To many guffaws and "hear, hears,"

Mr. Hughes questioned whether it was not really Bacon who had written Shakespeare and suggested that such a matter should be decided before an SMNT motion was passed. Others complained of the plan's vagueness, its extravagance, its pomposity. Finally, Mr. Booth complained that although the term "national" was used to describe the proposed theatre, it was unclear whether it meant England only or included Scotland and Ireland. In the end, Booth felt it was a movement not for the people, but to "pamper the 'intellectuals.'"

When the question was put before the House, ninety-two voted to support the movement and thirty-two were against it. With less than 100 votes in favor, the appeal failed. While the arguments made by the Members of Parliament probably echoed the range of opinion in society, it did not mean Shakespeare's iconic status was in doubt, only the movement to which the "pampered intellectuals" had attached his name. Luckily or unluckily, England's entry into the Great War put the NT movement on hold. Nonetheless, its primary vocalists, Gollancz, Lee, Jones, and others, continued in their praise of Shakespeare as national and religious icon, and found through war efforts many opportunities to increase his status and recover the ownership of Shakespeare from Germany. During the war nationalist discourse regarding Shakespeare finally found a public audience as it acquired patriotic and religious tones more thoroughly, filling a symbolic and emotional national need.

Shakespeare and the Great War

Plans for the 1916 tercentenary celebration of Shakespeare's birth and death were underway as early as 1912. At that point the SMNT committee recognized it would not achieve the theatre plan by the tercentenary, so plans reverted to establishing a statuary memorial for the celebration. Despite this, in late December 1913 the SMNT committee purchased a site in Gower Street, Bloomsbury, hoping one day to erect the theater there.

As the tercentenary year approached, England's competition with Germany over Shakespeare heightened. Much trouble arose when on July 1, 1913, Professor Alois Brandl of Berlin University gave the Annual Shakespeare Lecture at the British Academy. Indirectly calling into question England's allegiance to the playwright, Brandl described the "Shakespeare cult" in Germany and how "from the time that Shakespeare was nationalized in Germany, the literary drama has become a most important factor in German life." With 180 companies producing Shakespeare in Germany and at any given time twenty-five plays in repertory with three or four plays every evening, Brandl claimed Germans simply appreciated going to see Shakespeare more than the English did (6). He even argued there were two Shakespeares, "one here and one there," but the "German Shakespeare" was more popular among common citizens than the English one, for in Germany he was read and acted in translation, in the common language of the people. Brandl also claimed the Germans laughed more than the English did at Shakespeare (12). Despite his bold comparisons, Brandl ended by calling for the English and the Germans to unite as lovers of Shakespeare, for humanity is "larger than nationality" (14). Jones responded by calling on the English to claim Shakespeare as their own. In an October 7, 1913, letter to the *Times*, Jones mourns the fact that Shakespeare is not popular in England. He then directly compares London and Berlin and calls the disparity in performances a "national disgrace."

As the Germans acquired more lands in Europe, Shakespeare became even more of an issue, as evidenced in a September 1913 article, "The Deep Implications of Shakespeare's Germanism." Here, Ph. Ferry argues that Shakespeare's "popularity in both lands serves as proof that a fundamental Teutonism exists between" England and Germany, but given Germany's recent philosophy of *Weltpolitik* and imperial conquest, he wonders whether Germany "is really on one plane of moral development with England" (316). He suggested Germany had evolved more slowly than England had since the Reformation, because its main struggle was still the idealistic national one against the ecclesiastical Church (322). In contrast, England had advanced far beyond the Teutonic, northern, and medieval elements of national life to embody concepts of the common good and democracy, what is truly Shakespearean philosophy. Thus, Ferry concluded, "the alleged Teutonism of Shakespeare is not there" (325). In another instance, after William Poel's lecture praising German working-class appreciation of Shakespeare, the actor-manager Squire Bancroft responded by saying he was "fed up" with references to Germany and that he did not want to reflect any further on "Kultur" and its militarism.[36]

Still, efforts were made to be congenial with Germany. When the Deutsche Shakespeare-Gesellschaft celebrated its fiftieth anniversary Jubilee in April 1914, Lee sent a note of congratulations on behalf of the Shakespeare Birthplace Trust, acknowledging English debts to German Shakespeare scholarship and wishing them many more years of success.[37] This date was also the 350th anniversary of the birth of Shakespeare and was reported as "being celebrated with great fervour and devotion throughout Germany." Many articles "recall the intense admiration of Bismarck for the poet and the numerous occasions upon which he made use of effective analogies."[38]

England responded to German celebrations by stepping up plans for the 1916 tercentenary. A new organization was formed, The Shakespeare Association, whose sole goal was to spread information about Shakespeare through its member branches, schools, and universities by hosting meetings, lectures, and visits, and by publishing brochures. In July 1914 a special Shakespeare Commemoration Committee was formed by the British Academy to establish a scheme for an international celebration in England. This committee would work with the Shakespeare Memorial Committee but was intended to be a separate body. Prime Minister Asquith sent a letter of support. The Archbishop of Canterbury acknowledged that "it was impossible to exaggerate all we owed to the man who was the interpreter to the common people of our own and other lands of what came to them in the Renaissance and the revival of learning in Europe." He hoped more investigation would be performed into the relations of Shakespeare and the English Bible.[39] And the American Ambassador to England, Dr. Page, said "there was no creed, nor piece of literature, nor social organization, nor religion, nor any other thing in all the world that came so near to meeting unanimity of approval of the human race as Shakespeare."

Soon, however, the war began. England entered the war on August 4, 1914. Increasingly the competition over Shakespeare became symbolic of the political and military battles between the two countries. The *Times* repeatedly printed short blurbs on Shakespeare in Germany as part of its war reports. On September 30, 1914, for example, quotes from several German Shakespeareans were reprinted. Max Reinhardt said that Germany must continue to perform Shakespeare during the war, for "we can in no way dissolve the ties which bind us to one of the chief ancestors of our German culture." Stating Shakespeare is as closely connected to Germany as if he belonged to it, Max Liebermann says: "We must play him as the representative of the old England which would be ashamed of the Pharisaical conduct of the present England." On January 26, 1915, the *Times* reported that Professor Brandl would publish the German Shakespeare Society's yearbook despite the war, and that he had stated to the German press: "The baseness of the English policy of to-day shall not prevent us from maintaining for our people with all possible vigour the German Shakespeare." In response, the English public worked to regain Shakespeare for themselves. Henry V's "St. Crispin's

Day" speech was reprinted often in the *Times* and other newspapers to inspire English patriotism, and many letters to the editor were published quoting Shakespeare to offer wartime inspiration.

The disdain for Germany reached an all-time high when the March 2, 1916, *Times* reprinted what the *Cologne Gazette* had said about the English tercentenary plans:

> All Germany will contemplate this celebration with amused expectation and the utmost satisfaction. The English could give us no greater pleasure. The music-hall and cinamatograph spirit of the England of to-day will make such a mess of it that unquenchable laughter will run through the whole of Europe. The Quadruple Entente Shakespeare will be fêted with Maori dances, Japanese acrobats' tricks, and Italian Tarantella leaps. To complete the festival only one thing is lacking— that the dead Shakespeare should express his opinion of the living England.

This particular quote received a most wrathful response from Jones in the 1916 pamphlet, "Shakespeare and Germany (Written during the Battle of Verdun)." Jones suggested England should prepare for the announcement in Berlin on April 23 "of the final and complete annexation by Germany of William Shakespeare." In spite of such German egotism and lust, Jones assured the reader that of all the dominant themes of Shakespeare, "none is more fundamental, more constantly operative, more magnificently emergent than his uncontrollable love for England as England" (5). Explicating *King John* and *Richard II*, showing them to be especially patriotic, Jones adamantly argued that Shakespeare hated Germany:

> Let the Germans imagine anything that is most unimaginable,— Hindenberg marching into London, and Wilhelm anointed in Westminster Abbey with the chrism of English mother's tears, the spatter of English children's brains, and the smear of ravished English maidenhood. Let Germans fondly imagine that, but let them not imagine that if Shakespeare were alive today, his pen would scratch one syllable till he had engraved on their foreheads in characters redder and starker than the sign on the forehead of Cain, the blazon of his uncontrollable hate for Germany of to-day; there to remain visible and enduring till civilisation has perished and time has forgotten itself. (11)

Shakespeare's only references to the Germans are negative: once they are called "drunken beasts," and once, a character is called "a full acorned boar, a German one." In contrast, Shakespeare outlines the best type of English soldier in his plays, ones who exhibit chivalry, honor, magnanimity, generosity, and humor (21). The play Germany was presenting at its 1916 tercentenary at Weimar, *MacBeth*, was the "story of Germany" and the perfect allegory, for like MacBeth, Germany was "marching to its ruin." Jones called on Germans to watch the play as "closely as Claudius watched the play," for England was Banquo who would bring all her children around her—Canada, Australia, New Zealand, Africa, Egypt, and India—"to make her vast Empire one family, secure and complete."

The war necessarily lessened the extent of the tercentenary plans, and the Shakespeare Association suggested that arrangements be "national and Imperial" rather than "international and world-wide."[40] Nonetheless a weeklong celebration was planned and publicized, with churches celebrating on April 30 instead of on April 23, as that Sunday was Easter, a meeting at the Mansion House on May 1, performances on May 2, and school celebrations on May 3.[41] In February, Germany's plans for the tercentenary were announced, including titles of speeches such as Brandl's "The Origin of a German Shakespeare through German Labour" and Professor Brotanek's "Shakespeare and the War."[42] A letter from Gollancz the following week offered suggestions for how schools might "prepare the school children to approach the Commemoration in a spirit of reverent sympathy and intelligent interest." Additionally, Gollancz asked universities and colleges to observe the day, libraries to create appropriate displays, literary societies to celebrate, and churches to plan services. The YMCA Education department planned for Shakespeare readings in "the huts of training camps, in munition areas, as well as for our men in France," for the celebration is "heartily welcomed and called for at home and at the front."[43] In March a *Times* article stated that because the Germans "are in the habit of organizing centenaries with the special object of humiliating their neighbours," it would attempt to coordinate English celebrations by listing them all, including ones at London, Stratford, Oxford, Manchester, and Norwich.[44]

Despite the war the number of tercentenary events was vast.[45] In London alone there were sermons in churches, including one by Dr. Boyd Carpenter at Westminster Abbey, and lectures at many locations, including: a series of University Extension lectures by Sidney Lee on London and "Shakespeare as a National Hero"; "A Tribute to the Memory of Shakespeare" by Squire Bancroft; "England's Debt to Shakespeare" by Martin Harvey; lectures at the British Academy; and a series of lectures at King's College headed by Gollancz. Performances included *Julius Caesar* at Drury Lane, which was attended by the

King and Queen, a Martin Harvey production of *Hamlet* at His Majesty's Theatre to benefit the Red Cross, a set of readings and scenes at East London College under Lee's organization, and performances at the Old Vic. Other London activities included a pilgrimage to Stratford; displays of Shakespeareana at the Victoria and Albert, the Southwark Public Library, Guildhall Library, the Bodleian Library at Oxford, and other galleries and libraries throughout the country;[46] a souvenir programme consisting of sixty drawings and paintings of Shakespearean subjects; a Shakespearean concert by the London Symphony Orchestra; a Shakespeare Pageant that presented many Shakespearean characters; and "Shakespearean Rambles" (or walking tours) that visited London's Shakespeare sites.

At the Mansion House meeting on May 1, chaired by the Lord Mayor, "A Book of Homage to Shakespeare" (edited by Gollancz) was presented containing contributions from 166 men and women of letters, statesmen, diplomats, artists, and philosophers from around the world, including Galsworthy, A. C. Bradley, Rudyard Kipling, Evelyn Underhill, Henri Bergson, Sidney Lee, and George Santayana.[47] The King and Queen sent a note graciously accepting "this illustrious record of reverence for him to whose memory the whole civilized world is now doing honour."[48] The American Ambassador read a telegram from President Woodrow Wilson saying he joined "with all lovers of great literature in unqualified admiration of the great genius who spoke the human spirit in fuller measure and more authentic tones than any other man of any race or age." The Canadian representative said Shakespeare "could be the symbol of the unity of the British Empire in the great war in which the Dominions were doing their share as best they could." The South African High Commissioner said "it was a splendid fact that in the throes of a convulsion which was causing the whole world to reel and totter the nation of Shakespeare stood firm and smiling." The Archbishop of Canterbury claimed the Church was indebted to Shakespeare, and representatives from Spain, Sweden, and Persia all discussed the influence of Shakespeare in their countries. London authorities received notes from foreign dignitaries in support of their efforts, and celebrations were held around the world, including in Paris, Norway, the United States, South Africa, South America, Sweden, and Denmark.

The Shakespeare Tercentenary Committee provided suggestions for how London's schools should celebrate Shakespeare Day.[49] In two essays to be referred to by school officials—"Brief Annals on Shakespeare" and "Notes on Shakespeare the Patriot"—Gollancz included quotes from Shakespeare on patriotism and England, saying

Englishmen should remember the lessons Shakespeare left us, how "it behoves us as patriots to strive to play our part in war as in peace, and how best to maintain our faith in the ultimate triumph of a noble humanity" (11). He identifies Henry V as England's "ideal Patriot" (15, 21).

Clearly the two intertwining themes of the tercentenary celebrations were patriotism and religion. Shakespeare discursively became the ideal "type," simultaneously the national hero and the spiritual figure to whom one could look in times of distress. The religious nature of the discourse regarding Shakespeare became more obvious than ever during wartime. Such linkage was consciously acknowledged when at the Mansion House meeting the King's representative said Shakespeare's memory was no "mere light-hearted celebration" but a "grave and grateful observance by the nation which befitted the days through which we were passing, and which he would venture to call in the truest sense religious." Apart from the English Bible, he said, there was nowhere else except in "the pages of our English Shakespeare that we should find the highest and finest inspiration." A large part of the tercentenary celebration included various memorial services held throughout England, especially as part of regular Sunday services on April 30. The Archbishop of Canterbury had given his approval, saying it was fully appropriate that preachers on that day "draw from the great storehouse which the poet has left us some of the lessons which fall with Christian teaching or form a part of it."[50] It "is not amiss," he adds, "that at a time when we primarily associate the idea of greatness with leadership in war we should recall the fact that the greatest of all Englishmen was a poet and a seer." Bishop Boyd Carpenter spoke at Westminster Abbey that afternoon, saying Shakespeare was "a free gift from God." Shakespeare's "voice," Carpenter said, "was heard to-day in this crisis of war," and he hoped the English would "hear the patriot Shakespeare crying to us to be worthy of the mettle of our pastures."[51]

The Reverend J. P. Shawcross in a "popular address" described Shakespeare as a man who, like Christ, was "not for the few, but for the many" ("Shakespeare Tercentenary" 7). He outlined Shakespeare's similarities with Christian principles, saying "we may thank God for his life's work" (11). The Reverend Canon H. D. Rawnsley's sermon stated: "we are better able to understand Shakespeare . . . today, because of the wave of patriotism that has passed over the land" (10). Outlining Shakespeare's Christian ideals such as mercy, forgiveness, sympathy for the poor, a sense of both Providence and the mystery of life, and a reverence for religion, Rawnsley suggested that Shakespeare taught "after the manner and mind of Christ" (10, 14). He ended by saying "The Lord and Giver of Life surely brought it to pass that this Shakespeare should be so living to-day. Binder, as he is, of the hearts of Englishmen in one great confederacy of admiration and reverence" (15).

Souvenir books also spoke of Shakespeare as a savior as they cited quotations for the time of war, "proof-texting" him much like a devotional or other such spiritual aid book would do with verses from the Bible. The Reverend J. R. Dummeloe's "Shakespeare Commentary" was modeled on the plan of "The Bible Commentary." In *Two Years of War: A Nation's Psychology in Shakespeare's Words*, Fred Askew claimed Shakespeare could help Englishmen express their thoughts during this time of crisis, for "the language of Shakespeare is far too sublime and telling to be ignored by those who are seeking some verbal expression for the nation's soul in its hour of agony." Askew selects Shakespeare quotes to portray the "nation's psychology" for various wartime situations, for example, "To the Father of a Zeppelin Victim" or "England's Firm Resolve." Not surprisingly, he uses Shakespeare to express much anti-German sentiment. For example, under the heading "Lucifer and the Kaiser (A Place in the Sun)," he attaches the quote: "You shall be king . . . / Went it not so, / To the selfsame tune and words?" Or under the heading "England's Kindness to Germany" the quote: "Ingratitude, then marble-hearted fiend, / More hideous when thou show'st thee / In a child / Than the sea monster!" (5).

Another such book was put together by Francis Colmer titled *Shakespeare in Time of War: Excerpts from the Plays Arranged with Topical Allusion*. In a lengthy prologue written on April 23, 1916, Colmer suggests Shakespeare is especially relevant during the time of war, for Shakespeare's "book is our national asset; and if at this time his memory is dear to us and we would do honour to his name, it would be well for us to read it over again, and lay his words to heart" (xviii). Describing Shakespeare in both religious and patriotic tones, Colmer says Shakespeare is "our Lay Scripture" and *Henry V* our "national epic" (xxi, xxx). Like Askew, Colmer invokes anti-German sentiment and uses *MacBeth* to denigrate Germany.

Religion and patriotism also join discursively as Shakespeare is used to raise charity funds for various wartime casualties. Organized by B.E.S.S., the "Shakespeare Festival of Mercy" sold Shakespeare medallions on the streets of London in order to raise money to support the British Red Cross, the Order of St. John, the Belgian Relief Committee, and the League of Mercy. Consisting of small copies of the Droeshout portrait attached to cardboard brooches, the medallions were "within the reach of the poorest."[52] The Lord Mayor announced he hoped "every man, woman, and child in the British Empire" would wear the medallion from April 23 through May 3.

Sidney Lee organized with the Kitchener Souvenir Committee of the League of the Empire to give a Shakespeare memento to all officers and men discharged from the Army with permanent or total disablement (9).[53] "Intended to be a personal expression of the sympathy and gratitude of Empire and nation," the souvenir consisted of a volume containing the complete works of Shakespeare "specially bound" (9). Shakespeare's works had been chosen, Lee suggests, because "they elevate and cheer the mind and heart, they enforce the highest lessons of patriotism and serve effectively to strengthen the sense of corporate unity among the component parts of the British Empire" (9). By January 1917, five thousand volumes had been ordered.

Perhaps the most obvious linking of patriotism and Shakespeare in a war effort was the opening of a YMCA "Shakespeare Hut" on August 11, 1916, on the SMNT Gower Street site in Bloomsbury. A letter from Basil Yearlee at YMCA headquarters to Gollancz on March 3, 1916, described the goal of the hut: "the site should be used for a practical and National service in the spirit of Shakespeare, who would certainly desire that those who are maintaining the traditions of his England should be sustained and inspired, not only during the war but afterwards."[54] The Hut hosted readings and performances of Shakespeare by soldiers for several years.

The spiritual importance of Shakespeare to soldiers was narrated throughout the war. Given the activity that continued after the war, one has to assume Shakespeare as spiritual patriot was not simply a propaganda ploy but was indeed an important figure to the soldiery. An April 23, 1919, column in the *Times* from a correspondent in France outlined just how widespread Shakespeare-reading had become among the soldiery. The author claimed Shakespeare was a "stay and comfort" to the soldiers, not only to the "men of the schools" but also to "plain men," whose "rustic and provincial speech" gave an "added flavour" to Shakespeare. "It was Shakespeare that kept them alive through the worst of it," as many found relaxation in reading the plays, especially *Hamlet*, and often held reading parties in the huts. Groups of soldiers also gave performances at hospitals. At the end of the war an education scheme was set up for soldiers, offering more opportunities for studying Shakespeare and English literature. Army performances usually drew large crowds, such as the one in February 1920 of *Twelfth Night* at a town hall. In a performance of *Julius Caesar* at a military convalescent hospital, actors included both officers and working-class soldiers.[55]

Oscar Browning in the March 1917 *Nineteenth Century* gave more evidence that Shakespeare was important to the working classes. He claimed that Shakespeare now "stands by the side" of the Bible in training students in literary taste, and that in the schools of the working classes Shakespeare is "read vitally and not mechanically" (664). Indeed, in these schools Browning stated that Shakespeare was admired fervently: "I have had experience, as boy and man, of all kinds of education—Public Schools, Universities, and Elementary Schools—and I believe, honestly, that the best Education and the best Culture is to be found in the schools in which our working classes are trained, and that their god is Shakespeare" (664).

Even after the tercentenary the discursive linkage of Shakespeare, religion, and English patriotism filled the air. Numerous periodical articles discussed Shakespeare and issues of war, such as Frederick Pollock's 1916 "War and Diplomacy in Shakespeare" and a 1919 article on Shakespeare and peace conferences.[56] In his opening speech for the Shakespeare Exhibition at the Grafton Galleries in January 1917 titled "Shakespeare and the Red Cross," Lee directly linked patriotism and religion. Lee saw the two purposes of the exhibit—that the suffering of soldiers be relieved and that the "brightness of the glory of our past history" be maintained—as ultimately "two sides of a single shield" (3). It is appropriate to bring Shakespeare's name in alliance with that of the Red Cross, Lee said, for "Shakespeare is the apostle of sympathy with human suffering" (5). Lee ended the ceremony by calling Shakespeare "a national hero who deserves canonization as the Empire's patron saint" (13).

An article by S. P. B. Mais, "Our Greatest Privilege and Greatest Achievement," also lauds Shakespeare as a Christlike figure for the English, saying:

> When we want to laugh, to cry, to be quiet, to be boisterous, to find a friend, or be alone, whatever our mood, Shakespeare can enter into it and provide us with exactly the companion we most need. Of all men who have really lived he is the first to whom we turn when in trouble or in joy: he halves our sorrows and doubles our delights, for he is the most human, the readiest to understand, the quickest to soothe our troubled senses. It is the greatest privelege that we enjoy as Englishmen that this man was of our blood, an Englishman for the English. It is by far the greatest achievement that we as a nation have yet wrought that we have produced Shakespeare. (831)

The Home Reading Union published a new pamphlet on Shakespeare in 1916 labeling Shakespeare "the greatest world-conqueror that has ever trod this earth" who has done the most for the "spiritual welfare of the world."[57]

As Shakespeare became the warrior saint of England, anti-German sentiment continued to run rampant. The 1918 announcement of a new German edition of Shakespeare was labeled an "atrocity" and seen as an act to further humiliate the English.[58] The French critic Emile Fauget wanted the nations, especially Germany, not to quarrel about Shakespeare's nationality but to annex his virtues.[59] And the *Times* quoted Professor Brandl's 1917 Shakespeare Day address to the German Shakespeare Society, in order to rouse up anti-German feeling:

> Although the whole Anglo-Saxon world rises up in fratricide against the German tribes, our people, while it defends itself to the uttermost, will not cease to do homage to the greatness, which belongs to all mankind, of the poet of *Hamlet* and *Lear*. In view of this fact, the words of abuse which our enemies throw at the German shield of honour, in order to represent us as an uncivilized horde, become ridiculous. They cannot behave towards Goethe or Wagner or Durer in anything like the way that we behave towards Shakespeare.[60]

A most stinging reproach of Germany came in Walter Raleigh's 1918 lecture, "Shakespeare and England," the Annual Shakespeare Lecture of the British Academy.[61] Raleigh later reprinted this speech along with other essays in *England and the War* in 1918. Reiterating the notion that Shakespeare was the perfect representative of the English people, Raleigh admitted Shakespeare knew nothing of the British Empire (1212). Rather, Shakespeare's patriotism was national and appealed to the lower classes especially, for the "wit of our trenches in this war, especially perhaps among the Cockney and South country regiments, is pure Shakespeare. Falstaff would find himself at home there, and would recognize a brother in old Bill" (121–123). Raleigh also outlined a scene to show how "completely [Shakespeare's] spirit is the spirit of our troops in Flanders and in France" (126). On the other hand, Shakespeare's villains were all theorists or idealists, much like the Germans who, for example, make *Hamlet* into a national allegory of Germany claiming its inheritance (129). The best thing the Germans can do, said Raleigh, is to leave Shakespeare alone, for despite the fact they have studied Shakespeare "assiduously, with the complete apparatus of criticism, for 100 years," they "do not understand the plainest of words of all his teaching" (142). In England, on the other hand, "he has always been understood," even among the lowest of classes (142).

Soon after the United States entered the war in 1917, it joined England in officially establishing a national holiday—Shakespeare Day—in the schools of both countries. The discourse used during this event made Shakespeare into the ultimate icon of Anglo-American unity and world dominance. Headed up by the Shakespeare Association and Israel Gollancz, a May 3, 1917, meeting was held at King's College to propose the holiday ("Shakespeare Day Report"). At this meeting Dr. W. H. Page, the American Ambassador, said England and the United States were "coming together for justice, liberty, and the right of Shakespeare's kinfolk," and promised the United States would also institute a Shakespeare holiday (11). In presenting a gift of a precious Shakespeare Folio of 1632 to Page, Gollancz suggested that "the Union Jack and the Stars and Stripes are entwined, as it were, around Shakespeare's very self" (6). A movement to establish a Shakespeare Day in all schools of the country, elementary and secondary, Public and Grammar, was raised and seconded, followed by various speeches. Professor Caroline Spurgeon spoke of womens' debts to Shakespeare and stated that in her experience "the ignorance of Shakespeare is greater and more profound among the so-called educated classes" (23). H. G. Wells said he was not sure he supported the project, but that now he saw it mainly as an effort to show unity with the United States. "The thing I dread," Wells said, "is a Shakespeare Day without the Shakespeare Spirit" (26). Mr. G. R. Parkin suggested that in the colonies the already-established Empire Day should be joined with Shakespeare Day, and that his works should be taught in the lowest and the highest schools, for "we have to make a fight for the purity of our language and of the ideas which that language conveys" (34).

A year later the Minister of Education offered official approval of the proposal and Shakespeare Day was celebrated in April 1918 in the United States and in England. Woodrow Wilson sent a message to be read throughout the Empire, as did the King, and British and American schoolchildren exchanged greetings. Over 1,000 London schoolchildren attended a performance of *Twelfth Night* at the Royal Victoria Hall, directed by Ben Greet, with Gollancz addressing them beforehand. A series of matinees were held throughout the week to continue bringing Shakespeare to schoolchildren. These continued to be performed on a regular basis throughout the year, such that in November 1919 it was stated that every week over 10,000 London County Council schoolchildren saw Ben Greet's performances at the Old Vic. In 1919 Gollancz donated 1,000 books of Shakespearean interest to school libraries that observed the day, and said he wanted to inform "American and colonial soldiers, sailors, and others" in London of Shakespeare Day functions by donating to the Red Cross library, the YMCA, and to the wounded.[62] The Shakespeare Day holiday lasted for four years until it ran into funding battles between teachers and the London County Council in 1921. At this time the old arguments arose about the best methods for teaching Shakespeare in the classroom—whether to teach him as a literary text or to offer performances.[63]

Even after the war was over, nationalist, anti-German sentiment continued to inform Shakespeare discourse. Soldiers continued to be entertained by Shakespeare and educated by his texts. Jones gave his speech "Shakespeare and Germany" at the 1919 presentation of the B.E.S.S. recitation awards, and the 1919 Shakespeare birthday celebration was revived on a larger scale after the war. The *Times* continued to tout the patriotic appeal of the day, stating "It is fitting that as the peoples of the Empire rise to a new consciousness of their greatness and of their obligations they should keep with increased honor the day sacred to the supreme genius of their race."[64] Today is "the feast of the warrior Saint whom our forefathers chose to be the national champion." Four and a half years of war have "proved our rightful claim to our spiritual heritage" and have proved the Germans wrong for thinking us "effeminate" and irresolute in our understanding of Shakespeare. "By sea and by land our captains and our warriors have shown themselves the sons of the gallant gentlemen" that Shakespeare portrayed. In other words, Englishmen have become the antitypes to Shakespeare's types. An even more elaborate celebration was held in London in 1920, and speeches linked England and the United States in patriotic unity.

In the 1920s, the Germans continued to retort with their old ploys, the old arguments continued, and so did the debates over a national theatre and how best to produce Shakespeare on the stage. In August 1919 the Shakespeare Memorial Committee (what was the remnant of the SMNT) and the Stratford Memorial Theatre Committee joined to become the Shakespeare Joint Committee. In 1920 they helped found The New Shakespeare Company to be an acting company at Stratford that would also tour. In 1922 there were plans to restore the SMNT committee, but other groups had taken over the national theatre idea, most dominantly the new British Drama League, founded by Geoffrey Whitworth in 1919. Harley Granville Barker resurrected the national theatre idea with a letter to the *Times* in March 1924. William Poel continued to question methods of Shakespearean production, especially with the 1920 pamphlet

"What is Wrong with the Stage?" The London Shakespeare League regrouped in 1928 in order to reorient its goals back toward support of Poel's ideals.[65] Sidney Lee died in 1926 and Israel Gollancz in 1930.

While many of the old debates surrounding Shakespeare continued, the tradition Lee and Gollancz both believed in and invented remained: Shakespeare as the icon of Englishness had become the nation's new patriotic and religious hero and a foundation of national cultural history. Likewise, the Elizabethan Age continued to be idealized allegorically and typologically as England's greatest literary epoch, even in the work of new critics such as T. S. Eliot. Whether or not all classes enjoyed reading Shakespeare's plays or seeing them performed is almost irrelevant, for through the war's anti-German, patriotic, and religious discourse, Shakespeare had become the ultimate English hero in their imaginations, filling societal needs and seemingly joining England together as a community that centered its morality and its identity on its national heritage. Cultural nationalism typologically replaced Christianity as the ethical guide to living. Instead of good Christians, Englishmen were now to become good citizens. Shakespeare's heroes were the types after which England's soldiers and citizens were to model themselves, and Shakespeare's texts became the makers of England's "best selves."

Shakespeare gradually shifted from being a marker of the nation's high culture, literary drama, aesthetic taste, and cultural reputation in the 1890s and 1900s, to being a marker of English fortitude, spiritual strength, moral and military heroism, and patriotic loyalty in the 1910s. When we critique the discipline of English literature and its appropriations of Shakespeare as it formulated itself in the 1920s and 1930s, we should remember it was not only the intellectual and the middle-class government official who constructed Shakespeare in this way, but also the soldiery and citizenry of all classes, including a few modernists, who found in Shakespeare a national and religious hero, and in the Elizabethan Age a common heritage, during their country's time of crisis. Shakespeare as national-spiritual hero emerged both from above and from below as all the classes coalesced in (anti-German) national and imperial sentiment, simultaneously believing in and inventing their national cultural history.

The Writing of English Literary History

From 1880 to 1920, literary historians worked to standardize Shakespeare's Englishness and thereby joined all those theater and public figures who were trying to reclaim Shakespeare from the Germans and to reestablish England's cultural reputation. Like those involved in the movements for a national theater, literary historians wanted to institutionalize England's cultural history, and they began to construct comprehensive histories of English literature in order to validate English as a scientific, university discipline. As competition increased between England and Germany over the national and racial nature of Shakespeare, nationalist and imperialist sentiment shaped both the content of these literary histories and the historical methods their authors used. Scholars standardized the Elizabethan Age as a period term idealizing England's cultural and imperial past and marking the origins of the modern English language and a national English literature, and they denigrated the earlier "Anglo-Saxon" period. They also rejected the German-influenced philological and scientific methods of late Victorian Shakespeare scholarship, and instead, conceptualized and researched historical periods in national cultural history. Like the other texts of cultural history examined in this book, these literary histories filled typological and allegorical structures, rejecting aspects of modernity (here attributed to the Germans) while idealizing an earlier unified period (the Elizabethan Age) and seeing culture as the hope for England's future.

The Elizabethan Age as a unified period concept became central not only to much of later twentieth-century Shakespearean and Renaissance criticism but also to the New Critics and modernism itself. T. S. Eliot and Virginia Woolf, for example, in the years during and after the war, wrote many essays on Shakespeare and Elizabethan writers and found in the period a point of comparison for their own age. In their recent studies of modernism and Shakespeare, both Hugh Grady and Richard Halpern tend to give Eliot the credit for establishing the Elizabethan Age as such a "vanished, idealized past" (Grady, *Modernist Shakespeare* 4). In contrast, I argue such periodizations first occurred in Victorian or national literary history well before the 1920s and Eliot's influence. Viewing the development of literary history in its nationalist context, then, blurs the boundaries traditionally drawn between Victorians or nationalists (George Saintsbury, Sidney Lee, and Walter Raleigh) and modernists (T. S. Eliot).

Of course, the idea of a national literary history certainly was not new. John Dryden, for example, despite his preference for classical, Augustan models, demonstrated much patriotism in his writings. In his preface to the 1700 *Fables, Ancient and Modern*, Dryden classified Chaucer as the first in England's vernacular line of authors and suggested that poets have "lineal descents and clans as well as other families" (552). Samuel Johnson, in the preface to his 1765 edition of Shakespeare, argued with the classicists and tried to restore Shakespeare's reputation as a national poet. From 1779 to 1781 Johnson also wrote fifty-five prefaces for a *Lives of the Poets* series, which served to outline England's poetic history.

These earlier articulations of English literary history, although nationalist and patriotic, differ from the emerging literary histories of the late nineteenth century in argument, context, and method. Many of the earlier texts occurred within the famous *anciens-modernes* debates, in which the merits of ancient rules for poetry were pitted against those of modern or vernacular ones. Since France was dominant in neoclassicism in these centuries and also represented England's primary political competition, English references to a national tradition often were made with France, not Germany, as the imagined or real rival. Additionally, these early nationalist historical statements were nothing like the systematic, historical studies that emerged in the late nineteenth century and accounted for the whole of English literary history. By the second half of the nineteenth century, German historical methods were commonplace in England, especially in Shakespeare scholarship, and influenced both the scope and the method of literary-historical writing. Additionally, English historians and literary critics in the late 1800s, although they still competed with classicists, were most concerned with ideas about national culture that had first emerged in Germany.

The new systematic accounts of English literary history arose in part to legitimize new university English programs. In the late 1800s only women, girls, and working-class men were formally studying

English literature in schools, reading groups, and university extension systems. In contrast, a classical education was still the norm for boys and men in the upper classes.[1] Consequently, the universities most successful at implementing formal courses of study in English literature in these early decades were not the elitist universities of Oxford and Cambridge, but rather the newer universities both in London and the provinces, schools that served a much larger segment of society. Two speeches given twenty years apart reveal the kind of discourse used to promote English programs in these universities. The first is W. J. Courthope's 1893 lecture to the Teachers' Guild at University College, Liverpool, titled "The Study of English Language and Literature as a Part of a Liberal Education." The second is Sidney Lee's 1913 inaugural lecture for the "newly created chair" in English Language and Literature at the East London College of the University of London, titled "The Place of English in the Modern University."[2]

Ideally, Courthope wants to see the study of English Language and Literature become:

> a school for teaching and examination, subject to regulations as clear and precise as those governing the schools in our different universities of the classics, mathematics, natural science, law, and history, which are presently recognized as forming part of a liberal education. (478)

In reality, however, Courthope sees English facing a twofold dilemma. First, promoters need to prove to the public that English literature is a practical study that is "likely to prove useful for the purposes of mental discipline" and that it holds benefits outside the subjective realm of aesthetic pleasure, reading, and criticism (479). Second and not unrelated, promoters need to prove to the traditional universities still rooted in classical studies that English literature is indeed a "scientific" discipline, demanding mental, objective rigor in a formalized course of study. Twenty years later Lee concurs, stating literature must be both a specialized, scientific discipline and "an ally of other studies." Not only should the study of English literature "foster disciplined habits of thought," but at the same time, Lee argues, the student has the right to "expect some instruction which contributes to the material welfare of his future life" ("The Place of English" 4–5). English as a discipline had to prove itself worthy both to a utilitarian public and to a classically educated elite.

According to promoters, the primary way the study of English literature proved useful and rigorous was through the writing and language skills it developed. Courthope suggests that reading and writing about English literature helps students write proper English, construct good arguments, and increase vocabulary. On a purely "commercial" level alone, studying English literature aids advancement: "If a man is to rise to any position of eminence in the army, the navy, or the civil service, nothing is more necessary for him than skill sufficient to write a terse despatch, an exhaustive report, or a clearly reasoned memorandum" (480). Twenty years later, Lee agrees, stating "no one writes good English who has not read good English" and that, "from a national point of view," literary composition might be seen as the most important factor in studying English literature, for it can "always increase one's efficiency and contribute to one's success" (12). But both Lee and Courthope see writing as subsidiary to the other aspects of studying literature: criticism, history, and philology. Additionally, both Lee and Courthope attach nonacademic benefits to such study, such as "general happiness in life" and "growth in beneficent taste" (Lee 21–22).

The argument that studying the best in English literature would standardize language use had been made as early as 1869 and was linked specifically to Elizabethan literature when Edward A. Abbott, the Headmaster of the City of London School (and a teacher of Lee's), published a school textbook titled *A Shakespearian Grammar: An Attempt to Illustrate Some of the Differences between Elizabethan and Modern English*. Written with the help of Furnivall and other specialists, Abbott gives a systematic account of the differences between contemporary and Elizabethan syntax and idiom by applying the rules of classical criticism to Shakespeare's English. Abbott hopes there would "at last arise a perfect English Grammar" (2). By the 1897 third edition, Abbott suggests that studying Shakespeare's prosody, syntax, and idiom is "absolutely necessary" for reading Shakespeare critically, and he places the study of English literature on a par with that of classical literature (xxii). In fact, studying Shakespeare and English literature will strengthen other studies: "I believe that an intelligent study of English is the shortest and safest way to attain to an intelligent and successful study of Latin and Greek, and that it is idle to expect a boy to grapple with a sentence of Plato or Thucydides if he cannot master a passage of Shakespeare or a couplet of Pope" (xxiv).

In the 1910s, English was still touted for its benefits to writing, grammar, and diction, skills that benefit anyone in the public world of work. In his 1913 speech Lee acknowledges complaints that "a command of a clear and pointed language is more narrowly distributed in England than in other countries" due to defects in the educational system. Soldiers, scientists, and even school teachers are accused of bad English (Lee, "The Place of English" 16). By 1904, Shakespeare, Spenser, and Chaucer were taught in most secondary schools, primarily to remedy this situation. The English Association, founded in 1907 by Lee and others and alternatively governed by members of Parliament and by university professors such as A. C. Bradley of Oxford and George Saintsbury of Edinburgh, trained teachers and argued that the study of English literature would promote good language use as well as good habits (Doyle 33–37). The Indian Civil Service exams added English literature and language questions for these reasons. Increasingly Shakespeare was seen as the poet in ultimate command of the English language and school editions of his plays multiplied (Gary Taylor 184).

Regarding the second problem of proving English a scientific discipline and thereby convincing those enmeshed in the classical system of its validity, Courthope admits there are two subproblems. First, nineteenth-century philology and amateur societies such as Furnivall's have given the study of literature, particularly Shakespearean scholarship, a reputation of being overly scientific and too focused. At the same time, literary criticism is generally viewed as entirely subjective; statements about taste and judgments made on authors and texts seem mere personal opinion, even "gossip," to those outside the field. While seeing both literary criticism and philology as necessary parts of the new discipline, Courthope suggests that both of these problems could be solved by studying literature historically. To know English literature, Courthope suggests, "you must know in what way each author is related to his own epoch and to his predecessors, and what were the general causes which operated upon his imagination" (483). History can show the "slow degrees by which the ideas of men are moulded and modified," and illustrate the "gradual growth of the arts of expression, and of the laws, which, hidden beneath the surface of things, exert an irresistible power in altering the structure of our language" (487). Only when studied historically and as a developmental whole, just as Latin and Greek literature are studied, can English literature be made a respectable scientific discipline.

For Courthope, however, no such history is available. Histories of Greek, Latin, French, and Italian literatures exist, but "the English mind is so averse from generalization, that the solitary attempt to trace the course of our own literature by an English hand is Thomas Warton's fragment of the *History of the English Poetry*" (483). Interestingly, René Wellek in his 1941 *The Rise of English Literary History* marks Warton's 1774 text as the first literary history in English to narrate the long course of literature and cover its types fully and systematically (47). With Wellek's book covering the centuries leading up to Warton and Courthope claiming there had been nothing since, it seems odd that no major English literary history was written in English during the nineteenth century. During this time French scholars wrote comprehensive histories of English literature. Hippolyte Taine's 1864 *History of English Literature* was translated into English by the 1880s and was printed in several editions into the 1910s, and Jean Jules Jusserand, the French ambassador to the United States, wrote *A literary history of the English people* and *The English novel in the time of Shakespeare*, both of which were translated in the 1890s and reissued several times well into the twentieth century.

Perhaps the best explanation for this national lack is that England was a latecomer to the ideas of national culture and cultural history initiated by Herder in late-eighteenth century Germany and appropriated in turn by French scholars such as Taine. Reacting to Enlightenment conceptions of history and civilization as universal and linearly progressive and human nature as universally rational, Herder, in *Ideas on the Philosophy of the History of Humanity* (1784–1791), turned the focus of historical development to national cultures and peoples.[3] Rather than seeing natural laws as driving the history of all peoples, Herder theorized that national cultures and histories develop differently and are produced organically according to the nature of each national people and their God-given material conditions. The *Volksgeist*, or "soul" of the whole national group, drives history according to its own nature, such that specific national traditions develop. In Herder's model, each national culture is unique and should be judged only according to whether it fulfills its own nature. Historical writing in this vein, then, seeks to reveal unified national natures by treating cultural artifacts as representative of an entire nation and its people. The influence of Herder's ideas on classical cultural history-writing should by now be clear.

When Matthew Arnold wrote *Culture and Anarchy* in 1869, England already lagged behind France and Germany in developing state-sponsored cultural institutions and was only beginning to develop ideas about national culture. Not surprisingly, Arnold praises Herder for "humanising" knowledge, serving his country, broadening the "basis of life and intelligence," and working "powerfully to diffuse sweetness and light" and to "make reason and the will of God prevail" (79–80). Arnold wanted the nation, with the help of a state-sponsored culture, to rise above class and religious interests to achieve perfection by becoming its "best self." This echoes Herder's sentiment: "The perfection of a thing is its reality" (qtd. in Greenfeld 345).

With this same concern for national culture, Courthope and others worked to institutionalize England's dominant cultural tradition—literature—and establish its history. Courthope suggested that "the first step" in legitimizing English as a discipline "ought to be the completion of Warton's noble undertaking upon more scientific principles and in a simpler form" (483). Until all the various parties of literary critics could agree on some "first principles" of literary history, he argued, no successful discipline would be established.

The next two decades saw dramatic responses to the problems posed for national culture by Arnold, Courthope, and others. From the 1890s through the 1910s, histories of English literature were produced at great speed. Along with a multitude of single-authored texts, multiple-volume histories were produced, such as *The Cambridge History of English Literature* in fifteen volumes from 1907 to 1927, and the four-volume *English Literature: An Illustrated Record*, edited by Richard Garnett and Edmund Gosse in 1904.[4] In general these literary histories assumed that the Renaissance and Reformation were givens as historical phenomena in England. Both were forces affecting the development of what was generally labeled Elizabethan literature and the Elizabethan Age. The *Cambridge History*, for example, titled its 1907 third volume "Renascence and Reformation" and discussed the influences of these historical forces on "Elizabethan" literature. While the term "English Renaissance" was often used synonymously with "Elizabethan Age" and certainly would not have seemed out of the ordinary, in general in these decades the term "Renaissance" referred to the movement of classical recovery that began in Italy, traveled northward, and greatly influenced Elizabethan writers.[5]

Literary historians also began to focus on specific periods of English literature. Most often under scrutiny were the Elizabethan Age and the "Anglo-Saxon" or "Early English" period, what would later acquire the label "medieval." Increasingly at stake in these decades was the issue of origins, the very "first principle" Courthope had outlined with which literary historians would have to agree in order to gain legitimacy for their discipline. In question was when exactly a uniquely English literature and the modern English language originated. Competition arose between those in what was known as the Teutonic School, who continued to promote Anglo-Saxon origins, and those who promoted the Elizabethan and Shakespearean origins of English language and literature. Gradually anti-German sentiment increasingly shaped the writing of literary history, resulting in an elevation of the Elizabethan Age and a demotion of the earlier Anglo-Saxon period. This lasted through the Great War and into the 1920s, when medievalists began to reclaim cultural status for the earlier period.

Although German and English historians and Shakespeare scholars lauded their common Anglo-Saxon ancestry for most of the nineteenth century, by the 1880s and 1890s the Elizabethan Age was beginning to be glorified by English scholars as the great *English* age of national culture. For example, the historian James Anthony Froude popularized Elizabethan naval history as a heroic age of English seafaring and imperial expansion in such volumes as *Oceana, or England and Her Colonies* (1886) and *English Seamen* (1896). In an essay titled "England's Forgotten Worthies," Froude labeled the five volumes of Hakluyt's voyages that were published in 1811 "the Prose Epic of the Modern English nation" and an epic for the "common people" (361). Froude narrated the Elizabethan Age as a period whose loss was to be mourned, not only for the heroic ideal displayed by its ordinary men but also because it was the age when "the commerce and enterprise of England…flowed out over all the world." In Froude's construction the Elizabethan Age represented England's imperial heyday and a past whose ideals should be imitated in the present.

In another example, John Addington Symonds, in a lesser-known 1884 volume, *Shakspere's Predecessors in the English Drama*, aestheticizes the Elizabethan Age as an ideal, lost, and premodern period of English cultural expression and freedom, an age when art and life are mutually connected and when language is poetic and fluid. According to Symonds, England in the Elizabethan Age is ruled by passion and instinct, not tradition and prescription, as his own age is. Elizabethan English is a language vivid and copious, and the entire race is full of "robust and tempestuous vitality" (23, 4). Shakespeare perfects drama in "a pageant of renascent humanity" (21). Elizabethan drama unites the nation as it draws patronage from Elizabeth down to the "lowest ragamuffin of the streets"; it is the "school of popular instruction and a rallying point of patriotism" (55, 66). While Symonds's book was criticized in its day, the ideas in it were influential. The Elizabethan Age as a lost ideal of English culture and creative freedom; Shakespeare as helping to found a national, cultural identity available to all; and Elizabethan English as pure, free-flowing, and poetical, are all themes repeated by other literary historians as they reclaim Shakespeare's Englishness.

In opposition to this emerging appreciation and construction of the Elizabethan Age as a lost English cultural ideal, the "Teutonic school" of criticism in late nineteenth-century England saw all English literature as developing from Anglo-Saxon literature. This school and its belief in Anglo-Germanic unity can be represented by an article written by Richard Burton for an 1895 issue of *Forum*. Cleverly titling his piece "The Renascence in English," Burton claims the second half of the nineteenth century has seen a virtual renascence in the English language, especially in its literary uses. He attributes this renascence to the "popularizing of the earlier native literary treasures" in the past thirty years by specialists (181). The principal result of such study has been the "restoration of English to much of its old-time valiancy" in "the tongue's Germanic structure" (182). Burton credits Furnivall with popularizing in England the scientific philological, Germanic methods of linguistic analysis. Like the Elizabethan school, Burton points out how poetic the earlier Anglo-Saxon language is in comparison with modern English. Historians such as Freeman and Green, and poets such as William Morris ("the pioneer of our linguistic renascence") and Swinburne have demonstrated how "our Saxon English" is more suitable to harmony and rhythm, melody, virility, and directness than our present English. Even Stevenson's and Kipling's diction have been affected (187–188). Burton sees the return to "the older in English" as "a going back to what is simple, strong, direct, and vital to our speech instincts," to what is "genuinely natural and national." Ultimately, for Burton such a return is "proof of the race's health, of its solidarity" (191–192).

Such favoring of the early Anglo-Saxon or Germanic literatures is echoed by Emelyn Washburn, who in his 1884 *Studies in Early English Literature* claims that the English language is still mostly Anglo-Saxon or Teutonic, and by Stopford Brooke, who in *The History of Early English Literature* sees the origins of English poetry in the years 670–870. Likewise, German historians of English literature focus on the Germanic qualities of early works. A four-volume series titled *Early English Literature* written by the German scholar, Bernhard Ten Brink, was translated into English and published in the 1880s and 1890s. Interestingly, the series is dedicated to Furnivall, whom Brink claims is a "generous promoter of German co-labour." Brink stresses the German roots of early English language, literature, and ideas about nationalism.

In contrast, Courthope openly disagrees with the Teutonic school and its oversimplification of literary history. He suggests that the best of Anglo-Saxon literature was that of "oral minstrelsy," that the nature of literature altered dramatically after the Norman Conquest, and that "English literature begins with the reigns of Edward III and

Richard II" in the work of Chaucer and Wycliffe (484). Courthope argues that in assuming English literature can be studied as the "organic growth of the Anglo-Saxon mind," the Teutonic school ignores the impact on English literature of Continental literature, the decline of Latin letters, and the Church. While one has to acknowledge Teutonic influences, to label early Anglo-Saxon literature as English would be absurd, for to Courthope, "you can no more connect the art of Chaucer or Shakespeare with Anglo-Saxon poetry, than you can explain the style of Salisbury Cathedral from the principles of Anglo-Saxon architecture" (487). Courthope's argument reflects the anti-German sentiment becoming more prevalent in English thought. Although literary historians in the first decade of the twentieth century continued to disagree over whether Chaucer or Shakespeare was the first to use a uniquely English language, like Courthope, most denigrated the Anglo-Saxon period.

While the Teutonic school promoted all things Anglo-Saxon and Germanic, other literary historians increasingly avoided all mention of these terms, preferring instead to denote periods with the nationalistic tripartite scheme that developed in the 1870s of "Old English," "Middle English," and "Modern English." Even more importantly, as English literature gradually became a more acceptable mode of study, scholars wrote history so that the Elizabethan Age was designated as the period when English literature, the modern and hence "true" English language, and English national identity originated. Even if Chaucer was viewed as initiating English literature instead of Shakespeare, most stressed the Elizabethan age as the time when literary English was at its prime.

Volume One of the *Cambridge History*, for example, while calling *Beowulf* the first national poem, suggests that "Saxon" is a misapplied term and that instead "Old English" will be the standard way to refer to the earlier literature. Chaucer inaugurates a more modernized version of English, but even his language is not yet "the literary language." Such status is reserved for the Elizabethan Age. Here, as writers such as Symonds and Taine had done, W. H. Atkins idealizes Elizabethan English for expressing "the thought and feeling of the age" through its naturalness, force, and freedom. Although it had its limitations, Elizabethan English was concrete, picturesque, rhythmical, and "pre-eminently the language of feeling" (Ward and Waller, eds. 525–526).

By wartime the Elizabethan Age was established as a unified period and idealized as a "Golden Age" of creative freedom and linguistic vitality, as a historical era whose poetic atmosphere seemed distant from the scientific attitudes of modernity. J. M. Robertson's 1914 *Elizabethan Literature*, for example, suggests that the Elizabethan Age saw a "marvelous rise in prose diction and doctrine from an old-world naivete, half-scholastic, half-rustic, to a deeply reflective and wholly civilized way of writing" (11). During the reigns of Henry and Elizabeth, "English literature passed from the archaic to the modern, and English life from the medieval to the ripe Renaissance" (17). During this time "literature was all the freer for the lack of exact knowledge" (18). In subsequent periods, however, in moving the language away from "Elizabethan modes English literature has lost something of charm and splendour." Robertson suggests that to "return to these is one of the choice pleasures of the English-reading world" (11). In Robertson's construction the Elizabethan Age is a golden age now lost, the spirit of which, if recovered, could revitalize contemporary England. This conception of the Elizabethan Age prefigures the idealizations assigned to the period in the 1920s and 1930s.

The anti-German sentiment behind such lauding of the Elizabethan Age is most evident in George Saintsbury's 1887 *History of Elizabethan Literature*. Written as part of Gosse's four-volume series, Saintsbury calls the Elizabethan Age, or 1560–1660, the "greatest period of the greatest literature of the world." He suggests that at the beginning of the period "it cannot be said with any precision that there was an English literature at all" (446). The Anglo-Saxon idiom had to wait for the ancient and modern influences of the "Renaissance" to act upon it. The English language that resulted "dwarfed the produce of the modern world" and "has, nearly, if not quite, equaled in perfection, while it was much exceeded in bulk and length of flowering time, the produce of Greece" (447). Classical, Italian, and Spanish literatures influenced the "English Renaissance" and the vernacular languages such that for the first time a "literature" resulted (446–447). The Germans, on the other hand, could not teach the English, who desired "higher, literary instruction," for Luther's German was backward, "plain-fashioned," and lacking in style (449). In the end, Saintsbury cites the Elizabethan era as holding first place among the first-class literatures of the world, for there was a "general spirit of poetry and literature diffused in human brains then" (458).

At the heart of Saintsbury's elevation of the Elizabethan Age is the reinforcement of Shakespeare as the ultimate national *English* poet. In his section on Shakespeare, Saintsbury discusses one of the controversial "errors" that is a "strange and constantly disproved, but constantly repeated assertion": the idea that "England long misunderstood or neglected Shakespeare, and that foreign, chiefly German, aid was required to make her discover him" (159). In response, Saintsbury questions what Jonson, Milton, Dryden, Pope, Johnson, and Coleridge were doing if not seeking to understand and read Shakespeare. Finding the assertion absurd "that England wanted Germans to teach her how to admire the writer whom Germans have done more to mystify and distort than even his own countrymen" (160), Saintsbury tries to rectify the situation by adding English scholarship on Shakespeare to the already growing body and by standardizing Shakespeare's uniquely English character.

As part of this reclamation of Shakespeare for England, literary historians dismiss the Baconians and their scientific, German-influenced philological methods. The Baconian Society was formed in 1886 in opposition to Furnivall and the New Shakespere Society. Both societies relied on German criticism, such as G. G. Gervinus's *Shakespearean Commentaries*, which had been translated into English in 1863 and to which a Preface by Furnivall was added in 1877. Between 1890 and 1925 over 189 books on Baconian Theory were published, such as Edwin Durning-Lawrence's *Bacon is Shake-Speare*, Edwin Reed's 1902 *Francis Bacon is our Shake-speare*, and C. G. Greenwood's 1915 *Is there a Shakespeare Problem?*[6] Relying on the detailed analyses of words and meter, such studies all posited at some level that Bacon authored the "Shakespearean" plays. Additionally, over thirty-three books were published in this period extolling other theories of authorship.

Saintsbury calls the Shakespeare-Bacon controversies "folly" and "scarcely worthy of mention" (159). Walter Raleigh also complains of scientific treatment of Shakespeare's language: "science and controversy have been busy, year after year, limiting and distinguishing the meanings of words, for the sake of exactness and uniformity," compiling grammars and dictionaries to complete Shakespeare's texts (*English Novel* 217). In reality, however, Raleigh says Shakespeare's English was fluid and he "enjoyed a freedom of invention unknown to his successors." Sidney Lee, in perhaps the harshest criticism, asks in his 1898 *Life of William Shakespeare*, which was a prime target for the Baconians, "Why should the Baconian theorists have any following outside the lunatic asylums?" (qtd. in Stronach 15). Like other promoters of the Elizabethan Age, Lee instead always promotes Shakespeare's English biographical, historical traits and lauds his "poetic attitude," which is the "antithesis of the scientific attitude" (146).

G. K. Chesterton writes several essays disparaging the Baconians, but perhaps none is more interesting than "Shakespeare and the

Germans," an essay he oddly donated to be part of a fund-raising gift book for blinded soldiers and sailors during the Great War in 1915.[7] According to Chesterton, "the neglect of [humor] by the Germans during the long night of German intellectual domination has produced some preposterous fruits in English, American, and other criticism," namely the overly scientific treatments of Shakespeare's verse (129). "By a deep and dry study of the million exaggerations, inconsistencies, and ignorances of Shakespeare they build up a sort of rampart round the unfortunate poet to defend him from his real admirers" (130). Just as the Germans are building up their navy without much of a seacoast, so they are making claims on Shakespeare:

> The Germans are quite capable of maintaining that there was a seacoast of Bohemia in Shakespeare's time—before the divine mission of the German Empire with its hands had prepared the dry land. And indeed a sea-coast in Bohemia is not more unnatural than a great Navy in Germany. The First and fatal step [of the Germans] was to take Shakespeare seriously; the next and more fatal step was to defend him in everything. The next step was to go clean off one's head and say he was a German, or, worse still, a Lord Chancellor. (130)

And just as German claims to Shakespeare and a World Empire are preposterous, so is Baconian theory: "Baconianism, whether known or unknown in Germany, is the very type and fruit of the German method of criticism. It is the criticism that will build a toppling tower up to the stars upon one word.... It thrives on those thousand-fold and thickly-strewn coincidences which one can find anywhere, as one can find faces in a Turkey carpet" (131). For Chesterton, Baconianism and Germanism are one and the same.

In contrast to the Baconians and other "disintegrators," Lee, Saintsbury, Raleigh and others work to historicize Shakespeare, delineating his life and times in England and the Elizabethan Age. Lee writes, among other things, *Stratford-upon-Avon* (1890), *A Life of William Shakespeare* (1898; rpt. 1916), *Great Englishmen of the Sixteenth Century* (1904), *The French Renaissance in England: An account of the literary relations of England and France in the sixteenth century* (1916), and a plethora of essays on Elizabethan topics, including over 800 for the *DNB*. Saintsbury writes numerous literary histories; Israel Gollancz edits the J. M. Dent editions of Shakespeare from the late 1890s into the 1920s; and Raleigh writes numerous books on the Elizabethan age, including *English Voyages of the Sixteenth Century* (1906), *Milton* (1900), a translation of *The Book of the Courtier* (1900), and *Johnson on Shakespeare* (1925). In the 1910s, studies were published on the Elizabethan stage and the Elizabethan audience, such as W. J. Lawrence's 1912 *The Elizabethan Playhouse and other studies.*

As part of this overall national project of outlining England's literary history, the *English Men of Letters* series was produced. Raleigh writes the volume on Shakespeare in 1907.[8] Seeking to historicize Shakespeare, Raleigh standardizes him as an Englishman *and* a Renaissance man. He calls for the "study of the human conditions which affected [Shakespeare's] life and work": the habits, customs, ideas, tendencies of his age, the books he read, the stage requirements of the day, the audience's tastes and expectations, the language he used (26). Raleigh sees Shakespeare as "a child of the English Renaissance," becoming "his own master in chaos, free to design and build and inhabit for himself" the age of "new philosophies, new arts, new cults" (65, 83). He calls Shakespeare "perhaps the greatest poet of all time," one whose fame has advanced steadily to "the conquest of the world" (*Shakespeare* 2).

During the war in 1917 a two-volume work, *Shakespeare's England: An Account of the Life and Manners of his Age*, was published. This collaborative effort was a culmination of a project first envisioned by Raleigh in 1905. In 1909 Lee took over its production but had to postpone his involvement in 1911 due to new editions of the *DNB*. Eventually the project was completed by others during the war. The purpose of the book was to "describe the habits of the English people during Shakespeare's lifetime," for in order to understand Shakespeare, the authors felt, one needed to understand Shakespeare's historical world. Such a project would correct current scholarship, wherein "half the errors and fantasies of popular Shakespeare critics find their opportunity in indifference to these matters, or in ignorance of them" (v). The book goes on to outline the "material conditions" of Elizabethan England and contains essays by many prominent Shakespeare scholars. Seminal in its range of topic, the book includes essays on all facets of the Elizabethan context.

By the time the Great War was over, English literary historians were so nationalistic and anti-German that Shakespeare, the Elizabethan Age, and English literature were rarely mentioned in the same discussion as anything German. The *History of English Literature: A Practical Textbook* for studying English literature, written in 1923 by Edward Albert, makes no mention of the words "German," "Teutonic," or "Anglo-Saxon," and instead uses only "Old English." Now the early period is classified as "semi-barbarous" and the Elizabethan Age and the classical Renaissance as polishing the "earlier rudeness" of English literature (85). Even more interestingly, *A History of English Literature*, edited by John Buchan in 1923 and meant to be a sourcebook for students in secondary schools and universities, "opens at the point in the history of English literature when it becomes interesting to the ordinary man"—namely, with "The Main Stream" (Chaucer), and then "The Full Tide of the Renaissance" and "The Elizabethan Age." In contrast, "the story of the Origins is told fully, for the convenience of students, in the Appendix" (v). To these authors the Age of Elizabeth "reinvigorated national life" and patriotism (118). Modern English culminated in Shakespeare, who wrote for the groundlings *and* the "cultured nobleman" (581, 118). The Appendix briefly summarizes all literary history up until Chaucer, mentioning the word "Anglo-Saxon" but never "German," and explaining the tripartite scheme of Old English, Middle English, and Modern English. Perhaps not surprisingly, the Preface to this textbook was written by Sir Henry Newbolt, the writer of the oft-analyzed Newbolt Report of 1921, a government document that called for the study of English literature in the national curriculum and placed Shakespeare at the center of such study.

In the late 1800s and early 1900s, ideas about national culture, anti-Germanism, imperialism, an antiscientific, "poetic attitude," and modernity all helped establish the Elizabethan Age and Shakespeare as foundational concepts of English literary history and university English programs. In these decades entire segments of history were made into period concepts to explain national literary history. Opposing Shakespeare's poetic attitude and language to the modern scientific attitude, Lee, Raleigh, Saintsbury, and others all reacted against German-influenced nineteenth-century philological and historical methods well before the modernists ever did. The historicizing of Shakespeare in these decades relied conceptually on the Elizabethan Age as a period term and sought to flesh out the details of what was seen as a unified age. Anti-German nationalism also influenced literary historians as they denigrated the Anglo-Saxon period and lauded the Elizabethan period as one in which a homogeneous national English culture centered on patriotic and aesthetic ideals flourished and was widespread. Their's was a typological allegory, too, that saw the Elizabethan Age as a model for what the present could become: an age of cultural and imperial unity in which art and life harmoniously coincided. Such "Victorian" conceptions of imperial and national cultural history not only fuel modernism, but continue to shape literary education today.

The Modern Artist

Typology and the Modern Artist: Vasari, Burckhardt, Pound

Since the 1980s, a central problem has generated much debate among scholars of literary modernism: how to reconcile the poetic and aesthetic innovations of modernists such as W. B. Yeats, T. S. Eliot, and Ezra Pound, among others, with the controversial political and economic views such writers espoused in the first half of the twentieth century. Pound's blatant anti-Semitism and fascism as well as his affiliations with Mussolini make him the paradigmatic enigma in such debates over the relation of politics to aesthetics, and many have argued these factors ought to influence our judgment and acceptance of his poetry. Pound saw himself and other modern artists as capable of rewriting history and redeeming society through art. He also believed artists could influence those in power to reshape the political order based on aesthetic principles. In short, for Pound the artist (including himself) was the type most capable of fulfilling the social roles of historian, courtier, and saint. Still inexplicable to many, Pound eventually supported fascist Italy, believing it recognized the true value of the artist for the life of the nation.

The case of Pound exemplifies another strain of modernism—both aesthetic and literary—that is influenced by Renaissance historiography.[1] Pound's conception of the modern artist as historian, courtier, and saint is not completely unlike the ideas of Ruskin, Arnold, Berenson, Fry, Bell, Hulme, and others discussed in this book. Both modernists and nationalists felt the artist and art should fulfill an important spiritual function in the life of the nation and thereby transform the life of the nation. In this sense, Pound is also a nationalist and a modernist, for he felt art could redeem society, and he wanted "the masses" to be transformed by modernist culture. His politics and aesthetics, however, become much more radical and dangerous than that of the other modernists and nationalists discussed in this book; yet, as I show, these are also rooted in and inspired by (at least in part) the tradition of Renaissance historiography.

Unlike Ruskin and the modernist art history-writers treated in chapter 6, who all reject the Renaissance for its adherence to classicism and capitalism, Pound remains fascinated with the Italian Renaissance and sees it as a typological model for his own age.[2] While he, too, promotes an abstract, formalist, modernist art and despises the effects of capitalism on art, he also admires greatly the political and historical innovations of the sixteenth century and strives to imitate them in the twentieth. While Ruskin, Fry, Bell, and the cultural nationalists hope for a more egalitarian system in which art can flourish, Pound follows Burckhardt and Symonds in believing despotism is necessary to the formation of national culture. Like Berenson and Symonds, Pound admires the Renaissance for the spiritual role art held in life, but unlike Berenson and Symonds, Pound also admires Renaissance artists for their individualism and self-consciousness about their historical position. For Pound the artist is an extreme type who is radically individual, divinely creative, and beyond moral reproach. His controversial politics and aesthetics are tied to this view of the artist that, as this chapter argues, derives from the secularized typological structures of Renaissance historiography.

The artist as a type who plays a central role in society and history most clearly emerges in what is deemed the first text of art history: Giorgio Vasari's *Lives of the Artists*.[3] As Vasari's text secularizes the medieval Christian historiographic forms of typology and allegory, it constructs a new vision of historical time and consequently a new identity for the modern artist. In the nineteenth century, Burckhardt imitates Vasari's typological structuring of history and glorification of artists. This chapter reads Pound's 1916 *Gaudier-Brzeska: A Memoir* as an imitation of both Vasari's 1550 text and Burckhardt's 1860 text. Such analysis reveals how the idea of the artist as a spiritual and social type is historically derived for Pound and other modernists and nationalists. It also reveals how the contradictions present in the structures of Renaissance historiography could engender not only ideas about democratic national culture, as was seen in previous chapters, but also radical political views such as Pound's.

THE CONTEXT OF *GAUDIER-BRZESKA*:
POUND AND *THE NEW AGE*

One of the most interesting journals of the 1910s, *The New Age*, centered on the idea that a "new age" was at hand (or at least was sorely needed). Here, a myriad of cultural figures debated many of the political and cultural ideas that shaped literary and aesthetic modernism and cultural nationalism in England. According to Wallace Martin, William Orage, the editor from 1907 to 1922, successfully maintained the journal as a "neutral meeting ground" for all viewpoints and theories regarding what a new age might entail (4). Like many of the journal's 700 contributors during his editorship, Orage also felt the decade of the 1910s was a "period of cultural change" (16). Pound began writing for the journal in 1911, and through 1921 he contributed in a variety of genres. From 1911 to 1914, Pound contributed thirty-six articles, and his total contributions over the years exceeded 300 (125).

Martin suggests especially in 1910 and 1911 the specific task of the journal seemed to be to reflect on "the prevailing mood of the time" and to act as "a barometer, indicating changes to come which were felt, but not yet manifest" (128). Pound participated in this prophetic project and, like Bell, saw the current age as a new Renaissance. In 1913, Pound wrote an article in which he was sure his age could imitate and surpass the Renaissance in achieving cultural glory. Later, in two consecutive issues of *The New Age*, February 4, 1915, and February 11, 1915, Pound wrote short "Affirmations" comparing his own age with the Renaissance. In the first article, "Gaudier-Brzeska," Pound described his favorite sculptor as an artistic hero equal to those of the Italian Renaissance—"a modern Cellini." In the second, "Analysis of this Decade," Pound compared the artistic attitudes of the 1910s with those of the Italian Renaissance. After Gaudier's death in the Great War, Pound reprinted both of these 1915 essays in key positions in his 1916 *Gaudier-Brzeska: A Memoir*.

In addition to Fry's and Bell's Bloomsbury formulations, other articulations of cultural renaissance had emerged by the 1910s. For example, in *The Renaissance of the Nineties* published in 1911, W. G. Blaikie Murdoch lauds Arthur Symons, John Davidson, and other aesthete poets of the 1890s as a "new constellation" who had contributed to culture on the same order as had the poets of the 1790s "Renaissance of Wonder." In his own decade Murdoch mourns the "twilight of the gods"—the death of the rebirth of poetic greatness—and he is pessimistic that "at any very near date, there will rise anything quite so precious as the renaissance of the nineties" (83).

Holbrook Jackson, who originally edited *The New Age* with Orage in 1906 and 1907, also praises the 1890s as a renaissance in his 1913 *The Eighteen-Nineties*. In contrast to Murdoch, Jackson labels the decade both "decadent" and "renascent." To Jackson, the poets and artists Murdoch lauds, while artistically innovative, demonstrate in the latter half of the 1890s the decadent qualities of excess, ambition, and aggression. Instead, to Jackson, "the renaissance of the Nineties was largely social, and much of its literature reveals this spirit" (43). He goes on to cite Kipling, Shaw, and Wells, among others, as heroes of the new age. Both Murdoch's aesthetes and Jackson's social realists were groups Pound defined himself against as he sought to enact a new renaissance.

In 1912, Orage wrote his own article titled "Renaissance" and presented yet another perspective. Not optimistic about a possible rebirth in culture, Orage viewed the entire prewar period as a time of "literary anarchy" in which art especially lacked any moral foundations or respect for tradition (Martin 195). Orage was also generally critical of Pound's poetry, finding it lacking in substance and too much like the Georgians, whom he particularly disliked (Martin 255). Although he was skeptical of Pound's fanaticism for artistic renaissance, Orage continued to support Pound over the years because they both shared the view that poetry was a discipline demanding intense study of traditional forms (Martin 255). If Orage favored any period, it was the medieval period. Like many writers for *The New Age*, Orage found in the medieval period a model for a new theory of politics: Guild Socialism. This political structure, he felt, would be progressive and respect and value human beings, yet also maintain a conservative stance toward culture. Orage and other proponents of the medieval presented a direct opposition to Pound's version of cultural renaissance, which lauded the individual artist.

Finally, another strain of early twentieth-century Renaissance worship influencing Pound is represented by Dr. Oscar Levy. One of the first translators of Nietzsche into English, Levy contributed regularly to *The New Age* in the 1910s, often explicating and espousing Nietzsche's ideas. In addition, Levy translated into English and published in 1913 Arthur Gobineau's mid-eighteenth-century text, *The Renaissance.* Levy and Gobineau both looked forward to a time of aristocratic, Anglo-Saxon domination of culture and politics, and Levy hoped such an event would involve a rebirth of the Italian Renaissance in the twentieth century. Levy likens Gobineau to Nietzsche and labels him a "late-born son of the Renaissance" who gives "a true historical and poetical picture of the Renaissance" by depicting it most clearly as a post-Christian era (lxiii). Such a "new Renascence" Levy feels is certainly on the horizon: "soon the sun of reason will rise again and his first rays will dissipate the fog of superstition and the nightmare of democracy. May the first translation of this truly great book help to prepare the Anglo-Saxon world for this coming new age!" (lxvi).

Levy's elevation of the Teutonic peoples and Anglo-Saxon power participates in a more widespread phenomenon occurring in Germany and elsewhere in which theories of race were becoming matters not of climate and geography, as they had been in earlier centuries, but rather of biology and genetics. Gobineau had written an influential race theory, as a matter of fact: his "Essay on the Inequality of the Human Races" was first published in 1853. In Gobineau's texts as in H. S. Chamberlain's theories of race written in the early 1900s, the Italian Renaissance is attributed not to "Southern spirit" but rather to Germanic peoples in Italy (Gobineau xliii). An extreme example of such thinking is Ludwig Woltmann's 1905 *The Germans and the Italian Renaissance*, in which analyses of skull formations and physiognomy as well as philological analyses of family name derivations are offered as proof that 85 to 90 percent of Italian geniuses were really of Germanic descent (Ferguson 325). Although Pound does not promote a specifically Anglo-Saxon or Germanic genius as Gobineau and Levy do, his historical vision of the Renaissance and modernity leads him to political and historical positions having more in common with their controversial views than with the socialism of Jackson and Orage. Pound, too, is highly influenced by Nietzsche's aesthetic and elitist ideals, which, of course, were influenced to some extent by Burckhardt's Renaissance historiography.

Typology and Supersessionary Historiography

Pound's division of *Gaudier-Brzeska* into over nineteen sections makes it a difficult text to place in an interpretive framework, and certainly historiography would not be an obvious label. Donald Davie calls it the "most incoherent" yet one of the most important of Pound's prose works (qtd. in Perloff, *Dance* 54). Pound's prose ranges from memories and biographical sketches of Gaudier to Pound's own aesthetic theory (Vorticism). In addition to the two essays from *The New Age*, the text contains three sections added after its original publication in 1916, Gaudier's manifestos on Vorticism, and Gaudier's letters written from the front. Additionally, there are catalogs and photographs of Gaudier's sculptures and drawings and various other short reviews and statements by contemporaries. Pound hints that the form of his memoir mimics the method of his memory: "That is the way memory serves us, details return ill assorted, pell mell, in confusion" (40).[4] I see the two Renaissance essays centering *Gaudier-Brzeska* as a historiographical project. More than half of the text is devoted to Pound's ideas regarding Vorticism and its place in modern life, and his constant references to the Renaissance and to Renaissance figures place this aesthetic project in historical view.

The form of Burckhardt's *Civilization* can be viewed as the historiographic precursor to the collage-like form of *Gaudier-Brzeska*. Burckhardt opens his cultural history by stating that the past can only be viewed perspectivally: "To each eye, perhaps, the outlines of a given civilization present a different picture;...it is unavoidable that individual judgment and feeling should tell every moment both on the writer and the reader" (19). Burckhardt also calls his text "a string of marginal notes" following no rules for presentation (271). This method of appearing to select events randomly while denying any overarching narrative plan prefigures Pound's collage. As James Longenbach has pointed out, when Pound outlined his famous "method of luminous detail" in the 1912 *I Gather the Limbs of Osiris*, he referred directly to Burckhardt's influence (52).

Yet as Julia Reinhard Lupton argues, despite Burckhardt's attempt to present a mere "synchronic cross-section" of daily Renaissance life, his formal arrangement presents a view of history with "providential scheming" behind it (21). *Gaudier-Brzeska* (like *The Cantos*) repeats the same gesture: a seemingly disunified collage format masks Pound's typological-allegorical structuring of history, which we have previously identified as involving a lost, idealized past period; a long period of modernity that leads to the present time; and an opening onto a new future that will continue to develop. As we have also seen, such historical structuring generates numerous contradictions that tend to be ignored or glossed over as writers focus on the grand "providential" scheme.

Pound identifies his project in "Analysis of this Decade," the second *New Age* article reprinted in *Gaudier-Brzeska*, as both the drawing up of a "table of forces" of the "effective propaganda of the Renaissance" and an analysis of the "active ideas of this decade" (111–112). Juxtaposing men and their achievements from both eras, Pound admits he uses the past: "The Renaissance is a convenient stalking-horse for all young men with ideas. You can prove anything you like by the Renaissance....Whatever one's party, the Renaissance is perhaps the only period in history that can be of much use to one" (111). For Pound, the Renaissance is a unified past whose resurrection might inspire his own age. Such periodization imitates Vasari, who sees a unified antiquity as inspiration for his own age. Yet Vasari

sees his age surpassing antiquity even while relying upon its foundations; likewise, Pound wants his age to usurp the Renaissance even
while relying upon its foundations: "It is only recently that men have
begun to combat the Renaissance…we have begun deliberately to
try to free ourselves from its shackles, as the Renaissance freed itself
from the Middle Ages" (114). This paradox of needing a past model
in order to create something new is one way Thomas Greene describes
Renaissance *imitatio*. Whether by Vasari in the sixteenth century or
Pound in the twentieth, imitation is driven by a view of history: "a
belief in change and loss, change from the immediate past and loss of
a remote, prestigious past that might nonetheless be resuscitated"
(Greene 2). Finding connections between the present and a distant
past makes possible an "emergent sense of identity" for the present
(19). We have seen such techniques of identity formation in every text
this book has examined.

As outlined in chapter 1, this notion of "the modern" as a new
identity defined only by being pitted against other, earlier periods
arises when the Christian interpretive practices of typology and allegory are secularized in Renaissance historiography. While both type
and antitype are considered to be historical realities, in practice such
a reading of history tends to bring together two temporally separated
events or texts such that other events or texts are supplanted. For
example, when Hebrew history is seen as a unified period whose legitimacy has ended, even though considered to be historically true,
Hebrew life and culture as distinct, still present, and valid, are erased
in favor of a new narrative of Christian identity (Lupton xvii–xviii, 4).
Kathleen Biddick sees such supersessionary models of historical time
as dangerous, for they exclude the Jew (and others) from history as
they promote "fantasies" about a unified identity in the present (1).
Pound's inheritance and reworking of this historiographic practice,
then, can be identified as one source of his anti-Semitism.

Secularizing Christian typology, and thus creating even more layers of exclusion as he fashions a new modern identity for the present,
Vasari refigures history as a three-period structure, equating his own
time (the *rinascita* of the arts) with that of the ancients, stating that
"the history of one could stand for the history of the other" (85). In
developing a notion of a modern period and equating it with an
ancient period, Vasari creates and erases a middle period: the Middle
Ages or the age of Christianity. Both Burckhardt and Pound imitate
Vasari's scheme. They outline periods of history, equating their own
time with the Renaissance while rejecting the long period of modernity in between (and for Pound, history before the Renaissance

extending back to the "primitives"). Using the forms of Christian historiography emptied of their Christian contents, secularized typology lets the historian believe he can attain a knowable identity outside the Christian plan (Vasari) or outside modernity (Pound).

Yet such erasures of previous periods are masked by the narrative terms Vasari and Pound use as they revise history. Vasari's initial conception of modern art relies upon the classical notions of *mimesis* and nature. Vasari's first two waves of modern artists (beginning in 1250 in Tuscany with Giotto) rediscover *disegno* and learn to perfect imitation of God's design in nature, just as the artists of antiquity did. *Disegno* is God's art, "the animating principle of creative processes" that "existed in absolute perfection before the Creation" (25). This narration of nature, *mimesis*, and *disegno* as an ideal artistic system that is both ancient and modern allows Vasari to erase Byzantine art from history, which he claims to be inferior for presenting unnatural nonmimetic bodies. He sees all the figures of Byzantine art as identical, "star[ing] as if possessed, with outstretched hands, on the tips of their toes," looking like "grotesques" rather than real people (46). Vasari labels the Byzantine style and design awkward (45), crude (87), "barbarously impure" (41), clumsy (40), ugly (41), amusing (39), grotesque (45), absurd (45), and so totally lacking in grace, design, and judgment it is "impossible to imagine anything worse" (39, 46). Additionally, Vasari refers to Byzantine artworks as "bastardized" and as "fantastic abortions" (39, 41). Unlike the artist of the middle period, Vasari's modern artist is narrated as superior because he imitates the design of nature and returns to original creative roots. Yet paradoxically, not only does Vasari oversimplify Byzantine art by lumping it all into a unified middle period and denigrating it, in lauding the imitation of nature as a modern phenomenon, he also ignores the medieval Western Church's attention to materiality: for example, its sacraments, its art and architecture, its hagiography that tells of saints' bodies, and its physical relics, all of which serve to center the Christian community. The oversimplified dichotomy of the medieval-modern distinction allows Vasari to replace the church as center of human history with modern art and culture.

As his narrative of modernity continues, Vasari creates the developmental model of art history that remained orthodox for centuries. Now rid of the middle period, Vasari divides modernity into three periods and narrates them so that each age builds upon, subsumes, and surpasses the previous, until Michelangelo surpasses all. In this scheme, increasingly from Giotto to Michelangelo, artists perfect the imitation of nature and scientific principles of representation. The three modern ages operate through a master-pupil pedagogical genealogy, in which a master adopts his pupil and the creative legacy passes from man to man, each student building upon and surpassing his master.

By the last age of rebirth in Vasari's narrative, however,—and this is the crucial point—the modern artist no longer imitates nature or master but instead creates from himself alone. Vasari replaces the initial concepts of *mimesis* and nature with new categories: a superior aesthetic realm and a new notion of the modern artist as divinely creative and radically individual. In the centuries following Vasari, academic painters seem to have missed seeing this shift in Vasari's terms as they perpetuated his developmental scheme that idealized the imitation of nature. With this shift of terms, however, Michelangelo becomes the new telos of Vasari's developmental history, rhetorically replacing Christ as the fulfillment, antitype, and perfecter of life on earth.

Pound admires and imitates such a construction of the modern artist as the telos of history, and his replication of Vasari's typological project also relies upon a set of contradictory narrative categories: "usury" and "Kulchur." Pound recognizes two opposing "forces in history: one [that] divides, shatters, and kills, and the other [that] contemplates the unity of the mystery" (*Selected Prose* 306). While seeing *The Cantos* as a contemplation of the mysterious unity of history, Pound, in *Guide to Kulchur*, links the violent form of history to "usury": "The one history we have NOT on the newsstands is the history of usura...All this is still a blank in our histories" (115).

Viewing "usury" as anything that violates cultural progress, Pound links it to Renaissance Italy's fall. For example, preferring the less realistic work of the quattrocento, Pound sees Michelangelo's artworks as a carnal and usurious deterioration of art. He also condemns Italy for usury in language: "Italy went to rot, destroyed by rhetoric, destroyed by the periodic sentence and by the flowing paragraph....For when words cease to cling close to things, kingdoms fall, empires wane and diminish" (113–114). In addition to rhetoric and carnality, Pound's usury includes the Jews, the feminine, and any excess in economy. In its various significations, usury is the "other" against which Pound constructs Kulchur, just as Vasari constructs his art history against nature as other.[5]

Just as Vasari constructs and eliminates mimetic periods of art history, Pound typologically constructs and supplants usurious periods of art history. Despite his claim that Vorticists refuse to "discard any part of the tradition merely because it is a difficult bogey," Pound suggests there has been no good sculpture for centuries and that one must return to the Renaissance to discover some (29, 105). He clearly shows his disregard for Cubism, Futurism, Impressionism, Symbolism, and German Expressionism in *Gaudier-Brzeska* and sets up Vorticism as his own aesthetic movement that surpasses them all. Pound particularly despises Impressionism as an art that imitates nature and that ends a "slopset of a period that had included the whole three or four preceding centuries, in which expensiveness [usury] had usurped the place of design" (144). Vorticism, in contrast, is "creative, not mimetic," a "registration of reality" (48). For Pound, Gaudier is the ultimate perfecter of this aesthetic program, and he describes him as the *telos* of history.

For both Pound and Vasari, then, modernity centers on culture and is produced by a secularized typological reconstruction of history, one that defines modern art against contradictory notions of nature (usury) and constructed periods of earlier history. As these supersessionary histories replace the church and Christianity with modern art and culture (Vasari), or modernity with his own program (Pound), the contradictory categories upon which they are built mask the fact that specific eras and peoples are excluded from history.

The Modern Artist as Historian

Yet Pound believed the artist was the type most suited to writing the truth of history. Such linking of history and aesthetics is rooted in the ideas and practices of Renaissance historians as well as those of Pound's nineteenth-century predecessors, Burckhardt and Nietzsche. In critical response to the notion that history-writing is a science, Burckhardt and Nietzsche promote instead an aesthetic approach to the past. Yet while Pound constructs historical periods similar to Burckhardt's and imitates his perspectival approach, Pound is much more optimistic than Burckhardt is regarding man's ability to be an individual imaginative agent in the course of history. For Burckhardt, all historical change is the "work of historical providence," a force "stronger than the will of the individual" (274). Burckhardt believes the causes of the glorious age of the Renaissance cannot be determined. Excessive individual "imagination" helps lead to Italian greatness but also causes its fall. In itself, this individual imagination is "neither good nor bad, but necessary," something beyond human control that develops as "historical necessity" (289). In the end, human agency in the historical process and history itself are for Burckhardt mysterious and inexplicable: "The movements of the human spirit, its sudden flashes, its expansions and pauses, must forever remain a mystery to our eyes, since we can but know this or that of the forces at work in it, never all of them" (291).

Pound, in contrast, believes the power to enact historical change lies in the "vortex" of men's minds and actions, in their will and consciousness. In fact, the primary aim of modern art should be a conscious and active restructuring of history: artists should "dare to put forward specifications for a new art, quite as distinct as that of the Renaissance,...[without] believ[ing] it impossible to achieve" (117). Because the modern artist can change the course of history through a willed creative act, Pound believes the new Renaissance he envisions will move society and culture forward in its development.

Although Pound inherits his vision of history from Burckhardt and Nietzsche, his employment of their methods is problematic. Deconstructing the scientific histories of his age in "On the Uses and Disadvantages of History for Life," Nietzsche wants to see history become an art that serves life, not knowledge. Likewise Pound constructs his own history in a poetic form he thinks will indeed serve life (e.g., he terms the epic, and by analogy *The Cantos*, a "poem including history"). Yet Pound does what Nietzsche condemns; he constructs in *Gaudier-Brzeska* and *The Cantos* a monumental history, one whose ideation of the past (i.e., the Renaissance) shows that greatness is possible but also remains impervious to critique. The "disadvantage" inherent in such a monumentalizing view of history, according to Nietzsche, is that what is dissimilar is made to look similar: violent cuts are made in order to put historical events into "universal molds" (e.g., the Middle Ages are condemned as a whole) (69).

Likewise, Pound does what Burckhardt condemns; Pound lets his imagination run unchecked, to the detriment of any sense of morality. This danger of the imagination is what Burckhardt sees in Machiavelli: "The danger for [Machiavelli] does not lie in an affectation of genius or in a false order of ideas, but rather in a powerful imagination which he evidently controls with difficulty" (71–72). So, too, for Burckhardt the imagination out of control leads to the "immorality" that causes the Renaissance to collapse (283). Yet Pound imagines he is seeing the truth of history and that he knows its value for the present. Even though his desires are community-oriented and utopic, Pound "abuses" history as he gives what is dissimilar a semblance of uniformity and reimagines history to serve his own ends.

This tradition of individualist historiography first emerges in the projects of sixteenth-century humanists. As Eric Cochrane suggests, many Renaissance historiographers evaded the Christian view of historical time and began to devise time and plot historical change in their own terms (13). They wrote monographic histories centered around a single theme or ideological program and viewed history-writing as something that could spur men to action, that could "help those who read to realize their intellectual and spiritual capabilities" (5, 16). Such historians selected events from the past and used them in the present to promote morality, noble political action, or in Vasari's case, artistic greatness (xv, 13). The Renaissance individual historiographer assumed a position of objectivity—a rational, willful control of time and space—and believed his vision for the community should determine history's structure.

Pound is well aware of this tradition, praising particular humanists in *Gaudier-Brzeska*. He admires Ficino for his Platonic Academy in Florence that "mess[es] up Christian and pagan mysticism, allegory, occultism, demonology, Trismegistus, Psellus, Porphyry, into a most eloquent and exciting and exhilarating hotch-potch"; Mirandola for going beyond the Greeks and Romans to examine other languages and traditions, breaking free of a limited medieval mindset (just as Pound becomes obsessed with Chinese culture); Machiavelli for clarity and realism; and Lorenzo de Valla as the "finest force of the age" because he held a "great passion for *exactness*" and "valued the Roman vortex" enough to prove the Donation of Constantine a forgery (112–113). Pound sees himself accomplishing these same innovations as he recasts history. Imitating the humanists, he links history-writing to the individual artist's will and consciousness: "Any consideration of vorticist art is incomplete if it does not make some mention of a sense of awakening and of our belief in the present. 'Will and Consciousness are our Vortex,' and an integral part of that consciousness is the unwavering feeling that we live in a time as active and as significant as the Cinquecento. We feel this ingress and we are full of the will for its expression" (110). Although Pound and Hulme face similar charges of political elitism, it is important to remember that Hulme would have condemned Pound's admiration of the Renaissance humanists and individualist overhauling of history.

THE MODERN ARTIST AS SAINT

For Pound and Vasari, the modern artist is not only a historian but also a radical individual and a creative redeemer of society—a saint. As they deify the artist types who are the *teloi* of their histories, Pound and Vasari secularize medieval hagiography, using the saint's life as a formal type but evacuated of its Christian content. History is relocated from texts describing the saint's carnal body (a body in which the eternal becomes materially embodied in temporal flesh and in which God's living presence in history is witnessed, abiding in relic form) to texts describing the artist's aestheticized body (a body in which human agency in the historical process and mastery over time and space are exhibited and in which creative force is translated into action and art). As Lupton argues, Vasari's usurping of hagiography canonizes the artist's role as modern secular saint, for the content of the saint's life is supplanted but its form remains.

Medieval hagiographic texts narrated the miracles God performed through the saint in life and continued to perform in the remaining relics of the saint's body after death. Such legends of the saints' exemplary lives were meant to teach readers and listeners how to resist a way of living antithetical to the Christian life, how to take an abstracted spiritual ideal and make it a lived reality. Vasari's and Pound's texts take on a similar educational goal, but instead of moral or spiritual training, the artist's life provides an aesthetic training, and instead of examples of moral judgment, now there are examples of aesthetic judgment. Vasari says he writes in "the true spirit of history, which fulfils its real purpose in making men prudent and showing them how to live" (83). His goal is to "note with some care the methods, manners, styles, behaviour, and ideas" of artists so that future artists might learn for themselves (83–84). Vasari claims: "I have tried as well as I know how to help people who cannot find out for themselves to understand the sources and origins of various styles, and the reasons for the improvement or decline of the arts" (84). Pound also claims to write a textbook for artists: "I am doing what little I can to carry out [Gaudier's] desire for accessibility to students." This text, he states, "will become the text book in all academies of sculpture before our generation has passed from the earth" (107). The transcendent goal for which the reader is to strive is no longer the perfect realm of paradise in the afterlife, but now the perfect aesthetic experience on earth.

Just as the saints' legends blend fact and fiction, pious exaggeration and folklore, Vasari's *Lives* piece together anecdotes and documents, both factual and fictional. Elaborated descriptions of Michelangelo often cross over into hagiographical fiction. For example, in the opening to *Michelangelo* Vasari describes him as a Christlike savior, the ultimate human: "Meanwhile, the benign ruler of heaven graciously looked down to earth, saw the worthlessness of what was being done,…and resolved to save us from our error. So he decided to send into the world an artist who would be skilled in each and every craft, whose work alone would teach us how to attain perfection in design" (325). As the saint intercedes for humans in their need, Michelangelo "restor[es] light to a world that for centuries had been plunged in darkness," and shows all men "how to distinguish truth from the falsehoods that clouded their understanding" (354, 360). The individual artist, like the Christian saint, obtains divine powers in his own body: in Michelangelo exists "something supernatural and beyond human experience" (326). Vasari also describes Michelangelo's body remaining fully composed twenty-five days after his death: "we found it still perfect in every part and so free from evil odour that we were tempted to believe that he was merely sunk in a sweet and quiet sleep" (438).

As hagiography records the miracles of the saints, Vasari's text records the miracles of artistic creation. Unlike early Renaissance artists who operated through *mimesis* and *disegno*, Michelangelo divinely creates new life from his own individual powers. For example, Vasari describes Michelangelo's *Pietà* as a human conquest of nature: "It is certainly a miracle that a formless block of stone could ever have been reduced to a perfection that nature is scarcely able to create in the flesh" (336). Michelangelo innovates and creates from himself alone, working "miracles" in stone and "restoring to life something that had been left for dead" (338).

Yet for Vasari only nonmimetic or stylized forms qualify as miraculous modern art. Paradoxically, while Michelangelo is narrated as a master of self with godlike ontological powers whose intense study of anatomy and human corpses allows him to master nature and "def[y] imitation," Vasari's ideal abstracts art from materiality. For Vasari the perfect body in art is an idealized body that needs neither woman, natural models, nor artificial models in order to be born. Instead, the "reproduction of the human form" is created from the mind and hand of the individual artist (379). *Maniera* (creation by human hand) achieves perfection only "by selecting from what was beautiful the most beautiful," only by combining "the most perfect members, hands, heads, torso, and legs" to "produce the finest possible figure" (423, 250). Like God who adds on and takes away from imperfect material (clay), so the artist adds to and takes away from the real, imperfect body he finds before him (25).

Like Vasari with Michelangelo, Pound typologically relocates the *telos* of history to the life of one artist as he deifies Gaudier. Pound fictionalizes Gaudier's life, describing a childhood full of wandering about Europe and ancestors who were stone masons at Chartres

(76–77). When Pound first sees him in a museum, Gaudier appears like a "well-made young wolf" and then disappears "like a Greek god in a vision" (44). Donning the style of Vasari's *Lives*, Pound describes Gaudier at work on the hieratic head (a bust of Pound):

> Bobbing about the [stone] was this head "out of the renaissance." I have now and again had the lark of escaping the present, and this was one of those expeditions. It was not that he was like any particular renaissance picture....but here was the veritable spirit of awakening. He was, of course, indescribably like some one whom one had met in the pages of Castiglione or Valla, or perhaps in a painting forgotten....Sculpture and the tone of past erudition...set me thinking of renaissance life, of Leonardo, of the Gonzaga, or Valla's praise of Nicholas V. I knew that if I had lived in the Quattrocento I should have had no finer moment, and no better craftsmen to fill it. And it is not a common thing to know that one is drinking the cream of the ages. (48)

Writing prior to Gaudier's death, Pound presents Gaudier as a holy relic: "If the Germans succeed in damaging Gaudier-Brzeska they will have done more harm to art than they have by the destruction of Rheims cathedral" (110).

Burckhardt's emphasis on the "highest development" of "personality" and the "individual" in the Renaissance must have influenced Pound and, in turn, must have been influenced by Vasari (198). Burckhardt describes both artists and political figures as the new "culture-heroes" (Lupton 11). Leon Battista Alberti is one such hero for Burckhardt, a man with the "gift of prophecy," a "whole personality," an expert in "every sort of accomplishment and dexterity" (103). For Burckhardt, the new secular saints of the Renaissance control the world and their place in it through their "power of conception and representation," their power to imagine and construct new things (199). Unlike Pound, however, Burckhardt is uneasy, for such great Renaissance personalities "substitute for holiness—the Christian ideal of life—the cult of historical greatness" (272).

Just as Vasari's Michelangelo supplants *mimesis*, so Pound praises Gaudier for his ability to conceive of an idea and transfer it to stone using his own handmade tools and without using casts (39–40). Pound's Gaudier has the "ability to make beauty" and to "bring order into things apparently remote from the technique of his art" (106). Like the saintly relic, Gaudier's art gives "new life...a new aroma, a new keenness for keeping awake" (126). For Pound, the modern artist "is not the man of delicate incapabilities, who, being unable to get anything from life, finds himself reduced to taking a substitute in art. Our respect is not for the subject matter, but for the creative power of the artist; for that which he is capable of adding to his subject from himself; or, in fact, his capability to dispense with external subjects altogether, to create from himself and from elements" (98).

Yet whereas Vasari praises Michelangelo's aestheticized bodies, Pound prefers complete abstraction from the human form. Paradoxically, Vorticism, like Vasari's *disegno*, initially relies upon a notion of nature and then subsumes nature in favor of abstract art. Pound defines Vorticism as a seeing to the "form of reality" and as a revealing of that form in art through an arrangement of surfaces, masses, images, words, colors, or sounds, depending on the medium. Just as Vasari's Michelangelo betters nature, so Pound's Gaudier "handles life" and carries life out of the "realm of annoyance" into the "calm realm of truth, into the world unchanging, . . . the world of pure form" (91, 127). This realm is like the highest order of mathematical expression: "the universal, existing in perfection, in freedom from space and time" (91).

Yet for Pound, abstract, formal art is not solely for art's sake. Rather, art exists to preserve the truth and form of reality, a sacred function. Just as the saint brings the Christian ideal into the materiality of his body, so now the artist brings the aesthetic ideal by way of his body and will into the materiality of his artworks, interceding for others. The common person needs the artwork as relic in order to access the spiritual realm of the aesthetic. Vasari's typological art history replaced Christian history, art, and practice with a new temporality—modernity; a new ontological space—the spiritual realm of the aesthetic; and a new agent—the modern artist. These became for Vasari the new categories with which to narrate Italy's greatness. Likewise for Pound, the artist as saint is the only type who can teach the masses how to live and thereby lead society to political perfection and historical greatness.

The Modern Artist as Courtier

In order for the artist to enact historical change, however, the proper political structure needs to be in place, one that supports the artist. Thus, the new narrative of history and the modern artist also typologically subsumes old ways of ordering society in favor of a newly imagined political vision. For both Pound and Vasari this involves replacing the modern courtier with the artist, again filling an earlier narrative type with new content.

In addition to medieval hagiography, Vasari's *Lives* supplants a sixteenth-century text that envisioned a new social order: Baldesar Castiglione's 1527 *Book of the Courtier*. Castiglione's text attempts to move culture out of the hands of the nobility and into the hands of a courtier class. Similarly, Vasari's text unseats the courtier and places culture in the hands of the artist. For Vasari, the creators and preservers of civic and national life are neither noblemen with family ties, nor his contemporaries, those men who work their way up in the system by imitating courtly societal demands. Rather, the man with the greatest political vision is the man who produces great art. Vasari replaces the court at Urbino with Tuscany: God "chose to have Michelangelo born a Florentine, so that one of her own citizens might bring to absolute perfection the achievements for which Florence was already justly renowned" (326). It is Michelangelo, not a courtier, after all, who designs and rebuilds Florence's city walls after the fall (367). While the artist creates something new for society and nation, the courtier is narrated as simply imitating society's fashions. Castiglione's courtier stylizes his body, perfects his appearance and behavior, and attempts to fool the nobility by translating action, emotion, and virtue into a transparent gracefulness and ease. Vasari creates Michelangelo in the same language Castiglione's characters use to describe the ideal courtier, using the textual form of the courtier type while replacing its content with the artist type: the "effortless intensity of [Michelangelo's] graceful style defies comparison" (254). Likewise, the human figures composed by Vasari's most lauded modern artists represent grace, delicacy, polish, exquisiteness, liveliness, and entirely natural and free attitudes—everything an ideal courtier tries to attain but can never master (250–251). For Vasari, only the artist masters time at the level of his individual body, translating aesthetic genius into practical political action. Only the artist's vision can unify the Italian nation when a lagging, disunified, and socially bound political system and a corrupt church continually splinter it.

In an imitation of Vasari's move, Pound also usurps Urbino, positioning art and culture at the center of the contemporary political and social sphere while narrating the artist as the only man capable of resisting society's dominance in order to enact political change. Pound discusses Castiglione's *Book of the Courtier* in *Gaudier-Brzeska*. Although he finds Castiglione's characters discussing thoroughly modern topics, Pound ultimately finds the book boring: "One reads aloud until one's voice is tired, and finds one has taken in nothing" (103). Gaudier, on the other hand, speaks on all subjects and is "the best fun in the world" (47). Similarly, modern art studios surpass both Urbino and modern courtiers in their level of cultural discourse: "But for all their eloquence, for all the cradling cadences of the Italian speech, I find nothing to prove that the conversation at Urbino was any better than that which I have heard in dingy studios or in restaurants about Soho. I feel that Urbino was charming…[and] that no modern ambassador or court functionary could write half so fine a book as 'Il Cortegiano.' This proves nothing more nor less than that good talk and wide interest have abandoned court circles and take up their abode in the studios" (103).

Just as Vasari sees the artist aiding Italian nationalism, the early Pound sees the artist-courtier (most notably himself) helping to save America. In two texts written before *Gaudier-Brzeska*—*Patria Mia* (1913) and "The Renaissance" (1914)—Pound calls for an American Renaissance: "We have not realized to what extent a renaissance is a thing made—a thing made by conscious propaganda" (*Selected Prose* 220). He argues that America is in a "Dark Age," in need of an intellectual awakening that would have its "effects not only in the arts, but in life, in politics, and in economics" (*Patria Mia* 26–27). He wants to see American cities become capitals of culture: "not a single great vortex…[but] numerous vortices like the Italian cities" that deliberately support young artists (*Selected Prose* 220–221).

By the time of *Gaudier-Brzeska*, however, Pound determines that usury is an overpowering force in capitalist, democratic society. In the "remains of the aristocracy" on which he looks, he sees "few collectors who realize that if a man buys the work of artists who need money to go on with, he in some measure shares in the creation" (64). In the end, Pound views the public consensus on art and culture as outright "stupidity," and he announces he is "sick of the glorification of energetic stupidity," of "art of the stupid, by the stupid, for the stupid" (124). Just as he divides history into unified periods, making what is dissimilar look similar, so Pound restructures society, saying there are only "two parties in civilization": one "believes that the stability of property is the end and the all" and for art they make "pretty-pretties." The other party "believe[s] that the aim of civilization is to keep alive the creative, the intellectually-inventive-creative spirit and ability in man" (109). Condemning all classes, Pound deems the artist the only "real man." To this effect, he places a line from Machiavelli on the frontispiece to *Gaudier-Brzeska*: "There are few real men and the rest are just sheep."

For Pound the Italian Renaissance remains the best political model, for "never was the life of the arts so obviously and conspicuously intermingled with the life of power" (111). Such a juncture of power and culture in the structure of the State is necessary for greatness to occur, for "when the vortices of power and the vortices of culture coincide, you have an era of brilliance" (266). In the early Cantos, Pound immortalizes the Renaissance despot, Sigismundo Malatesta, as a "real" man of political potency and action who patronizes the arts. By the later Cantos, Pound envisions Mussolini's fascism as the most capable political structure: "USURY is the cancer of the world which only the surgeon's knife of Fascism can cut out of the life of nations" (*Selected Prose* 300).

What Burckhardt sees in the Renaissance—"the state as a work of art"—Pound thinks possible in the twentieth century. Jeffrey Perl outlines the qualities Burckhardt saw in the Renaissance state that made him label it a work of art. These include the "subordination of individual freedom to the good of the *polis* in its cultural aspirations"; artists promoted to public positions; a politically determined morality as opposed to an ecclesiastical one; and a nation-state ruled by an iron-willed despot who also patronized the arts (257). Yet Burckhardt, unlike Pound, was wary of the modern politics he saw emerging in the Renaissance. To him, the Renaissance despot was always potentially dangerous, for he "surrendered freely to his own instincts, often displaying the worst features of an unbridled egotism, outraging every right, and killing every germ of a healthier culture" (20). Such figures often let historical necessity override individual control. In fact, Burckhardt condemned Malatesta, the Renaissance despot whom Pound lauded, as a "profligate pagan," a "tyrant" who "love[d] evil," a "monster," and a "scoundrel." For Burckhardt, Malatesta is a prime example of the excessive egoism and unbridled imagination that ultimately caused moral decline and failure in the Renaissance. Nonetheless, Burckhardt admits that when such a "vicious tendency is overcome or in a way compensated," the "state as a work of art" appears in history (20). Following Burckhardt but ignoring his moral warnings, Pound sees the Renaissance as politically utopic, for the despots of the Italian city-states enabled the artist to flourish.

Interestingly, Pound saw *Gaudier-Brzeska* as a political project not only for fascist Italian nationalism but for all nations. In his 1934 Postscript, he claims: "There is still enough energy even in what I was able to get into my memoir of his…to modernize Russia, to bring communism to date, I mean into harmony with the best thought of the occident, and to make America fit to live in" (144). The artist, if given his right function, could aid a variety of governments and leaders.

In both Pound's and Vasari's narratives, the medieval saint and the Renaissance courtier are replaced by a new type: the modern artist who is capable of controlling time, his body, history, and nature, capable of tapping into the perfect aesthetic realm, envisioning the proper form human political affairs should take, and embodying those forms on earth. Yet in the time from Vasari to Pound, this narrative of the modern artist reaches its formal extremes, exposing the moral dangers of the individual imagination. As Pound inherits, imitates, and reworks the tradition of secular typological art history, he perpetuates the anti-Semitism inherent in that tradition, and in fact excludes all that does not support his vision of history. Additionally, Pound sees fascism as an exemplary form that—at least in Italy—gives Kulchur and the artist the central positions in society, politics, and history he deems so necessary.

Conclusion

The allegorical and typological structures of classical cultural history allowed the modernist and nationalist history-writers of the late nineteenth and early twentieth centuries to justify their theories about present culture by finding the origins of modernity in the Renaissance. Simultaneously, they could imagine a new identity for the present and the future that both surpassed the immediate past and returned to an earlier past period as an ideal model. Yet such historiographical structures also generated contradictions that the modernists and nationalists either accepted as normative or else perhaps ignored in order to justify their desires for the spiritual role of art and culture in the life of the nation. This book has highlighted several such contradictions, and it has argued that by viewing modernism and nationalism in the context of Renaissance historiography and cultural history-writing, we have to rethink the relation between the two types of movements as well as the contradictions we have traditionally found within them. One contradiction Renaissance historiography generates is the idea that despotism (or a central State authority) is essential to the formation of a democratic national culture. This notion leads not only to democratic ideals but also to proto-fascist ones. No matter what political form is endorsed, modernists and nationalists both occupy the contradictory position of being elitist and populist at the same time as they theorize an art for the nation. Additionally, many history-writers in this era promote the separation of aesthetics from ethics but then express the general concern that this is the very thing that caused the Renaissance to collapse. In the wake of Arnold and Pater, many believe individual self-culture can multiply to enhance national culture, but they do not provide adequate explanation for how this would occur. And finally, all of these historians reject major periods of history in order to justify a new identity for the present, which they hope will lead to a more spiritually vital society. Yet to the modernists and nationalists themselves, the Renaissance as the origins of modernity, nations, and culture was a narrative that made perfect sense and explained the conditions of their present culture. They both invented and believed in the histories they wrote, just as they both invented and believed in the nation, which they hoped would be renewed spiritually through their new types of art and culture. In these decades, culture replaces religion as the means of human formation: both modernists and nationalists believed culture could supersede the flaws of modernity, transform the present by imitating an ideal premodern past, and move England toward a better future.

Notes

Chapter 1

1. Although the case could be made that the three terms—Elizabethan Age, Tudor Age, and English Renaissance—each carry different meanings, I will not try to distinguish them here and will treat all three as being part of a general periodization process.
2. Of course, histories of culture were written before the nineteenth century. I discuss Burke's term later in this chapter.
3. Opting not to use the current term "early modern," I continue to use "Renaissance" in its traditional sense in order to refer to the fourteenth-, fifteenth-, and sixteenth centuries in Italy.
4. For more on the Tate's history, see Spalding.
5. Critiques made of the Tate took place mainly in newspaper columns and letters to editors. See especially those in *The Daily News* and *The Times* from 1890 to 1897 and beyond.
6. See Chapter 5 of Brandon Taylor.
7. *Chicago Tribune*, "Tate Gallery in London to Highlight Cultural Renaissance," Thursday, January 20, 2000 (5:1).
8. The various uses of the term, in England and the United States, indicate how prevalent the "Renaissance" was as a way of describing life in the early 1900s and 1910s. *Our Renaissance: Essays on the Reform and Revival of Classical Studies* by Henry Browne (London: Longmans, Green, and Company, 1917) argued for classical studies against vernacular literary studies. *The Renaissance of English Drama: Essays, Lectures, and Fragments relating to the Modern English Stage Written and Delivered in the Years 1883–1894* by Henry Arthur Jones (London: MacMillan, 1895) argued for a return of "literary drama" to the stage. *The Renaissance of the Nineties* by W. G. Blaikie Murdoch (London: Alexander Moring, Ltd., DeLaMore P, 1911) argued that the poets of the 1890s constituted a new "renaissance" in poetry equal to the romantic one. *The Most Illustrious Ladies of the Italian Renaissance* by Christopher Hare (London: Harper, 1904) gave biographies of Renaissance women. "The New Renaissance and Woman's Place in it" was a baccalaureate address given at a small women's college in Rockford, IL, by Julia H. Gulliver, the college's president, in 1914 (Rockford, IL: Wilson P, 1914). "On 'Renaissance' and 'Culture' and Their Jewish Applications" was the presidential address to the Union of Jewish Literary Societies by the chief rabbi of London (March 1,

1915, University College, London). *The Coming Renaissance*, ed. James Marchant (London: Kegan Paul, 1913) was a series of essays predicting what England's "new world" would be like after the Great War. *Cottage Building in Cob, Pisé, Chalk and Clay: A Renaissance* by Clough Williams-Ellis (London: "Country Life" and George Newnes, 1919) was a handbook for how to build cheap housing as the Elizabethans did when materials were at an all-time low due to the war.

9. See Colls and Dodd, eds., especially the essay by Howkins.

10. See Howes; and also Pirie.

11. See Howkins.

12. Christopher Butler's *Early Modernism: Literature, Music, and Painting in Europe, 1900–1916* is one of few volumes to narrate the modernists as seeing themselves as part of an evolutionary model of historical progress.

13. See Burke's preface to Burckhardt; and also Williams, *Keywords*.

14. See Steedman.

15. See Williams, *The Long Revolution*, pp. xii, 47–48.

16. See Chartier; also Hunt, ed.

17. See Greenblatt, ed. "The Forms of Power and the Power of Forms in the Renaissance," *Genre*, Special Topics 7 (Norman, OK: U of Oklahoma P, 1982). For more on New Historicism see Greenblatt, *Renaissance Self-Fashioning* (Chicago: U of Chicago P, 1980) and *Shakespearean Negotiations* (Berkeley: U of California P, 1988); *The New Historicism*, ed. Harold Veeser (London: Routledge, 1989); *Redrawing the Boundaries: The Transformation of English and American Literary Studies*, ed. S. Greenblatt and Giles Gunn (New York: MLA P, 1992); Greenblatt, ed. *Representing the English Renaissance* (Berkeley: U of California P, 1988); Paul Hamilton, *Historicism* (New York: Routledge, 1996).

18. See Eagleton.

19. For a text that sees modernism as drawing the line between high and mass culture, see Huyssen.

20. For critiques of New Historicism, see Pechter; and Brook Thomas.

21. For a nice overview of this debate, see Grady, "Renewing Modernity."

22. Smith admits that the traits he assigns to "perennial" and "modernist" nationalisms are oversimplified. Nonetheless, his terms provide a way to discuss the phenomena I analyze.

23. For recent work that connects nationalism to modernism see Lewis; and also Peppis.

CHAPTER 2

1. There is a growing literature on the Grand Tour. One might start with Edward Chaney, *The Evolution of the Grand Tour: Anglo-Italian Cultural Relations since the Renaissance*. Second Edition (London:

Frank Cass, 2000), and *The Impact of Italy: The Grand Tour and Beyond*, ed. Clare Hornsby (London: The British School at Rome, 2000).
2. See Haskell, Herrmann, and Brewer.
3. See his Chapter 6.
4. See Minor.

CHAPTER 3

1. From 1856 to 1897 the Arundel Society published 197 chromo-lithographs and two heliographs of frescoes and panel paintings (Fraser 63).
2. See Effland.
3. For more on Ruskin and modernism, see Cianci and Nicholls, eds.; and Cerutti, ed.
4. Editions of Burckhardt in English were published in 1890, 1898, 1929, 1937, 1944, 1950, and 1989.

CHAPTER 4

1. See Hale's Chapter 8 and Bullen.
2. See Howard J. Booth.
3. Grosskurth tells us Symonds tended to work haphazardly, blocking out the large schema for his work and then getting carried away and filling in the outlines with endless detail (247).
4. I use the 1893 text edited by Donald L. Hill.
5. Bullen traces the progression of Pater's thought about the Renaissance in his final chapter.
6. For more, see Grosskurth; and also Potts.
7. I use the term "process" from Bullen (279). Bullen terms Pater's Renaissance an "attitude of mind" (279), an "imaginative event, not a temporal one" (274), and a "mental state—a mode of perceiving and being" (304).
8. Francis McGrath argues that critical focus on Pater's "Conclusion" emphasizes the primacy of sensation in Pater such that his consistent concern for the intellect is ignored (54). McGrath suggests Pater sees the senses and the intellect in dialectical tension (74).
9. See Wallen.
10. Comments on philosophy in general are found on 183, 188, 189, among others.

PART II

1. See Hans Belting, *The End of the History of Art?*, trans. C.S. Wood (Chicago: U of Chicago P, 1987); W. McAllister, Johnson *Art History: Its Use and Abuse* (Toronto: U of Toronto P, 1988); Donald

Preziosi, *Rethinking Art History: Meditations on a Coy Science* (New Haven: Yale UP, 1989); and A. L. Rees and F. Borzello, eds. *The New Art History* (Atlantic Highlands, NJ: Humanities Press, 1988).

2. Greenberg's 1965 essay, "Modernist Painting," is often seen as a defining text of modernism.

3. See Drucker's Chapter 1.

4. See Holly.

5. Others in the 1920s and beyond respond negatively to the Italian Renaissance. Johan Huizinga's 1919 *The Autumn of the Middle Ages*, for example, sees fifteenth-century Northern French and Dutch art (or the Northern Renaissance) as the beginning of a decline. See also Haskell.

6. See also Falkenheim.

7. See Calo.

8. See also Charles Harrison, *English Art and Modernism.*

9. See Allen, ed.; and MacLeod.

10. Although he shows how Fry was not solely a formalist and had concerns for art's function, Saler most often sets up a contrast between formalism and functionalism, which he connects to historical period terms when he suggests the functionalist modernists were drawn to the medieval period as followers of Ruskin and Morris, while formalists were drawn to Renaissance art. Not only does this thesis rely on a fairly unified "Formalist Modernism" that is connected to Fry and Bell, but Saler's linking of function and form to the period-terms medieval and renaissance does not quite hold true, for Fry and Bell condemn the Renaissance after the postimpressionist exhibits for reasons that encompass much more than a concern for art's autonomous form.

11. See also Goodwin; and Green, *Art Made Modern*, the companion guide to the Courtauld Gallery's 1999 exhibition on Fry.

CHAPTER 5

1. For an account of restoration problems faced by collectors of Italian art and Eastlake at the National Gallery, see Jaynie Anderson.

2. As Carol Gibson-Wood argues, the famous "method" attributed to Morelli was never so much a systematic methodology carefully theorized, as it was a reaction to other scholars whose methods and approaches to Italian art Morelli despised (226). See also Wollheim.

3. A. H. Layard, in a lengthy 1891 obituary for Morelli titled "The Patriot and the Critic," promoted the scientific aspects of Morelli's method, claiming Morelli had created "a revolution in the history of criticism."

4. Samuels's two volumes are designated I (1979) and II (1987) parenthetically.

5. See also Court.

6. Samuels suggests it was Lee who first introduced Berenson to the German concept of *Einfühlung* (I.152). See also Wellek, "Vernon Lee."
7. See Calo, 23, 135–137, 131, 158.
8. One suspects Bode's complaints are merely rhetorical. Hermann informs us Bode bought many pieces on the London art market in the early twentieth century.
9. *Athenaeum*, September 12, 1903.
10. *Athenaeum*, April 29, 1905.
11. *Athenaeum*, December 9, 1905.
12. *Athenaeum*, August 29, 1904.
13. *Athenaeum*, February 1, 1902.

CHAPTER 6

1. Between 1900 and 1906 Fry contributed 491 articles to periodicals, including 424 in the *Athenaeum* (Prettejohn 32).
2. These include the 1910 "The Grafton Gallery," a 1911 lecture on postimpressionism at the Grafton Gallery, and the 1912 preface to the second postimpressionist catalog.
3. Hulme's articles in *The New* Age on modern art include: "Mr. Epstein and the Critics" (in *The New* Age, December 25, 1913); "Modern Art I: The Grafton Group" (in *The New* Age, January 15, 1914); "Modern Art and its Philosophy" (Lecture to the Quest Society, January 22, 1914); "Modern Art II: A Preface to Neo-Realism" (in *The New* Age, February 12, 1914); "Modern Art III: The London Group" (in *The New* Age, March 26, 1914); "Contemporary Drawings" (in *The New* Age, March–April 1914); "Modern Art IV: Mr. David Bomberg's Shows" (in *The New* Age, July 9, 1914).
4. Michael Levenson's argument about Hulme in *A Genealogy of Modernism* hinges on the idea that Hulme abandoned classicism completely when he moved on to the concept of the religious attitude. In the 1994 new edition of Hulme's writings, Karen Csengeri argues that Levenson passes over a key nuance in Hulme, namely, that he uses the words "classical" and "classicism" in two different senses.
5. For example, Hulme's descriptions of the "classical" in "Romanticism and Classicism" bear much similarity to his later ones of the "religious attitude." In the "classical" attitude, according to Hulme, man is seen as limited and incapable of the extraordinary. Perfection is unattainable either by nature ("original sin") or by evolution (234). The classical attitude believes that results are achieved only when discipline brings order. Such a description of man's place in the universe is almost identical to the way Hulme later describes the religious attitude.

6. These seven pieces were abridged and published together as "Humanism and the Religious Attitude" in Herbert Read's edited volume, *Speculations*. London: Kegan Paul, 1936.

  The essays on modern art and the original versions of the essays in "A Notebook" are reprinted in *The Collected Works of T. E. Hulme*, the text from which all of my citations here are taken.

PART III

1. Standard studies of Shakespearean literary criticism and dramatic performance in these decades construct a narrative in which the Modernist critic or dramatist rejects and supersedes the Victorian critic or dramatist. See Stavisky, Gary Taylor, J. L. Styan, J. C. Trewin, and Allardyce Nicoll. Recently, several studies complicate this Modernist-Victorian dichotomy. See Mazer, *Shakespeare Refashioned*; and Booth and Kaplan, eds.
2. See Dobson.
3. Furnivall insisted on the spelling "Shakspere." See also Benzie and Chapter 1 in Grady, *Modernist Shakespeare*.
4. See Oergel.
5. In the past twenty years and especially in the wake of the 1990s cultural debates over English and Shakespeare in British education, a vast body of literature analyzes the ideological uses and appropriations made of Shakespeare. The literature is too numerous to list here, but in a recent volume, *Cultural Shakespeare: Essays in the Shakespeare Myth*, Graham Holderness outlines the emergence of this field of study and sees his text as an introduction to the field. For alternative perspectives on the role of the middle class in such matters, see O'Dair; and Bate.

CHAPTER 7

1. "Report of a Public Discussion on the Best Method of Presenting Shakespeare's Plays."
2. Irving took control of the Lyceum Theatre in 1878 and dominated Shakespearean production in London into the 1890s. See M. Booth, *Victorian Spectacular Theatre, 1850–1910.*
3. Between 1905 and 1913, Tree's Festival gave sixty productions of twenty-three Shakespeare plays (Booth 127). This is a large percentage of the Shakespearean productions in London in these years. Gordon Crosse tells us that between 1890 and 1920 there were 150 productions of thirty Shakespeare plays (70).
4. See Chapter 2 of Mazer, *Shakespeare Refashioned*; M. O'Connor, *William Poel*; and Speaight.
5. See Mazer, *Shakespeare Refashioned.*

6. Clearly the dissidence among Tree and Poel, for example, persisted, as did divisions among literary and theater types (See Mazer, "Treasons, Stratagems, and Spoils"). What I am concerned with is how anti-German sentiment tended to create a common bond, especially during the war.

7. For more on Arnold's views, see Kruger, 91–92. The National Theatre question can be traced to 1848 when the publisher Effingham Wilson made a proposal. In the 1860s the Shakespeare Birthplace Committee outlined a plan. Henry Irving addressed the question in 1878 with his own theater in mind. The Stratford Memorial Theatre opened in 1879, but suggestions for a national theater in London continued to appear.

8. See Whitworth; Elsom and Tomalin; F. D. Littlewood; and Chapter 3 of Kruger.

9. Although Jones supported the National Theatre movement, he wanted to see a higher standard in England's drama, something that could and should be accomplished in many theaters. Thus he consistently discusses the "national drama" as a matter of national pride, while the idea of a nationally subsidized theatre is only a secondary concern.

10. I am especially indebted for much of this initial discussion to Rosmovits. For other studies of "Shakespeare-Worship" see Graham Holderness, "Bardolatry: or, the Cultural Materialist's Guide to Stratford-upon-Avon," in *That Shakespeare Myth*; Howard Felperin, "Bardolatry Then and Now," in *The Appropriation of Shakespeare: Post-Renaissance Reconstructions of the Works and the Myth*; ed. Jean Marsden. New York: Palgrave, 1992. Ivor Brown and George Fearon, *Amazing Monument*; F. E. Halliday, *The Shakespeare Cult*; and Robert Babcock, *The Genesis of Shakespeare Idolatry, 1766–1799* (Chapel Hill: U of North Carolina P, 1931).

11. *A Shakespeare Memorial Souvenir Book.*

12. A partial list of such works also includes: George Arbuthnot, ed. *Shakespeare Sermons* (London: Longmans, Green, 1900); T. R. Eaton, *Shakespeare and the Bible* (London: Blackwood, 1860); Charles Swinburne, *Sacred and Shakespearean Affinities* (London: Bickers, 1890); Charles Downing, *God in Shakespeare* (London: Unwin, 1890), and *Messiahship of Shakespeare* (London: Greening, 1901); Thomas Carter, *Shakespeare and Holy Scripture* (London: Hodder and Stoughton, 1905); Charles Wordworth, *Shakespeare's Knowledge and Use of the Bible* (London: Eden, 1892); Charles Ellis, *The Christ in Shakespeare* (London: Houlston, 1897); J. R. Timmons, *The Poet Priest: Shakespeare Sermons Compiled for the Use of Students and Public Readers* (London: Blackwood, 1880); and the book that initiated such practice, F. B. Watson, *Religious and Moral Sentences from Shakespeare Compared with Sacred Passages Drawn from Holy Writ* (London: Calkin and Budd, 1843).

13. For this discussion I am indebted to Rosmovits.

14. B.E.S.S. published annual "Official Reports" documenting the Society's annual activities.
15. For these and other press cuttings, see the B.E.S.S. pamphlet, *Press Notices.*
16. "Shakespeare Day, 1903." Pamphlet, London Shakespeare League. SMNT Trust papers.
17. *Atheneum.* December 21, 1901 (2:841).
18. *The Nation.* September 17, 1903 (77:229).
19. Reprinted in *Shakespeare and the Modern Stage.*
20. "Particulars of Competition open to Sculptors and Architects for a Design for the Proposed Memorial to Shakespeare." SMNT.
21. These arguments and lists of participants can be seen in a pamphlet, "The Plea for a National Theatre." (BL).
22. This handbook is reprinted in full in Whitworth, 82ff.
23. A year later the donor was identified as Sir Carl Meyer.
24. SMNT.
25. SMNT.
26. *Times,* June 27, 1910.
27. *Times,* July 1, 1910.
28. Prompt script typescript. G. B. Shaw. "The Dark Lady of the Sonnets." Unpublished, no date. (TMA).
29. See Bryan.
30. See Bryan; and see M. O'Connor, "Theatre of Empire."
31. A "Remembrance book" for this Tourney can be viewed at the British Library.
32. SMNT.
33. See Mazer, "Treasons."
34. SMNT.
35. *Times,* April 24, 1913.
36. *Times,* March 4, 1915.
37. *Times,* April 22, 1914.
38. *Times,* April 23, 1914.
39. *Times,* July 4, 1914.
40. *Times,* January 12, 1916.
41. See Engler.
42. *Times,* February 21, 1916.
43. Letter to unknown newspaper, February 28, 1916. SMNT.
44. *Times,* March 20, 1916.
45. For more information on these events in England and Germany, see Engler.
46. For a full listing of exhibitions and catalogues, see *The Times Literary Supplement,* Thursday, October 5, 1916.
47. *Times,* May 2, 1916.
48. 1616. "Shakespeare Tercentenary Observance 1916."
49. "Shakespeare Tercentenary Observance in the Schools and other Institutions."

50. *Times*, April 13, 1916.
51. *Times*, May 1, 1916.
52. *Times*, February 18, 1916.
53. *Times Literary Supplement*, January 4, 1917.
54. SMNT.
55. *Times*, February 18, 1920.
56. *Times*, April 21, 1919.
57. *Times Literary Supplement*, May 25, 1916.
58. *Literary Digest*, June 29, 1918. 57:32.
59. *Literary Digest*, May 1, 1915. 50:1019–1020.
60. *Times*, May 3, 1917.
61. See Hawkes.
62. *Times*, April 21, 1919.
63. See *Times Literary Supplement*, April 15, 1920; April 22, 1920; *Times*, November 8, 1921; November 15, 1921; November 16, 1921.
64. *Times*, April 23, 1919.
65. See S. R. Littlewood.

CHAPTER 8

1. For more on the rise of English as a discipline, see Eagleton, Doyle, Widdowson, Palmer, Mathieson, Perry Anderson, Collins, and Chambers.
2. For more on Lee's career, see Firth.
3. For this discussion I rely on Williams (*Keywords*), Greenfeld, and Ferguson.
4. A partial list of such histories produced both in England and the United States includes: Henry Morley, *English Writers, an Attempt towards a History of English Literature* (London: Cassell, 1887–1895); Alfred John Wyatt, *The Tutorial History of English Literature* (London: Clive, U Tutorial P, 1900); George L. Craik, *A compendius History of English Literature, and of the English Language, from the Norman Conquest* (New York: Scribners, 1885); William Francis Collier, Revised edition, *A History of English Literature in a Series of Biographical Sketches* (London: T. Nelson, 1890); Reuben Post Halleck, *History of English Literature* (New York: American Book Company, 1900); William Edward Simonds, *A Student's History of English Literature* (Boston: Houghton Mifflin, 1902); Andrew Lang, *History of English Literature from Beowulf to Swinburne* (New York: Longmans, Green, 1912); Robertson Nicoll and Thomas Secombe, *A History of English Literature* (New York: Dodd, Mead, 1907); Edmund Gosse, *A Short History of Modern English Literature* (New York: Appleton, 1897); Stopford Brooke, *English Literature* (London: MacMillan, 1897); Richard Garnett and Edmund Gosse, eds., *English Literature: An Illustrated Record* (New York: Grosset and Dunlap, 1904); and *The Cambridge History*

of English Literature, ed. A. W. Ward and A. R. Waller (Cambridge: Cambridge UP, 1907–1927).

5. In addition to the English usage, Taine and Jusserand used the term "English Renaissance" to denote the period. For an account of the American use of the term "English Renaissance," see Douglas Bruster, *Quoting Shakespeare: Form and Culture in Early Modern Drama.* Lincoln: U of Nebraska P, 2000, and "Shakespeare and the End of History: Period as Brand Name," in *Shakespeare and Modernity: Early Modern to Millenium*, ed. Hugh Grady. New York: Routledge, 2000.

6. These numbers are based on the British Library holdings.

7. See also Chesterton's essays, "Sensationalism and a Cipher I" and "Sensationalism and a Cipher II," in *Chesterton on Shakespeare*, ed. Dorothy Collins (Henley-on-Thames: Darwen Finlayson, 1971).

8. For more on Raleigh, see Hawkes *That Shakespeherian Rag.*

CHAPTER 9

1. Other figures were influenced in similar political ways, including Wyndham Lewis and D. H. Lawrence.

2. In this chapter I refer to typology as Vasari's and Pound's method of historiography, but it is important to remember that also implied is allegory (see chapter 1).

3. On the genealogy of the modern artist, I am especially indebted to Soussloff and Lupton.

4. All subsequent quotes from Pound in this chapter are from *Gaudier-Brzeska* unless parenthetically indicated otherwise.

5. For more on the "Other" in Pound's historiography, see the works of Casillo; and Ellmann.

WORKS CITED

I. A. PRIMARY MATERIALS: ARCHIVAL DOCUMENTS (ABBREVIATIONS)

The following abbreviations are used in the notes and bibliography to indicate where archival documents, both published and unpublished, are housed.

BL: British Library, London.
LOC: Library of Congress, Washington, DC.
NTA: National Theatre Archives, London.
SMNT: Shakespeare Memorial National Theatre Trust Papers, National Theatre Archives, London.
TMA: Theatre Museum archives, London.
UNDSC: University of Notre Dame Special Collections.

I. B. PRIMARY MATERIALS: NEWSPAPER AND JOURNAL ARTICLES, REVIEWS, SPEECHES, AND PAMPHLETS

"1616. Shakespeare Tercentenary Observance 1916." London: George W. Jones, 1916. (BL).

Archer, William. "A Plea for an Endowed Theatre." *Fortnightly Review.* 45 (1889): 610–626.

Archer, William and Harley Granville Barker. *Schemes and Estimates for a National Theatre.* 1904. Rpt. New York: Duffield, 1908. (TMA).

Askew, Fred. "Two Years of War: A Nation's Psychology in Shakespeare's Words." London: Flood, 1916. (BL).

Atkinson, J. B. "The Fresco Paintings of Italy—the Arundel Society." *Blackwood's Magazine.* 88 (1860): 458–471.

Benson, Frank. "The National Theatre." *The Nineteenth Century.* 49 (1901): 772–780.

Bode, Wilhelm. "The Berlin Renaissance Museum." *Fortnightly Review.* October 1891: 506–515.

Bourchier, Arthur. *Some Reflections on the Drama—and Shakespeare, Lecture in the Examination Schools of Oxford University, February 3, 1911.* Oxford: Blackwell, 1911.

Brandl, Alois. "Shakespeare and Germany." British Academy Third Annual Lecture. London: Oxford UP, 1913. (TMA).

British Empire Shakespeare Society Official Reports. 1904–1913. (BL).

British Empire Shakespeare Society *Press Notices*. London: Smithson, Malton, Yorkersgate. (BL).

Browning, Oscar. "The Position of Shakespeare in England." *The Nineteenth Century*. 81 (1917): 661–664.

Burton, Richard. "The Renascence in English." *Forum*. 20 (1895–1896): 181–192.

Chesterton, G. K. "Shakespeare and the Germans." In *The Blinded Soldiers' and Sailors' Gift Book*. Ed. George Goodchild. London: Jarrold, 1915. (UNDSC).

"The Churches and the National Theatre." London: SMNT Committee, 1910. (NTA).

Courthope, W. J. "The Study of English Language and Literature as a Part of a Liberal Education." *Living Age*. 198 (1893): 478–488.

Ferry, Ph. "The Deep Implications of Shakespeare's Germanism." *Westminster Review*. 80 (1913): 315–325.

Froude, J. A. "England's Forgotten Worthies." [*Westminster Review* 1853] Rpt. in Froude, *Short Studies on Great Subjects*. New York: Scribners, 1885.

Fry, Roger. "Art and Commerce." London: Hogarth P, 1926. Rpt. in Goodwin, 111–123.

———. "Art History as an Academic Study." [1933] *Last Lectures*. London: Cambridge UP, 1939.

———. [on the Arundel Club] *The Athenaeum*. December 9, 1905: 806.

———. "The Grafton Gallery—I." *The Nation*. November 19, 1910: 331–335. Rpt. in Reed, 86–89.

———. [review of Heinemann's *Great Masters* series] *The Athenaeum*. May 7, 1904: 599.

———. "Introduction" to the Catalog of the Second Post-Impressionist Exhibit. [1912] Rpt. in Reed, 111.

———. [on the National Gallery] *The Athenaeum*. August 2, 1902: 165.

———. "A New Theory of Art." *Nation*. March 7, 1914: 937–939. Rpt. in Reed, 158–162.

———. "Postimpressionism." *Fortnightly Review*. May 1, 1911: 856–867. Rpt. in Reed, 99–110.

———. "A Postscript on Post-Impressionism." *Nation*. December 24, 1910: 536–540. Rpt. in Reed, 95–98.

———. "The Religion of Culture." *The Nation and the Athenaeum*. June 6, 1925: 293–295.

———. [review of Alberta Wheny's *Stories of the Tuscan Artists*.] *The Athenaeum*. February 1, 1902: 151.

———. [review of C. J. Holmes's *Pictures and Picture Collecting*]. *The Athenaeum*. September 12, 1903: 356.

———. [on the Vasari Society] *The Athenaeum*. April 29, 1905: 536–537.

Fyfe, H. Hamilton. "A Permanent Shakespearian Theatre." *Fortnightly Review*. 67 (1900): 807–814.

Gulliver, Julia. "The New Renaissance and Woman's Place in it." Rockford, IL: Wilson P, 1914.

Hertz, J. H. "On 'Renaissance' and 'Culture' and Their Jewish Applications." The Chief Rabbi of London's Presidential Address to the Union of Jewish Literary Societies, March 1, 1915, University College, London. (BL).

Irving, H. B. " 'Killing' Shakespeare at School," *Times*, May 12, 1916.

Jones, Henry Arthur. "Shakespeare and Germany (Written during the Battle of Verdun)" London: Charles Whittingham, 1916. (LOC).

Layard, A. H. "The Patriot and the Critic." *Quarterly Review.* 173 (1891): 235–252.

Lee, Sidney. "The Place of English in the Modern University." London: Smith, Elder, 1913.

———. "Shakespeare and the Red Cross." London: Chiswick, 1917. (BL).

Littlewood, S. R. "The London Shakespeare Commemoration League: Its Purposes and Its Story." London: London Shakespeare League, 1928. (BL).

Lyttelton, Mrs. Alfred. "The National Memorial Theatre: The Work of the Shakespeare Memorial Committee." *World's Work: An Illustrated Magazine of National Efficiency and Progress.* 17 (1911): 521–532.

Mais, S. P. B. "Our Greatest Privilege and Greatest Achievement." 79 (1916): 813–831.

Modigliani, Ettore. "The Borghese Museum and Gallery." *The Connoisseur: A Magazine for Collectors.* 2 (1902): 171–184.

Poel, William. "Lectures on Drama." *The New Age.* (May 25, 1911): 91–92.

———. "The National Theatre Question." *The New Age.* (June 22, 1911): 174–177.

———. "Shakespeare at Earl's Court." *The New Age.* August 22, 1912. Rpt. in *Shakespeare in the Theatre.* [1913] New York: Blom, 1968.

———. "What is Wrong with the Stage?" London: Allen and Unwin, 1920.

Raleigh, Walter. "Shakespeare and England." [1918] Annual Shakespeare Lecture of the British Academy. Rpt. in Raleigh, *England and the War*, Oxford: Clarendon P, 1918.

Rawnsley, H. D. "Shakespeare: A Tercentenary Sermon." London: Skeffington, 1916. (BL).

"Report of a Public Discussion on the Best Method of Presenting Shakespeare's Plays." London: London Shakespeare League, 1905. (TMA).

"Shakespeare Day, 1903." London: London Shakespeare League, 1903. (SMNT).

"Shakespeare Day: Report of the Meeting, Organised by the Shakespeare Association." London: Chatto and Windus, 1917. (BL).

"Shakespeare Memorial: The Plea for a National Theatre." London: Daily Chronicle, 1908. (BL).

A Shakespeare Memorial Souvenir Book. London: S. O. Beeton, 1864. (UNDSC).

"The Shakespeare Tercentenary: A Popular Address by the Reverend J. P. Shawcross." London: Skeffington, 1916. (BL).

"Shakespeare Tercentenary Observance in the Schools and Other Institutions." London: George W. Jones, 1916. (BL).

Shaw, George Bernard. "The Dying Tongue of Great Elizabeth." *Saturday Review.* 99 (1905): 169–171.

Stoker, Bram. "The Question of a National Theatre." *The Nineteenth Century.* (May 1908): 734–742.

Stronach, George. "Mr. Sidney Lee and the Baconians: A Critic Criticised." London: Gay and Bird, 1904. (LOC).

"The Triumph Holden at Shakespeare's England on the Eleventh Day of July in the Third Year of the Reign of King George the Fifth"—A History of the Tilt and Jousting Tourney. Remembrance Book for 'Shakespeare's England at Earl's Court.' (BL).

I. C. Primary Materials: Books

Abbott, Edward A. *A Shakespearian Grammar: An Attempt to Illustrate Some of the Differences between Elizabethan and Modern English.* Third ed. London: MacMillan, 1897.

Ady, Julia Cartwright. *The Painters of Florence: From the Thirteenth to the Sixteenth Century.* [1901] London: John Murray, 1914.

Albert, Edward. *History of English Literature: A Practical Textbook.* New York: Crowell, 1923.

Arnold, Matthew. *Culture and Anarchy and Other Writings.* Ed. Stefan Collini. Cambridge: Cambridge UP, 1993.

Bell, Clive. *Art.* London: Chatto and Windus, 1914.

Berenson, Bernard. *The Drawings of the Florentine Painters.* [1903] Chicago: U of Chicago P, 1938.

———. *The Italian Painters of the Renaissance.* [1894–1907] Rev. ed. Oxford: Clarendon P, 1930.

———. "Rudiments of Connoisseurship (A Fragment)." *Rudiments of Connoisseurship: Study and Criticism of Italian Art.* [1902] New York: Schocken, 1962.

———. *The Study and Criticism of Italian Art.* [1901] London: G. Bell, 1930.

Bode, Wilhelm. *Florentine Sculptors of the Renaissance.* Trans. Jessie Haynes. London: Methuen, 1908.

Brooke, Stopford. *English Literature.* London: MacMillan, 1897.

Buchan, John, ed. *A History of English Literature.* London: Thomas Nelson, 1923.

Buckley, Reginald. *The Shakespearean Revival and the Stratford-upon-Avon Movement.* London: George Allen, 1911.

Burckhardt, Jacob. *The Civilization of the Renaissance in Italy.* 1860. Trans. S. G. C. Middlemore. Intro. Peter Burke. New York: Penguin, 1990.

Carter, Huntly. *The New Spirit in Drama and Art*. London: Frank Palmer, 1912.

Castiglione, Baldesar. *The Book of the Courtier* [1527]. Trans. George Bull. London: Penguin, 1967.

Chambers, R. W. *The Teaching of English in the Universities of England*. London: The English Association, 1922.

Collins, John Churton. *The Study of English Literature*. Oxford: Blackwell, 1909.

Colmer, Francis. *Shakespeare in Time of War: Excerpts from the Plays Arranged with Topical Allusion*. London: Smith, Elder, 1916. Rpt. New York: Haskell, 1977.

Crowe, J. B. and G. B. Cavalcaselle. *A History of Painting in Italy: Umbria, Florence, and Siena from the Second to the Sixteenth Century* [1864–1866]. Ed. Langton Douglas. London: John Murray, 1903.

Csengeri, Karen, ed. "Introduction." *The Collected Writings of T. E. Hulme*. Oxford: Clarendon P, 1994.

Dryden, John. "Fables Ancient and Modern." *The Major Works*. Ed. Keith Walker. Oxford: Oxford UP, 2003.

Fry, Roger. *Reflections on British Painting*. New York: Macmillan, 1934.

———. *Vision and Design*. [1920] London: Chatto and Windus, 1924.

Garnett, Richard and Edmund Gosse. *English Literature: An Illustrated Record*. New York: Grosset and Dunlap, 1904.

Gobineau, Arthur. *The Renaissance*. Ed. and intro. Oscar Levy. London: William Heinemann, 1913.

Gollancz, Israel, ed. *A Book of Homage to Shakespeare*. London: Oxford UP, 1916.

Gramsci, Antonio. *Prison Notebooks*. Volume Two. Ed. and Intro. Joseph A. Buttigieg. Trans. Joseph A. Buttigieg and Antonio Cellari. New York: Columbia UP, 1996.

Hildebrand, Adolf. *The Problem of Form in Painting and Sculpture*. [1893] Trans. and Rev. Max Meyer and Robert Morris Ogden. New York: G. E. Stechert, 1907.

Holmes, C. J. *Pictures and Picture-Collecting*. London: Anthony Treherne, 1903.

Hulme, T. E. *The Collected Writings of T. E. Hulme*. Ed. Karen Csengeri. Oxford: Clarendon P, 1994.

Jackson, Holbrook. *The Eighteen Nineties: A Review of Art and Ideas at the Close of the Nineteenth Century*. New York: Alfred A. Knopf, 1913.

Jones, Henry Arthur. *The Foundations of a National Drama: A Collection of Lectures, Essays, and Speeches, Delivered and Written in the Years 1896–1912*. New York: Doran, 1912.

———. *The Renascence of English Drama: Essays, Lectures, and Fragments Relating to the Modern English Stage Written and Delivered in the Years 1883–1894*. London: MacMillan, 1895.

Lee, Sidney. *Shakespeare and the Modern Stage*. New York: Scribners, 1906.

Lee, Sidney, Walter Raleigh, et. al., eds. *Shakespeare's England: An Account of the Life and Manners of His Age.* Oxford: Clarendon P, 1917.

Morelli, Giovanni. *Italian Painters: Critical Studies of Their Works.* Trans. Constance Jocelyn Ffoulkes. London: John Murray, 1900.

Murdoch, W. G. Blaikie. *The Renaissance of the Nineties.* London: Alexander Moring, Ltd., De LaMore P, 1911.

Nietzsche, Friedrich. "On the Uses and Disadvantages of History for Life." *Untimely Meditations.* Ed. Daniel Breazeale. Trans. R. J. Hollingdale. Cambridge: Cambridge UP, 1997.

Pater, Walter. *The Renaissance: Studies in Art and Poetry* [1893]. Ed. Donald L. Hill. Berkeley: U of California P, 1980.

Peers, C. R. *In the National Gallery: A 1st Introduction to the Works of the Early Italian Schools as There Presented.* London: The Medici Society, 1913.

Pound, Ezra. *A Draft of XXX Cantos.* [1948] New York: New Directions, 1990.

———. *Gaudier-Brzeska: A Memoir.* [1916] New York: New Directions, 1970.

———. *Guide to Kulchur.* Norfolk: New Directions, 1952.

———. *Patria Mia and the Treatise on Harmony.* [1913] London: Peter Owen, 1962.

———. *Selected Prose of Ezra Pound, 1908–1965.* Ed. William Cookson. New York: New Directions, 1973.

Powers, H. H. *Outlines for the Study of Art.* Boston: Bureau of University Travel, 1907.

Raleigh, Walter. *The English Novel: Being a Short Sketch from the Earliest Times to the Appearance of Waverly.* New York: MacMillan, 1894.

———. *Shakespeare.* London: MacMillan, 1907.

Robertson, J. M. *Elizabethan Literature.* London: Williams and Norgate, 1914.

Ruskin, John. *Modern Painters.* Volume Two. New York: Clarke, Gwen, Hopper, 1873.

———. *The Stones of Venice.* Boston: Dana Estes, 1894.

Saintsbury, George. *A History of Elizabethan Literature.* London: MacMillan, 1887.

Symonds, John Addington. *Renaissance in Italy.* Two volumes. New York: Scribners, 1935.

———. *Shakspere's Predecessors in the English Drama.* [1884] London: John Murray, 1924.

The Teaching of English in England. HMSO, 1921. [The Newbolt Report].

Ten Brink, Bernhard. *Early English Literature.* Four volumes. Trans. Horace M. Kennely. New York: Henry Holt, 1883.

Vasari, Giorgio. *Lives of the Artists.* Volumes One and Two. Trans. George Bull. New York: Penguin, 1987.

Ward, A. W. and A. R. Waller, eds. *The Cambridge History of English Literature.* Cambridge: Cambridge UP, 1907–1927.

Washburn, Emelyn. *Studies in Early English Literature*. New York: Putnam, 1884.

III. Secondary Materials

Allen, Brian, ed. *Towards a Modern Art World*. New Haven: Yale UP, 1995.

Anderson, Benedict. *Imagined Communities: Reflections on the Origin and Spread of Nationalism*. London: Verso, 1983.

Anderson, Jaynie. *Collecting, Connoisseurship and the Art Market in Risorgimento Italy: Giovanni Morelli's Letters to Giovanni Melli and Pietro Zavaritt, 1866–1872*. Venezia: Instituto Veneto de Scienze, Lettere ed arti, 1999.

Anderson, Perry. "Components of the National Culture." *New Left Review* 50 (1968): 3–57.

Bate, Jonathan. "Shakespeare Nationalised, Shakespeare Privatised." *English: The Journal of the English Association*. Spring 1993. 42: 172. 1–18.

Benzie, William. *Dr. F. J. Furnivall: Victorian Scholar Adventurer*. Norman: Pilgrim, 1983.

Biddick, Kathleen. *The Typological Imaginary: Circumcision, Technology, History*. Philadelphia: U of Pennsylvania P, 2003.

Booth, Howard J. "'A Certain Disarray of Faculties': Surpassing the Modernist Reception of Symonds." In *John Addington Symonds: Culture and the Demon Desire*. Ed. John Pemble. New York: St. Martins P, 2000. 154–166.

Booth, Michael. *Victorian Spectacular Theatre, 1850–1910*. Boston: Routledge and Kegan Paul, 1981.

Booth, Michael R. and Joel H. Kaplan, eds. *The Edwardian Theatre: Essays on Performance and Style*. Cambridge: Cambridge UP, 1996.

Brewer, John. "Cultural Production, Consumption, and the Place of the Artist in Eighteenth-Century England." In *Towards a Modern Art World*. Ed. Allen. New Haven: Yale UP, 1995. 8–21.

Brown, Ivor and George Fearon. *Amazing Monument: A Short History of the Shakespeare Industry*. London: William Heinemann, 1939.

Bruns, Gerald. *Hermeneutics Ancient and Modern*. New Haven: Yale UP, 1992.

Bruster, Douglas. *Quoting Shakespeare: Form and Culture in Early Modern Drama*. Lincoln: U of Nebraska P, 2000.

———. "Shakespeare and the End of History: Period as Brand Name." *Shakespeare and Modernity: Early Modern to Millenium*. Ed. Hugh Grady. New York: Routledge, 2000.

Bryan, George B. "Dear Winston's Clever Mother: Lady Randolph Churchill and the National Theatre." *Theatre Survey*. 15 (1974): 143–170.

Bullen, J. B. *The Myth of the Renaissance in Nineteenth-Century Writing*. Oxford: Oxford UP, 1994.

Burke, Peter. *Varieties of Cultural History*. Ithaca: Cornell UP, 1997.

Butler, Christopher. *Early Modernism: Literature, Music, and Painting in Europe, 1900–1916*. Oxford: Clarendon P, 1994.

Calo, Mary Ann. *Bernard Berenson and the Twentieth Century*. Philadelphia: Temple UP, 1994.

Casillo, Robert. "Anti-Semitism, Castration, and Usury in Ezra Pound." *Criticism: A Quarterly for Literature and the Arts*. 25 (1983): 239–265.

———. "The Desert and the Swamp: Enlightenment, Orientalism, and the Jews in Ezra Pound." *Modern Language Quarterly: A Journal of Literary History*. 45 (1984): 263–286.

———. *The Genealogy of Demons: Anti-Semitism, Fascism, and the Myths of Ezra Pound*. Evanston, IL: Northwestern UP, 1988.

———. "The Italian Renaissance: Pound's Problematic Debt to Burckhardt." *Mosaic: A Journal for the Interdisciplinary Study of Literature*. 22 (1989): 13–29.

———. "Nature, History, and Anti-Nature in Ezra Pound's Fascism." *Papers on Language and Literature*. 22 (1986): 284–311.

Cerutti, Toni, ed. *Ruskin and the Twentieth Century*. Vercelli: Edizioni Mercurio.

Chartier, Roger. *Cultural History Between Practices and Representations*. Cambridge: Cambridge UP, 1988.

Cianci, Giovanni and Peter Nicholls, ed. *Ruskin and Modernism*. Hampshire: Palgrave, 2001.

Cochrane, Eric. *Historians and Historiography in the Italian Renaissance*. Chicago: U of Chicago P, 1981.

Coddell, Julie F. "Artists' Professional Societies: Production, Consumption, and Aesthetics." In *Towards a Modern Art World*. Ed. Allen. New Haven: Yale UP, 1995. 169–182.

Colls, Robert and Philip Dodd. *Englishness: Politics and Culture, 1880–1920*. London: Croom Helm, 1986.

Court, Franklin E. "The Matter of Pater's 'Influence' on Bernard Berenson: Setting the Record Straight." *English Literature in Transition*. 26 (1983): 16–22.

Crosse, Gordon. *Shakespearean Playgoing: 1890–1952*. London: Mowbray, 1953.

Dobson, Michael. *The Making of a National Poet: Shakespeare, Adaptation, and Authorship, 1660–1769*. Oxford: Clarendon P, 1992.

Dollimore, Jonathan and Alan Sinfeld. "Cultural Materialism." In *That Shakespeare Myth*. Ed. Graham Holderness. Manchester: Manchester UP, 1988.

Dowling, Linda. *The Vulgarization of Art: The Victorians and Aesthetic Democracy*. Charlottesville: UP of Virginia, 1996.

Doyle, Brian. *English and Englishness*. London: Routledge, 1989.

Drucker, Johanna. *Theorizing Modernism: Visual Art and the Critical Tradition*. New York: Columbia UP, 1994.

Eagleton, Terry. *Literary Theory: An Introduction*. Oxford: Blackwell, 1996.

Effland, Arthur D. *A History of Art Education: Intellectual and Social Currents in Teaching the Visual Arts.* New York: Teachers College P, 1990.

Ellmann, Maud. "Ezra Pound: The Erasure of History." *Post-Structuralism and the Question of History.* Ed. Derek Attridge, Geoff Bennington, and Robert Young. Cambridge: Cambridge UP, 1987. 244–262.

Elsom, John, and Nicholas Tomalin, eds. *The Making of a National Theatre.* London: Jonathan Cape, 1978.

Engler, Balz. "Shakespeare in the Trenches." *Shakespeare Survey.* 44 (1992): 105–111.

Falkenheim, Jacqueline V. *Roger Fry and the Beginnings of Formalist Art Criticism.* Ann Arbor: UMI Research P, 1980.

Felski, Rita. *The Gender of Modernity.* Cambridge, MA: Harvard UP, 1995.

Ferguson, Wallace K. *The Renaissance in Historical Thought: Five Centuries of Interpretation.* Cambridge, MA: Riverside P, 1948.

Firth, C. H. *Sir Sidney Lee, 1859–1926.* Proceedings of the British Academy. XV. London: Humphrey Milford, 1934.

Fraser, Hilary. *The Victorians and Renaissance Italy.* Oxford: Blackwell, 1992.

Frye, Northrop. *The Great Code: The Bible and Literature.* San Diego: Harcourt, 1981.

Gibson-Wood, Carol. *Studies in the Theory of Connoisseurship from Vasari to Morelli.* New York: Garland, 1988.

Goodwin, Craufurd D., ed. and intro. *Art and the Market: Roger Fry on Commerce and Art.* Ann Arbor: U of Michigan P, 1999.

Goppelt, Leonhard. *Typos: the Typological Interpretation of the Old Testament in the New.* [1939] Trans. Donald H. Madvig. Grand Rapids: Eerdmans, 1982.

Grady, Hugh. *The Modernist Shakespeare: Critical Texts in a Material World.* Oxford: Clarendon P, 1991.

———. "Renewing Modernity: Changing Contexts and Contents of a Nearly Invisible Concept." *Shakespeare Quarterly.* 50 (1999): 268–284.

Green, Christopher, ed. *Art Made Modern: Roger Fry's Vision of Art.* London: Merrell Holberton, 1999.

Greenberg, Clement. "Modernist Painting." *Art and Literature.* 4 (1965): 193–201.

Greene, Thomas. *The Light in Troy: Imitation and Discovery in Renaissance Poetry.* New Haven: Yale UP, 1982.

Greenfeld, Liah. *Nationalism: Five Roads to Modernity.* Cambridge, MA: Harvard UP, 1992.

Grosskurth, Phyllis. *The Woeful Victorian: A Biography of John Addington Symonds.* New York: Holt, Rinehart, Winston, 1964.

Hale, J. R. *England and the Italian Renaissance: The Growth of Interest in its History and Art.* London: Faber and Faber, 1954.

Halliday, F. E. *The Shakespeare Cult.* London: Duckworth, 1957.

238   WORKS CITED

Halpern, Richard. *Shakespeare Among the Moderns*. Ithaca: Cornell UP, 1997.

Harrison, Charles. "Conclusion." In *Towards a Modern Art World*. Ed. Allen. New Haven: Yale UP, 1995. 211–223.

Haskell, Francis. *The Ephemeral Museum: Old Master Paintings and the Rise of the Art Exhibition*. New Haven: Yale UP, 2000.

Hawkes, Terence. *Meaning by Shakespeare*. London: Routledge, 1992.

———. *That Shakespeherian Rag: Essays on a Critical Process*. London: Methuen, 1986.

Herrmann, Frank. *The English as Collectors: A Documentary Sourcebook*, second ed. London: John Murray, 1999.

Hobsbawm, Eric and Terence Ranger, ed. *The Invention of Tradition*. Cambridge: Cambridge UP, 1983.

Holderness, Graham. *Cultural Shakespeare: Essays in the Shakespeare Myth*. Hertfordshire: U of Hertfordshire P, 2001.

———, ed. *That Shakespeare Myth*. Manchester: Manchester UP, 1988.

Holly, Michael Ann. *Panofsky and the Foundations of Art History*. Ithaca: Cornell UP, 1984.

Howes, Frank. *The English Musical Renaissance*. London: Secker, 1966.

Howkins, Alan. "The Discovery of Rural England." In *Englishness: Politics and Culture, 1880–1920*. Ed. Colls and Dodd. London: Croom Helm, 1986. 62–88.

Hunt, Lynn, ed. *The New Cultural History*. Berkeley: U of California P, 1989.

Huyssen, Andreas. *The Great Divide: Modernism, Mass Culture, Postmodernism*. Bloomington: Indiana UP, 1986.

Jeffrey, David Lyle. *People of the Book: Christian Identity and Literary Culture*. Grand Rapids: Eerdmans, 1996.

Kermode, Frank. "Modernism, Postmodernism." In *Prehistories of the Future: The Primitivist Project and the Culture of Modernism*. Ed. Elazar Barkan and Ronald Bush. Stanford: Stanford UP, 1995.

Kruger, Loren. *The National Stage: Theatre and Cultural Legitimation in England, France, and America*. Chicago: U of Chicago P, 1992.

Levenson, Michael. *A Genealogy of Modernism: A Study of English Literary Doctrine, 1908–1922*. Cambridge: Cambridge UP, 1984.

Lewis, Pericles. *Modernism, Nationalism, and the Novel*. Cambridge: Cambridge UP, 2000.

Littlewood, F. D. "The National Theatre: The Early Story and Some Personal Aspects." *Contemporary Review*. 228: 249–256 (1976).

Longenbach, James. *Modernist Poetics of History: Pound, Eliot, and the Sense of the Past*. Princeton: Princeton UP, 1987.

Lupton, Julia Reinhard. *Afterlives of the Saints: Hagiography, Typology, and Renaissance Literature*. Stanford: Stanford UP, 1996.

MacLeod, Dianne Sachko. *Art and the Victorian Middle Class: Money and the Making of Cultural Identity*. Cambridge: Cambridge UP, 1996.

Marcus, Leah. "Renaissance/Early Modern Studies." In *Redrawing the Boundaries: The Transformation of English and American Literary Studies.* Ed. Greenblatt and Gunn. NewYork: MLA P, 1992. 41–63.

Martin, Wallace. The New Age *Under Orage: Chapters in English Cultural History.* Manchester: Manchester UP, 1967.

Mathieson, Margaret. *The Preachers of Culture: A Study of English and Its Teachers.* London: Allen and Unwin, 1975.

Mazer, Cary. *Shakespeare Refashioned: Elizabethan Plays on Edwardian Stages.* Ann Arbor: UMI Research P, 1981.

———. "Treasons, Stratagems, and Spoils: Edwardian Actor-Managers and the Shakespeare Memorial National Theatre." *Theatre Survey.* 24 (1983): 1–33.

McGrath, F. C. *The Sensible Spirit: Walter Pater and the Modernist Paradigm.* Tampa: U of South Florida P, 1986.

Minor, Vernon Hyde. *Art History's History.* Englewood Cliffs, NJ: Prentice Hall, 1994.

Montrose, Louis. "Renaissance Literary Studies and the Subject of History." *English Literary Renaissance.* 16 (1986): 5–10.

Nicholls, Peter. *Modernisms: A Literary Guide.* Berkeley: U of California P, 1995.

Nicoll, Allardyce. *English Drama 1900–1930: The Beginning of the Modern Period.* Cambridge: Cambridge UP, 1973.

O'Connor, Marion F. "Theatre of Empire: 'Shakespeare's England' at Earl's Court, 1912." In *Shakespeare Reproduced: The Text in History and Ideology.* Ed. Howard, Jean E., and Marion F. O'Connor. London: Methuen, 1987. 68–98.

———. *William Poel and the Elizabethan Stage Society.* Cambridge: Chadwick-Healey, 1987.

O'Connor, Maura. *The Romance of Italy and England's Political Imagination.* New York: St. Martin's P, 1998.

O'Dair, Sharon. *Class, Critics, and Shakespeare: Bottom Lines on the Culture Wars.* Ann Arbor: U of Michigan P, 2000.

Oergel, Maike. "The redeeming Teuton: Nineteenth-Century Notions of the 'Germanic' in England and Germany." In *Imagining Nations.* Ed. Geoffrey Cubitt. Manchester: Manchester UP, 1998. 75–91.

Palmer, D. J. *The Rise of English Studies.* Oxford: Oxford UP, 1965.

Pechter, Edward. "The New Historicism and its Discontents: Politicizing Renaissance Drama," *PMLA.* (May 1987): 292–302.

Peppis, Paul. *Literature, Politics, and the English Avant-Garde: Nation and Empire, 1901–1918.* Cambridge: Cambridge UP, 2000.

Perl, Jeffrey M. *The Tradition of Return: The Implicit History of Modern Literature.* Princeton: Princeton UP, 1984.

Perloff, Marjorie. "The Portrait of the Artist as Collage-Text: Pound's *Gaudier-Brzeska* and the 'italic' Texts of John Cage." *The Dance of the Intellect: Studies in the Poetry of the Pound Tradition.* Cambridge: Cambridge UP, 1985.

Pirie, Peter J. *The English Musical Renaissance*. London: Gollancz, 1971.

Potts, Alex. "Pungent Prophecies of Art: Symonds, Pater, and Michelangelo," *John Addington Symonds: Culture and the Demon Desire*. Ed. John Pemble. New York: St.Martin's, 2000.

Prettejohn, Elizabeth. "Out of the Nineteenth Century: Roger Fry's Early Art Criticism, 1900–1906." In *Art Made Modern: Roger Fry's Vision of Art*. Ed. Christopher Green. London: Merrell Holberton, 1999. 31–43.

Reed, Christopher, ed. and intro. *A Roger Fry Reader*. Chicago: U of Chicago P, 1996.

Rosmovits, Linda. *Shakespeare and the Politics of Culture in Late Victorian England*. Baltimore: Johns Hopkins UP, 1998.

Rothenstein, John. *Modern English Painters: Sickert to Moore*. London: Reader's Union, 1957.

Saler, Michael T. *The Avant-Garde in Interwar England: Medieval Modernism and the London Underground*. New York: Oxford UP, 1999.

Samuels, Ernest. *Bernard Berenson: The Making of a Connoisseur*. Cambridge, MA: Belknap P of Harvard U, 1979.

———. *Bernard Berenson: The Making of a Legend*. Cambridge, MA: Harvard UP, 1987.

Schneidau, Herbert N. *Waking Giants: The Presence of the Past in Modernism*. New York: Oxford UP, 1991.

Schwartz, Sanford. *The Matrix of Modernism: Pound, Eliot, and Early Twentieth-Century Thought*. Princeton: Princeton UP, 1985.

Smith, Anthony D. *Nationalism and Modernism: A Critical Survey of Recent Theories of Nations and Nationalism*. London: Routledge, 1998.

Soussloff, Catherine M. *The Absolute Artist: The Historiography of a Concept*. Minneapolis: U of Minnesota P, 1997.

Spalding, Frances. *The Tate: A History*. London: Tate Gallery Publishing, 1998.

Speaight, Robert. *William Poel and the Elizabethan Revival*. London: Heinemann, 1954.

Stavisky, Aron Y. *Shakespeare and the Victorians: Roots of Modern Criticism*. Norman: U of Oklahoma P, 1969.

Steedman, Carolyn. "Culture, Cultural Studies, and the Historians." In *The Cultural Studies Reader*, second edition. Ed. Simon During. London: Routledge, 1999. 46–56.

Styan, J. L. *The Shakespeare Revolution: Criticism and Performance in the Twentieth Century*. Cambridge: Cambridge UP, 1977.

Tate, Trudi. *Modernism, History, and the First World War*. Manchester: Manchester UP, 1998.

Taylor, Brandon. *Art for the Nation: Exhibitions and the London Public, 1747–2001*. Rutgers UP, 1999.

Taylor, Gary. *Reinventing Shakespeare: A Cultural History, from the Restoration to the Present*. New York: Weldenfeld and Nicholson, 1989.

Thomas, Brook. "The New Historicism and Other Old-Fashioned Topics." In *The New Historicism*. Ed. H. Aram Veeser. New York: Routledge, 1989.

Tratner, Michael. *Modernism and Mass Politics: Joyce, Woolf, Eliot, Yeats*. Stanford: Stanford UP, 1995.

Trewin, J. C. *Shakespeare on the English Stage, 1900–1964*. London: Barrie and Rockliff, 1964.

Twitchell, Beverly. *Cézanne and Formalism in Bloomsbury*. Ann Arbor: UMI Research P, 1987.

Wallen, Jeffrey. "Alive in the Grave: Walter Pater's Renaissance." *ELH*. 66 (1999): 1033–1051.

Wellek, René. *The Rise of English Literary History*. Chapel Hill: U of North Carolina P, 1941.

———. "Vernon Lee, Bernard Berenson, and Aesthetics." In *Friendship's Garland: Essays Presented to Mario Praz on his Seventieth Birthday*. Ed. Vittorio Gabrieli. Rome: Storia and Letteratura, 1966.

Whitworth, Geoffrey. *The Making of a National Theatre*. London: Faber and Faber, 1951.

Widdowson, Peter, ed. *Re-Reading English*. London: Methuen, 1982.

Williams, Louise Blakeney. *Modernism and the Ideology of History: Literature, Politics, and Past*. Cambridge UP, 2002.

Williams, Raymond. *Keywords: A Vocabulary of Culture and Society*, rev. ed. New York: Oxford UP, 1983.

———. *The Long Revolution*. Hammondsworth: Penguin, 1965.

———. *Marxism and Literature*. Oxford: Oxford UP, 1977.

Wollheim, Richard. "Giovanni Morelli and the Origins of Scientific Connoisseurship." In *On Art and Mind*. Cambridge, MA: Harvard UP, 1974.

Wussow, Helen. *The Nightmare of History: The Fictions of Virginia Woolf and D. H. Lawrence*. Bethlehem, PA: Lehigh UP, 1998.